제2판

사회복지행정론

SOCIAL WELFARE ADMINISTRATION

제2판

사회복지행정론

SOCIAL WELFARE ADMINISTRATION

김현진 · 이순희 · 김학실 · 유옥현

KNOWLEDGE COMMUNITY 공동체

머리말 | PREFACE

사회환경 변화와 사회복지조직의 급속한 성장은 사회복지행정의 필요성을 높였다. 행정은 조직을 전제로 해야 성립될 수 있는 개념이기 때문이다. 이 책의 집필에 참여한 저자 모두 사회복지조직의 성장 속에 사회복지행정론에 대한 강의 경험뿐 아니라 사회복지조직을 직접 운영해 본 전문가로서 이러한 특성을 살릴 수 있는 생생한 책을 발간하고자 하였다.

기획단계에서 저자들은 각자의 실무 경험을 살려 사회복지조직에서 이루어지는 '행정'에 대해 최대한 실무자의 관점에서 집필하고자 노력하였다. 다만, 사회복지행정론이 사회복지사 양성에 필요한 중요한 필수과목임을 잊지 않고 1차 원고로 직접 강의를 진행해 보면서 각 파트별로 부족한 부분에 대해 의견을 나누고 여러 차례 수정, 보완하여 책을 내놓게 되었다. 특히 사회복지조직에 적용 가능한 최신 이론 소개를 강화하고, 사회환경 변화에 따른 개인정보보호 등 다양한 정부 정책 내용을 담은 것이 특징이다.

한국사회복지교육협의회의 사회복지교과목 지침서를 참고로 전체 4부로 구성된 이 책은 우선 1부에서 사회복지행정의 기초를 다루면서 현대사회에서 사회복지행정이 가지는 개념과 특성, 역사 등에 대해 기술하였다. 2부에서는 사회복지행정에 적용 가능한 다양한 조직이론과 사회복지조직 현장의 실제를 소개하였다. 또한 조직 운영에 필요한 리더십, 기획, 의사결정 등 필수적인 항목이 함께 실렸다. 3부는 사회복지행정 자원관리 영역으로 인적자원관리, 재정관리, 정보 및 사무관리, 안전관리 등이며, 4부는 사회복지서비스의 질 향상을 위한 프로그램 개발과 평가, 사회복지시설 평가, 최근 환경변화와 적응에 관해 설명하고 있다.

사회복지조직에 대한 책임성 확보가 많이 강조되는 시기에 있으므로 사회복지조직의 행정은 그 특수성을 고려한 전문지식과 기술을 갖추어야 한다.

조직 운영을 통한 행정 운영 경험을 가진 저자들은 이 점을 잘 알고 있기에 이 책을 대학 교재뿐 아니라 현장 실무자들에게도 도움이 될 만한 책으로 만들고자 노력하였다. 하지만 공동저술의 특성상 저자들의 의도와 생각을 모두 담아낼 수 없는 아쉬움이 있었다. 더 장기적인 시각으로 변화하는 사회에 대한 비전을 담아내지는 못했지만 앞으로 시대 변화에 맞게 새로운 부분을 보완해 나갈 수 있기를 바란다.

부족함이 많음에도 책을 발간할 수 있게 된 것을 매우 감사하게 생각한다. 혹시 책의 내용에 대한 비판과 논평, 제언이 있다면 언제든 기다릴 것이다. 마지막으로 책의 발간을 위해 애써주신 도서출판 공동체의 임직원 여러분께 깊이 감사를 드린다.

2024. 8.

저자 일동

차 례 CONTENTS

PART

1 사회복지행정의 기초

CHAPTER 01

사회복지행정의 개념과 특성

1. 사회복지행정의 개념

1) 사회복지의 개념

현대사회는 급속한 사회경제적 환경변화를 맞이하면서, 우리가 미처 예견할 수 없을 만큼 다양하고 복잡한 사회문제에 직면하고 있다. 그리고 사회복지환경의 변화에 따라 사회적 약자들의 심리적 고통과 경제적 어려움은 더욱 증가하고 있으며, 국민들의 일상생활도 삶의 질에 있어서 그다지 만족스럽지 못한 현실에 있다. 사회복지란 안녕하고 행복한 상태를 말한다. 사회나 국가에서 기본적으로 모든 국민이 인간다운 생활을 할 수 있도록 최저생활을 보장하고, 국민 개개인의 생활수준을 향상시킬 수 있는 제도와 여건을 형평에 맞게, 효율적으로 조성하고 조화롭게 시행함으로써 복지사회를 실현하는 것이다.

사회복지행정은 사회복지(social welfare)와 행정(administration)의 합성어로 사회복지의 한 분야이다. 사회복지행정의 분야는 사회사업행정, 공공복지행정, 일반행정, 경영관리, 프로그램 개발과 평가, 사회복지의 가치와 철학, 사회복지 서비스 전달체계, 인적자원관리 등의 여러 분야들이 혼합된 영역이다. 이 분야가 사회적 적실성과, 사회적 가치를 적절히 지니려면, 학문과 제도 면에서 하나의 독립된 영역을 확립해야 한다.

사회복지의 개념에 대한 정의는 학자마다 다르다. 사회복지는 인간의 기본적 욕구인 의식주를 비롯하여 소득, 건강, 지식, 여가, 문화 등의 욕구를 충족시키고, 정상적인 가족생활과 직업을 유지하고, 원만한 대인관계를 이루면서 살아갈 수 있도록 도움을 주기 위해 마련된 법률, 프로그램, 서비스 등을 말한다. 사회복지가 원조나 도움이 필요한 사람을 대상으로 하는 제도, 법률, 서비스라는 점에서는 이론의 여지가 없다. 그러나 도움이 필요한 사람을 빈곤계층으로 국한할 때와 일반계층으로 확대할 때 그 뜻은 달라진다. 빈곤계층을 주 대상으로 삼을 때 사회복지는 선별성을 갖게 되고, 일반계층으로 확대할 때는 보편성을 가진다(황성철 외, 2009).

사회복지는 '사회'와 '복지'의 합성어이다. 먼저 사회(social)의 의미는 가족구성원을 위시하여 친구, 학교, 직장, 이웃, 지역사회 및 인종 등을 포함하여 다른 여러 요인들과 함께 생활하는 것을 기저로 하는 역동적인 상호작용에 초점을 두고 있다(남세진 외, 1997). 사회복지라는 용어가 함축하고 있는 주요 의미는 다양한 환경에서 생활하는 사회구성원들의 안녕을 위한 사회적 지지라고 볼 수 있다(이소희 외, 2004). 따라서 사회복지는 사회구성원들이 생활하고 있는 환경 안에서 잘 기능할 수 있도록 도우며, 이러한 도움이 가능할 수 있도록 사회구성원이 생활하고 있는 환경을 변화시키는 데 기여한다고 할 수 있다.

2) 행정의 개념

우선 일반적인 행정의 개념을 살펴보면, 좁은 의미로는 특정 조직의 부문별 운영관리와 이에 관한 재량적 의사결정을 뜻한다. 한편 넓은 의미로는 특정 사무가 포함된 영역의 방향을 결정하는 정책결정과 기획을 포함한 매우 포괄적이고 정치적인 사안까지 뜻한다.

한편 트렉커(Trecker, 1971)는 여러 학자가 다양하게 제시한 행정의 개념을 다음과 같이 정리하였다(김형식 외, 2007).

① 행정이란 지속적이며 동적인 과정이다.

② 행정의 이 과정은 공통의 목적 달성을 위해 활용된다.

③ 인적·물적 자원의 기반을 강화시킴으로써 공통의 목표를 달성하도록 한다.

④ 조정과 협력은 인적·물적 자원의 기반을 강화시키는 매체가 된다.

⑤ 이러한 개념의 핵심요소는 기획, 조직, 그리고 리더십이다.

3) 사회복지행정의 개념

사회복지행정의 개념은 매우 다양하게 정의되고 있다.

① 협의의 개념

사회복지행정은 사회복지실천의 한 방법으로 개별조직의 사회복지서비스의 생산 및 공급 활동을 말한다. 주요 문제로는 서비스 전달의 효과성과 효율성 문제, 서비스의 접근성과 전문성 문제, 서비스의 경쟁성, 서비스의 중복과 조정 문제, 재정의 불확실성 등을 들 수 있다.

② 광의의 개념

협의의 개념을 포함하는 동시에 국가의 사회복지정책을 서비스로 전환하는 데 필요한 사회복지 분야의 총체적 활동이다. 즉, 공공 및 민간 기관을 포함한 사회복지조직 구성원들의 총체적 활동을 말한다. 주요 문제로는 중앙정부와 지방정부의 연계성 강화, 공공기관과 민간단체의 연계체계 미흡 등을 들 수 있다(강종수, 2019).

키드네이(Kidneigh)는 사회복지행정을 "사회정책을 사회적 서비스로 전환하는 과정이며, 여기에는 정책을 구체적인 서비스로 전환하는 것과 경험을 활용하여 정책수정을 제안하는 것과 같은 두 과정을 지닌다"라고 하였다(Kidneigh, 1950). 스펜서(Spencer)는 "행정이란 조직의 내부관계들과 활동을 목적 달성에 기여하도록 의식적으로 지도하는 것이라는 데 일반적인 의견 일치가 있으며, 기관과 속해 있는 지역사회 사이에 존재하는 상호작용의 힘들에 의식적으로 개입하는 것을 포함한다"라고 하였다(Spencer, 1962).

던햄(Dunham)은 행정을 "사회기관의 서비스 제공을 위한 직·간접의 활동을 지원하거나 촉진해 주는 과정이며, 행정활동의 범위는 조직의 기능 및 정책의 결정과 행정적 리더십으로부터 기록, 회계의 유지와 유지관리 서비스의 수행과 같은 일상적인 운영에까지 이른다"라고 하였다(고수현 외, 2014; Dunham, 1962).

행정이나 관리는 모든 종류의 조직에서 이루어지고 있는 보편적인 현상이다. 그것이 정부조직에서 이루어질 경우 공공행정이라 하고, 기업의 경우는 경영,

교육의 경우는 교육행정이라 한다. 사회복지행정은 사회복지조직에서 이루어지는 행정이다. 사회복지행정도 행정의 영역에 속하므로, 일반적이고 보편적인 공통의 요소들을 지니고 있다고 할 수 있다. 문제의 확인 및 해결과정, 상호 관련된 하위체계들 간의 상호작용 체계로서의 조직 및 행정, 의사결정, 대안 선택에서 가치 판단적 요소의 존재, 운영관리의 객관화와 인적자원의 효율적 운영, 의사소통, 구성원 간의 집단관계, 행정에의 참여 등은 행정의 주요 하위영역들이라고 할 수 있다.

정책과의 관계 속에서 의미를 살펴보자. 기본적으로 정책은 갈등적 정책목표와 수단의 선택에, 행정은 정책을 사회서비스로 전환하여 제공하는 정형화된 구조들에 주된 관심이 있다. 이러한 구분은 정책은 목적에 관한 것이고, 행정은 수단적 집행에 관한 것으로 볼 수 있다. 목적과 수단 혹은 정책과 행정은 엄격하게 구분되지도 않고, 하나의 연속체를 이루고 있다. 사회복지행정은 사회정책 혹은 사회복지정책과 밀접한 관계를 가지면서, 그것을 구체적 서비스로 전환하고 제공하는 과성에 수반되는 행정적·전문적 제반 활동을 포함하는 체계적인 총체적 활동이다(고수현 외, 2014).

〈표 1-1〉 사회복지행정에 대한 여러 학자의 정의

학자(연도)	사회복지행정의 정의
키드네이(Kidneigh, 1950)	사회복지정책을 서비스로 전환하는 과정으로, 정책을 구체적인 사회복지서비스로 전환시키고, 그 경험을 다시 정책 수행에 반영하도록 제의하는 양방향의 과정 속에 있는 것
던햄(Dunham, 1962)	사회복지기관의 직접적 서비스제공을 위해 필요하거나 부수적인 활동을 지지하거나 촉진시키는 과정
슈와르츠(Schwartz, 1970)	사회사업조직의 구성원에게 계획된 개입을 하여 사회복지 서비스를 촉진시키고 이를 잘 전달하도록 하는 과정
한랜(Hanlan,1978)	개별사회사업, 집단사회사업, 지역사회 조직사업과 같은 지식과 기술을 조합하여 이루어진 실천방법
김종섭(1976)	사회복지행정 조직의 관리적 측면과 정책적 기능, 기술적 측면까지 포함한 정치권력을 배경으로 한, 사회문제해결과 복지증진을 위한 인간의 합리적, 협동적 노력

황성철 외(2005)	서비스로 전환시키는 사회복지조직의 목표달성을 위한 조직구성원의 협력적인 활동의 체계와 과정
김치용과 최용민(2006)	공사의 사회복지기관에서 클라이언트나 국민의 복지증진을 위한 어떠한 목적을 설정하고, 그것을 달성하기 위하여 관련된 인간의 협동적 노력 과정
박차상 외(2008)	공공기관과 민간기관이 사회문제를 해결하기 위하여 사회복지정책을 형성하고 이를 구체화하는 일련의 과정

출처 : 임상록 외(2012).

2. 사회복지행정의 특성

행정이란 사회복지에만 있는 고유한 것이 아니며 기업, 학교, 병원, 정부 및 다른 전문직의 영역에서도 중요한 부분이다. 사회복지조직은 독특한 특성을 가지기 때문에, 사회복지행정 또한 기업, 학교, 정부조직의 행정과는 다른 특성을 가진다. 사회복지행정 이외의 행정을 일반행정으로 규정하고 사회복지행정과 다른 조직의 행정을 비교해 보면, 사회복지행정의 독특성을 이해하기 쉬울 것이다. 사회복지행정과 일반행정의 유사성과 상이성에 대해서는 상당한 논란이 전개되어 왔다(Patti, 1983; Sarri, 1987; Spencer, 1959).

사회복지행정은 행정의 한 분야이기 때문에, 행정 일반이 갖는 공통적인 속성을 지니며, 한편으로 사회복지라는 특수한 분야를 다루므로 나름대로의 특수성을 가진다.

1) 사회복지행정과 일반행정의 차이

사회복지조직은 기본적으로 목적, 가치 등 조직의 특성을 보았을 때 휴먼서비스(human service) 조직으로 개인의 삶의 과정, 사고방식, 행동양식, 각자의 가치관 등에서 천차만별인 인간을 변화시키는 특수한 조직으로, 일반행정조직과는 다르다고 할 수 있다.

사회복지조직에서는 다양한 전문 인력들이 함께 활동하므로, 서비스를 제공하는 수준을 넘어 클라이언트 집단의 이익을 대변하고 옹호하는 역할이 요구되기 때문에 일반행정의 원리가 적용되기에는 한계가 있을 수밖에 없다. 사회복지행정과 일반행정의 공통점과 차이점을 살펴보기로 하자.

(1) 공통점

① 행정은 기본적으로 문제해결 과정이다.

사회복지행정은 문제해결 과정(problem solving process)을 포함한다. 그러므로 사회복지행정도 사회복지조직이 가지고 있는 인력, 재정, 프로그램 및 서비스 전달상의 문제를 규명하고, 대안을 우선 찾아 선택하고 평가하는 문제해결 과정을 거친다.

② 행정은 상호 조력의 과정을 공통적으로 요구한다.

행정은 조직 내 개인과 집단이 조직목표를 달성할 수 있도록 조력의 과정을 요구한다. 사회복지조직의 관리자는 조력자(enabler)로서의 역할을 수행해야 한다. 사회복지사들이 능력을 최대한 발휘할 수 있도록 동기부여를 한다.

③ 행정은 인적·물적 자원을 동원하고 조직화하는 기능을 가진다.

기본적으로 행정은 최저효율과 상품 또는 서비스의 생산을 쉽게 하기 위해 프로그램, 서비스 및 직원들을 조직화시키는 것에 관심을 두고 있다. 사회복지조직도 효과적이고 효율적인 사회복지서비스를 산출하도록 적절한 인력배치와 프로그램 수행에 필요한 예산을 관리하는 과정을 가진다.

④ 행정은 균형감을 유지해야 한다.

관리운영의 객관화와 인적자원의 활용 간에 적절한 균형을 유지해야 한다.

⑤ 행정은 목표, 가치 및 방법에 일체감을 갖도록 관심을 가져야 한다.

행정은 개개 직원들의 지위와 인정에 관심을 가지고, 조직의 목표, 가치 및 방법에 직원들이 적극적으로 일체감을 가질 필요성에 관심을 가진다.

⑥ 행정은 공공의 의지를 실현시키는 것과 관련되어 있다.

사회복지조직 및 사회복지기관은 사회적 필요성에 의해 설립되고 유지되고 있다. 주로 민간조직 또는 비영리조직의 형태로 존재하는 사회복지조직도 정부나 기타의 자원에 의존하는 경향이 짙은데, 정부가 공공자원을 지원하는 것은 공공의 의지(public will)를 간접적으로 실현시키는 것이라 할 수 있다. 한국의 사회복지조직은 주로 사회복지법인 등 비영리민간법인에 의해 운영되고 있지만, 정부가 해야 할 사업을 위탁하여 운영하는 등, 정부 보조금에 크게 의존하고 있기 때문에 준공공적(semi-public) 성격을 지닌다. 따라서 한국의 사회복지기관의 관리는 겉으로는 민간복지기관의 행정이면서도, 내용적인 측면은 공공성을 배제하기 어렵다.

(2) 차이점

하센펠드(Hasenfeld, 1983)는 일반행정조직과는 달리 사회복지조직이 지닌 고유의 특성을 다음과 같이 제시하였다(박차상, 2007).

① 사회복지조직은 변화되어야 할 속성을 가진 클라이언트와 직접 접촉하여 활동하고 있다. 즉, 사회복지조직의 주된 활동대상은 문제나 욕구를 지닌 사람이다.

② 사회복지조직은 서비스를 받는 클라이언트의 복지를 보호하고 증진하도록 사회로부터 위임을 받았고, 이로써 조직의 존재가 정당화된다.

③ 사회복지조직은 투입되는 원료가 도덕적 가치를 지닌 인간이라는 사실이 사회복지조직 대부분의 활동에 영향을 미친다. 즉, 클라이언트에 대한 거의 모든 활동이 도덕적으로 정당화되어야 하기 때문에, 기술과 활동에 제한이 많다.

④ 사회복지조직의 목표가 애매모호하여 문제를 발생시킨다. 왜냐하면 사회복지조직의 대상이 인간이기 때문에 조직의 목표에 대하여 구체적 합의를 하는 데 어려운 점이 많기 때문이다.

⑤ 사회복지조직을 둘러싸는 도덕적 모호성으로 말미암아 가치와 이해관계에 있어서 갈등을 일으키고, 환경과의 관계에 많은 어려움이 있다. 사회복지조직은 외부의 다른 조직과 관련을 맺고 활동하고 있으며 외부조직에 재정적으로 의존하고 있기 때문에, 가치와 이해관계에 있어서 갈등이 발

생하면 해결하는 데 많은 어려움이 있다.

⑥ 사회복지조직은 소기의 결과를 얻는 데 불완전한 지식과 기술을 사용하고 있다. 따라서 전반적 사회과학적 지식의 불확실성과 원조관계에 대한 지식의 불확실성으로 말미암아 서비스의 결과에 대한 성공 확률이 높지 못하다.

⑦ 사회복지조직의 핵심적 활동은 조직구성원과 서비스 대상자인 클라이언트의 관계이다. 따라서 일선조직 직원의 활동이 중요시된다.

⑧ 사회복지서비스의 효과성을 타당하고 신뢰 있게 측정할 수 있는 표준척도가 없다. 따라서 결과에 대한 평가에 논란이 많고, 변화와 혁신에 대한 저항이 다른 조직에서보다 크다.

이상의 내용들을 종합해 보면, 사회복지행정의 일반행정과의 차이점을 다음과 같이 설명할 수 있다.

① 사회복지조직이 산출하는 서비스는 독특한 성격을 갖는 사회복지서비스이다.

사회복지서비스는 무형의 즉시성과 소멸성을 가시고 있으므로 일반행정과 관리의 원칙을 적용하기는 어렵다. 특히 상담의 경우, 클라이언트가 요청할 때 즉각적으로 제공되어야 하기 때문에 즉시성을 가지며 서비스가 즉시 제공되지 않으면 소멸되는 성질을 가진다.

② 사회복지행정은 지역사회를 기반으로 하기 때문에, 일반행정과 관리에 관한 지식을 초월하는 범위를 가진다.

사회복지조직은 지역사회의 각종 사회문제를 해결하고 지역주민의 욕구를 충족하기 위해서 존재하기 때문에, 조직 내부의 관리문제와 더불어 환경관리의 문제가 함께 대두된다.

③ 사회복지행정은 행정가나 관리자뿐 아니라 모든 구성원들이 행정과정에 참여한다.

사회복지행정의 주체는 관리자를 포함한 사회복지조직의 모든 구성원으로, 복잡 다양한 행정 및 관리 과정에 참여하고, 전체 조직의 목표달성에 크게 영향을 주고 있다. 일반적으로 행정은 최고관리자인 행정가에 의해서 수행되는 과업과 기능이라는 범주를 벗어나서, 사회복지조직은 일반 구성원들이 상당한 재량권을 가지고 직접 프로그램 및 서비스 관리와 사례관리 등의 업무를 수행한다.

④ 사회복지행정에 의해 수행되는 서비스는 전문적 사회사업적 성격을 나타낸다.

사회복지조직의 핵심 구성원인 사회복지사는 전문성을 가지고 다양한 계층의 클라이언트 집단에 서비스를 제공하므로 사회복지사의 직무수행 능력과 역량이 서비스의 질을 결정한다.

3. 사회복지행정의 기능

사회복지행정의 기능은 사회복지 기관과 프로그램의 목표를 설정하여 지역사회의 사회적 조건들을 분석하고, 제공하는 서비스에 관한 의사결정을 하고, 직원을 충원, 감독하고 조직의 구조를 만들고, 재정적인 업무를 관리하고, 기관업무에 필요한 재정을 충당하는 것을 들 수 있다. 그 밖에 설정된 목표를 달성하는 데 필요한 노력들을 조정하고, 효과성과 효율성을 제고하기 위한 기관 내부의 절차들을 모니터하고 개선하며, 기관의 정책을 서비스로 구체화하는 기능도 수행한다(Zastrow, 2000).

원석조(2010)에 의하면 사회복지행정의 기능은 크게 보면 기획(planning), 조직(organizing), 인사(staffing), 지휘(directing), 조정(coordinating), 보고(reporting), 재정(budgeting), 평가(evaluating)의 과정이며 이는 일반행정의 그것과 다르지 않다.

① 기획이란 목표의 설정, 목표달성을 위한 과업 및 활동, 과업수행을 위해 필요한 방법을 결정하는 것이다.

② 조직은 직무작업을 할당하는 것이다. 다시 말해, 업무분담이 규정·조정되는 공식적인 구조를 만드는 일이다. 그리고 기관의 구조는 일반적으로

정관이나 운영지침서에 규정되며, 역할과 책임이 분명하지 않을 때는 직원 간의 갈등이 초래되고, 비효율적이고 비효과적인 기관이 된다.

③ 인사는 직원의 채용과 해고, 훈련, 활동 조건의 유지를 말한다. 행정가는 인사를 책임지며, 효과적인 훈련 프로그램을 만들어 직원을 훈련시키고, 구성원 간의 열린 커뮤니케이션 네트워크를 유지시켜야 한다.

④ 지휘는 직원을 지휘하는 것이다. 이를 위해 행정가는 합리적 의사결정 능력과 기관목표에 대한 적극적인 관심과 목표 달성을 위한 헌신적인 태도를 지녀야 하며, 직원들이 이룬 업적을 칭찬하고 그들의 승진을 돕는 능력, 책임과 권한을 효과적으로 위임하는 능력, 개인과 집단의 창의성을 고취하는 능력 등을 보유해야 한다.

⑤ 조정은 기관활동의 다양한 부분들을 상호 관련시키는 기능으로서, 기관의 여러 부서와 직원들 간에 효과적인 의사소통의 통로가 만들어지고 유지되도록 하여야 한다.

⑥ 보고는 기관이 처한 상황을 직원, 이사회, 지역사회 후원단체 등에 알리는 일로서 기록유지, 정기적 감사, 조사연구 등이 요구된다.

⑦ 재정은 기관의 운영에 소요되는 재정을 조달하는 일이다. 재정 건전성의 유지가 중요한데, 이를 위해 지출에 대한 권한과 책임 소재가 분명해야 하고, 임금지급 계획, 수입확보 방안, 지출통제 방법에 입각해 예산이 수립되어야 하며, 재정에 관한 기록이 확실히 유지되어야 한다.

⑧ 평가는 기관의 목표에 따른 활동의 전반적인 결과를 사정하는 과정이다.

〈표 1-2〉 사회복지행정의 기능

행정기능	주요 내용
기획(planning)	목표의 설정, 목표달성을 위한 과업 및 활동, 과업수행을 위해 필요한 방법을 결정하는 것이다.
조직(organizing)	업무분담이 규정·조정되는 공식적인 구조를 만드는 일이다.
인사(staffing)	직원의 채용과 해고, 훈련, 활동 조건을 유지하는 일이다.
지휘(directing)	직원을 지휘하는 것이다. 이를 위해 합리적인 의사결정과 승진, 격려, 위임 등의 능력이 요구된다.

조정(coordinating)	기관활동의 다양한 부분들을 상호 관련시키는 기능으로서 기관의 여러 부서와 직원들 간에 효과적인 의사소통의 통로를 만들고 유지하는 일이다.
보고(reporting)	기관이 처한 상황을 직원, 이사회, 지역사회 후원단체 등에 알리는 일로서 기록유지, 정기적 감사, 조사연구 등의 활동이 요구된다.
재정(budgeting)	기관의 운영에 소요되는 재정을 조달하는 일이다. 재정 건전성의 유지가 중요하다.
평가(evaluating)	기관의 목표에 따른 활동의 전반적인 결과를 사정하는 과정이다.

출처 : 원석조(2010).

4. 사회복지행정의 필요성

현대사회에서는 물질문명이 과거보다도 훨씬 발달하여 풍요로움을 누릴 수 있는 긍정적인 측면이 있지만, 다른 한편으로는 생존을 위해 화폐나 임금에 더 의존해야 하는 비극적 상황에 빠질 수도 있다. 사회복지란 바로 이렇듯 현대사회에서 그 구성원들이 빠지게 되는 비극적 상황을 집단적으로 방어해 줌으로써 사회구성원들이 안정적인 삶을 누릴 수 있도록 하자는 목적에서 출발한 것이라 볼 수 있다.

인간은 사회적 동물이다. 모든 인간은 사회적으로 상호 연관된 관계에서 살아가고, 상호 의존적인 상태와 그 관계에서 벗어나 생활할 수 없으며, 생존을 위해 경제적・심리적・정서적으로 다른 사람들과 관계를 맺는 상태로 살아간다. 상호 의존을 위한 사회적 관계의 필요성은 일생의 매순간 도사리고 있는 위험에 처할 확률에서도 찾을 수 있다.

사람들은 살아가면서 다양한 '삶의 위험 확률(risk)'에 노출되어 있다. 각종 질병이나 자연재해, 사고 등으로 신체적인 장애나 정신적인 장애를 가질 수 있고, 다양한 이유로 경제적인 빈곤상태에 빠지거나 사랑하는 가족들을 상실하는 아픔을 겪을 수도 있다. 사람들은 이런 경우에 고통에 빠지게 된다. 사회 속의 많은 사람들은 누구든지 이러한 상태에 처할 확률이 농후하다고 할 수 있다. 이처럼 사람들은 살아가면서 누구나 생애주기에 따른 자연스러운 상호 의존의 관계에 놓이게 되고, 삶에서 언제든 위험에 처하게 될 가능성도 가지고 있다. 사회복지는 현대사회에 접어들면서 조직적인 활동으로 인식되고 발전하고 있다. 그 이유는 다양한 사회복지서비스 욕구를 충족시키기 위해서 개인의 노력도 중요하지만 조직을 통한 총체적인 노력이 필요하기 때문이다(조흥식, 2008).

사회복지행정의 필요성은 산업화와 도시화로 인하여 복잡한 현대사회에서의 빈곤, 의료, 주택 등 많은 문제가 제기되며 사회에 대한 복지제도의 정책적인 개입이 요구되면서 나타나기 시작하였다. 사회체계 내에서 인적자원과 물적자원의 효율적인 활용을 통하여 다양한 사회문제를 해결해 나가기 위한 조직적인 활동으로 사회복지행정의 필요성이 대두되고, 한정적인 자원을 고려했을 때 사회복지행정은 클라이언트에게 요구되는 서비스를 적시에 제공하고 그 효율성을 극대화시키는 것이 필요하다(이민훈 외, 2019).

사회복지는 개인이 아닌 조직을 통해 이루어지며 조직운영의 책임성 확보와 효과성 증진, 비일관성 및 실패의 감소 등을 위해 사회복지행정이 필요하다고 볼 수 있다.

사회복지행정의 필요성 및 중요성을 다음과 같이 들 수 있다(장인협 · 이정호, 1993).

첫째, 인간이 복지에 대한 관심을 가지게 된 것은 시대와 국가 또는 사회를 막론하고 공통적인 것이었고 이러한 복지는 인간에게 관심사로서 사회적인 의미를 갖게 했다. 산업화로 인한 사회변동의 영향은 사회문제를 야기하여 위협을 초래하였다. 이에 사회복지행정은 소득보장, 의료보장, 고용, 주택 등의 사회문제를 해결하기 위해서 노력하고 있다.

둘째, 행정의 의미를 조직관리를 통한 합리적 협동행위로 본다면 사회복지활동은 기관이나 시설에서 효과성을 기대할 수 있다. 사회복지활동의 목표는 인적 · 물적 자원의 효과적인 관리를 통해서 성취될 수 있는 것이다.

셋째, 사회적 서비스 조직체들은 막대한 재정이 소요되며 국가예산의 많은 부분을 차지하고 있다. 따라서 복지재정 부문의 효율성을 높일 수 있는 행정관리가 필요하다.

사회복지행정은 사회복지환경의 변화로 나타난 다양한 복지욕구와 그 욕구를 충족시키기 위한 많은 활동들을 체계화하고 효율적으로 조정하여 목표를 달성하도록 하는 것이다.

미국에서의 사회복지행정 분야는 대체로 1970년대 이래 학계와 교육계에서 몇 가지 경향을 통해 급속히 발전해 왔다. 우선 공공정책의 측면에서 볼 때, 점차 심화되는 사회적 해체 문제의 해결을 위해 사회적 개입과 그에 따른 대규모의 공공투자가 이루어졌는데, 이것이 사회복지의 조직과 행정에 대한 지속적인 관심을 증대시켰던 것이다. 또한 효율적인 정책집행의 방법과 사회복지의 새로운 체제 속에서 좋은 정책의 개발을 위한 지식에 대한 필요성을 정책 결정자들이 인식하게 된 것이 자연스럽게 사회복지행정 발달에 대한 관심의 증대로 이어졌다. 1980년대 이후 레이건 행정부가 들어서게 되면서 미국사회의 보수화 성향의 진전이 사회복지의 민영화를 확대시키는 동시에 사회복지 예산의 전반적인 삭감과 다영역의 긴축재정을 가져왔고, 그로 인해 사회복지에 대한 효율성과 효과성에 대한 관심과 책임성이 증대되었다. 이러한 변화로 사회복지행정에 대한 관심이 확대될 수밖에 없었다.

1990년대 이르러서는 사회복지서비스 전달체계에서 공공조직과 민간조직의 전통적인 구분이 애매한 복합적 조직들이 나타나기 시작하였다. 민간조직들이 다양한 프로그램과 복합적인 자원 제공처를 가지면서 규모가 점진적으로 커지게 되었고, 공공조직들은 영리 및 비영리의 다양한 형태의 민간조직들과 계약이나 서비스 구매를 통해 간접적인 형태로 서비스를 제공하게 된 것이다. 또한 유사한 컴퓨터시스템의 공유와 정보교환기술에 대한 관심과 클라이언트 옹호집단들의 다양한 요구로 인해 네트워크에 대한 관심도 매우 높아지게 되었다. 우리나라의 경우에는 1980년대 이전까지는 사회복지조직에서 수행된 실전활동이 사회복지행정의 중요성과 필요성을 제대로 인식하지 못한 채 시행됨에 따라 많은 시행착오를 범했으며, 1980년대 말에 이르러서야 사회복지 법령과 제도를 구비하는 등 사회복지행정의 중요성을 새롭게 인식하기 시작하였다(최성재 외, 2007).

한국의 경우, 사회복지행정이 주목받기 시작한 시기는 사회복지서비스의 확대가 이루어졌던 1980년대 중・후반이었다. 그리고 1990년대 지방자치 시대가 열림으로써 사회복지서비스 전달을 보다 체계적으로 관리해야 하는 필요성이 커졌다. 또한 민간 사회복지기관들이 많은 부분 공공의 보조금을 받아 그 재원으로 사회복지사업을 수행하고, 각종 계약에 의해 운영되게 되었다. 이러한 환경적 변화들이 사회복지행정의 필요성으로 나타나게 되었다. 아울러 2000년대에 들어서는 사회서비스가 확대되면서 사회서비스 바우처 제도의 도입으로 복지의 다원화가 이어지게 되었다. 사회서비스 바우처 제도란 교육, 보건, 복지, 문화 등 일상생활에서 필요로 하는 사회서비스를 편리하게 이용할 수 있도록 현금카드 형태로 지급하는 것을 뜻한다. 정부는 일정한 자격을 갖춘 특정 계층에 이 같은 바우처(이용권)를 보급해 지불을 보증하고, 서비스 이용 내용은 전자시스템으로 처리된다. 사회서비스 바우처 제도로 인해 이용자들은 복지서비스를 선택하는 데 있어 선택과 결정권이 넓어지게 되었다. 이렇게 다양한 공급체계는 서비스의 질을 높이는 계기가 되었다(김영종, 2015).

1) 사회복지행정의 환경 변화

허만영(2002)에 따르면, 사회복지행정은 환경의 영향을 받아 새롭게 창출되기도 하고, 새로운 모습으로 거듭나기도 한다. 사회복지행정에 영향을 미치는 사회환경 요인은 가족구조의 변화, 고령사회의 도래, 지방자치의 정착, 지식정보화 사회의 확산, 세계화 사회의 형성 등이다.

(1) 가족구조의 변화

가족과 사회복지는 밀접한 관계가 있을 뿐만 아니라 가족의 사회복지 기능이 강화되면 국가의 사회복지 부담을 줄일 수 있다.

(2) 고령사회의 도래

전국을 하나의 단위로 볼 때, 한국은 고령사회에서 초고령 사회로 변화하는 과정에 있지만, 지역별로 보면 고령화 사회, 고령사회, 초고령 사회가 혼재한 인구구조를 가진 국가이다.

(3) 지방자치의 정착

지방자치제도가 실시되면서 지방정부의 사회복지 기능이 강화될 수밖에 없다. 지방자치제도하에서는 사회복지 비용에 대한 지방의 분담이 늘어날 수밖에 없고, 지역경제 활성화를 통해 사회복지 문제를 해결하려는 시도를 하게 된다.

(4) 지식정보화 사회의 확산

정보기술의 발전은 사회복지행정에도 크게 영향을 미친다. 정보기술과 인터넷의 대중화로 인해 시민의 일상생활이 크게 바뀌고 있다. 사이버 스페이스(cyber space)의 출현은 사회복지의 공급채널도 다양하게 변화할 것을 요구하고 있다.

(5) 세계화 사회의 형성

세계화(globalization)는 국가 간 국경의 문턱이 낮아지거나 없어짐으로써, 인적 교류와 물적 교류가 자유롭게 이루어지는 상태를 의미한다. 사회복지를 중심으로 국제교류가 빈번하게 됨으로써, 국내 사회복지와 국제 사회복지를 연결하는 네트워크가 형성되고, 사회복지를 중심으로 하는 글로벌 네트워크는 사회복지행정에 큰 영향을 미친다(허만영, 2002).

사회복지행정은 훌륭한 서비스 전달을 위한 자원을 확보해야 함과 동시에 서비스 전달에 방해가 되는 요소를 제거하기 위한 여러 가지 방법을 모색하는 것으로 이해할 수 있다. 즉, 사회복지행정은 다분히 문제해결 중심적이며 '생산성' 지향적이라고 할 수 있다. 앞으로 사회복지행정은,

① 효과적 정책수립을 위한 포괄적 시각이 확보되어야 한다.

② 서비스 공백을 극복해야 한다.

③ 서비스 중복과 비효율적 자원의 활용 문제를 극복하여야 한다.

④ 서비스의 지역적 편중성을 완화하여야 한다.

⑤ 복지행정 관련 예산집행의 다양성에 의한 서비스의 분절성을 극복하여야 한다.

5. 사회복지조직의 특성

사회복지조직관리를 중심으로 사회복지조직에서의 행정의 특성을 살펴보고자 한다.

사회복지조직의 특성에 대한 이해를 시도함에 있어서 강조되어야 할 점은, 사회복지조직은 어떤 소외된 조직이 아니라 복잡한 사회현상의 하나로서 독특한 역사를 가지고 있으며, 사회 속의 다양한 계층, 조직과 연계성을 가지고 있다는 것이다. 즉, 사회복지조직의 구조, 조직의 목표, 과정 등에 지대한 영향을 미치는 외적 환경의 이해를 전제로 하지 않고서는 사회복지조직의 특성을 이해하기 어렵다는 것이다(김형식 · 이형철 · 신준섭, 2013 : 132).

사회복지조직의 특성을 정리하면 다음과 같다(최용민 외, 2015 : 90).

첫째, 클라이언트와 직접 접촉하며 활동한다. 즉, 사회복지조직의 원료는 인간이고 다른 관료조직과는 달리 사회복지조직의 원료는 문화적 가치를 부여받은 사회적, 도덕적 정체성을 지닌 인간이라는 것이다.

둘째, 사회복지조직의 목표는 불확실하며 애매모호하다. 목표와 관련하여 과업환경 및 직원들 간의 합의를 찾기가 상대적으로 쉽지 않다.

셋째 사회복지조직의 기술은 불확실하다. 조직의 기술은 조직의 원료를 미리 정해진 방식에 따라 현재의 상태에서 다른 상태로 변화시키기 위해 마련된 일련의 절차를 말한다.

넷째, 사회복지조직에서의 핵심적 활동은 직원과 클라이언트의 관계로 구성되어 있다. 사회복지조직의 중요한 업무는 클라이언트와 직원 간의 일련의 관계 속에서 이루어지고, 따라서 사회복지조직에서는 항상 클라이언트와 접촉하는 일선 직원들의 지위와 역할이 매우 중요하고 이들이 많은 재량권을 행사하게 된다.

다섯째, 사회복지조직은 전문성을 가지고 있는 직원들에게 점점 더 많이 의존하고 있다.

여섯째, 사회복지조직에는 그 효과성을 신뢰성 있고 타당성 있게 측정할 수 있는 성과측정 척도가 부족하다. 사회복지조직이 효과성 측정에 어려움을 겪는 원인으로 목표의 다양성과 모호성, 서비스 기술의 불확실성 그리고 인간의 속성에 대한 관찰과 측정의 본질적인 어려움 등이 있다.

CHAPTER 02

사회복지행정의 역사

사회복지행정이 어떤 배경에서 성립되고 발전되었는가를 살펴보는 것은 사회복지행정의 중요성을 이해하는 데 매우 중요하다. 사회복지행정에 관한 다양한 지식과 기술은 오랜 시간에 걸친 사회변동과 사회복지제도 및 학문의 발전 과정에서 서서히 이루어진 것이다. 사회복지행정이 독립된 영역으로 가장 먼저 발전된 나라는 미국으로, 이 장에서는 미국의 사회복지행정이 어떤 시대적 상황과 여건 속에서 학문적 정체성을 확립하게 되었는지를 중심으로 살펴본 후 영국과 한국의 사회복지행정을 살펴보기로 한다.

1. 미국 사회복지행정의 역사

미국은 독립 후 약 100년이 지난 1860년경에 이르러 산업혁명과 공업화를 경험하면서 자본주의화에 따른 각종 사회적 · 경제적 문제 해결을 위한 정부의 개입 증대와 더불어 민간 차원의 자선활동을 좀 더 효과적으로 개선하려는 노력이 이루어졌다. 현대적인 사회보장제도는 1935년 사회보장법의 성립을 계기로 시작되었으며, 1960년대 후반 존슨(Lyndon B. Johnson) 대통령의 '빈곤과의 전쟁'으로 더욱 확대되었다. 미국의 초기 이주자들(settlers)은 주로 영국인으로서 모국(母國)인 영국의 법제나 관습에 따라, 나태한 것은 종교적인 죄악으로 간주되고 '빈곤은 개인의 책임'이라는 개인주의적 사상이 일반화되어 있었다. 또한 초기 미국인들에게 펼쳐진 넓은 땅과 풍부한 자원은 누구나 열심히 일하기만

하면 자신의 생활 안정을 누릴 수 있다는 자수성가의 사상과 자립정신을 북돋워 오늘날 미국인의 개인주의 전통과 정신을 이어오게 한 배경이 되었다(최항순, 2012).

패티(Patti, 1983)는 미국 사회복지행정의 역사를 그 발달과정상에 나타나는 중요한 사항들을 중심으로 인식기(19세기 말엽부터 1930년대 초반까지), 기초 정립기(1930년대 중반부터 1950년대 후반까지), 정체기(1960년대), 발달기(1970년대부터 1980년대 중반까지), 새로운 도전과 응전기(1980년대 후반부터 현재까지)로 각각 구분하고 있다(고수현 외, 2014; Patti, 1983).

1) 인식기

사회복지는 산업화의 사회적 환경 변화에 따른 다양한 사회문제 출현에 의해 나타났지만, 사회복지행정에 대한 관심이 처음으로 이루어진 것은 19세기 말엽이라고 볼 수 있다. 이는 사회복지 역사에 많은 업적을 남긴 제인 애덤스(Jane Addams), 메리 리치몬드(Mary Richmond), 해리 홉킨스(Harry Hopkins), 줄리아 라트롭(Julia Lathrop) 등의 학자들이 사회복지 프로그램의 개발과 관리에 헌신적으로 노력한 결과이다.

20세기 초반은 전체적인 사회복지의 역사에서 보면 전문화의 시대였으며, 전문 직업으로서 사회복지의 독자적 영역이 형성되고, 전문직 실천의 지배적이고 독특한 방법으로서 케이스워크(case work)가 확립되는 시기였다(Lubove, 1965). 즉, 이 당시 사회복지의 이론과 지식, 기술은 물론, 심지어 사회복지 교육까지도 대부분 케이스워크에 초점을 두고 있었으므로 케이스워크가 전체 사회사업 전문직을 대표하는 것으로 생각되었다. 그러나 이에 대한 비판과 반성이 몇몇 학자들과 전문직 협회 및 관계 문헌들에서 나타나기 시작하였는데, 이것이 사회복지행정에 대한 인식의 시초라고 할 수 있다.

(1) 사회복지전문가의 인식

사회복지전문가들은 빈민들의 사회적 조건을 개선하고, 과거부터 내려오는 사회사업기관들의 실천을 합리적으로 관리할 책임이 있었으며, 또한 사회사업

전문가들의 활동이 직접 또는 간접으로 불가피하게 행정과 관련되어 있었기 때문에 완전히 행정에 무관심하기는 어려웠다. 이 기간은 하나의 전문직업으로서 사회사업이 정체성(identity)을 형성하고 대표적인 사회사업방법론으로서 개별사회사업(casework)을 개발하던 시기였다.

이 시기에 병원, 학교, 법정, 정신과 분야에 사회사업이 도입되었고 사회사업학교 및 사회사업전문직협회들이 설립되기 시작하였다. 이러한 과정에서 개별사회사업은 사회사업전문직의 핵심적 기술이 되었으며 사회사업은 이 기술을 중심으로 정체성을 형성하게 되었다(Lubove, 1965). 따라서 사회복지전문직 자체는 사회사업기관들의 실천을 합리적으로 관리하고, 효율성을 높일 수 있는 전문적 방법의 필요성을 인식하게 되었던 것이다. 그리고 몇몇 사회사업학자들은 케이스워크가 사회복지서비스의 목적, 조직, 그리고 전달에 영향을 미치는 하나의 전문직으로서는 너무 좁은 영역이므로, 보다 광범위한 접근이 필요하다고 주장했다. 이와 같은 학자들 중에서 대표적인 사람은 애보트(Abbott)와 던햄(Dunham) 그리고 해거티(Hagerty) 등이었다(Patti, 1983).

애보트(Abbott, 1931)는 1927년 미국사회사업가협회(American Association of Social Wokers) 회의에서, 사회사업 전문교육이 케이스워크에 초점을 둔 고도의 기술적이고 전문적인 과정으로 되어 있으므로 이러한 케이스워커들은 이후에 주 사회복지 이사회나 혹은 사회복지기관 협의회의 간부가 될 자격을 갖추어야 한다고 주장하였다. 그녀는 사회사업을 전공하는 대학생들은 케이스워크와 같은 직접적 실천에 관한 지식과 경험뿐만 아니라, 행정과 정책에 관한 지식과 경험을 갖추어야 한다고 인식하고 있었던 것이다.

한편 던햄(Dunham, 1939)은 사회복지행정과 직접적 실천을 분리된 것으로 생각해서는 안 된다고 주장하면서, 케이스워크의 지식과 기술은 모든 형태의 전문적 실천의 기초가 되므로, 사회사업가들은 케이스워크를 학습한 후에 행정을 효과적으로 관리하는 데 필요한 것들을 학습해야 한다고 주장하였다. 이처럼 던햄은 사회복지행정을 간접적인 방법, 즉 직접적인 실천의 보조적인 방법으로 인식하고 있었다.

이러한 던햄의 주장은 직접적 실천으로서의 개별사회사업의 지식과 기술을 우선적으로 갖추고 나서 행정에 대한 지식과 기술을 습득해야 한다는 입장이므로, 행정을 간접적인 방법, 그리고 직접적 실천의 보조적인 방법으로 인식하고 있었다고 볼 수 있다(신복기, 1984). 해거티(Hagerty, 1931)는 사회사업대학의 첫째 임무가 행정가들의 교육에 있고 그러한 교육을 하기 위해서는 교과과정 속에 행정에 관한 내용이 필수적으로 포함되어야 한다고 주장하였다. 해거티의 사회복지행정에 대한 주장은 이후 사회사업대학들의 교과과정에 많은 영향을 미치게 되었다.

(2) 사회사업대학의 인식

스키드모어(Skidmore, 1983)는 사회사업대학 교과과정 속에 최초로 행정이 나타난 것이 1914년이었다고 기술하였지만, 구체적인 내용을 제시하지는 않았다. 따라서 사회사업대학에서의 행정에 대한 인식은 1929년의 밀포드(Milford)회의 이후로 볼 수 있다. 이 회의에서는 전문적 사회사업교육기관에서의 사회사업가 양성을 위하여 케이스워크, 그룹워크, 지역사회조직, 사회사업조사, 행정을 포괄하는 하나의 교과과정을 제안하였다(NASW, 1929). 특히 이 제안에는 개별사회사업 교육을 위한 특수한 건의가 포함되어 있으나 다른 실천방법을 위한 교육내용은 거의 언급하고 있지 않으면서도, 사회복지기관에 필요한 조직구조의 틀과 기준, 효과적인 서비스 전달체계, 조직을 언급하고 있었다. 그러나 이 시대의 영향력 있는 보고서의 내용으로 미루어 볼 때, 당시 사회사업실천가나 교육을 담당하는 사람들은 사회복지행정의 필요성을 인식하면서도, 행정업무나 행정가의 역할 등 구체적인 내용을 정립하지는 못했던 것으로 보인다. 밀포드 회의 이후로 많은 대학들이 교과과정 속에 행정을 포함시켰다고 하지만, 실질적으로 몇 개 학교의 교육과정 속에 행정이 들어 있었는지는 분명하지 않다.

아무튼 이 시기에 사회사업이 근간으로 삼았던 것은 개별사회사업이었다. 따라서 사회복지행정은 개별사회사업을 위한 하나의 기술로서 간주되었다고 보는 것이 적절하겠다. 물론 이 시기에 명목상으로나마 행정의 중요성이 인정되었지만 이론과 실무에 있어서 그 중요도를 높게 두지 않았던 것도 사실이다.

사회복지행정에 대한 인식은 지금까지 논의한 바와 같이 대략 19세기 후반부터 1930년대 초반 사이에 이루어졌다고 볼 수 있다. 그러나 이 시기에는 사실상 사회복지행정의 실천지식과 기술이 일관성 있게 발전하지는 못했으며, 또한 행정실천 영역을 지도할 전문적 규범과 가치 및 원리도 정립되지 못한 상태였다.

2) 기초 정립기

미국 사회복지행정의 기초는 사회사업 인식기를 거쳐서 사회사업가들의 행정지식에 대한 관심과 노력, 그리고 당시 대공황 문제의 해결을 위해 수립된 공공복지정책의 실현과 연계가 이루어지면서 형성된다. 따라서 이 시기는 사회복지행정 실천영역이 형성되어 가고 있었고, 사회복지행정의 개념과 이론의 기초가 정립되는 시기였다.

(1) 실천영역의 형성

사회복지행정의 실천영역은 1930년대 초 대공황에 따른 빈곤 및 실업 문제를 해결하기 위해 정부가 직접 개입하게 되었고 이것이 바로 사회복지행정이 전문 사회사업의 실천방법론으로 발전하는 데 중요한 영향을 미쳤다. 대공황의 결과로 나타난 실업자와 경제적 파탄자를 위한 원조에 연방정부가 관여하여, 1934년 연방긴급구호청(FERA : Federal Emergency Relief Administration)이 설립되고, 1935년 사회보장법(Social Security Act)을 제정하여, 연방과 주의 공공부조제도가 실시됨에 따라 공공 사회복지서비스 부문에서 공무를 담당할 인력 수요가 급증하게 되었다. 연방긴급구호청의 설립으로 각 주 및 지방에는 공공 구제기관이 설치되어 사회복지서비스의 전달을 계획하고 조직하며, 기획하고 감독하기 위해 훈련된 많은 직원들을 필요로 하게 되었고, 이러한 직원들의 업무를 관리하고, 효율적인 구제를 시행하기 위해 많은 관리자가 필요하였다(Brown, 1940).

이처럼 사회보장법의 제정은 공공부조의 기준을 확립하였으며, 주와 지방이 공공복지부를 창설하게 하거나 또는 기존의 조직을 확장시키는 데 공헌하였다(Dunham, 1970). 이러한 제도들의 실시는 연방에서 위임된 사회적 서비스를 계획하고 조직하며 관리 및 감독할 많은 훈련된 직원을 필요로 하게 되었다(Brown, 1940). 이같이 행정 훈련을 받은 직원의 수요가 급증하게 된 현상은 사회복지행정의 실천영역이 만들어지고 행정 발전의 기초가 형성된 것으로 볼 수 있다.

이러한 사회적 변화에 따라 사회복지대학들은 케이스워크를 중심으로 한 직접적 실천가를 양성하는 것에서부터 공공복지행정에 속하는 하나 혹은 그 이상의 과정을 두고 공공행정가를 양성하는 방향으로 교과과정을 개정하였다(Street, 1940). 개정된 교과과정을 이수한 학생들이 연방긴급구호청을 비롯한 지방긴급구호기관, 공공부조연방기관 등 공공기관과 각종 민간기관에서 효율적 운영에 참여함으로써, 사회복지행정 실천영역을 더욱 확고하게 하였다.

(2) 개념과 이론의 정립

사회복지행정의 개념 및 이론은 학자들과 사회사업대학에서 행정에 관한 집중적·전문적 교육을 받으면서, 실천가들이 협력하여 사회복지의 핵심적 지식, 가치, 기술과 체계적으로 관련되는 하나의 실천방법으로 정립하려고 노력하는 과정에서 발전하였다. 즉, 사회복지행정은 일반행정과는 다른 특성을 가지고 있으며, 그 실천에는 고도의 전문성이 요구될 뿐만 아니라 민주적이고 참여적인 과정, 인간관계 기술의 적용 등이 요구된다는 것이다.

사회복지행정의 개념과 이론을 정립시키려는 노력들은 다음과 같이 나타나고 있다. 첫째, 일반행정의 요소들은 모든 조직적 영역에 일반화될 수 있지만, 사회복지기관 및 사회복지서비스가 가지는 독특한 특성은 사회복지 영역에 실천되는 행정을 조건화한다. 따라서 사회복지행정은 사회복지조직 외에는 적용할 수 없는 독특성이 있으며, 그 특성은 급여와 서비스의 적합성, 클라이언트 중심의 서비스, 전문적 능력, 프로그램의 효과성, 운영의 효율성 등 서비스의 질을 강조하는 것이라고 보았다(Kidneigh, 1950).

둘째, 사회복지행정도 케이스워크, 그룹워크, 지역사회조직 등과 같은 전문성이 있는 방법론으로 확립하고자 하는 노력이다. 즉, 행정과 다른 전문적 방법론이 그 가치, 원리 및 지식과 기술 측면에서 서로 밀접한 관계가 있음을 확인하려는 것이었다. 그리고 사회복지행정가의 역할은 자신과 직원들, 기관 내·외의 많은 집단들, 그리고 그들 모두와의 관계 및 기관의 공식 목적과 구체적 목표 사이의 관계를 발달시키는 데 있다고 보았다(Johnson, 1947).

셋째, 사회복지행정은 일반행정보다 그 과정에 있어 민주적이고 참여적인 경향이 더욱 강조된다는 것이다. 사회복지행정 과정에서는 행정가에 의한 일방적 권력의 행사가 아니라 직원, 이사회, 자원봉사자, 회원 및 이용자를 포함하는 모든 집단 및 이해 관계자들이 참여하고 책임을 공유하는 것이 강조된다고 보았다(최성재·남기민, 2000). 사회복지행정 실천에는 독특한 기술과 전문적 지식이 요구된다는 점을 확인하는 과정에서 민주적 관점과 참여의 강조가 일반행정과 구별되는 것으로 나타나 사회복지행정의 실천영역과 개념, 이론, 원리 등이 정립되었던 것이다.

이와 같은 사회복지행정의 실천영역, 개념, 이론, 원칙들의 기초 정립은 행정을 단지 하나의 도구나 보조적인 것이 아닌, 독립적인 영역으로 확립되게 하였다(Trecker, 1946). 사회복지행정 영역의 확립은 사회복지행정 교육을 위한 기반 형성과 현재 사회사업방법론에서 사회복지행정이 동등한 위치를 확립하도록 하는 데 공헌하였다고 볼 수 있다.

1950년대까지 행정은 단순히 하나의 부속적인 도구라기보다 전체 사회사업 과정에 없어서는 안 될 중요한 부분이 되어가고 있음이 명백해졌다. 이와 같이 행정이 발전을 위한 발판을 굳히기는 했지만 그간 행정을 하나의 전문적 실천 방법으로서 인식하는 데는 계속적인 저항이 있었다. 그러나 이러한 저항에도 불구하고 사회사업대학들은 그 교과과정 속에 행정적 실천을 위한 프로그램을 발전시켰으며 또한 사회복지사들이 행정에 대한 교육을 받아야 한다는 생각은 많은 지지를 받았다. 사회복지행정이 다른 사회사업 방법들과 동등한 위치를 차지하려면 많은 연구와 발전이 있어야겠지만 그것을 위한 기초는 미흡하게나마 이 시기 동안 정립되었다고 볼 수 있을 것이다(신복기, 1984).

3) 정체기

사회복지행정은 실천영역 및 이론적 기초 정립을 바탕으로 1960년대 초반에는 상당한 발달이 기대되었는데, 그러한 기대는 다음과 같은 사실로 나타났다.

첫째, 1960년대 초반 사회사업가협회(NASW : National Association of Social Workers)의 후원하에, 사회복지 조직 및 행정에 이용할 수 있는 많은 이론들이 연구되었고, 또한 행정 발달에 대한 건의안이 발표되었으며(Fanshel, 1962), 사회복지협의회(NCSW : National Council of Social Workers)는 사회복지행정에 관한 요소를 다룬 많은 논문을 발표했다(Reed, 1961).

둘째, 1961년 사회사업교육협의회(CSWE : Council on Social Worker Education)가 사회사업대학 교과과정을 제시하면서, 그 속에 사회복지행정을 포함시키고 있었다(Skidmore, 1983). 또한 사회복지행정 영역에서 일하려는 실천가들을 위한 연구과정의 필요성이 주장되었고(Burns, 1961), 이러한 주장에 따라 사회사업교육협의회는 개별대학들이 사회복지행정 교육을 강화하는 교과과정을 인정하였다(CSWE, 1965).

셋째, 위와 같은 사회사업행정에 대한 전문적 관심의 증대와 사회사업대학에서의 행정교육 강조의 영향으로, 1963년 NASW 산하에 사회사업행정위원회(CSWA : Council on Social Work Administration)가 창설되었다(Trecker, 1977).

이러한 사실에 입각하여 1960년대 초반에는 사회복지행정의 주요한 발전이 이루어질 것으로 기대되었지만 불행히도 그러한 기대는 충족되지 못했다. 그러므로 1960년대는 사회복지행정 발달과정에 있어 하나의 정체기라 할 수 있다. 그 원인은 빈곤과의 전쟁(War on Poverty) 정책 수행이라는 커다란 사회적 변화 요구에 사회복지기관들이 적절히 대처하지 못한 데 대한 국민들의 불신과 사회복지행정의 대안으로 지역사회조직사업이 급격히 발달하였기 때문이었다.

(1) 사회복지기관에 대한 태도

1960년대의 미국 역사는 청년, 소수민족집단 등이 사회제도를 인식하고 관계하는 방식에 중요한 변화가 있었던 것으로 특징지어질 수 있다. 그와 같은 변화는 국가가 빈곤, 인종차별, 도시문제와 같은 사회문제를 잘 다루지 못한 데서 그 원인을 찾을 수 있었다. 즉, 미국은 경제적 풍요를 바탕으로 정치・경제・사회적으로 제도들을 혁신하여 빈곤문제를 비롯한 대규모 사회문제들도 효과적으로 해결할 수 있다는 신념을 가지고 있었다. 이러한 신념을 실현하기 위해 빈곤과의 전쟁을 비롯한 대규모 사회복지 프로그램들을 개발하였으며, 이러한 프로그램들의 효과적 관리와 실천을 위해 엄청난 재원을 투자하여 경제원조국(OEO : Office of Economic Opportunity) 및 지역사회행동기관(CAA : Community Action Agency)을 비롯한 수많은 기관들을 설립했다.

그러나 많은 노력과 재원의 투자에도 불구하고, 이러한 프로그램 개발과 관리 기관들은 빈곤문제를 비롯한 사회문제를 해결하는 데 실패하였다. 따라서 국민들은 문제해결에 실패한 지역사회기관에 대하여 비판과 불신을 나타내게 되었다. 특히 모리스와 레인(Morris & Rein, 1967)은 사회복지기관들이 클라이언트들에게 봉사할 책임을 태만히 하고, 변화하는 사회적 욕구와 조건에 적절히 대처하지 못할 뿐만 아니라, 서비스 급여보다는 기관의 유지와 안전에 더욱 치중하고 있음을 비판했다. 이러한 비판들은 사회복지 조직 및 기관에 대한 불신이 사회복지행정가에 대한 불신으로 연결되고 그것이 행정가의 결함 때문이라고 인식하는 국민들의 태도를 반영하고 있었다. 이러한 사회복지 기관 및 행정가에 대한 국민의 태도는 결국 사회복지행정의 발달을 정체시키는 결과를 가져왔던 것이다.

(2) 지역사회조직사업의 발달

지역사회조직사업의 역사에서 보면, 1960년대에는 사회변화와의 관계 속에서 지역사회조직사업의 전문적 발달이 이루어지는 시기이다(Dunham, 1970). 지역사회조직사업 실천은 그 당시의 인식으로는 사회복지사들에게 그들의 기술과 영향력을 가난한 사람들을 위해 사용할 수 있는 기회를 제공하였다. 이러한 맥락에서 볼 때, 지역사회조직사업이 하나의 실천방법으로 급속히 발전된 것으로 이해할 수 있다. 지역사회조직사업에서 이루어진 많은 이론적 연구는 행정에 곧바로 적용될 수 있는 것이 많았고 이 두 분야는 실제적인 면에서 서로 통하는 것이 많았으며, 기획, 시민의 참여, 이사회 및 위원회 활동과 같은 영역은

행정의 이론과 실천에 직접 적용될 수 있는 것들이었다. 행동적이고 개혁적인 지역사회조직사업의 특성은 미국 국민들로 하여금 그들이 지향하는 사회적 변화 및 욕구와 아울러 광범한 사회문제를 해결해 줄 수 있는 방법으로 인식하게 하였다. 지역사회조직사업은 그 당시의 인권운동과 인종차별방지운동 및 도시재개발운동 등 많은 사회문제 해결에 직접적으로 응용되었으며, 또한 많은 성과를 거두게 되었다.

사회복지행정에 대한 대안으로서 지역사회조직사업의 획기적 발달(Dunham, 1970)은 상대적으로 사회복지행정의 발달을 정체시키는 결과를 가져왔다. 그러나 지역사회조직사업의 발달과 사회복지행정의 발달은 결코 상호 배타적인 것은 아니었다. 즉, 지역사회조직사업의 지식을 기초로 사회복지행정의 지식이 보다 확장된 부분도 있었으며, 어떤 측면에서는 중복되는 부분도 있었다. 그러나 결과적으로 지역사회조직사업의 발달은 사회복지행정에 대한 관심을 약화시키는 결과를 가져왔으며, 이로 인하여 사회사업대학에서의 교육도 지역사회조직을 강화함으로써 사회복지행정의 발달을 저해했다는 것은 부인할 수 없는 사실이 되었다.

4) 발달기

1960년대는 지역사회조직의 발달로 인한 사회복지행정의 발전이 정체되는 시기였으나, 지역사회조직의 발달로 인한 많은 사회복지기관 및 프로그램의 개발은 사회복지행정 발달을 위한 여건을 만들어 주었다. 이 시기에 또한 연방정부에 의해 선포된 '빈곤과의 전쟁(War on Poverty)'과 관련해서 각종 시범 프로젝트들이 지원되었으며, 주·지방정부 후원으로 도시 중심에 설립된 지역사회행동(community action)기관들처럼, 비전통적이고 대안적인 서비스 조직들이 나타나게 되었다. 이들 지역사회에 기반을 둔 기관들은 관료제적인 구조를 최소화하기 위해 노력했고, 기관의 의사결정에 서비스 이용자들을 대폭 참여시키려 했다. 이러한 프로그램 특성으로 인해 사회사업가의 배경을 가진 관리자들이 많이 나타나게 되었다. 이 시기에 정부가 지원하는 지역사회정신보건센터

(CMHC : Community Mental Health Center)가 시작되었다. 여기에 사회사업가를 포함하는 다양한 분야의 관리자들이 조직 개발과 프로그램 혁신 등에 관한 새로운 관리 리더십을 경험하게 되었다. 이들에게는 기업가적이고, 성장 지향적이며, 정치적으로 활발한 유형의 리더십 스타일이 요구되었다. 이러한 경향은 전통적인 사회사업 케이스워크 실천방법에 입각한 지식이나 기술들의 범위를 벗어나는 것이었다. 1960년대는 미국 사회복지계에 행정의 이론과 실천이 발전되기 좋은 토양을 제공했다. 급속도로 증가하는 사회서비스 프로그램들로 인해 전문가들이 새로운 프로그램을 기획, 관리, 평가할 수 있는 기회가 많았던 것이다. 그럼에도 불구하고, 행정에 대한 관심은 여전히 낮게 나타나고 있었다. 사회사업전문직에서도 행정 지식의 발전보다는 전통적인 사회사업의 전문적 가치에 더욱 충실하려는 경향이 잔존하고 있었다.

1970년대 이후 미국에서는 사회사업전문직이 겪게 되는 위기 상황과 함께 사회복지행정에 대한 관심이 본격적으로 등장하게 된다(Austin, D., 1995). 뉴딜(New Deal)정책에 기반을 둔 정부가 다양한 사회 프로그램들을 증대시켜 온 결과, 1960년대에 들어서는 사회복지서비스의 폭발적인 신장을 가져오게 된다. 한편 이러한 서비스의 팽창은 이에 대한 반사작용으로서 사회적 우려도 커지게 하는 결과를 초래했다. 늘어나는 복지대상들의 의존성 심화와 같은 문제 등이 대표적이었다. 사회사업전문직은 행정발전의 요구에 적절히 부응하기 위해, 실천과 교육의 면에서 상당한 노력을 경주하게 되었다. 사회복지비용 절감이라는 1970년대의 시대적 요청과 함께, 사회복지행정에 대한 수요 증가는 사회복지행정에 대한 관심이 보다 확대되는 국면에 접어들게 하였다.

(1) 사회복지행정에 대한 관심

1960년대 후반부터 미국은 베트남 전쟁의 영향으로 계속적인 경제성장의 둔화와 만성적인 인플레이션으로 인하여 이전에 급격히 확장된 사회복지 프로그램의 비용부담이 어렵게 되었다. 이러한 재정상의 문제 때문에 1970년대부터는 기존의 사회복지 프로그램들 중에서 사회문제 해결에 필수적이면서, 효과성과 생산성이 큰 프로그램을 선택해야만 하는 상황에 직면하게 되었다. 따라서 정책결정자들은 사회복지 프로그램을 선택하는 데 전문적 정보를 제공해 줄 수 있는 사회복지행정가가 필요하게 되었다. 정책결정자들은 사회복지행정가에게 어떠한 프로그램을 선택하고 실시해야 할 것이며, 그 비용은 얼마가 소요되고, 어떠한 효과를 가져올 것인가에 대한 정보를 요구하였다. 이러한 요구들에 부응하기 위해서는 결국 사회복지행정가의 관심과 임무가 프로그램의 유지, 확장으로부터 프로그램의 해석, 선택, 통제 그리고 평가로 변화되지 않을 수 없었다. 이러한 상황에 대처하기 위해 사회사업전문직과 사회복지조직들은 새로운 행정 지식 및 기술 영역의 개발에 심혈을 기울이게 되었다. 즉, 사회복지조직의 관리·운영에 경험이 많은 전문가와 프로그램 관리자들은 새로운 시대의 욕구에 부응하는 데 필요한 기술과 지식들을 개발하고 발전시키게 되었다.

1970년대에 들어 닉슨(Richard Milhous Nixon) 행정부는 1972년 노령－유족－장애보험(OASDI)급여를 일괄적으로 20% 대폭 인상함과 아울러 연금급여의 수준을 물가수준 변동과 연계하는 자동지수제도(Cost of Living Adjustment)를 도입했으며, 1974년에는 보충적 소득보장제도(SSI : Supplemental Security Income)를 도입해, 종래 주정부가 운영하던 노인, 맹인, 장애인 등을 위한 공적 부조 프로그램을 연방정부가 운영하도록 전환했다. 그리고 1975년에는 종래 주정부가 대상에 따라 선별적으로 현금을 제공하던 개별적 사회복지서비스에 대해 통제를 강화하고, 연방정부가 재정지원을 하도록 하는 '타이틀20계획(Title XX)'을 시행하는 등 부분적인 변화가 있었다(인경석, 1998).

이러한 정부의 적극적인 복지정책으로, 국가예산 중 복지부문과 국방부문이 차지하는 비율이 1965년 각각 19%, 41%에서 1975년 38%, 25%로, 그리고 1982년에는 35%와 27%로 역전의 추세를 보였다. 이는 곧 전쟁(warfare)과 복지(welfare)의 우선순위가 바뀌었음을 나타내는데, 이것을 '부지중에 일어난 하나의 혁명(the revolution no one noticed)'이라고 말하는 사람도 있다(최항순, 2012).

(2) 전문적 문헌의 출현

1970년대의 사회복지행정의 발전에 대한 사회적 요청을 충족시키기 위해 사회사업대학들은 행정교육을 확장하였다. 1970년대 후반부터 미국 최초의 사회복지행정 교과서인 『사회복지행정(Administration in Social Work)』을 비롯해 사회복지행정에 관한 교재가 30여 종이나 출간되어 사회복지행정의 학문적 정체성 확립에 기여했다(최항순, 2012). 이러한 사회복지행정 교육의 확산은 행정실천 방법에 대한 학문적 관심을 증가시켜 CSWE, NASW, NCSW 등에서도 행정실천에 관한 많은 논문을 게재하여 발전적인 토론의 장을 제공하였다. 그 결과, 1970년대에는 사회복지행정에 관한 전문적 문헌과 잡지가 출현하게 되었다. 그중에서도 사회사업행정의 발전에 크게 공헌한 문헌은 『사회사업행정(Social Work Administration : A Resource Book)』과 『사회사업행정 사례집(A Casebook in Social Work Administration)』이다(Skidmore, 1983). 이러한 문헌의 출현은 사회복지행정 발달의 중요한 계기를 제공하였고, 특히 정기적인 저널의 출현은 사회복지행정의 이론에 관한 전문적 논의를 용이하게 했으며, 행정 연구를 위한 풍부한 자료들을 제공해 주었을 뿐만 아니라 행정실천을 위한 지식과 기술을 검증하는 데 공헌하였다(Austin, 1981). 그 결과로 사회복지행정의 원칙, 이론, 역할 등에 대한 다양한 사례 및 모델이 정립되었다고 할 수 있다.

5) 새로운 도전과 응전기

1980년대에 들어 레이건(Ronald Wilson Reagan) 행정부는 프리드먼(Milton Friedman) 등의 신자유주의의 영향으로 종래 1960년대부터 성립, 전개되어 왔던 복지행정에 중대한 수정을 가했다. 그것은 종래에 비해 좀 더 보수적인 입장에서 크게 축소된 복지행정을 의미하는, 이른바 레이거노믹스(Reaganomics)로, 그 이론적 기반은 다음과 같다. 즉, ① 복지에 대한 정부예산의 지출은 최소화되어야 하며, ② 특히 연방정부는 복지사업에 대한 관련을 최소화해야 하고, ③ 정부로부터의 복지원조는 꼭 필요한 사람(the truly needy)에 한해 단기적이어야 한다는 것이다(김해동 · 정홍익, 1985).

사회복지서비스 전달체계에 있어서 민영화(privatization)의 시도가 본격화되고, 그에 따라 서비스 구입계약과 보조금에 의해 유지되는 많은 민간 사회복지기관들이 생겨났다. 이러한 민관기관들에서는 행정적 전문지식을 갖춘 실무자들을 더욱 필요로 하게 되었다. 실제로 1981년부터 1985년 사이에 사회복지행정 실무자의 비율은 27.8%에서 36.5%로 증가하였다(Chess, Norlin, & Jayaratne, 1987). 이 시기에 많은 사회사업 교육자들이 미국의 사회사업 교육에 있어서 행정적 지식의 필요성을 역설하게 되고 사회·환경적 요인과 사회사업전문직의 상황들로 말미암아 사회복지행정에 대한 실질적인 관심이 집중된다. 행정은 사회사업 방법으로서 중요한 위치를 차지하게 되었고 교육, 실천에서 행정의 사회사업에의 접목화 노력이 가속화되었다.

1980년대 이후 레이건 행정부에 의해 가속화된 연방정부의 사회복지 역할 축소 정책과 함께 1990년 이후에 급변하는 사회복지환경의 변화는, 첫째, 기획에서 서비스 전달까지 직접 담당했던 거대 공공 관료조직들이 퇴조하게 되었고, 둘째, 계약이나 서비스 구입 등의 방법을 통한 민간 부문의 직접서비스 전달에서의 역할 증대, 셋째, 민간과 공공의 엄격한 조직적 구분의 퇴조, 넷째, 서비스 목적 실현을 위해서는 느슨하게 연결되어 있는 다양한 서비스 조직들을 연계할 서비스 전달체계의 통합이 필요하다는 인식의 확산, 다섯째, 사회복지서비스의 책임성에 대한 구체적인 행정실천 등이다(김영종, 2001).

이러한 사회복지환경의 변화는 사회복지행정을 통한 효율성과 효과성의 강화를 요구하는 도전이기 때문에 이러한 도전에 대응하기 위한 시도가 나타나게 되었다.

(1) 민간참여 강화

도전에 대한 우선적 대응은 사회복지서비스의 제공 및 그 전달체계를 민간화하는 것에서 시작하였다(Austin, 1995). 1980년대 이후, 사회복지 부문의 민영화와 프로그램 축소 등에 따라 사회복지 프로그램에 대한 엄격한 관리와 분석, 자원동원 등의 능력을 갖춘 관리자에 대한 수요가 증가하게 되었으며, 1990년대 이후에는 사회복지 분야에서 재정 관리와 마케팅이 점차 강조되고, 사회복지조직들의 합병과 연합 등 새로운 경영 기법과 가치관이 확대되어 가고 있다. 여기서 민영화(privatization)는 공공조직을 키우지 않으면서도 서비스의 다양성과 범위를 확대하기 위한 것으로, 세금자원으로 공공조직을 운영하지 않고, 대신에 프로그램 보조나 서비스 구매 등의 방법을 통해 민간 부문의 서비스 역량을 활용하려는 것이다. 그 결과 서비스 구매 계약과 보조금으로 유지되는 많은 민간 사회서비스 기관이 만들어졌으며 이로 인해 사회사업가들이 행정관리자로서 활동할 수 있는 기회와 폭이 넓어졌다. 즉, 정부의 부담을 줄이면서도 서비스의 다양성과 범위를 확보할 수 있도록 하기 위해, 정부 재원으로 공공복지조직을 운영하는 대신 민간 사회복지 프로그램에 대해 정부가 보조금을 지급하거나, 민간서비스 구입계약을 체결하는 방법 등으로 민간 부문을 적극 참여시키는 것이었다(최항순, 2012). 그 결과 민간서비스를 판매하거나 정부 보조금에 의해 운영되는 많은 민간복지기관들이 설립되었고, 심지어는 이윤추구를 목적으로 하는 기업들까지 사회서비스 조직 및 프로그램에의 참여가 가속화되어, 결과적으로 이를 효율적으로 관리할 행정적 전문지식과 기술을 겸비한 행정가를 요구하게 되었다. 사회복지서비스 제공 및 그 전달체계에 민간의 적극적 참여로 인해 나타난 또 하나의 변화는 공공기관과 민간기관이라는 전통적인 구분을 어렵게 만드는 복합적인 복지조직들이 등장하였다는 것이다.

이러한 새로운 조직 형태의 등장은 전통적인 민간서비스 기관, 관립 민영기관, 공공기관 등의 구분을 점차 희미하게 만들어 소위 제3섹터적인 복지조직의 형태가 나타났다.

(2) 조정, 연계의 강조

1990년대에 들어서도 미국사회에서 나타나고 있는 보수주의적 성향으로 사회복지 프로그램의 지속적인 비용긴축이 진행되었다. 따라서 사회적 자원을 활용하는 데 따르는 책임성은 사회복지전문직이 당면한 과제로 지속되어 왔다.

1993년 집권한 클린턴(Bill Clinton) 행정부에서, 1996년 개인 책임 및 노동기회조정법(PRWORA)을 제정함으로써, 미국 공공부조 역사에 획기적인 변화가 일어나게 되었다. 이 법의 취지는 복지 의존을 감소시키고 개인의 책임과 근로를 통한 자립을 강조하려는 것으로, 이로 인해 근 60년의 역사를 가진 미국의 공공부조 프로그램인 요부양아동 가족부조제도(AFDC)가 폐지되고 빈곤가족 일시부조제도(TANF : Temporary Assistance for Needy Families)로 대치되었다.

TANF 프로그램은 빈곤가족의 취업이나 결혼을 장려해서 빈곤층의 행동변화를 유도하고, 복지 의존을 감소시키는 것을 주된 목적으로 한 제도로, 이의 실행을 위해 개별 대상자의 생애주기 중 총 복지 수급기간을 정해두고 프로그램 실행의 주된 권한과 책임을 주정부에 이양했다. 1998년 인력투자법(WIA)이나 부시(George Walker Bush) 행정부의 2005년 적자감축법(DRA) 등에서 나타난 바와 같이 공공의 복지서비스를 민영화, 지방화, 시장화(영리화)하려는 신자유주의적 기조를 유지해 오고 있다. 이로 인해, 미국의 사회복지 전달체계는 공급주체가 지방정부, 민간비영리조직, 영리조직 등으로 다양화되고 또 이들 간의 연결망 회로가 다선화되는 추세를 보이고 있다(최항순, 2012).

한편 1990년대 초부터, 사회복지 전달체계에서 공공과 민간 조직이라는 전통적인 구분을 파괴하는 복합적인 조직 형태들이 나타났다. 새로운 복지조직 형태의 등장으로 전통적인 중앙집권적 공공 관료조직들이 점차로 기능적 혹은 지리적으로 탈집중화되어 느슨하게 연결된 공공서비스 조직들에 의해 대체되기 시작하였다. 즉, 실질적인 서비스 제공은 자신들이 직접 담당하지 않고, 다양한 차원의 서비스 제공조직들을 연결하는 역할만을 담당하게 되는 것이다(김영종, 1998).

따라서 이러한 조직을 관리·운영하는 행정가에게는 직접적 서비스에 관한 지식과 기술보다는 구입이 필요한 서비스의 선택과 계약의 체결, 서비스의 조정 및 연계, 직접서비스 기관의 지도·감독과 통제, 평가 등에 대한 지식과 기술에 대한 훈련과정을 더욱 효과적으로 시행할 것을 요구하였다(Patti, 1983). 또한 지역사회를 중심으로 제공되는 서비스들을 연계하면서 그 효과성과 효율성을 제고시킬 수 있는 망(network)이 구축되어 가고 있다. 따라서 제각기 다른 유형의 자금원을 가진 기관들이 차츰 복잡한 연계망을 형성하고, 유사한 정보시스템을 공유함으로써 급격하게 변화하는 정보교환 기술에 대한 합의를 이루기 위해 노력하고 있다. 민간기관들은 점차 대규모화되어 다양한 프로그램과 복합적인 자원 제공처를 갖게 되었는데, 서비스 구매 계약과 보조금에 의한 프로그램 개발 및 운영 등이 일반화되면서, 연방정부와 주정부 및 공동모금회를 비롯한 다양한 민간지원법인과 단체들이 주요 자원제공처로 등장하게 되었다.

이처럼 자원제공처의 다양화 및 효율적인 서비스 연계망 구축을 요구하는 사회복지환경의 변화는 사회복지행정가의 조정 및 연계의 역할과 책임성을 요구하게 되었다. 지금까지 논의한 미국 사회복지행정의 역사를 정리하면 <표 2-1>과 같다.

〈표 2-1〉 미국 사회복지행정의 역사

인식기	19세기 말 ~ 1930년대 초반	• 사회복지행정에 대한 최초 관심 • 사회사업교과과정에 최초로 행정 등장(1914) • Abbot : 1927년 사회사업가들에게는 공공복지행정을 포함하는 교육과정이 필요함을 언급 • Dunham : 사회복지행정을 실천의 보조적 방법으로 인식 • Hagerty : 교과과정 속에 행정에 관한 내용을 포함시켜야 한다고 주장 • Milford회의(1929) : 사회사업 기본기술 및 행정을 포함한 교과과정 제안 • 미국 사회사업대학협의회의 채택, 교과과정에 행정이 선택과목으로 포함(1923)
기초 정립기	1930년대 중반 ~ 1950년대 후반	• 연방긴급구호청(1934) 설립 : 대공황 극복을 위한 실험문제 해결 시도 • 사회보장법 제정(1935) : 연방, 주 공적부조제도 창설-행정발전의 기초 형성 • 사회복지행정의 개념과 기초의 정립-행정을 독립적인 영역으로 확립
정체기	1960년대	• 사회사업협회에서 행정 관련 이론 연구 및 행정발달에 대한 건의안 발표 • 사회복지협의회에서 사회복지행정에 관한 요소를 다룬 논문 발표 • 사회사업교육협의회(1961) : 사회복지행정 교육을 강화하는 교과과정 인정 • NASW 산하 사회사업행정위원회(1963) 창설 • 사회복지기관에 대한 불신, 지역사회조직사업의 발달-행정발달의 정체
발달기	1970년대 ~ 1980년대 중반	• 프로그램 비용 부담의 어려움, 사회복지정책 선택문제에 직면-새로운 관리기법의 도입 • 1975년까지 미국 84개 대학 중 19개 대학이 사회복지행정이라는 과목으로 교육

		• 1977년에는 사회복지행정을 필수과목으로 하는 대학이 5개로 증가 • 행정 관련 논문 수의 급증 • 사회복지행정에 관한 문헌과 잡지 출현-원리, 이론, 역학, 모델정립 • 1976년 최초의 정기적 저널인 『사회사업행정』 창간
새로운 도전과 응전기	1980년대 후반 ~ 현재	• 레이건 행정부의 사회복지 역할 축소 이후 사회복지행정에 대한 도전과 응전 • 민간의 사회복지행정에의 참여 증대(공공관료조직 퇴조, 민간부문의 직접서비스 전달에서의 역할 증대, 민간·공공의 엄격한 조직적 구분 퇴조) • 조정, 연계, 책임성 이행 기술의 강조(서비스 연계조직의 출현과 자원제공처의 다양화)

출처 : 김영종(1998).

2. 영국 사회복지행정의 역사

영국은 자본주의적 사회변화에 따른 사회복지제도의 발전을 선행했던 나라다. 영국은 1940년대에 들어 현대적 사회보장제도를 확립하고 복지국가를 실현했다. 영국에서의 사회복지행정은 '사회행정'으로 불리며, 사회서비스와 복지국가를 서비스 조직이나 전달과 관련해서 접근한다(Spicker, P., 2008).

14세기 중엽 전 유럽을 휩쓴 흑사병[1]은 인구를 급격히 감소시켰으며, 수많은 유랑민들을 발생시켜 봉건사회의 뿌리를 흔들었다. 영국은 1601년 엘리자베스 구빈법(The Elizabethan Poor Law)을 제정함으로써, 빈민 구제에 관한 국가책임을 세계 최초로 인정하여 어느 나라보다도 사회복지의 발달에 선구적 역할을 해 왔으나, 현대적 의미의 사회보장제도 도입은 독일보다 다소 늦게 20세기 초에 이르러 비로소 시작할 수 있었다. 영국의 사회복지행정은 19세기까지는 구빈행정 수준에 머물러 있었으며, 20세기에 들어서서, 특히 두 차례의 세계대전을 겪은 후에야 체계화되었다. 그리고 영국 사회복지행정의 역사적 경험과 그로부터 도출된 지식은 많은 나라에 전파되어 적지 않은 영향을 미쳤다.

---

1) 영국의 경우 1348년과 1349년 2년 동안 영국 인구의 약 2/3가 흑사병으로 생명을 잃었다.

1) 절대왕정의 성립과 엘리자베스 구빈법(1601년)의 성립

영국에서 빈민이 사회문제로 처음 등장하게 된 것은 16세기 전반의 일이며, 당시의 빈민들은 장원 혹은 어떤 봉건영주에게도 예속되지 않는 개인들이었다.

영국에서 근대적 의미의 사회복지제도의 등장은 절대왕정 시대의 도래와 거의 일치한다.[2] 중세 장원(裝園)제도[3]를 중심으로 약 10세기 동안 지속되었던 봉건주의가 붕괴되고 절대왕정 시대(15세기 말~17세기)로 접어들면서 영주와 교회 중심의 종래의 구빈 체제는 와해되고 국가 책임의 빈민구제행정으로 대치되었다. 절대왕정에서 추진되었던 중상주의 정책과 양모무역산업 등으로 대규모 인클로저운동(enclosure movement)[4]이 일어나게 되는데, 이에 따라 많은 수의 농민이 토지에서 내쫓기어 빈민과 부랑인으로 전락한다. 한편 이와 유사한 시기에 진행된 종교개혁으로 말미암아 수도원들이 수행해 왔던 빈민에 대한 구제사업들이 없어지게 되었다.[5] 이러한 과정에서 빈민에 대한 여러 입법 및 조치가 이루어졌는데, 이들은 빈민의 구제보다 오히려 빈민에 대한 통제의 성격이 강한 것들이었다.

먼저 1349년에 에드워드 3세(Edward Ⅲ)는 당시의 노동력 부족 현상과 이에 따른 급격한 임금 상승에 대처하기 위해 노동자조례(The Statute of Laborers)를 제정했으며, 1531년 헨리 8세(Henry Ⅷ)는 시장이나 치안판사로 하여금 빈민의 구호신청조사와 걸인의 등록제를 내용으로 하는 법령을 제정하게 하고 1536년에는 노동이 가능한 빈민을 취업하게 하는 반면 걸인이나 부랑자에 대해서는 처벌을 규정한 영국 최초의 정부 후원으로 공공구호(public relief)를 시행했다.

---

2) 영국 역사에서 중세는 앵글로 색슨족인 로마제국의 지배에서 벗어난 450년경부터 튜더(Tudor)왕조가 들어서 왕권강화의 계기가 마련된 1485년경 전까지의 약 1,000년의 기간으로 보는 견해가 일반적이다. 그 전을 고대라 하고, 그 후를 절대왕정의 시기라 본다.

3) 영국의 매너(manor), 프랑스의 세너리(seigneurie), 독일의 그룬드헤어샤프트(Grundherrschaft) 등이 보통 장원이라고 번역된다. 장원이란 일반적으로 각 지역의 사적(私的) 대토지소유제를 뜻한다.

4) enclosure는 울타리를 친다는 의미이다. 토지가 농지로 사용되면 많은 노동력이 필요하나 목축지로 사용되면 울타리 안의 양을 먹이고 돌보는 몇 사람의 노동자면 충분하다. 따라서 enclosure는 양이 농민을 쫓아내는 결과를 가져왔다.

5) 절대왕권이 교회를 지배하는 과정에서 수도원을 해산한다. 1536년 영국 왕 헨리 8세에 의해 수도원 해산법이 만들어져, 수도원의 막대한 토지 재산 등이 국가에 귀속되었다.

이어 1572년 엘리자베스 여왕 1세(Queen Ellizabeth Ⅰ)는 구빈자금 조달을 위한 세제의 도입 및 민생위원을 지정하게 하고, 노인, 맹인, 불구자 등을 위해 구빈원을 설립했다. 이러한 빈민구제에 관한 법제들은 튜더왕조의 구빈정책을 모아 1601년 엘리자베스 구빈법으로 집대성을 보게 되었는데, 엘리자베스 구빈법은 '억압을 통한 구제'가 핵심이었다. 이 법은 교구 단위의 자선행위로서 행해지던 빈민구제가 국가의 구빈세(relief tax)에 의해 행해지게 되는 계기를 마련했다는 데에 그 의의가 크다.

엘리자베스 구빈법은 빈민구제와 더불어 많은 빈민과 부랑아들의 걸인 행각 등을 금지하고 사회질서 유지를 목적으로 하고 있는데, 그 주요 내용은 다음과 같다(이계탁, 1995).

첫째, 행정조직의 단위를 교구(parish)에 두고, 교회조직을 세속적 행정조직으로 포함시켜 치안판사(justice of the peace)의 감독하에, 빈민감독관(overseers of the poor)을 두어 빈민의 구호신청 접수, 생활실태조사, 구호자격 판정 등 빈민구제의 사무를 행하도록 했다.

둘째, 빈민 구제를 위한 재원 확보를 위해 구빈세(poor tax) 거출을 교구민에게 의무화했다. 당시 사적 기부금이나 벌금과 같은 보충적 재원이 있기는 했으나, 구빈세가 빈민 구제의 주요 원천이었다.

셋째, 구제 대상자를 ① 노동능력이 있는 빈민(the able-bodied poor), ② 노동능력이 없는 빈민(the impotent poor), ③ 공적 부양을 필요로 하는 아동(dependent children) 등으로 구분해 각각 대책을 강구했다. 즉, 노동능력이 있는 빈민에게는 일자리를 제공하고, 만약 노역을 거부했을 때에는 구빈원 보호(indoor relief)를 원칙으로 하되, 거처할 곳이 있어 그것이 더 적은 비용이 드는 경우, 집으로 식량, 옷 연료 등을 보내주는 거택보호(원외구호, outdoor relief)도 가능하게 했다. 또한 고아나 기아 등 아동 중 노동능력이 있는 8세 이상의 경우, 남자는 24세, 여자는 21세까지 도제봉공에 강제되었다.

넷째, 구제 대상자는 구호 신청을 요건으로 하고, 해당 교구에서 3년 이상 거주한 자에게 신청자격을 통제했다. 당시 빈민(paupers)이 된다는 것은 참정권

박탈, 이주 제한 등 일반 시민으로서의 권리를 상실하는 일종의 낙인이 찍히는 것으로서, 이 제도는 수혜자를 가급적 억제하려는 의도가 내재되어 있었다.

다섯째, 빈민구호의 수준은 구호받지 않는 사람들 중 가장 생활수준이 낮은 경우보다 나을 수 없도록 하는 열등처우의 원칙(principles of less eligibility)에 입각했다.

엘리자베스 구빈법은 종래 봉건주의 시대의 자선 중심 구빈과는 달리, 지방 교구의 공적 책임 아래 조직화, 공식화된 빈민구호를 행하는 원칙을 수립했다는 데 그 의의를 찾을 수 있으나, 빈민의 구제보다 오히려 빈민에 대한 통제에 초점을 두었다는 점에서 한계가 있다.

그 후 구빈법은 절대왕정의 부르주아적 중상주의로의 전환으로 점차 분권화되어 교구로 위임되는 경향을 보였고, 자본주의의 발전으로 저임 노동력을 대량으로 확보할 필요가 있게 됨에 따라 정주법, 노역장법, 작업장테스트법, 길버트법, 스핀햄랜드법, 신구빈법 등의 제정으로 적지 않은 변화를 초래하게 했다(김수신 · 정홍익, 1996).

구빈법 행정의 재원은 구빈세에서 마련했다. 구빈세는 주로 재산세나 주민세 등의 방식으로 염출되었으며, 사적 기부금 등으로 보충되기도 했다. 구빈법을 집행하는 사람을 빈민감독관이라 했는데, 빈민을 선별하고 구빈세를 징집하는 역할을 수행했다. 1601년 엘리자베스 구빈법으로 집대성된 영국의 구빈제도는 이후 다양한 변천과정을 거치지만, 그럼에도 향후 약 300년간 영국에서 국가의 책임하에 이루어지는 사회복지 제도의 기본 골격으로 유지되었다. 이것은 당시 영국의 식민지였던 미국에도 계승되었으며 현재까지도 다른 많은 나라들의 공공부조 행정에 상당한 준거가 되고 있다(Friedlander, W., & Apte, R., 1974).

2) 구빈법의 변천(1601년 이후~19세기 전반)

1601년 엘리자베스 구빈법은 당시 영국의 강력한 절대왕권에 의해 중앙집권적 빈민 통제를 가능하게 했다. 그러다 1650년대 전후의 사회적 변화에 따라 중앙집권적 구빈제도가 분권화되어 교구에 위임되게 된다. 그러자 재정에 부담이 된다는 등의 이유로 교구들 간에 이주 빈민을 거부하는 현상이 나타났고, 한편으로는 농경 기반의 귀족들이 농촌 노동자들의 이주를 막으려는 현상도 나타났다. 이런 상황에서 1662년 정주법(Settlement Act)이 제정되었다. 주된 내용은 당시 각 교구가 자기 교구 내의 빈민 보호 책임을 가지고 있었던 체제에서 구빈행정에 소요되는 비용을 최소화하기 위해 각 교구로 하여금 그 관할구역 내에 새로운 빈민이 유입했을 경우에는 특별한 사유가 없는 한 이들을 본래의 거주지로 송환하도록 한 제도로, 교구에 이주해 오는 사람이 장차 구빈법의 대상자가 될 것으로 판단되면 40일 이내에 추방할 수 있도록 한 것이었다.

1696년에는 작업장법(Workhouse Act)이 제정되었다. 당시 네덜란드 방식의 구호소를 본떠서 빈민구제와 노동력 활용의 목적을 묶기 위한 것이었다. 이후 작업장법은 1722년 작업장테스트법(Workhouse Test Act)으로 개정되는데, 빈민에게 구제의 조건으로 작업장 수용을 강제화하는 것 등을 내용으로 했다. 그러나 영국에서의 작업장은 열악한 환경으로 인해 생산의 효율성과 경쟁력이 떨어졌고, 빈민을 혹사시키고 노동력을 착취하는 것에만 유용했다는 비난을 받았다(남기민, 2005).

18세기 후반에 들어 영국은 산업혁명을 시작한다. 이제까지의 농업사회적 양식이 빠르게 산업사회적 양식으로 변모해 갔다. 영국에 나타난 초기 자본주의의 축적과정은 많은 수의 임금 노동자들을 빈민계층으로 전락하게 만들었다. 종래의 구빈제도로는 이러한 새로운 산업 노동자 계급의 빈민에 효과적으로 대응하기 어렵게 되었다. 그래서 새로운 형태의 구빈제도들이 등장하게 되는데, 대표적인 것이 길버트법과 스핀햄랜드법이다.

1782년 길버트법(Gilbert Act)은 노동력 있는 빈민에 대한 원외구호를 인정해 주고, 노동 수입만으로 생활이 유지되지 않으면 부족한 액수를 보충해 준다는 것이었다(김동국, 1994). 길버트법은 작업장의 비인도적인 환경을 비판하면서 빈민들이 집에서 구호를 받는 재가복지의 길을 열었다.

엘리자베스 구빈법 역사상 가장 의미 있는 법은 1795년에 제정된 스핀햄랜드법(Speenhamland Act)으로, '보편실행표(table of universal practice)'라는 기준을 만들었는데, ① 구호 금액의 결정기준을 가족의 최저 생계유지 비용선에 두고, ② 최저 생계비 이하의 임금 노동자들은 '식품척도(bread-scale)' 기준을 적용해 보충해 준다는 것이었다.

스핀햄랜드법은 18세기 후반의 정치, 경제, 사회적 변화가 반영되어 생성된 것이었다. 18세기 초부터 지속되어 왔던 경제적 호황이 끝나고 1790년대에 접어들자 불황이 다가왔다. 또한 1793년부터 1815년 사이에 걸친 프랑스와의 전쟁과 이 시기에 전개되었던 산업혁명은 영국사회에 많은 영향을 미쳤다. 전쟁은 물가를 상승시켰으며, 제2차 엔클로저(enclosure)운동으로 농민은 더욱더 궁핍해졌다. 산업혁명으로 인해 수공업자들이 몰락했으며, 농촌 가내공업도 쇠퇴하기 시작했다. 인접한 국가인 프랑스에서 혁명이 일어나는 것을 목격한 영국의 지배자들은 영국에서도 일어날 가능성이 있는 빈민폭동을 의식하기 시작했다. 이러한 시대적 상황과 전쟁, 흉작에 대한 일시적인 대책으로뿐만 아니라 혁명을 예방하기 위해서도 구빈정책이 필요하게 되었다.

또한 인구감소에 대한 우려도 빈민구제를 부추겼다. 당시 일부 학자들은 변변치 못한 자료에 근거한 것이기는 하였으나 18세기 인구 성장률이 대단히 낮거나 마이너스라고 밝혔다. 경제성장을 위해서 노동인구의 확충은 필수적이었기에 당시 수상이었던 피트는 가족 수에 따라 정부의 빈민수당을 늘리는 법안을 도입하기도 했다. 스핀햄랜드법은 이러한 구빈대책 중의 하나였다. 스핀햄랜드법은 노동자의 임금이 생계유지에 필요한 빵의 구입에도 미치지 못하는 경우, 그 부족분을 교구가 구빈세에서 지급해 주는 임금보조 성격을 지닌 법이었으며, 이 법으로 인해 노동자들은 가족의 규모와 빵값의 변화에 따라 그들의 임금을 보충받는 임금-물가 연동의 사회적 보호를 받게 되었다. 사회보장에 있어서 가족의 규모가 임금과 생활수준에 미치는 영향을 고려했다는 사실은 역사적으로 처음 있는 일이었다(박병현, 2008). 스핀햄랜드법은 사회복지의 기본 철학인 생존권(right to live)을 처음 도입함으로써 폴라니(Polanyi, 1944)의 표현에 의하면 '사회적 · 경제적 혁신'을 가져왔다. 스핀햄랜드법은 산업혁명이 진행되던 시기에 도입되었다.6) 이 법은 당시 발생하는 시장체계로부터 생존권을 보장하는 제도로 출발하였지만 고용주의 요청으로 정주법이 철폐되고 난 뒤, 임금수준이 높은 공업지역으로의 인구이동에 대응하여 농촌사회를 지키려는 절박한 노력이 담겨 있었다(Polanyi, 1944). 즉, 스핀햄랜드법은 자본주의 시장경제의 확립에 대한 봉건사회의 마지막 대응이었다. 그러나 스핀햄랜드법은 빈민들에게 생존권 개념의 보조금을 지급하는 사회복지체제는 받아들일 수 없다는 개인주의적 성향이 강한 자유방임주의가 널리 받아들여지면서 오래 지속되지 못하고 한 시대의 종말의 상징이 되었다.

스핀햄랜드법은 가족의 수와 식량의 가격을 고려하여 표준생활비를 산출하고 노동자의 소득이 거기에 미치지 못할 때 그 부족분을 교구의 구빈세 재원에서 보전해 주는 제도였다. 현대적인 의미에서 본다면 스핀햄랜드법은 중산층 이상이 납부한 세금에서 가족의 수와 물가 상승률까지 고려하여 빈민들에게 생활보조금을 제공함으로써, 빈민들의 생존권을 보장해 주는 것이다.

길버트법과 스핀햄랜드법은 노동 빈민에 대한 최저생계비 보장과 원외구호를 확산하는 계기를 마련했다는 긍정적 측면이 있었고, 법 제정 구호를 확산하는 계기를 마련했다. 하지만 다른 한편으로는 법 제정 의도와 다른 부정적인 결과가 초래되었다는 평가도 나타났다. 고용주들은 표준임금만을 지급하고, 많은 노동자들의 생계유지 책임을 구빈제도에 떠넘겨 버렸다. 구호대상자들의 수가 늘어나면서 구빈세율은 자꾸 높아지고, 시민들의 부담도 증가했다. 구빈을 교구별로 책임지는 제도였으므로, 지역들 간 부익부 빈익빈 현상과 같은 불균

---

6) 18세기 후반부터 산업혁명이 본격적으로 추진되면서 영국 경제는 급격한 팽창과정을 겪게 되었다. 영국에서 산업화가 급속하게 진행될 수 있었던 것은 국내 수요의 확대와 값싼 노동력의 증가였다. 영국의 인구는 1700년에서 1820년 사이 2배 이상 늘어났다. 인구증가에서 중요한 사실은 전체인구는 늘어났지만 농업인구는 줄어들었다는 점이다. 1759년 48%를 차지했던 농업인구는 1801년에는 40%로 감소했으며 1841년에는 25%로 감소했다(차명수, 2000). 또한 증기기관의 발명으로 기계화가 확산되면서 생산성이 획기적으로 향상되었다. 산업혁명 과정에서 1788~1830년 사이 철강의 생산은 6배로 늘어났고 1760~1820년 사이 면직물의 생산은 60배로 늘어났다. 1820년대에 이르러서는 산업부문의 비중이 처음으로 전체 생산의 54%를 넘어섰다.

형 문제도 심각하게 나타났다.[7]

18세기 후반에 들어서 영국의 자본주의는 자유주의적 사상에 의해 뒷받침된다. 당시 일어난 자유주의 사상은 구빈법의 실행을 강하게 비판한다. 애덤 스미스(A. Smith)의 자유방임 경제이론, 벤담(J. Bentham)과 타운센드(J. Townsend) 목사, 존 스튜어트 밀(J. S. Mill) 등의 인도주의나 도덕적 근거에 기초해서 구빈제도의 폐지까지 주장했다.

스핀햄랜드법은 당시의 개인주의적 빈곤관을 지닌 자유방임주의자들에 의해 신랄한 비판을 받았다. 스핀햄랜드법을 비판한 당시의 대표적인 사상가는 제러미 벤담(Jeremy Bentham)과 토마스 맬서스(Thomas Malthus)였다.

벤담은 각 개인의 사적 이익 추구는 시장에서 자연스럽게 조화로운 상태에 도달하게 되어 있다고 믿었다. 그러나 그것은 어디까지나 '정상적인 시장'에서 가능한 것이었다. 그에 의하면, 정부의 역할은 시장이 정상적으로 가동될 수 있도록 파수꾼 노력을 하는 것이며, 개인의 활동을 국가 권력이 제약하는 것은 공리주의 원칙에 어긋나는 것으로 보았다. 벤담은 구빈법을 통한 국가 복지, 공장조건의 통제에 대한 입법, 실업대책으로서의 공공작업장 제도는 찬성했지만 그것은 어디까지나 시장의 정상적 기능을 유지시키기 위한 방법으로 보았다. 즉, 벤담에게 있어서 진정한 사회복지는 시장기능에 의해 자연발생적으로 이루어지는 것이었고, 국가의 역할은 시장의 정상적 가동을 담보하기 위한 단순보조 활동에 그쳐야 한다는 것이었다(허구생, 2002).

맬서스도 스핀햄랜드법을 비판했다. 맬서스는 그의 대표 저작인 『인구론(Essay on the Principle of Population)』에서 빈곤에 대한 정부의 구조책임을 규정하고 있는 스핀햄랜드법은 인구를 증가시키고 빈민들의 생활수준을 더 낮게 만들 뿐만 아니라 빈민들의 수도 증가시킨다면서 폐지를 주장하였다. 그는 1798년 『인구론』 초판에서 다음과 같이 썼다.

---

7) 현재에도 사회복지공급에서 지방자치를 강조할 때 필히 거론되는 문제이다.

> 영국의 구빈법(스핀햄랜드법)은 빈민들이 가족을 부양할 능력이 없으면서도 결혼을 하게 하여 경제적 생산을 증가시키지 않고 인구를 증가시키는 결과를 초래하고 있다. 인구증가로 인해 식량이 훨씬 더 적게 배분되어 교구로부터 보호받을 수 없는 노동자들은 식량을 전보다 더 적게 구입할 수밖에 없게 된다. 그 결과 점점 더 많은 노동자들이 구호를 신청하게 된다. 작업장(workhouse, 일반적으로 사회에서 가장 가치가 적은 사람이라고 생각되는 사람들이 수용되어 있는)에서 소비되는 식량은 근면한 사람들에게 돌아가야 할 식량을 감소시킴으로써 근면한 사람들의 독립심을 저하시킨다(인구론 제6장, Rimlinger, 1971).

맬서스는 이와 같이 스핀햄랜드법이 비생산적인 경제적 결과 이외에도 사회에 해악을 끼친다고 강조했다. 그는 빈민구제가 빈민들뿐만 아니라 근면한 사람들의 자립정신도 해친다고 주장했다. 그는 빈민들은 자신들이 당하고 있는 곤경을 지배자의 탓으로 돌리는 습관을 가졌다고 비판하면서, 빈곤은 장래에 대한 대비와 검약정신이 결여되어 발생한 것이며, 빈민들을 구호하는 것은 자연법을 거역하는 것이고 더 큰 불행을 낳는다고 보았다. 그래서 맬서스는 스핀햄랜드법을 폐지함으로써 인구증가를 억제할 수 있고, 자립정신이 손상되는 것을 예방할 수 있으며, 도덕적으로나 물질적으로 사회를 개선할 수 있다고 보았다(Rimlinger, 1971).

이러한 사상적 조류의 영향으로, 1834년에는 신구빈법(New Poor Law)이 제정되었다. 이 법의 주된 내용은 ① 구빈법 연합체(poor law unions)를 설립하여 개별 지역의 빈민 감독관들이 모여 행정을 합의하게 하고, ② 비교하여 수급자격(less eligibility, 수급자는 노동자보다 낮은 수준의 급여를 유지해야 한다는 자격 기준)을 준수해서 구호의 질을 축소하고 일에 대한 동기를 제공한다는 것이었다.

결국 19세기의 2/4분기 이후 빈민구제를 규제하는 새로운 법인 신구빈법은 경제적으로는 성공했었다고 평가되었다. 그러나 신구빈법 역시 구빈법과 마찬가지로 빈곤의 원인을 개인에서 찾는 원인론을 벗어나지 못했다. 경제적 사이클에 의한 대규모 실업, 불경기로 인한 대량 빈곤 상태, 열악한 주택이나 주거

환경, 영양실조 등과 같은 공중보건 문제가 질병을 유발하고, 그것이 노동력 상실을 초래해서 빈곤이 악화되는 등의 사회적 원인론은 염두에도 두지 못했다. 빈곤의 사회학적 결정 요인들에 대한 접근 부재는 1601년 엘리자베스 구빈법 이래 20세기 이전까지 영국 구빈제도의 전통으로 이어져 왔다(김영종, 2015).

폴라니(Polanyi)는 신구빈법의 잔혹성을 다음과 같이 기술하고 있다.

> 1834년의 신구빈법은 스핀햄랜드법에서 시도되었던 생존권을 폐기했다. 그 잔혹성은 1830년대, 1840년대의 대중적 정서에 큰 충격을 주어 엄청난 항의를 일으켰다. 원외구호의 폐지로 인해 더욱 곤궁해진 대다수 빈민들은 참혹한 상태로 방치되었고, 더욱 비참하게 고생하던 사람들 중에는 수치스러워 구호소로 들어가지 않은 '구호받을 자격이 있는 빈민(undeserving poor)'들도 있었다. 아마도 근대 사상사에서 이 이상 무자비한 사회개혁이 실행되었던 적은 없었을 것이다. 진정한 빈곤의 기준을 제공하는 체하면서 구호소 입사심사를 한답시고 수많은 사람들의 생활을 짓밟았다. 노동이라는 제분기의 톱니바퀴에 기름 치는 격인 심리적 고문이 온건한 자선사업가들의 냉정한 변호 아래 서슴없이 실행되었다(박현수, 1991; Polanyi, 1944).

신구빈법의 핵심에는 '열등처우의 원칙(principle of less eligibility)'이 있다. 열등처우의 원칙은 구호를 받는 자의 생활 상태는 실질적으로 또는 명목적으로 최하층 독립 노동자의 생활보다 덜 바람직스러워야 한다는 것이다. 열등처우의 원칙은 19세기 전 기간에 걸쳐 그리고 20세기에 와서도 영국의 구빈정책에 많은 영향을 미쳤다. 신구빈법의 열등처우 원칙을 만드는 데 핵심적인 역할을 한 사람은 벤담(Bentham)의 제자이자 정치경제학자인 채드윅(Edwin Chadwick)이었다.[8] 채드윅이 만든 열등처우의 원칙은 자유노동시장이 발달하고 노동자들

---

8) 채드윅은 벤담의 제자로서 행정개혁에 관하여 많은 아이디어를 지닌 사람이었다. 그는 신구빈법 시행과 관련된 행정개혁의 기본 틀을 마련하였다. 신구빈법이 행한 개혁의 중요한 부분인 교구연합(Union)을 기본 단위로 한다는 것이나 구빈위원회라는 중앙기구를 설치하여 구빈행정의 중앙집권화와 전국적인 통일을 기해야 한다는 원칙 등은 채드윅의 아이디어였다(박광준, 2002).

간에 독립 및 근면정신이 확산됨에 따라 노동 가능한 빈민에 대한 구호를 제공하지 않을 수 있는 이론적 근거를 제공한 것이었다.

열등처우의 원칙은 '적절히 시행되기만 한다면' 구호를 '유용하게' 만들 수 있는 새로운 인력 정책이었다(Finer, 1952). 사실 열등처우의 원칙은 누구나 공감할 수 있는 내용이지만, 독립 노동자를 복지 의존자와 대비시키는 상대성 때문에 더 설득력이 있었다. 열등처우의 원칙은 빈민들의 생활여건을 독립 노동자 계층의 생활여건과 상대적 관점에서 비교했다. 열등처우의 원칙은 당시의 빅토리아 시대의 지배가치였던 자유시장에 대한 믿음과 개인주의를 기초하면서 오랫동안 지속되었다. 자유시장에 대한 믿음과 개인주의가 영국사회의 지배가치로 남아 있으면서, 빈곤의 주요 원인으로 성격결함이 강조되었고, 치료수단으로서는 열등처우의 원칙과 작업장제 원칙이 계속되었다(박병현, 2008).

3) 사회개혁과 탈구빈법(19세기 후반~20세기 초)

19세기 말 영국에서는 자유방임적 자본주의의 심화로 인한 폐해가 심각하게 나타나고 있었다. 자유주의적 경제방식은 자본가와 노동자 모두 자유롭게 활동한다는 것인데, 이것은 '자본가가 임금 노동자를 착취할 수 있는 자유'까지도 포함하는 것이다. 그 결과 절대 다수의 임금노동자들이 빈곤 경계로 내몰리게 되는 현상이 나타났다. 그러한 가운데 19세기 말과 20세기 초에 닥친, 여러 차례의 경제 공황들을 겪으면서 자유방임적 자본주의 경제 체제의 한계에 대한 인식이 일어나게 되었다. 19세기 말 영국에서는 구빈행정과 관련한 새로운 사회 철학적 사조가 나타나기 시작했다. 구빈법 체계로는 자본주의 사회의 구조적 문제를 근본적으로 해결할 수 없다는 인식이 확산되었다. 빈곤의 원인을 개인이 아닌 사회적 측면에서 도출하려는 노력들도 활발하게 일어났다. 1886년 찰스 부스(C. Booth)에 의해 수행된 사회조사가 대표적으로 반향을 일으켰다(남기민, 2005).

이 조사는 런던 인구의 1/3이 빈곤선이나 그 이하에서 생활하고 있음을 밝혔다. 불충분한 임금과 열악한 거주환경, 불결한 위생시설 등이 빈곤과 관련이 있다는 경험적 자료도 제시했다. 대량의 인구가 빈곤선(poverty line) 이하에 있다는 사실 자체가 빈곤의 원인이 개인에게 귀속되지 않음을 방증하는 것이었다. 1901년에 라운트리(S. Rowntree)에 의해 수행된 요크(York) 조사에서도 이와 유사한 연구 결과가 나타났다(Friedlander, W., & Apte, R., 1974).

노동자와 시민사회에서도 사회개혁의 바람이 일어났다. 1870년대에 나타난 대규모 경제공황과 대량실업 등으로 영국의 노동자 계급은 자유주의에 대한 환멸을 갖게 되었다. 이를 계기로 노동자 세력의 정치 참여, 그리고 이를 통한 사회개혁 운동이 활발하게 일어났는데, 1884년 페비안협회(Fabian Society)[9]와 1890년에 페비안협회와 노동조합 대표들이 함께 모여 설립한 노동당(Labour Party) 등이 대표적이다(안병영, 1984).

19세기 후반 영국은 제반 사회개혁운동 등에 영향을 입어 사회복지 접근에서 근원적인 변화를 보이게 되는데, 바로 자유방임에서 국가개입으로 옮겨가는 복지국가의 태동이 시작된 것이다. 일차적 변화는 사회보험의 설립이었다. 당시 독일의 사회보험 제도에서 영향을 받아 보험 방식의 사회입법을 추진하게 되었다.[10] 1897년 근로자보상법, 1890년의 노령연금법과 함께 1911년에는 의료보험과 실업보험을 내용으로 하는 국민보험법이 제정되었다. 이 시기 영국의 사회보험은 독일식 제도의 영향을 받기는 했지만, 독일 비스마르크식 사회입법이 의도했던 노동 통제의 목적보다는 노동자 보호의 목적에 더 충실했다고 평가된다(남기민, 2005). 같은 시기 영국에서는 민간 차원의 박애주의 접근들도 활발하게 일어났다. 구빈법 체제하에 있는 공공구호소의 열악함에 반대하여 많은 수의 자선기관들이 생겨났다. 자선교회와 박애주의 단체들의 수가 급증하고 각각이 독자적으로 활동하는 과정에서 혼란이 발생했다. 사람들의 동정심을 쉽게 유발하는 분야에서는 자선활동이 중복적으로 난립되는가 하면 그렇지 못한 분야는 누락되는 등 불균형이 나타났다. 이런 민간 자선활동의 혼란을 조정하기

---

9) 조지 버나드 쇼(G. B. Show), 웹 부부(B. Webb & S. Webb) 등의 지식인을 중심으로 만들어졌다.

10) 독일은 재상 비스마르크가 사회주의 탄압법을 제정하면서 노동 안정을 꾀하기 위해 사회보험 제도를 최초로 도입했다. 1908년 독일을 방문한 영국의 로이드 조지(L. George) 수상 등이 여기에 감명 받아 영국에의 도입을 추진했다.

위한 목적으로 1869년에 런던 자선조직협회(COS : Charity Organization Society)가 결성되었다(Friedlander, W., & Apte, R., 1974).

COS 이념은 빈민들이 자신에 의존하지 않게 되려면 정신적 감화나 능력부여를 통해 삶의 방식이 변화되어야 한다고 보았다. 그래서 런던 COS는 자선협회나 기관들 간의 연계와 조정, 공동조사 사업과 같은 활동을 수행했다. 조직 내에 조사부를 설치해서 구호지원자들의 정보를 파악하고 이를 자선기관이나 구빈감독관, 박애주의자들에게 제공하는 일도 했다. 이를 통해 중복지원자나 전문 구걸꾼을 밝혀내는 일도 했다. COS는 공공 구빈의 확장을 반대했고, 빈민에 대한 정부지출의 축소를 지지했다. 반면에 민간부문의 합리적 자선이 성장하는 것과 COS 회원이 어려운 가족들에게 개인적 도움을 주는 것 등을 장려했다. COS는 독일의 엘버펠트(Elberfeld) 시스템처럼 도시를 소규모 구역으로 쪼개고, 각각의 구역에서 자원봉사자 시민집단이 구호배분을 집행하도록 했다. 이들 자원봉사자는 자신에게 할당된 빈곤 가족들에 대해 강력한 개인적 동기를 가지게 되므로, 그들이 활동을 신뢰할 수 있다고 보았다(Friedlander, W., & Apte, R., 1974).

런던 COS 결성은 영국 내 다른 도시들에 수범사례가 되었으며, 미국의 도시들에서도 COS 모델을 받아들이기 시작했다. COS 활동은 공공의 구빈과 민간 자선자의 협력관계를 구축하는 데 기여했고, 활동과정에서 개인적 변화를 목적으로 하는 개별사회사업과 지역사회적 변화를 의도하는 '지역사회조직(community organization)'의 개념과 지식이 형성되었다.

민간 복지활동의 또 다른 유형으로 '이주정착(settlement)' 운동도 나타났다. COS 운동이 자선사업의 체계화 혹은 조직화를 의도했다면, 이주정착 운동은 집단적 사회참여의 방법으로 빈곤문제를 해결하려는 시도였다. 이주정착 운동은 대학생 등의 자원봉사자가 빈민지역에 이주해 들어가 살면서, 빈민들의 삶을 연구하고 그들을 돕거나 교육시키는 역할을 하는 것이다. 운동에 참여한 자원단들은 단순히 구호물품 배포만으로 빈곤이 해결되지 않으며, 빈민들의 정신적 변화가 필요하다고 믿었다. 초기 자원활동가 집단에는 신학생의 비중이 높았다.

1884년에는 영국의 한 교구에 토인비 홀(Toynbee Hall)이라는 이름의 대학 인보관 건물이 건립되었는데, 이것이 이주정착 운동을 전담하는 세계 최초의 인보관(settlement house)이었다.[11] 초대 관장이었던 바넷(C. Barnett)은 토인비 홀의 주요 목표를 ① 빈민에 대한 교육과 문화 발달, ② 빈민의 상태와 사회개혁의 급박함을 학생과 인보관 거주자들에게 홍보, ③ 사회, 보건 문제와 사회입법에 대한 대중의 관심 유발로 제시했다. 인보관의 근본 의도는 교육받은 사람들이 가난한 사람들 사이에 들어와 공통된 일이나 연구를 통해 상호 교류하는 과정에서 문화적 영향을 끼칠 수 있도록 한다는 것이다. 인보관 사업은 오늘날의 '집단사회사업(group work)'에 대한 이론적 기초를 제공했으며, COS 접근과는 다른 지역사회조직의 뿌리를 형성했다(김영종, 2015).

4) 복지국가의 성립 시기(20세기 초~후반)

영국의 복지국가는 앞서 설명했던 바와 같이 20세기 초 몇몇 사회보험 제도들을 도입하면서 출발했다. 그러나 1930년대에 겪게 되는 세계 대공황의 경험을 통해, 자유방임적 자본주의 경제체제의 위험성을 사회보험 제도만으로는 대처할 수 없다는 인식이 나타났다.

경기불황은 국가나 세계경제에서 공급이 수요를 초과하는 현상(공급초과) 때문에 발생하는 것이므로, 불황을 극복하고 실업을 없애려면 공공지출을 늘리고 사회보장을 확충하여 수요증대를 꾀하는 것이 필요했다. 이러한 케인지언(Keynesian) 경제이론에 기초해서 복지국가로의 비약이 이루어진다.

영국에서 복지국가(welfare state)라는 용어가 널리 사용되었던 것은 제2차 세계대전 때부터였다. 전쟁 중의 국가는 인적 및 물적 자원을 국가를 위해 동원하도록 호소해야 하는데 이를 위해서는 국가공동체 의식이 필요했다. 국민적 차원의 상호부조 시스템에 대한 합의도 이러한 환경에서 만들어졌다. 전쟁에서의

---

11) 토인비는 교구 목사였던 바넷(Barnett)의 요청으로 교구에 이주해 와 활동을 하다 1883년에 폐렴으로 사망했던 아놀드 토인비(Anold Toynbee)라는 옥스퍼드대학교 졸업생의 이름이다. 그를 추모하기 위해 친구들이 기금을 모아 건물을 세워 그의 이름을 붙인 것이 '토인비 홀'이다. 인보관은 현재 우리나라의 지역사회복지관과 비슷한 기능을 했으므로 이를 사회복지관으로 칭하는 경우도 있다.

부상이나 사망, 물적 손실 등과 같은 위험에 대해 국가공동체가 그 개인이나 가족의 안녕을 보장한다는 보훈 차원의 복지제도뿐만 아니라, 그러한 의식이 확산되어 일반 사회보장제도로의 발전까지도 이끌어 냈다(김상균, 1986).

영국 정부는 제2차 세계대전의 종전을 앞두고 모든 국민의 전쟁 의지를 결집시키고 전후 사회보장의 획기적 재건을 위한 청사진을 제시할 필요가 있었다. 이에 따라 1941년 6월 '사회보장 및 관련서비스에 관한 정부 부처 간 조사위원회'가 구성되고 베버리지(William Beverage)가 위원장으로 임명되었다. 이 위원회의 보고서는 1942년 11월에 완성되어 처칠(Winston Churchill) 수상에게 보고되었다. 이때 다음과 같은 세 가지 주요 원칙이 제시되었다.

첫째, 이 보고서는 일시적인 미봉책이 아니라 혁명적 결단이므로 부분적, 분파적 이해에 구속되어서는 안 된다.

둘째, 사회보험의 구성은 전체 사회발전 정책의 일부분으로서 다루어져야 한다. 왜냐하면 사회보험은 소득보장을 위한 제도로 하나의 빈곤 추방을 위한 대책에 불과하며, 실제 우리 생활을 어렵게 하는 것은 빈곤(want) 이외에도 질병(disease), 무지(ignorance), 불결(squalor), 나태(idlness) 등 여러 가지가 있기 때문이다.

셋째, 원만한 사회보장제도의 실시를 위해서는 개인과 국가 사이에 수준 높은 협조가 반드시 이루어져야 한다.

영국의 처칠 정부는 제2차 세계대전의 전후 부흥계획의 일환으로서 사회보장제도의 실시를 의도했으며, 1942년 영국 의회에 「베버리지 보고서(Beverage report)」를 제출한다. 여기에서 사회보장이란, 국민의 실업이나 질병, 재해로 인해 소득이 중단되었을 때, 노령으로 은퇴할 때, 세대주 사망으로 부양결손이 발생한 때, 출생이나 사망, 결혼 등으로 인한 예외적 지출이 필요한 때, 국가가 개입해서 최소한의 생활이 가능한 소득을 보장해 준다는 것이었다. 베버리지 보고서는 다섯 가지 프로그램에 기초한 포괄적인 사회보장의 체계를 마련했다. ① 통일적이며 종합적이고 적절한 사회보험 프로그램, ② 사회보험 급여를 통해 충분히 보호받지 못하는 사람들을 부조하기 위한 국가적 프로그램으로서의 공공부조, ③ 첫아이 이후의 각각의 아이들에 대해 주당 급여를 제공하는 아동수당(오늘날의 가족수당), ④ 전 국민에 대한 종합적이고 자유로운 건강 및 재활 서비스, ⑤ 경제위기 시 대량실업을 방지하기 위해 공공사업을 통한 완전고용의 유지 등이다. 또한 베버리지 보고서는 사회보장의 주된 방법을 사회보험의 운용에 두었는데, 운용의 여섯 가지 근본 원칙을 다음과 같이 제시했다(Beveridge, W., 1958).

〈표 2-2〉 베버리지 보고서의 사회보험 운용원칙

최저생계수준의 동일급여	소득수준에 따른 차이를 두지 않고, 실업, 장애, 퇴직 등으로 인한 기여 중단과 무관하게 동일 액수의 급여를 제공한다.
동일기여	기여자(개인이나 고용주)의 형편 차이를 고려하지 않고, 동일 액수를 의무적으로 갹출한다.
행정책임의 통일성	효율성과 경제성을 위해, 지역이나 보장사무소를 두고 급여관리를 단일계정으로 한다.
급여의 적정성	급여가 액수와 시간 측면에서 적정해야 하고, 보험급여만으로 최저생계수준의 액수를 보장하고, 욕구가 지속되는 한 보장도 지속되도록 한다.
포괄성	사회보장 대상자들의 욕구가 일반적이고 일반적인 위험에 해당하는 한, 어떤 것도 공적부조나 사적 보험에 넘기지 않을 만큼 포괄적이어야 한다.
분류화	비일상적인 근로소득자나 미성년, 가정주부 등과 같은 계층에 대해서는 각기 다른 욕구와 상황이라는 삶의 방식을 고려해야 하므로, 보험 급여를 다양하게 분류한다.

출처 : Beveridge, W.(1958).

베버리지 보고서는 출판과 동시에 폭발적인 인기를 끌게 되었다. 이 보고서를 구입하기 위해 정부간행물센터에 인파가 몰려 무려 1.6km에 달하는 줄이 늘어서 있었고, 이는 곧 비문학 부문의 베스트셀러가 되었다. 이 보고서는 당시 영국 국민들에게 전쟁 종료 후 펼쳐질 새로운 세계의 설계에 관한 정부의 공약으로 받아들여졌던 것이다.

베버리지 보고서는 영국의 현대적 사회입법을 이끌었고, 이후 다른 나라들에서도 이를 복지국가 구축을 위한 모형으로 삼았다. 영국 정부는 베버리지 보고서에 기초하여 1944년 사회보장청을 설치했고, 구빈법을 공식적으로 폐지했다. 마침내 오랜 역사의 영국 구빈법 시대는 종언을 고했다. 제2차 세계대전 직후에는 새롭게 들어선 노동당 정부에 의해 사회입법 제정이 본격화되었다. 1945년에는 가족수당법, 1946년 국민보건서비스법, 1948년에는 아동법과 국민부조법이 제정되었다(Friedlander, W., & Apte, R., 1974).

5) 복지국가의 위기와 대응(20세기 후반 이후)

20세기 중반 이후 영국의 복지국가 모형은 안정적인 경제성장과 함께 성공적으로 유지되어 왔다. 1970년에는 시봄(Frederic Seebohm)을 위원장으로 하는 조사위원회의 보고서를 바탕으로, 지방자치단체의 사회복지법이 제정되었다(김만두·한혜경, 1993).

시봄위원회는 1968년 보고서에서 서비스 양의 불충분, 서비스 범위의 불충분, 서비스 지원의 불충분, 모든 서비스 간의 조정 결여, 서비스에의 접근 곤란성, 모든 서비스의 적응성 결여 등과 같은 기존 사회복지업무의 결함을 지적함과 아울러, 이러한 제반 문제의 해결을 위해 지방자치단체에 '사회복지부'라는 새로운 기구의 설치를 권고했다. 시봄 보고서는 정치가, 사회복지 관계자, 그리고 다양한 수혜자 집단을 대표하는 제반 단체들로부터 환영을 받았으며, 보고서의 제반 권고를 실현하기 위해 '시봄실시촉진단'이 발족되고 지방자치단체사회복지법(안)으로 구체화되었다. 이 법안이 1970년 국회를 통과함에 따라 영국의 사회복지서비스는 소득, 보건, 주택, 교육에 이어 제5의 사회적 서비스로 자리잡게 되었다.

그러나 1970년대 초에 들어 복지국가 위기가 닥치기 시작한다. 1973년과 1979년의 두 차례의 석유 파동은 세계경제에 치명적인 타격을 입혔다. 영국에서도 물가가 오르고 경제성장이 한계에 부딪혔다. 완전 고용이 무너지고 대량 실업이 발생했으며, 이를 사회보장제도로 막으려다 보니 국가 재정이 막대한 적자를 입게 되었다. 국가의 재정적자는 물가상승을 부추겨 다시 경제성장과 실업문제를 악화시키게 되는 등의 이른바 복지국가의 '경제악순환' 사이클에 사로잡히게 되었다. 영국에서는 1970년대 후반부터 복지국가 위기론이 등장하였고, 1979년 마거릿 대처(M. Thatcher) 수상의 보수당 정부가 출범하면서 신자유주의 혹은 신보수주의 이념으로 복지국가의 개혁을 추진했다. 이른바 대처리즘의 핵심은 자유주의 경제와 강한 국가의 구축에 있었다. 그래서 수요창출을 중시하는 케인지언 경제접근과 국가에 의한 사회보장을 강조하는 베버리지적 복지접근을 신자유주의적 이념 구현을 가로막는 걸림돌로 단정했다(장인협 · 이혜경 · 오정수, 1999).

대처리즘의 경제운용은 케인즈주의와 달리 공급 측면(supply-side)을 강조했다. 기업이나 생산자(공급자)들의 자유로운 활동을 보장하여 경제의 활력을 초래하고, 그것이 고용과 소비력의 증대로 이어지는 측면을 강조했다. 시장방식을 장려하기 위해 공공 지출을 감축하고, 민영화와 규제완화, 감세 등의 조치를 취했다. 이러한 기조에서 보수당 정부는 국영기업의 주식 매각, 국유산업의 민영화 등을 전개해 왔다. 경제 전반의 탈 사회화를 통해 시장화를 추진하자는 것이었다.

복지제도에 대해서는 전 국민을 사회보장의 대상으로 삼는 베버리지 방식의 보편주의적 원칙을 포기하고 선별주의적 정책기조를 채택했다. 이에 따라 복지분야에 대한 공공 재정지출을 통제하고, 사회보장과 복지서비스 전달체계를 변화시켰으며, 대중에 대한 도덕 재무장 전략을 사용하였다. 연금을 비롯한 각종 복지 급여를 축소했고, 보건이나 주택 서비스의 민영화를 추진했다. 대인사회서비스 부문에서는 지역사회보호(community care)를 강조했는데, 지방정부 사회서비스국의 조직과 운영을 개혁하여 서비스 전달체계에서 공공부문의 역할을 축소하고 민간부문의 역할을 강화했다(장인협 · 이혜경 · 오정수, 1999).

한편 보수당의 20여 년간에 걸친 복지국가의 개혁은 1997년 토니 블레어(T. Blair)의 노동당이 집권함으로써 새로운 국면을 맞이하게 되었다. 블레어 정부가 내건 슬로건은 이른바 '제3의 길'로서, 이는 앤서니 기든스(A. Giddens)가 이론적으로 체계화한 것이다. 제3의 길(the third way)이란 '고복지 · 고부담 · 저효율'로 요약되는 사민주의적 복지국가노선(제1의 길)도 아니고, '고효율 · 저부담 · 불평등'으로 정리되는 신자유주의적 시장경제노선(제2의 길)도 아닌 새로운 노선이라는 뜻이다. 제3의 길에서 내세우는 적극적 복지전략은 다음처럼 요약된다(원석조, 2001).

① 사회투자국가

국민들에게 경제적 급여를 직접 제공하기보다는 인적자원에 투자한다. 노동참여의 전략을 강조한다.

② 복지다원주의(welfare pluralism)

중앙정부 중심의 복지공급을 지양하고, 지방정부, 비영리부문(제3섹터), 기업 등으로 복지공급의 주체를 다원화한다.

③ 의식전환

복지국가의 기조는 물자나 자원을 제공하는 것 자체보다는 위험을 공동체적 방식으로 부담하자는 것에 있다. 일을 통해 개인들이 독립성과 진취성을 높여서, 도덕적 해이를 막고 국가에 대한 경제적 의존을 줄인다.

블레어 복지개혁의 핵심은 '근로연계복지(welfare to work)'에 있었다. 이는 의존형 복지로부터 자립형 복지로의 전환을 의도했다. 신노동당 정부는 보수당 정부하에서 추진해 왔던 신자유주의적 조치(민영화, 시장화, 정부개혁 등)를 근원적으로 부정하지는 않는다. 과거 복지국가 시절에 비대해진 정부조직을 개혁하는 과제는 계속 추진하고 있다.

이처럼 1970년대 이래 지속되어 왔던 영국의 복지국가 개편 정책의 영향으로 사회복지행정 체계도 영향을 받았다. 이는 크게 두 가지 단계로 구분할 수 있다(Spicker, P., 2008).

첫째 단계는 1960년대와 1970년대에 이루어진 복지행정의 체계 개편이다. 사회복지 재정운용에 탑다운(top-down) 방식이 도입되는 개혁이 있었다. 재무부가 정부 부서들에 자원을 할당하고, 정부 부서는 다시 개별 서비스들에 자원을 할당하는 식이다. 이 개혁의 목적은 기획과 관리의 효율성을 확보하기 위한 것이었다.

둘째 단계는 1980년대와 1990년대에 있었던 공공서비스와 복지행정을 재구조화하는 것이었다. 여기에는 세 가지 핵심요소가 포함되었다. ① 행정부의 기능을 기관들 단위로 쪼개서 개별 단위별로 효율성 평가가 이루어지게 했다. ② '관리' 개념의 도입이다. 관리자들은 사업가적 마인드로 기관운영에 대해 책임을 진다. 이것은 건강서비스와 대인적 사회서비스 분야 등에 널리 확산되었다 ③ '준시장(quasi-market) 방식의 도입이다. 공공서비스들에 대해 시장 경제의 작동원리를 따르도록 요구하는 것이다. 서비스 구매자와 제공자를 분리하고, 구매과정에서 경쟁을 도입한다. 이 경향은 건강서비스와 사회케어(social care) 부문에서 가장 강하게 나타났다.

사회복지와 관련된 신노동당의 정책에서는 보건, 공공부조, 교육 서비스 등이 지역별로 성립되었을 때, 그러한 서비스들의 전달 책임을 맡은 지방정부의 기능과 권한도 커져왔다. 그러다 영국의 지방정부는 제1, 2차 세계대전을 거치면서, 중앙집중식 복지국가의 등장과 함께 건강, 사회복지, 공공서비스 등에서 많은 권한을 상실했다. 그리고 그 이후 점차 영향력이 감소되어 왔다.

영국은 현재까지도 전반적으로는 중앙집중화된 정부시스템을 가지고 있다. 지방정부의 영향력은 여전히 한정적이다. 중앙정부는 지방정부의 법제정 권한에 대한 제한, 각종 지침의 시달, 감사제도의 동원, 각종 교부금이나 보조금에 대한 통제 등을 통해 지방정부의 활동을 다양하게 제어할 수 있다. 이런 와중에도 건강서비스와 사회복지서비스 분야에서는 지방정부의 기능을 강화하는 노력이 진행되고 있다. 중앙정부가 지방정부에 대해 지방교부세나 보조금 등을 지급하고, 이를 직접 통제하고 관리하기보다는 성과관리 방식의 수행성과 측정으로 전환하는 것도 그러한 노력의 일환이다.[12)]

---

12) 수행성과측정(performance measurement)은 성과관리의 방법으로 지방정부가 구체적인 성과지표와 그것을 수행하는 데 필요한 재원이전을 요청하면 중앙정부가 적절하게 합의할 수 있는 선에서 적절한 재원을 교부금으로 이전하고, 후에 중앙정부는 지방정부 업무수행을 성과측정을 통해 판단해서 상벌이나 제재를 가하는 방식의 관리를 하는 것이다.

3. 한국 사회복지행정의 역사

우리나라는 예로부터 두레나 계(契) 등 민간 차원의 상부상조의 전통이 강했으며, 어려운 사람들에 대한 구휼(救恤) 행정이 일찍부터 전개되었다. 조선시대까지의 사회복지행정은 대체로 이러한 구빈 중심의 전통이 이어져 내려왔다. 그 후 일제강점기 및 미군정 시대를 거치면서 다소간의 체계화를 이루었으나 1960년대에 이르러서야 오늘날의 사회복지 행정체계가 확립되었다고 볼 수 있다. 학자마다 한국의 사회복지행정의 발달단계를 다르게 구별하기도 한다. 김영종(2014)은 사회복지행정의 토대가 마련되는 제1기(1950~1970년대)와 사회복지행정의 수요가 본격화되는 제2기(1980~1990년대), 그리고 제3기(2000년대 이후)로 구분하였으며, 최성재와 남기민(2003)은 한국사회복지행정의 역사를 사회복지행정의 미인식 단계(1950년대 및 이전), 명목상 인식 단계(1960~1970년대), 그리고 실질적 중요성 인식 단계(1980~1990년대) 등 세 단계로 나누어 설명하고 있다. 여기에서는 일제강점기 및 미군정 시대와 근대적 한국 사회복지행정의 역사로서 형성기, 성장기, 변환기로 나누어 살펴보고자 한다.

1) 일제강점기 및 미군정 시대

1920년대에 들어 빈민문제가 사회문제로 심각하게 대두되자, 1921년 조선총독부 내무국에 사회과를 설치하고 1929년 구호법을 제정하는 등 나름대로 구호시책을 폈으나 극히 부진한 상태를 면치 못하였다. 우리나라에서 근대적 의미의 사회복지실천은 1950년 한국전쟁을 전후한 시기에서 출발한다. 한국사회에서는 1950년 한국전쟁과 그 이후 현재까지 약 70년간의 기간에 그러한 변화가 압축되어 나타났다. 한편 1945년 광복 이후 3년간 미군정 기간의 사회복지행정은 군정법령(1945. 10. 27)에 의해 설립된 후생국(1946년 보건후생국으로 확대개편)을 중심으로, 기아의 방지, 최저생계 유지, 보건과 의료보호, 응급주택 보급 등을 위해 노력했으나 적극적이고 계획적인 사업의 추진이나 장기계획은 거의 이루어지지 않았다.

미군정 시 제정된 구호에 관한 여러 각서들(memorandoms)에 의하면, 공공구호의 대상은 ① 65세 이상인 자, ② 6세 이하의 부양할 아동을 가진 여자, ③ 13세 미만의 아동, ④ 불치의 병으로 신음하는 자, ⑤ 분만 시 원조를 요하는 자, ⑥ 정신적 · 육체적 결함이 있는 자 등으로 규정되어 있다. 그러나 미군정 구호정책은 요구호자들에 대한 구호의 필요성보다 이들로 인해 야기되는 정치적 불안에 대응해 전개되었고 구호의 범위와 수준도 열악한 실정에 머물렀다(최항순, 2012).

2) 근대적 한국 사회복지행정의 역사

근대적 한국 사회복지행정의 역사적 시기는 세 구간으로 나눌 수 있다. 사회복지행정의 토대가 마련되는 제1기 형성기(1950~1970년대)와 사회복지행정의 수요가 본격화되는 제2기 성장기(1980~1990년대), 그리고 현재 진행되는 바와 같은 제3기 변환기(2000년대 이후)가 그것이다. 김영종에 따르면 각 시기는 각기 다른 사회적 과제와 사회복지 접근들을 나타냈으며, 사회복지행정 역시 그에 따라 변용되어 왔다(김영종, 2015).

(1) 사회복지행정의 형성기(1950~1970년대)

우리나라에서 근대적 의미의 사회복지제도와 실천이 나타났던 기점은 한국전쟁이 발발한 1950년으로 본다. 한국전쟁으로 인해 대량 난민과 빈민이 발생했고, 가족과 지역사회공동체가 상호 의존과 교류 기능을 상실하고, 더 나아가서는 농경사회 자체의 기반마저 무너지기에 이르렀다. 전쟁의 결과로 인해 나타난 어마어마한 수의 난민 등에 대한 구호가 1950년대 이래 한국 사회복지의 절대 과제가 되었다. 당시 정부는 막대한 구호자금에 대한 우리 정부 자체의 여력이 없었으므로, 미국 등 외국 정부와 외원단체들로부터의 지원에 의존할 수밖에 없었다. UN구호계획에 의한 구호물품 등이나 미국 정부에 의한 양곡지원 등의 구호활동이 이를 뒷받침했다. 사회복지행정 실천의 장으로 현대적인 민간 사회복지기관이 설립된 것은 6 · 25전쟁을 계기로 외국의 민간 원조기관들이 설립되면서부터라 할 수 있다. 이 시기의 외원기관의 활동은 전쟁 피해자인 고아, 미망인, 무의탁 노인, 빈민들에 대한 긴급구조를 위주로 하였으므로 조직적인 원조활동과 전문적 사회복지활동을 수행할 수 없는 상태였다. 이러한 상황에서 공적 및 사적 사회복지현장에서 사회복지행정의 필요성은 거의 인식되지 못하였을 것으로 생각된다.

사회복지의 다른 방법론의 제반 지식과 기술이 사회복지실천 현장에서의 필요성에 의하여 개발되고 발전된 것과 마찬가지로, 사회복지행정의 지식과 기술도 실천현장에서의 필요성에 의하여 발전되었다.

우리나라에서 사회복지행정의 본격적인 추진은 1960년대부터라고 할 수 있다. 5·16군사정변 이후 많은 법령이 제정·개정되는 와중에서 복지행정에 관한 각종의 입법이 나타났다. 공무원연금법(1960년), 생활보호법(1961년), 군인연금법(1963년), 산재보험법(1963년), 사회보장에 관한 법률(1963년) 등이 그것이다. 특히 이 시기에 우리나라 사회복지행정의 기본을 이루고 있는 생활보호법이 제정된 것은 무엇보다 그 의미가 크다고 할 수 있겠다. 한편 1963년에는 구빈행정 가운데 노동 관련 문제들을 담당하기 위해 보건사회부로부터 노동청이 분리·설치되었으며, 그 후 군사원호청이 만들어졌는데, 이는 후에 원호처를 거친 후 국가보훈처로 개칭되었다.

1963년에는 외국 민간원조단체에 관한 법률을 만들었으나 형식적 규제를 두는 정도에 그쳤다. 이들 외부원조는 단순히 물질적 지원에 그치지 않고, 구호활동과 관련한 조직 체제와 기술 등을 들여왔다. 서구식 전문사회사업 개념과 실천방법도 이때 들어오게 되었으며, 사회사업이 곧 사회복지라는 인식도 이때 나타났다. 1980년대 이전까지만 해도 사회복지의 공급 관련 자원을 확보하기 위한 정부의 사회정책적 노력은 미약했다. 1970년대에 이르기까지 사회복지서비스 분야에서는 수용시설을 중심으로 하는 대부분의 사회복지서비스 기관들은 국내 자체 자원보다는 외원에 주로 의존하고 있었다.

1970년대에는 경제발전의 불평등하고 불공평한 분배 문제가 점차 사회문제로 부각되기 시작하였으나 정부의 사회복지 부문에 대한 투자는 여전히 미미한 상태에 머물렀다. 1970년대에도 사회복지의 가장 큰 욕구는 빈곤문제 해결과 의료적 혜택의 평등화였다고 할 수 있다. 그러나 공적 조직에서 수행하는 사회복지 프로그램은 아직도 단순한 저소득층 중심과 시설보호 위주의 구호행정에서 크게 벗어나지 못하였고, 별다른 사회복지행정적 욕구는 없었다고 할 수 있다. 1970년대에 들어와서도 토착적인 사회복지기관의 설립은 저조하였고, 여전히 외원기관이 민간 사회복지기관의 주류를 이루고 있었다. 1970년대에 들어오면서 경제발전 정책으로 국민소득이 향상되고 국가의 재정능력이 향상되었다는 외국에서의 평가로 인하여 외원단체들이 서서히 원조를 줄이거나 중단 또는 철수하기 시작하였고, 일부의 외원기관에서는 다양한 사회복지 프로그램을 개발하기도 하였지만 효과적이고 효율적인 서비스를 위하여 행정적인 지식과 기술을 활용하려는 인식은 여전히 저조하였다.

사회 전체적으로 이 시기 사회복지의 목표는 분배나 운영에 관한 문제보다는 자원 자체가 부족하였기 때문에 사회복지 자원 확보 자체에 우선순위가 주어졌다. 이 시기 사회복지행정의 특징은 다음과 같다.

① 빈곤문제 중심의 조직기술문화

이 시기 사회복지조직에 주어진 당면 과제는 절대적인 빈곤의 문제를 해결하는 것이었다. 비록 수용보호라는 형식을 통해 의도해 왔던 저차원적 욕구(빈곤과 의식주 문제해결)의 효율적 방법에 대한 선호는 상당 부분 사회적 밑바탕에 깔려 있는 것처럼 보인다.

② 외부 의존적 민간 사회복지서비스 조직

민간시설들이 중심이 되는 한국사회복지서비스 조직의 초기 형성과정과 조건은 1970년 사회복지사업법 제정과 함께 사회복지법인화라는 제도적 과정을 거치면서 굳어져 갔다. 사회복지법인 제도를 근거로 공공부문이 이들 민간 시설에 대한 자산투자를 감행하게 되었으며, 정부의 입장에서는 제반 사회복지서비스에 관한 정책결정에 있어서 이들 시설은 더 이상 포기할 수 없는 준공공자원으로 간주되어 왔다.

③ 지역사회 외부 환경에의 의존성

우리나라 민간 사회복지조직들은 지역자원보다는 국고보조와 같은 중앙정부의 공공자원에 의존하는 경향이 높다. 사회복지조직들에 대한 지역사회 외부의 통제는 1950년대 이래 외원체제로 운영되던 것에서 1980년대에 들어 정부보조금으로 대체되고, 그것이 다시 2000년대에 등장하는 사회서비스 바우처 방식 등으로 변화되고 있다. 비록 형태는 계속해서 변화하고 있지만, 지역사회적 관점에서 보면 그것 역시 외부자원에 의한 통제양식의 일단이다.

④ 조직의 사유화와 폐쇄적 조직 문화

한국 사회복지조직의 대표적 특성 중 하나로 사회복지시설과 법인의 사유화를 들 수 있다. 개인에 의해 법인 창업이 이루어졌으므로 창업의 결과물인 시설이나 법인은 개인의 소유로 인식되는 것이다. 사회복지조직의 사유화는 우리나라 사회복지서비스 전달체계가 지역사회 중심 조직으로 지향하는 것을 상당 부분 가로막고 있다. 이는 지역사회의 참여와 지역사회적 자원수급 체계의 확립을 통해 지역사회 중심적 사회복지서비스 모델을 구축하려는 사회적 노력에 지장을 초래하고 있다(이혜경, 2002).

(2) 사회복지행정의 성장기(1980~1990년대)

1980년대에는 각종 사회복지서비스 관련법들의 제정이 이루어진다. 지역사회복지관과 같은 이용시설의 건립이 활발해지고, 상담이나 치료 전문 사회복지기관의 개념도 적극적으로 도입된다. 이 시기에 들어서는 외원이 중단되어 정부 보조금 등과 같은 공적 자원들이 이를 대체하는 역할을 떠맡게 되었다. 공공재원이 민간 조직에 투입되면서, 사회복지기관들에 대한 공적 통제와 감시가 강화되었다. 1980년대 후반에 들어 사회보장과 관련한 공공부조 서비스의 전달 인력을 사회복지전문직으로 대체하기 시작했다. 1990년대에는 지방자치의 실시라는 중대한 정치 질서의 변화가 있었다. 이는 사회복지서비스 전달의 체계적 관리에 대한 필요성을 한층 높였다.

1990년대에 사회복지서비스 분야에는 신자유주의적 색채가 이미 도입되기 시작했다. 사회복지서비스 시장이 개방되었으며 1997년에 개정된 사회복지사업법은 사회복지 사업 분야에서 중대한 변화의 계기를 마련하였다(사회복지사업법). 이 법의 주된 변화는 사회복지시설의 설치 운영에 대한 규정을 허가제에서 신고제로 변경한 것이다. 시설의 설치 운영이 허가제에서 신고제로 변경됨으로써 사회복지 영역을 자유시장경제에 개방하는 상황이 된 것이다. 사회복지 시장을 개방하는 의도는 다양한 주민들의 욕구가 폭증하는 휴먼서비스의 수요 증가에 대처하기 위해서였다.

1997년 사회복지사업법 개정에서 시설평가제도가 도입되었다. 사회복지시설(기관)은 3년에 1회 이상 평가를 받아야 한다는 것이었다. 이는 확대되는 사회복지시설 설치에 따른 사회적 책임성과 운영의 투명성을 담보하기 위한 장치였다. 이것은 시설평가를 둘러싼 행정지식과 기법에 대한 막대한 현장수요를 불러일으켰다. 합리적 기획과 평가기법들에 대한 관심과 욕구는 중간관리자의 중요한 역할로 이해되었으며, 이에 따라 교육에 대한 수요가 상당 부분 발생하였다. 이에 사회복지학 분야들 중 사회복지행정학이 가장 적극적으로 대처하였다. 그 결과의 반영으로 1999년에 한국사회복지행정학회를 창립하였다.

(3) 사회복지행정의 패러다임 변환기(2000년대 이후)

한국사회는 1997년의 외환위기를 겪고 난 이후 사회구조적 취약성에 대한 각성과 함께 국가적 복지 체제의 기본 골격을 강화해야 할 필요성이 대두되었다. 이 시기 사회복지정책기조는 국가의 적극적 개입을 필요로 하는 복지국가적 지향과 함께 국가의 역할을 축소해서 시장의 자율성을 강조하려는 '신자유주의적' 지향이라는 이율배반적 상황에 처해 있었다.

1997년의 이른바 'IMF 경제위기'하에서 출범한 김대중 대통령의 '국민의 정부'에서는 대량 실업사태로 인해 우리나라의 사회안전망이 취약하다는 분석과 함께 사회복지제도의 발전에 중요한 전기를 마련하였다. 주목할 만한 조치와 입법으로는 노사정위원회 출범(1998년), 모든 사업장으로의 고용보험 확대(1998년), 사회복지공동모금회법 제정(1998년), 국민건강보험법 제정(의료보험 전체 통합, 1999년), 전 국민 연금 실시(1999년), 국민기초생활보장법 제정(1999년) 등 사회안전망 구축에 힘을 쏟았다. 특히 이른바 '생산적 복지'의 근간이 되는 국민

기초생활보장제도는 지난 40년간의 시혜적 단순보호 차원의 생활보호제도에서 국가책임을 강화하는 현대식 복지제도로 대전환되었다는 점에서 우리나라 복지국가의 출범을 가져다준 획기적인 제도로 평가되고 있다(김상균 외, 2011).

국민의 정부의 적극적인 사회복지정책에 힘입어 우리나라는 비록 OECD 국가들의 복지수준에는 뒤지지만 GNP 대비 10% 이상을 사회복지에 투자하는, 윌렌스키가 명명한 이른바 후진복지국가의 대열에 진입하게 된 것이다. 국가의 경제정책 기조는 신자유주의적 지향을 보이고 있으며, 공급경제학에 바탕을 둔 감시와 고용의 유연성 등을 강조해 오고 있다.

2000년대 들어 인구사회학적으로는 저출산·고령화 현상으로 인해 인구 구조의 왜곡과 위축 현상이 사회의 지속가능성조차 위협하는 상황으로 나타나기 시작했다. 여성의 사회진출과 가족 기능의 다변화로 인해 아동이나 노인, 장애인 등에 대한 가족의 양육과 보호 기능도 위협을 받게 되었다. 탈북자나 결혼이주여성, 이주노동자 등에 대한 사회적 배제의 문제도 더 이상 간과할 수 없는 문제가 되고 있다.

국민의 정부를 승계한 노무현 대통령의 이른바 2003년 '참여정부'에서는 '참여복지'가 주창되었다. 참여복지의 이념은 복지에 대한 국가의 책임 강화, 복지정책의 수립·집행·평가 과정에서의 국민참여를 무엇보다 강조하였다. 그리고 참여복지의 시각에서는 복지와 경제, 분배와 성장의 선순환 관계를 강조하였다. 즉, 복지의 증진을 통해 경제가 성장하고, 경제성장을 통해 복지증진을 꾀할 수 있다는 것이었다. 참여정부는 참여복지 이념을 실현하기 위해 '참여복지 5개년 계획'을 수립하였다. 참여복지 5개년 계획은 사회보장기본법에 의거하여 2004년부터 2008년까지 추진될 사회보장 장기발전계획이었다. 이는 보건복지부 주관하에 민간전문가와 5개 관계부처(문화관광부, 정보통신부, 노동부, 여성부, 건설교통부)가 공동으로 참여하여 수립한 범정부 차원의 장기복지종합정책이었다. 이 계획은 제1차 사회보장장기발전계획(1999~2003년)에 의해 그 기본 틀이 갖추어진 사회안전망의 내실화를 목표로 하였다. 그리고 대통령 직속의 '빈부격차차별시정위원회'라든지 '저출산고령사회위원회' 등을 출범시켜 정책개발을 주도하게 했다.[13] 나아가 전 국민에 대한 보편적 복지서비스 제공, 상대빈곤의 완화 등을 통해 풍요로운 삶의 질이 구현되는 참여복지공동체 구축을 목표로 하였다.

이러한 목표에 따라 참여정부는 기초생활수급자와 의료급여수급자를 확대하는 등 기초보장의 확대를 추진하며, 장애수당 대상자를 확대하거나 노인일자리를 확대하고 빈곤아동에 대한 지원을 확대하는 등 사회서비스 개선에도 노력하였다.

그 외 기존 복지제도로 대처하기 어려운 위기상황에 대처한 긴급복지지원법을 제정(2005년 12월)하였고, 24시간 긴급지원을 위한 보건복지통합콜센터 129를 운영하기 시작했다. 또한 새로운 지방의 복지수요 증대에 대처하여 사회복지재정의 지방이양과 함께 지역복지인프라 확충에 노력하였다. 이에 따라 전국 시・군・구에 지역복지협의체가 구성되어 '지역사회복지계획'을 수립하고 지역복지시책을 심의, 의결하는 기능을 하고 있다. 저출산대책으로는 「저출산・고령사회기본법」을 제정하고 대통령이 위원장을 맡는 저출산・고령사회위원회를 출범시켜 5개년 기본계획을 마련하였다(최일섭 외, 2012). 또한 2006년 시작된 사회서비스 바우처사업이나 2008년 시행된 노인장기요양보험법 등은 사회복지서비스의 공급 질서를 변화시키고 있다(최재성, 2005).

2007년에 집권한 이명박 정부는 참여정부에서 나타났던 복지예산의 확대기조를 유지하였다. 즉, 복지예산의 증가폭이 평균 증가폭을 상회하였다. 집권 초기의 대표적 표어였던 '능동적 복지'는 이명박 대통령의 2010년 광복절 경축사에서 등장한 '서민생활 안정을 위한 지원정책'과 결합되면서 변화가 나타났다. 초・중・고의 무상급식이나 보육료 지원을 하위 70% 소득 가구로 확대하거나 전문계 고교에 대한 무상교육을 실시하는 것 등이다. 또한 희망복지 전달체계 방안 수립(2008년), 전자바우처사업을 3개에서 6개로 확대(2008년), 0~5세 아동의 양육비 지급(2008년), 사회복지통합관리망 개통(2009년), 국민연금과 직역연

13) '빈부격차차별시정위원회'는 그 뒤 '양극화민생대책위원회'로 바뀌었다가, 2008년 신정부가 정부조직개편을 단행하면서 폐지되었다. '저출산고령사회위원회'는 동 조직개편 시 대통령 직속에서 보건복지부 장관 소속으로 격하되었다.

금의 연계에 관한 법률 제정(2009년), 사회보험징수 통합을 위한 관계법 개정(2009년), 장애인연금법 제정(2010년), 저출산·고령사회 2차 5개년 계획(2010년) 등이 있다. 이런 실적들을 국민의 정부나 참여정부와 비교하면, 이명박 정부가 특히 전달체계 개선에 많은 관심을 표명하고 있었음을 알 수 있다(최일섭 외, 2012).

2003년 국고보조사업의 지방이양으로 지역사회복지가 강조되면서 사회복지서비스의 지방화가 이루어졌다. 사회보장정보시스템을 통해 중앙과 지방의 정보연계 추진이 이루어지고 있으며 그동안 공공사회복지 전달체계 개편을 위해 다양한 노력을 기울여 왔다. 2004년 사회복지사무소 시범사업(2004년 7월~2006년 6월)을 시작으로 주민생활 지원체계 개편(2006년 7월~2009년 6월), 사회복지통합관리망(행복e음-2013년 사회보장정보시스템으로 명명) 운영(2010년), 희망복지지원단 출범(2012년 5월), 읍면동 복지허브화 추진(2016년), 2019년부터는 공공성 강화의 흐름 속에서 지역사회통합돌봄과 사회서비스원 선도사업을 실시하고 있다.

2015년 이후 공공사회복지전달체계가 표방하고 있는 서비스는 촘촘한 맞춤형 서비스로, 높은 접근성을 가지고 개별화된 서비스를 제공하는 것에 중점을 두고 있다. 이러한 흐름이 형성된 계기는 복지사각지대에 있는 사례의 잇따른 발견이었다. 2014년 2월 서울 송파구의 세 모녀가 생활고로 동반 자살하는 사고가 있었다. 복지사각지대 발생의 원인으로 표준화된 제도로 인하여 맞춤형 서비스가 제공되지 못하는 경우가 많다는 점이 지적되었다. 이러한 문제를 해결하고 복지체감도를 증대시키기 위하여 만든 안이 읍면동 중심의 공공사회복지 전달체계 개편이다. 읍면동 주민센터는 시군구에 비해 지리적 접근성이 높고 지역범위가 좁아 지역 내 서비스 욕구를 보다 촘촘히 파악하고 서비스를 제공하는 데 용이하다는 장점이 있다. 또한 복지사각지대 발굴을 위하여 방문복지 서비스가 요구되는데, 읍면동 단위가 방문복지를 하기에 적합한 단위로 평가되면서 읍면동 단위의 서비스가 확대되었다. 읍면동 기능의 강화는 2015년 서울시의 찾아가는 동주민센터 사업을 통해 시작되었다. 보건복지부는 1년 뒤인 2016년 읍면동 복지허브화사업을 공표하였고 2018년에는 3,502개 동에 행정복지센터 설립을 추진했다. 찾아가는 동주민센터와 읍면동 복지허브화사업은 모두 읍면동 복지기능을 강화하여 방문복지 및 사례관리 강화를 목표로 삼는다는 공통점을 갖지만 읍면동 복지허브화사업에 비하여 서울시의 찾아가는 동주민센터는 마을조직화 기능을 강조하고 인력이 행정복지센터보다 더 많다는 특징이 있다.

공공이나 민간 사회복지 전달체계가 가지고 있는 물적 및 인적 자원의 한계 때문에 공공과 민간의 공식 사회복지자원 연계, 공공과 민간의 비공식 사회복지자원 연계가 요구되고 있다. 이에 따라 2014년부터 시군구 단위의 지역사회보장협의체를 읍면동 단위에서도 구성하도록 하고 있다. 읍면동 지역사회보장협의체란 읍면동 단위로 생활이 어려운 이웃을 살피고 알리고 보살피는 주민운동의 구심체이자 지역공동체를 위해 다양한 복지욕구와 문제를 해결하는 민관협력 네트워크조직이다(행정자치부·보건복지부, 2017). 읍면동 지역사회보장협의체의 기능은 효과적인 민관협력을 통해 복지사각지대를 발굴하고, 자원활용 수준을 높이며, 지역사회보호체계를 구축하고, 그 외 지역주민의 사회보장 증진을 위해 필요한 사항들을 수행하는 것이다.

공공사회복지 전달체계에서 2018년 이후 눈에 띄는 큰 두 가지 변화이자 시도는 지역사회통합돌봄과 사회서비스원이다(최상미 외, 2020).

① **지역사회통합돌봄**(커뮤니티케어)

지역사회통합돌봄은 돌봄이 필요한 주민들이 자기 집 등 지역사회에 거주하면서 개개인의 욕구에 맞는 복지급여와 서비스를 누리고 지역사회와 함께 어울려 살아가며 자아실현과 활동을 할 수 있도록 하는 사회서비스 체계이다. 보건복지부는 지역사회통합돌봄체계로서 커뮤니티케어 체계를 2026년까지 구축하는 것을 목표로 하고 있으며, 주요 정책대상은 노인, 장애인, 정신질환자이다. 지역사회통합돌봄의 핵심은 절대부족인 서비스의 보강과 파편화된 돌봄서비스 연계 및 조정 가능한 지역사회체계의 구성이고, 주요 내용은 재가서비스의 확충, 주거복지 강화(탈시설 지원과 지원주택), 돌봄서비스의 연계성 보강, 시설 및 병원 이용의 합리성 제고가 포함된다. 한국형 커뮤니티케어 완성을 위한 지역사회 통합돌봄 체계 구축을 위하여 2019~2020년에는 제1차 지역사회 통합돌봄 선도사업을 실시하였다.

② 사회서비스원

사회서비스 시장이 친시장화 방향으로 확대되어 오면서 민간의 과도한 경쟁구조 등으로 인하여 저임금 근로, 고용불안이 발생하고, 이에 따른 서비스 질의 하락이 우려되는 상황이다. 또한 이용자들의 공공서비스에 대한 욕구가 증대되고 있다. 사회서비스원은 문재인 정부 국정비전과 5대 국정목표 달성을 위한 실천전략으로 20대 국정전략을 설정하였으며 100대 국정과제로 사회서비스 공공인프라 구축과 일자리 확충이 복지의 핵심이다. 2019년 서울시 등 4개 광역자치단체를 중심으로 시범사업을 실시하고 2020년 2차 6개 지역을 추가선정하였다. 2022년까지 17개 광역 자치단체에 사회서비스원이 모두 설립되었다. 사회서비스 수요 증가, 소규모·민간 중심 서비스 공급에 따른 열악한 종사자 처우, 기관운영의 투명성 저하 등 사회서비스 제공환경을 개선하기 위해 그리고 공공성 향상 및 종사자의 일자리 질 제고를 위해 공공부문 역할 확대, 민간기관을 선도할 국·공립 시설 양성 필요성이 제기됨에 따라 실효성 있는 사회서비스원이 설립되었다. 사회서비스 종사자를 직접 고용하는 기관으로 요양보호사, 장애인활동지원사, 보육교사, 사회복지사 등을 채용하여 공공의 일자리를 가진 종사자가 사회서비스를 제공하게 하는 것이 사회서비스원 사업의 골자이다. 즉, 사회서비스원을 통해 기대할 수 있는 효과는 공공성의 확보, 종사자의 안정성 확보, 공공일자리 창출이다.

이러한 복지공급의 다원화와 다선화는 다양한 주민들의 욕구에 부응하되, 정부는 서비스에 대한 개입을 줄이고 자유시장경제 체제에 맡김으로써 주민들의 선택권을 넓히는 결과를 가져오고, 아울러 공급자 입장에서는 선택받기 위해 서비스 질을 높일 수밖에 없도록 하자는 것이다. 이는 곧 사회복지행정 지식의 확대를 필요로 한다. 단일조직체계나 위계적 지배구조하에서 단순 행정조직의 방식으로 이들 현상을 이해하는 것은 더 이상 불가능해지고 있다. 이제까지와는 새로운 방식의 조직화와 전달체계에 관한 행정지식이 필요하게 되는 것이다.

이상에서 살펴본 바와 같이, 오늘날의 한국 사회복지는 대상, 내용, 범위 및 실시체제의 측면에서 종래의 사회복지와 많이 달라졌다. 총선이나 대통령 선거와 같은 정치적 환경 변화를 계기로 복지에 대한 논쟁이 사회복지계와 시민사회 단체 등 사회 각계각층에서 활발히 전개되고 있어 앞으로 사회복지의 성격도 크게 변모할 것이다.

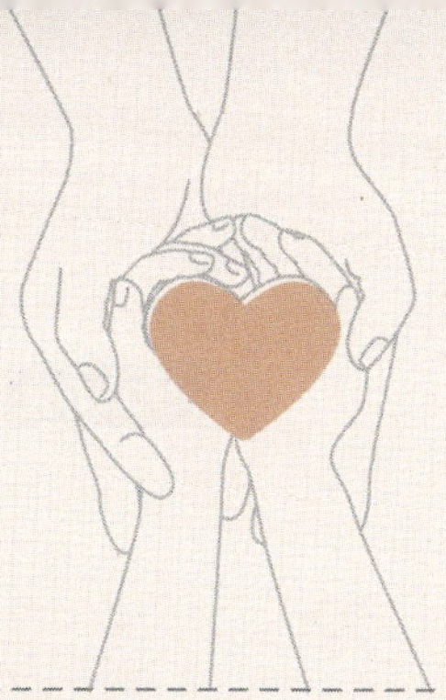

PART

2 사회복지행정 조직이론

CHAPTER 03

조직의 유형과 이론

1. 조직의 정의

조직은 결정과 집행 그리고 지원활동이 이루어지는 장(場)이며 틀이다(유민봉, 2021). 현대사회에서 많은 활동은 조직을 통해서 이루어진다. 사회복지서비스는 중앙정부와 자치단체 조직이 국민의 보건과 복지에 대한 결정을 한 후, 복지기관에서 시민들에게 서비스를 제공하는 활동을 통해 전달되고, 이러한 활동들은 조직의 일정한 구조 안에서 이루어진다. 이처럼 조직은 인간의 상호작용이 가장 활발하게 이루어지는 단위로서, 일정 규모 이상의 구성원이 모여 각자 맡은 직무를 수행하고, 공동의 목표를 달성하기 위한 합리적 도구로 이해할 수 있다. 일반적으로 조직은 조직구성원들과 영향을 주고받는 상호 의존관계를 형성하며, 사회의 다른 구성요소들인 외부 환경에 적응하는 개방체제를 전제한다. 즉, 조직은 일정한 규모의 구성원들이 존재하고 구성원들 간 공동의 목표를 설정하고 일정한 체계 안에서 활동하는 것을 의미한다. 사회적 집합체로서, 조직화(organizing) 과정의 산물로 이해할 수 있는 조직(Daft, 2004; Hall, 2002; Weick, 1979)에 대한 정의를 공통의 요소로 묶어보면 몇 가지 특징이 있다.

① 조직은 일정 규모의 구성원이 존재하며, 구성원이 없는 경우는 조직이라 할 수 없다.

② 조직은 공동의 목표를 가진다. 조직목표란 조직이 실현하고자 하는 미래의 바람직한 상태를 의미한다. 조직의 목표 달성을 위해 모인 집합체로서 조직의 특성에 맞는 목표를 설정하고, 목표를 달성하기 위한 활동을 수행한다.

③ 조직은 외부와 구분되는 경계를 가지며, 환경과 상호작용한다. 조직은 목표 달성을 위해 다양한 외부 환경에서 자원을 얻기도 하고 서비스를 제공하기도 한다. 이를 통해 조직의 생존이 보장된다.

④ 조직은 일정한 체계를 가진다. 분업, 전문화, 명령통일 등의 원칙은 체계를 갖춘 조직의 운영원리로서 조직의 효율적 운영에 영향을 준다.

정부조직은 중앙부처와 지방자치단체인 광역자치단체, 기초자치단체로 이루어지며, 각각의 자치단체는 업무수행을 위해 부서를 운영한다. 사회복지 분야는 중앙부처인 보건복지부와 지방자치단체에 국, 과, 계 그리고 일선 현장에서 업무를 담당하는 관련 사회복지기관으로 연결된다. 이들 각각의 조직은 주요 고객인 시민들과 상호작용을 통해 서비스를 제공하거나 서비스를 공동으로 생산하는 역할을 수행한다.

사회복지조직은 여타 다른 일반 조직과 비교할 때, 사회복지의 대상인 클라이언트가 비교적 분명하게 정의된 조직으로 이해할 수 있다. 때문에 사회복지조직은 클라이언트의 욕구에 맞는 최상의 서비스를 제공하는 공통의 목표를 지닌 사람들이 모인 집합체로, 구성원들이 책임과 권한을 통하여 조직목표를 달성하고자 하는 것으로 정의할 수 있다.

2. 조직목표

1) 조직목표의 개념

조직목표(organizational goals)란 조직이 실현하고자 하는 바람직한 상태(desired state)라고 할 수 있다(Etzioni, 1964). 어느 조직이나 명시적 혹은 묵시적으로 구성원들이 공통으로 추구하는 바가 있다. 즉, 사람들은 공통의 관심사를 보다 체계적으로 추진하고자 할 때 조직을 만들어 조직목표를 달성하는 것이다. 목표는 현재 시점에서 미래에 도달하고자 하는 상태로 방향성과 지향성을 갖는 개념으로 이해할 수 있다. 조직목표는 사회적 실체를 구성하는 조직원들이 의도적으로 구조화된 활동체계에서 담당해야 할 기능을 부여해 주고 구성원의 동기를 부여해 주는 역할을 하며, 조직활동 방향을 설정해 주고, 목표 달성 여부를 통해 조직효과성을 제고하는 데 기여한다. 때문에 조직목표는 조직 운영의 나침반과 같은 역할을 한다.

2) 조직목표의 기능과 역할

조직목표는 조직구성원들을 통합하고 미래를 위한 활동을 하도록 하는 기능을 수행하는데, 조직목표의 보다 구체적인 역할과 기능을 정리하면 다음과 같다.

① 조직목표는 조직 존립에 필요한 합법성과 정당성의 근거를 제공한다. 조직은 조직목표를 외부에 알리게 되고, 이를 통해 조직의 존재와 활동을 사회적으로 정당화하는 기능을 가진다.

② 조직목표는 조직구성원의 일체감 형성과 동기를 부여한다. 명확하고 분명한 조직목표는 조직구성원들의 일체감 형성에 도움을 주며, 자신이 성취해야 할 목표에 대한 동기 유발에 도움을 준다.

③ 조직목표는 조직 내 의사결정의 지침 제공과 불확실성 감소에 도움을 준다. 조직목표는 바람직한 미래상으로 조직의 활동 방향과 조직구성원들의 행동 기준을 제공한다.

④ 조직목표는 조직의 사업 수행 시 효과성 평가의 기준을 제공한다. 조직은 수행 업무의 결과에 대한 평가를 받게 되며, 이때 조직의 성과에 대한 평가 기준으로 활용된다.

3) 조직목표와 개인목표의 관계

조직목표는 조직구성원인 개인목표와 갈등이 발생하기도 한다. 과학적 관리론에서는 인간을 개인적 욕구를 가지지 않은 존재로 보았기 때문에, 조직목표와 개인목표 간 불일치를 상정하지 않았다. 그러나 실제로 조직에서 일하는 조직구성원은 조직을 위해서만 일을 하는 것은 아니며, 개인의 이익을 동시에 추구하는 존재로서, 이때 조직목표와 개인목표의 충돌이 발생한다. 두 목표 간의 상충이 발생하면 개인은 조직에서의 업무를 만족스러워하지 않게 되고, 조직은 목표 달성에 어려움을 겪게 된다. 때문에 조직은 목표 달성을 위해 조직목표와 개인목표의 조화를 꾀해야 한다. 조직목표와 개인목표를 조화시키기 위한 모형은 교환모형, 교화모형, 수용모형이 있다(이창원 · 최창현 · 최천근, 2012).

① **교환모형**(exchange model)

조직의 입장에서 개인의 목표 성취에 도움이 되는 유인을 제공하고 개인은 그것에 대한 대가로 시간과 노력을 조직의 목표 달성에 제공한다고 보는 모형이다. 교환모형은 외재적 보상에 기초를 둔 모형(extrinsic reward model)으로 조직은 개인에게 물질적 보상이나 사회적 유인(상관의 친절한 배려, 동료들과의 비공식적 사회관계 등)을 제공하고, 개인은 그것에 대한 대가로 조직의 목표에 기여한다.

② **교화모형**(socialization model)

개인으로 하여금 조직의 목표에 도움이 되는 행동을 가치 있는 것으로 생각하게 하고 그렇지 않은 행동을 가치가 없는 것으로 생각하도록 유도하는 모형으로 감화의 과정(influence process)을 통해 조직의 목표와 개인의 목표를 통합하려는 접근법이다. 목표에 방해가 되는 개인목표 달성 행위를 포기하도록 하거나 국토방위 임무의 정당성을 교육을 통해 교화시키는 것이 해당된다.

③ **수용모형**(accommodation model)

조직이 목표를 수립하고 목표의 달성 방법 및 절차를 결정할 때 개인의 목표를 고려하고 이를 수용함으로써 조직의 목표와 개인의 목표를 통합하려는 접근법이다.

조직에서 개인목표와 조직목표가 다른 경우 조직몰입에 부정적 영향을 미치게 되어 조직성과가 저하되거나 구성원이 이탈하는 현상이 발생할 수 있다. 때문에 조직에서 관리자는 개인목표와 조직목표가 조화를 이루도록 목표설정을 점검하고 관리하게 된다. 조직목표와 개인목표를 조화롭게 하는 것은 조직구성원이 지속적으로 조직에서 근무하도록 함으로써 조직의 안정성과 지속성을 확보하는 데 도움이 된다.

4) 조직목표 유형과 변동

(1) 조직목표 유형

조직은 일반적으로 하나의 목표만을 추구하지 않고, 복수의 목표를 동시에 추구한다. 목표는 고정되어 있지 않으며, 여러 가지 요인(환경, 정치, 고객 등)에 의해 목표 수정과 변동이 이루어진다. 조직목표 유형은 대표적으로 목표의 공식성과 준거집단에 따라 구분된다.

① 목표의 공식성

조직목표는 공식적으로 외부에 표방되었는지 여부에 따라 공식목표와 운영목표로 구분한다. 우선, 공식목표(official goals)는 조직이 성취하려는 바를 공식적으로 표방하는 목표로, 법규나 직제에 의해 규정된 목표이다. 공식목표는 조직생존 근거를 제시해 준다. 하지만 조직구성원들의 구체적인 행동지침이 되기에는 막연하여 구체적인 운영목표를 작성하게 된다. 따라서 운영목표(operative goals)는 외부에 표방되지는 않지만 조직의 실제 운영상에서 조직구성원의 구체적인 행동지침이 되는 구체적인 업무, 업무 과정과 방법 등이 명시되어 있다. 운영목표는 공식목표를 성취하려는 수단적 성격이 강하다.

② 준거집단

페로우(Perrow, 1970)는 조직의 실질적인 목표가 누구의 이익 또는 견해를 인정할 것인가, 즉 누구의 기대에 부응해야 하는가를 기준으로 조직의 목표를 사회적 목표, 산출목표, 체제유지 목표, 제품목표, 파생적 목표로 구분한다(이창원 · 최창현 · 최천근, 2012).

가. 사회적 목표

사회적 목표는 사회 전체를 준거로 사회가 요구하는 것이 조직의 목표가 된다. 이 목표 유형은 가장 추상적인 것으로 사회의 요구를 수행하는 데 합법성을 지녀야 하고, 이러한 기능을 수행함으로써 합법성을 지니게 된다.

나. 산출목표

산출목표는 주로 조직과 접촉하는 고객들과 관련되는 목표로서 조직이 고객을 위해 어떠한 기능을 수행하는지와 연관된다. 예를 들어, 의료사업, 자선사업, 고등교육 등이 조직의 목표라고 말하는 경우에 해당된다. 산출목표는 사회적 목표보다 구체적으로 조직활동을 제약한다.

다. 체제유지 목표

체제유지 목표는 조직이 하나의 사회적 유기체로 생존, 유지, 적응 또는 성장한다는 것을 보여주는 목표라고 할 수 있다. 체제유지 목표는 주로 조직의 소유자나 최고관리자가 조직활동의 유형이나 조직관리 형태에 가지고 있는 선호를 말하는 것으로, 조직의 성장정책, 환경정책, 재정정책, 조직구조와 운영방법에 관한 정책 등을 의미한다.

라. 제품목표

제품목표는 산출목표의 하위목표로 주로 중간관리층 이하의 관리자들이 관심을 갖는 목표이다. 산출물의 구체적인 양과 질, 종류, 다양성, 모양, 효용성, 창의성 등 여러 가지 특성을 규정한다.

마. 파생적 목표

파생적 목표는 조직의 본래 취지에는 없으나 사회적 목표, 산출목표, 체제유지적 목표, 제품목표를 추구하는 과정에서 생긴 권력, 자원 또는 기타 여력을 이용하여 다른 목표를 추구하는 경우의 목표를 말한다.

(2) 조직목표 변동

조직은 한번 만들어지면 영원히 존재하는 것이 아니라 마치 유기체처럼 생성, 성장, 소멸의 과정을 거치게 된다. 환경과의 상호작용에서 더 이상 존재할 가치가 없는 경우 소멸하게 되며, 다른 목표를 수용하여 변화하게 된다. 조직이 목표를 변경하며 유지하고자 하는 이유는 조직생존을 위한 것으로, 이것을 조직목표 변동이라고 한다.

① 목표 승계

당초에 설정된 목표가 달성 불가능하거나 완전히 달성된 경우, 같은 유형의 다른 목표로 교체하는 것이다. 조직이 자기의 생존을 위하여 적응하는 중요한 수단이다. 목표 승계의 대표적인 예로는 데이비드 실즈(David Sills)의 미국 소아마비재단 연구, 우리나라의 출산정책 변화에 따른 인구협회 등이 있다.

② 목표 전환

조직이 추구한 최초의 목표는 달성하지 못했으나, 조직이 소멸하지 않고 성격이 다른 새로운 목표가 과거의 목표를 대체한 것을 의미한다. 목표의 확장이나 목표의 다원화, 목표 축소 등이 해당된다.

③ 목표 대치

조직의 목표 추구가 왜곡되는 현상을 말하는 것으로, 목표를 위하여 만들어진 수단이 목표가 되고, 목표가 수단이 되는 것을 의미한다. 목표 대치의 발생 원인은 소수 지도자의 권력욕, 규칙이나 절차에 대한 집착, 조직 내부문제의 지나친 중시 경향에 기인한다. 대표적인 예로는 미첼즈(Michels)의 과두제의 철칙, 조직 운영의 형식주의 등이 있다.

3. 조직유형

조직은 조직목표, 조직구성원, 조직발전 단계에 따라 다양하게 분류할 수 있다. 조직 분류를 통해 조직이 추구하는 목표를 좀 더 분명히 할 수 있으며, 목표를 효과적으로 달성할 수 있는 방법을 모색할 수 있다. 사회복지조직은 일반조직의 유형 분류를 적용할 수 있으나, 운영 측면에서 특수성이 있는 조직으로 일반조직의 특성을 고려한 후 사회복지조직 고유의 특성을 종합적으로 논의하고자 한다.

1) 에치오니의 조직유형

조직유형을 설명한 학자들은 다수이다. 가장 대표적인 조직유형 이론을 전개한 학자는 에치오니(Etzioni, 1964)로, 조직의 유형을 순응(compliance)에 따라 강제적 조직, 공리적 조직, 규범적 조직으로 구분하였다.

① 강제적 조직

강제적 조직(coercive organization)은 질서유지를 중시하는 조직으로 부하직원의 활동을 통제하기 위한 수단으로 물리적 제재나 위협과 같은 강제적 권력을 행사한다. 구성원들은 조직의 권력인 명령에 순응해야 하고 매우 제한적인 형태로만 참여가 가능하며 이를 소외적 참여라고 한다. 강제적 조직의 대표적인 유형은 교도소, 정신병원, 군대 등이 해당된다.

② 공리적 조직

공리적 조직(remunerative organization)은 이윤추구를 중시하는 조직으로 부하직원에게 물질이나 금전과 같은 보상 권력을 행사한다. 조직구성원들은 보상에 따라 이해에 부합할 경우에 참여하게 되는데 이를 타산적 참여라고 한다. 공리적 조직의 대표적인 유형은 기업과 같은 산업조직들이 해당된다.

③ 규범적 조직

규범적 조직(normative organization)은 지위의 상징, 존엄, 위신과 같은 상징성에 근거하여 운영되는 조직을 의미한다. 조직구성원들은 상징에 대해 강한 긍정을 하게 되는 경우 도덕적 관여를 통해 참여한다. 규범적 조직으로 사회복지조직, 종교조직, 병원, 학교 등이 해당된다.

2) 블라우와 스콧의 조직유형

블라우와 스콧(Blau & Scott, 1962)은 조직유형을 1차적 클라이언트(수혜자의 성격)에 따라 네 가지 유형으로 구분하고 있다.

① 호혜적 조직

호혜적 조직(mutual benefit associations)은 조직구성원 상호 간의 이익 추구가 가장 중요한 조직을 의미하며, 정당이나 노동조합이 여기에 속한다.

② 사업조직

사업조직(business organization)은 소유주가 조직의 수혜자로서 역할을 하는 조직을 의미하며 일반회사와 같이 영리를 추구하는 기업이 속한다.

③ 서비스조직

서비스조직(service organization)은 고객이 조직의 수혜자로서 기능을 하는 조직을 의미하며 병원이나 학교와 같은 조직이 속한다.

④ 공익조직

공익조직(commonweal organization)은 공익을 추구하는 조직으로서 일반시민이 수혜자가 되며, 정부기관이 여기에 속한다.

〈표 3-1〉 블라우와 스콧의 조직 유형

조직유형 \ 구분	1차적인 클라이언트	조직의 종류
호혜적 조직	조직의 회원	정당, 종교단체, 노동조합 등
사업조직	사업체의 소유자	주식회사, 은행, 기타 상업적인 회사
서비스조직	클라이언트	사회복지조직, 병원 등
공익조직	일반 대중	행정기관, 군대조직 등

출처 : Blau & Scott(1962).

3) 민즈버그의 조직유형

민즈버그(Mintzberg, 1979)는 조직의 규모와 관리의 복잡성에 따라 조직유형을 단순구조, 기계적 관료제, 전문관료제, 대형지부조직, 특별위원회기구로 구분하였다.

① 단순구조

단순구조(simple structure) 조직은 구조가 간단하고 소규모이면서 유동성이 강한 조직으로서의 성격을 가진다.

② 기계적 관료제

기계적 관료제(machine bureaucracy) 조직은 우체국이나 항공사 조직처럼 조직구성원이 많은 대규모 조직이면서 업무가 복잡하지 않고 표준화되어 있으며, 비교적 안정적인 성향을 가지고 있다.

③ 전문관료제

전문관료제(professional bureaucracy) 조직은 전문가 집단이 일하는 대규모 조직이라는 성격을 가지고 있으며, 대학이나 병원 조직이 여기에 속한다.

④ 대형지부조직

대형지부조직(divisionalized form)은 다수의 지부를 가지고 있는 거대조직으로서의 성격을 가지고 있으며, 여러 개의 캠퍼스를 가지고 있는 대학이나 다국적 재벌기업 등의 조직이 여기에 속한다.

⑤ 특별위원회기구

특별위원회기구(adhocracy)는 복잡한 형태를 가지고 있으며 대체로 연구개발 조직과 같은 성향을 가지고 있다.

4) 하센펠드의 조직유형

하센펠드(Hasenfeld, 1983)는 두 가지 관점에서 휴먼서비스 조직의 분류를 시도하고 있다. 하나는 인간에게 제공하는 기능에 따라 순기능을 유지하는 조직과 역기능을 방지하는 조직으로 구분한다. 조직은 정상적인 기능을 수행하는 개인에게 복리를 유지시켜 주는 반면, 사회적으로 역기능을 수행하는 비정상적인 행위자에게는 통제, 개선, 치료 서비스를 제공한다. 다른 하나는 사회서비스 조직은 인간 행동의 변화를 이끌어 내는 특성을 갖는 조직이라는 관점에서의 접근이다. 조직이 제공하는 서비스의 유형으로 클라이언트 업무처리 조직, 클라이언트 지지 조직, 클라이언트 변화 조직으로 분류한다. 하센펠드는 이와 같은 구분을 기반으로 조직유형을 여섯 가지로 세분화하였다(허만형, 2012).

① 클라이언트 업무처리 조직(client processing organization)

클라이언트에게 붙여진 불편한 라벨(부정적 라벨)을 제거하거나 정상적인 라벨을 계속 유지하게 함으로써 클라이언트를 변화시키려는 조직을 의미한다. 교정시설의 경우 수감자들의 변화를 위한 역할을 한다는 점에서 이러한 조직 성격을 가진다.

② 클라이언트 지지 조직(client sustaining organization)

개인의 복지가 더 악화되는 것을 예방하거나 복지를 계속 유지하도록 하는 조직으로 위험요소를 완화시키려는 조직이다. 국민기초생활을 유지할 수 있도록 하는 조직과 국민연금공단 등이 여기에 속한다.

③ 클라이언트 변화 조직(client changing organization)

복지를 향상시키기 위하여 클라이언트의 속성을 변화시키는 조직을 의미한다. 사회복지조직에서 교육이나 상담을 통하여 인간이 가지고 있는 속성을 개선하는 조직이 여기에 속한다.

〈표 3-2〉 하센펠드의 휴먼서비스 조직유형

구 분		인간의 행동을 변화시키는 조직		
		클라이언트 업무처리 조직	클라이언트 지지 조직 (시설 보호, 현물급여 지급)	클라이언트 변화 조직 (상담, 교육, 의료적 치료)
인간에게 제공하는 기능에 따른 조직	순기능 유지조직	Ⅰ조직 (예 신용평가기관)	Ⅲ조직 (예 국민연금공단)	Ⅴ조직 (예 공립학교 및 YWCA)
	역기능 예방조직	Ⅱ조직 (예 청소년범죄재판소)	Ⅳ조직 (양로원, 요양시설)	Ⅵ조직 (예 공공병원, 수용치료센터)

출처 : 허만형(2012), p. 261.

하센펠드의 조직유형은 휴먼서비스를 기반으로 하는 조직유형을 설명하는 데 유용성이 있다. 그러나 유형 구분이 불명확하여 각 조직을 각 유형에 명확하게 배치하기에는 특정 조직이 여러 유형에 걸쳐 있다는 한계가 있다.

5) 조직유형의 사회복지조직 적용

사회복지조직은 조직적 측면에서 일반조직과 유사성과 차이점을 동시에 지닌다. 내부 조직 구성, 운영원리, 구조 설계 등은 일반조직과 공통된 특성을 가지지만, 서비스를 직접 타인에게 제공한다는 측면에서 차이점을 가진다. 앞에서 제시한 조직유형을 사회복지조직에 적용해 보면 다음과 같은 특성을 가진다. 첫째, 에치오니가 제시한 유형에 따르면 사회복지조직은 휴먼서비스에 대한 사명감이나 이념이 조직구성원으로 하여금 조직의 명령에 순응하도록 하는 성향을 가지기 때문에 규범적 성격을 지닌다고 할 수 있다. 둘째, 블라우와 스콧의 구분에 의하면 사회복지조직의 클라이언트는 수혜자로서 서비스 조직의 성격을 갖고 공공적 이익을 위해 봉사하는 공익조직으로서의 성격도 가지고 있다. 셋째, 민즈버그의 유형에 따르면 사회복지를 제공하는 사회복지사는 전문가로서 다양한 규정에 의해 전문적인 서비스를 제공하는 전문관료제 조직적 성격을 가진다.

그러나 어떤 조직도 하나의 유형으로 정형화되어 있지 않다. 공무원 조직만 하더라도 관료제 성격을 가졌지만, 시민들에게 서비스를 제공한다는 점에서 서비스 조직이라고 할 수 있고, 권력행사에 있어서도 규범에 근거하여 강제력을 행사한다는 점에서 규범적, 강제적 성격을 동시에 갖게 된다. 사회복지조직도 다양한 성격을 가진 복합적 유형의 조직이라고 할 수 있다.

4. 조직구조론

1) 조직구조의 정의와 차원

(1) 조직구조의 정의

조직은 조직의 목표를 보다 효과적으로 달성하기 위해 조직을 체계화하는 노력을 기울인다. 이러한 노력 가운데 하나가 조직의 구조를 만드는 것이다. 조직구조(organizational structure)는 일반적으로 '조직목표를 달성하기 위해 구성원들의 행동을 조정하고 자원을 활용하는 방법을 통제하는 업무와 권위의 공식화된 장치'라고 정의한다(이창원·최창현·최천근, 2012). 협의의 조직구조는 조직도표에 나와 있는 기구를 뜻하는 경우가 많다(Hall, 2002). 하지만 조직구조는 단순히 기구적 편제만을 의미하지 않고, 한 조직이 수행하는 많은 일들을 조직의 목표달성을 위해 가장 효과적인 방식으로 수직·수평으로 연결시켜 놓은 설계도와 같다(유민봉, 2021). 조직의 설계를 그려놓은 조직구조는 수직적으로는 계층제, 의사결정구조, 권한과 책임, 지위, 통제 등을 보여주며, 수평적으로는 전문성, 분업의 정도를 파악할 수 있다.

이와 같이 조직구조란 직무, 책임, 권한 등의 요소들이 배분되고 연결된 흐름을 규정하는 것이다. 따라서 조직구조를 어떻게 설계하느냐에 따라 조직구성원의 동기부여, 커뮤니케이션, 갈등관리, 변화관리, 조직효과성에 영향을 미치게 된다.

(2) 조직구조 차원

조직구조는 조직의 기능과 역할에 대한 설계도라는 점에 비추어 보면, 복잡성, 공식화, 집권화의 정도에 따라 기능과 역할이 부여될 수 있다.

① 복잡성

조직의 복잡성(complexity)은 조직구조의 분화(differentiation) 정도에 대한 구분을 의미한다. 조직의 복잡성은 수평적 분화, 수직적 분화, 공간적 분화로 구분되는데, 조직이 세분화되어 있을수록 복잡성이 높고, 전문성이 높은 것으로 이해할 수 있다. 그러나 조직구조의 지나친 세분화는 오히려 조직운영을 복잡하게 하는 원인이 되어 효율성을 저해시키기도 한다.

가. 수평적 분화

수평적 분화(horizontal differentiation)는 조직을 횡적인 여러 단위 부서로 분리하는 것으로 과업의 성격이 서로 다른 것을 분류하는 방식이다. 조직에서 수평적 분화는 업무에 전문성을 가진 사람이 업무를 담당하는 것을 의미한다.

나. 수직적 분화

수직적 분화(vertical differentiation)는 조직의 종적인 분화로서 책임과 권한의 계층적 분화를 의미한다. 수직적 분화는 계층제적 특성을 갖게 됨으로써 수직적 분화가 심할수록 조직 계층이 많아져 조직의 복잡성이 크고, 계층 간 의사소통의 어려움이 발생한다.

다. 공간적 분화

공간적 분화(spatial differentiation)는 조직의 물리적인 시설(사무실, 공장, 창고 등)과 구성원이 지역적으로 분산되어 있는 정도를 의미한다. 정보통신의 발달로 지리적 분산이 많이 이루어지고 있는데, 이는 조직의 복잡성을 증가시키는 요인이 된다.

② 공식화

공식화(formalization)는 업무수행 방식이나 절차가 표준화되어 있는 정도를 의미한다. 담당자의 업무가 공식적으로 규정되어 있어 구성원의 재량권은 작아지고 일정한 틀 안에서 행동하도록 구속된다. 공식화는 조직활동의 혼란을 방지하고 예측 가능성을 높여 업무의 안정성과 고객에게 공정성을 제공할 수 있다.

③ 집권화

집권화(centralization)는 자원배분을 포함한 의사결정 권한이 조직의 상하 직위 간에 분배된 정도를 의미한다. 조직 내 권한이 상위 계층의 한 사람 또는 소수 간부에게 집중된 상태를 집권화가 높다고 말하며, 하위직 구성원에게 권한이 위임되어 있는 상태를 분권화되어 있다고 한다. 조직의 집권화는 업무의 통일성과 통제 강화, 조정의 필요, 권위주의 문화 등에 의해 촉진되고, 분권화는 조직의 민주화, 창의성 요구, 고객지향적 서비스, 변화에의 대응력 확보 등이 필요할 때 촉진된다.

2) 조직구조 유형

조직구조는 업무의 성격, 구성원의 특성, 환경의 변화를 고려하여 설계된다. 외부환경이 심하게 변동하는 경우 조직은 유연하게 대처해야 하는데 전통적 관료조직의 형태는 환경 변화에 대한 대응성이 떨어진다. 환경에 대한 적응 정도에 따라 조직을 구분하는 대표적인 유형은 기계적 구조와 유기적 구조로 구분하는 방식이다.[1)]

---

1) 다프트(Daft, 2004)는 환경 변화에 따른 조직유형을 기계적 구조와 유기적 구조를 양극단에 위치시키고 중간에 다섯 가지의 대안적 조직을 추가하여 모두 일곱 가지로 제시하였는데, 즉 기계적, 유기적, 기능, 사업, 매트릭스, 수평, 네트워크 조직구조로 구분하여 설명한다.

(1) 기계적 구조와 유기적 구조

① 기계적 구조

기계적 조직(mechanistic organization)은 고전적이고 전형적인 관료제 조직에서 나타나는 특성이다. 조직을 효율적으로 운영하기 위해서는 기계와 같이 구조화되고 관리 가능해야 한다는 것을 의미한다. 조직의 구성원이 직무수행을 효율적으로 추진하지 못하면, 매뉴얼에 의해 기계의 부품을 교환하듯이 바꿀 수 있다는 입장으로, 조직은 기계로, 조직구성원은 기계의 부품으로 간주한다. 기계적 조직은 경직적이고, 엄격한 분업과 계층제에 의해 운영되며, 직무를 명확하게 규정함으로써 혼란을 방지하고, 많은 규칙과 규정(높은 공식화와 표준화)을 통해 분명한 업무수행을 추진한다. 따라서 기계적 조직구조가 갖는 특성은 엄격한 명령복종, 좁은 통솔범위, 낮은 팀워크, 경직성, 내적 통제의 강화, 폐쇄적 체제 운영이다.

기계적 조직구조는 환경의 변화가 거의 없는 안정적인 환경에서는 조직 운영에 효율성이 높다. 그러나 현대사회처럼 환경의 변화가 매우 역동적이고 불확실한 경우에 유연하고 신축적인 적응이 어렵다는 점에서 적용상 한계가 있다.

② 유기적 구조

유기적 조직(organic organization)은 현대사회에서 비일상적인 기술이 확대되고 환경의 불확실성이 높아지는 상황에서 적용될 수 있는 조직구조이다. 유기적 조직은 환경의 변화에 유연하게 대처할 수 있는 조직으로, 조직의 수평적 분화가 심하고, 공식성은 낮아지며, 분권화가 강화되는 조직구조상의 특성을 요구한다. 조직은 기계가 아니고 사람처럼 환경의 변화에 개별적이고 탄력적으로 적응하며, 조직의 생존에 필요한 에너지를 지속적으로 유지해야 한다. 또한 구성원 간 커뮤니케이션이나 의사결정이 유연하고, 권한과 책임이 분산되어 상호작용 관계를 유지해야 한다. 유기적 조직에서 조직 내부 구성원은 자율성을 가진 존재로 스스로 책임을 가지고 의사결정을 할 수 있는 존재로 인식된다.

③ 평가

기계적 조직과 유기적 조직의 양극단은 현실 조직사회에서 발견하기는 쉽지 않다. 각각의 조직유형은 특성과 장・단점을 가지고 있어 어느 하나의 조직유형이 반드시 바람직하다고 평가하기 어렵다. 조직이 처한 상황에 따라 조직유형은 달라지고, 조직목표가 설정되기 때문이다. 빠르게 변화하는 환경에서는 유기적 조직이 유용한 것으로 평가되지만 공공기관의 구조상 조직 안정성을 추구하는 기계적 조직구조의 성격을 배제하기는 어렵다.

〈표 3-3〉 기계적 조직과 유기적 조직의 비교

조직의 특성	기계적 조직	유기적 조직
복잡성(분업, 전문화)	부서 간 뚜렷, 배타적	부서 간 구분 모호, 업무 중복
공식화(규칙, 문서 등)	높음	낮음
집권화(권위구조)	집권, 계층구조	분권, 다원구조
환경에의 개방성	폐쇄성	개방성
과업, 역할, 기능	분명, 구체적, 직무기술	상황적, 유동적
구조의 영속성	고정	상황에 계속 적응 변화
권위의 근원	자리(직위)	사람(전문지식, 대인관계)
커뮤니케이션	하향식, 수직적	상향식, 수평적
의사결정	집권화	분권화
보상	계급(계층)에 따른 큰 차이	계급 간 작은 차이
동기부여	금전적 보상	인간의 다양한 욕구 충족
실제 예	정부관료조직, 일반은행	IT기업, 투자은행

출처 : 유민봉(2021).

(2) 관료제 조직

관료제(bureaucracy)는 조직유형 가운데 기계적 조직구조와 가장 가까운 형태라고 할 수 있다. 독일의 사회학자 베버(Max Weber)에 의해 체계화되어 조직형태를 구성하는 데 뿌리를 형성하고 있다. 베버가 제시하는 관료제는 분업과 전문성을 기초로 편성된 계층적 성격을 가진 조직이다. 계층이 분화되어 있어 조직이 운영되기 위해서는 조직 내에 형성된 권위(authority)의 여부가 중요하다는 점을 제시한다. 베버는 권위의 행사 여부에 따라 전통적 권위, 카리스마적 권위, 합법적 권위를 제시한다.

① 전통적 권위

전통적 권위(traditional authority)는 과거로부터 내려오는 신분이나 계급과 같은 전통에서 형성된 권위를 의미한다. 전통적인 것을 신성한 것으로 인식하고 전통이 규정하는 범위 안에서 지배자는 권한을 행사하며, 피지배자는 이러한 권한에 복종하는 관계를 가지는 권한을 의미한다.

② 카리스마적 권위

카리스마적 권위(charismatic authority)는 인물이 가지고 있는 개성이나 특성으로부터 형성된 권위를 의미한다. 지배자에 대한 개인적인 헌신과 충성을 바탕으로 카리스마를 가진 지배자와 헌신적인 복종자 사이에 아주 개인적으로 밀접한 관계가 존재하는 권한을 의미한다.

③ 합법적 권위

합법적 권위(rational-legal authority)는 법에 의해 정당성이 부여된 권위를 의미한다. 조직의 규범적 규칙이 합리적, 합법적으로 제정되어서 이렇게 제정된 규칙에 복종하는 것이 정당한 것으로 간주되는 권한을 의미한다.

베버는 위와 같은 권위에 근거하여 조직이 이상적 형태(ideal type)로 운영되기 위해서는 다음과 같은 관료제의 특징이 기반이 되어야 함을 제시하고 있다(오석홍, 2003).

① 모든 직위의 권한과 관할 범위는 법규에 의해 규정되며, 권한은 사람이 아니라 직위에 부여된다. 조직행위는 여러 상이한 업무로 분할되어 있고 각 직책의 권한과 의무는 명백하게 세분화되어 있다.
② 조직은 계서제적 구조를 띤다. 권한의 계층이 뚜렷하게 구획되는 계서제 속에 모든 직위가 배치된다. 조직의 직위구조는 피라미드 형태의 위계 구조를 띠며 조직구성원은 상급직위의 지시와 감독을 받고 하급직위에 명

령하는 명령과 복종의 연쇄를 형성한다. 이는 권한이 하급자에게 위임되어 있더라도 궁극적으로 집권화된 조직형태라는 것을 시사한다.

③ 조직의 모든 활동은 문서를 통해서 이루어진다. 의사소통의 책임 소재를 분명히 하고, 의사결정을 공식화하기 위해 문서화를 강조한다. 모든 중요한 업무는 기록되고 문서로 보관된다.

④ 임무 수행의 비개인화다. 관료들은 지배자의 개인적 종복으로서가 아니라 법규에 정한 직위의 담당자로서 직위의 목표와 법규에 충성을 바쳐야 한다. 직책을 담당하고 있는 조직원의 업무와 관련된 권위는 제한적이다. 즉, 권위는 규칙에 기반하여 업무수행과 관련된 영역에 국한된다.

⑤ 관료의 전문화와 전임화다. 임무 수행에 필요한 전문적 훈련을 받은 사람이 채용되는데, 채용 기준은 전문적 능력이다. 대부분의 직책 담당자는 전일제로 근무하며 임명된다. 즉, 계약을 통해 고용되며 선출직이 아니다.

⑥ 업무수행에 관한 규칙과 절차를 철저히 공식화하고 업무를 분업화하여 자기가 맡은 분야의 유능한 기술을 가진 전문인을 양성하여 분업화된 직무를 맡김으로써 능률을 극대화시킬 수 있다. 업무는 일반적인 조직 규칙에 의해 수행된다. 즉, 특수주의에서 벗어나 탈인격적이고 보편주의에 입각한 업무수행이 이루어진다.

이처럼 관료제는 조직을 합리적으로 운영함으로써 효율성을 극대화하고자 한다. 그러나 관료제가 제시하는 특성은 현실사회에서는 보기 어려운 가장 이상적인 조직 형태라고 할 수 있다. 때문에 관료제에 대해 집권화에 따른 의사결정의 부담, 지나친 규칙준수로 인한 경직성의 문제, 폐쇄성과 몰인간성 등의 문제가 발생할 수 있다는 점에서 비판이 이루어졌고, 관료제를 탈피하여 보다 유연한 조직구조를 제시하는 탈관료제가 등장하게 된다.

〈표 3-4〉 관료제의 특성에 따른 순기능과 역기능

관료제의 특성	순기능	역기능
분업	전문성 강화	직무에 대한 권태
권위의 위계구조	엄격한 지시이행과 조정	의사소통의 저해
규칙과 규정	지속성과 통일성	경직성과 목표 전치
비정의성	합리성 확보	직원의 사기 저하
경력 지향성	신분보장	연공과 업적 간의 갈등

(3) 학습조직

학습조직이란 모든 조직구성원들이 문제의 인지와 해결에 참여하면서, 조직의 문제해결 능력을 높이기 위해 시행착오를 거치면서 지속적으로 실험할 수 있는 조직을 말한다. 지식정보화 시대로의 진입과 함께 환경이 불확실해짐에 따라 요구되는 조직의 기억과 학습의 가능성을 강조하면서 관료제 모형의 대안적 조직모형으로 제안되고 있다.

학습조직은 관료제가 가진 경직성과 몰인간적 조직운영에 대해 조직구성원에게 많은 권한과 자율성을 주고, 구성원의 역량강화(empowerment)를 강조한다. 조직구성원은 다원적, 분권화된 힘을 바탕으로 자신들이 달성하고자 하는 목표와 전략을 스스로 수립하여, 조직 내에서 중요한 의사결정자로 등장하게 된다. 학습조직에서 구성원들은 유연하고 평등한 관계를 통해 환경변화에 대한 대응이나 조직 발전, 조정, 동기부여 등에서 강점을 지닌다.

하지만 정부조직을 모두 학습조직으로 적용하는 것은 어려움이 있다. 유연성이 강점이지만 행정의 안정성을 담보하기 어렵다는 측면이 있고, 다양한 참여자를 통해 혁신적인 대안을 마련할 수 있지만, 시민에게 서비스 제공의 적시성이 결여될 수 있기 때문이다. 무엇보다 여전히 조직에 만연되어 있는 관료주의, 경직된 수직적 의사소통체계, 피드백의 지연, 정보・의사결정・기술에 대한 통제 등과 같은 요인들 때문에 학습조직으로의 전환은 용이하지 않다.

(4) 동태적 조직

동태적 조직은 학습조직처럼 환경에 유연하게 대응하는 조직 형태이다. 학습조직이 조직구성원의 역량을 강화하고 이들에 대한 참여를 중심으로 설명하고 있다면, 동태적 조직은 조직구조와 설계에 보다 관심을 기울이고 있다. 여기서는 대표적인 동태적 조직을 살펴보고자 한다.

① 프로젝트 조직

프로젝트 조직(project organization)은 특별한 과업에 따라 관련 부서에서 프로젝트 수행을 위해 인력을 파견하고 프로젝트가 종료된 후 원래 부서로 복귀하는 임시조직이라고 할 수 있다. 조직 구성이 유지되는 동안 대량의 자원과 재능을 집중 투입하여 목표를 달성하고, 전문 인력 중심의 소규모로 구성된다. 프로젝트 조직은 업무의 할당과 업적의 평가가 프로젝트 관리자에 의해 행해지고 있는 것이 특징이다. 기존의 라인 조직(기능조직)과는 다르게 수평적인 관계에 있는 기능조직을 프로젝트 관리자가 지휘하게 된다.

프로젝트 조직은 매트릭스 조직과 유사성을 가지지만, 프로젝트 관리자는 매트릭스 조직 관리자에 비해서 의사결정 권한이 더 많고, 직원들과 의사소통이 더 원활하며 공식적인 권한의 폭도 넓은 편이다. 일단 프로젝트에 배속된 인력은 프로젝트 관리자의 지휘하에서 프로젝트 업무에만 전념하게 된다. 따라서 프로젝트에 전문적인 지식과 기능을 갖춘 인력을 배치하여 프로젝트 수행에 집중시키고 일관성 있게 추진할 수 있다는 장점이 있다.

② 태스크포스 조직

태스크포스(task force) 조직은 임시조직이라는 의미로 제2차 세계대전에 군대에서 사용되었던 조직구조이며 본래 기동부대를 의미한다. 특별한 업무 수행을 위해 편성된 조직으로 주로 장기적인 사안을 두고 대규모로 조직되며, 수직적 구조의 형태를 취한다. 프로젝트 조직은 해산을 전제로 하지만 태스크포스 조직은 특정한 사안이 달성된 이후에도 존속되기도 한다. 프로젝트 조직은 조직구조를 도식화할 때 드러나지 않는 경우도 있지만 태스크포스 조직은 조직구조에 표현되는 공식조직의 특성이 강하다. 프로젝트 조직구성원은 기존 부서에 소속된 상태에서 일시적으로 차출되어 업무를 하지만, 태스크포스 조직의 구성원은 기존 부서에서 탈퇴하는 방식으로 태스크포스 팀에 소속되어 참여한 뒤 팀 해체 이후 기존 부서로 복귀하기도 하지만 경우에 따라 다른 부서로 복귀하거나 태스크포스 팀이 존속되는 경우 팀에 남기도 한다.

③ 매트릭스 조직(행렬조직)

매트릭스 조직(matrix organization)은 전통적 기능 조직과 프로젝트 조직을 결합하여, 구성원은 각자 기능 부서에 속한 동시에 프로젝트 조직에도 속하도록 구성되는 조직을 의미한다. 기능부서 상사와 프로젝트 관리자 양쪽에 보고하고 지휘·관리를 받도록 하는 구조로 되어 있어 의사소통의 명령통일 원칙과는 배치되기도 한다. 매트릭스 조직은 조직구성원의 능력과 재능을 최대한 이용할 수 있고 개별 팀을 프로젝트 간 이동시킬 수 있으며, 소비자의 특별한 요구와 환경변화에 신속한 대응이 가능하다는 장점이 있는 반면, 조직구성원의 시간 배분 문제와 성과 측정의 문제, 프로그램 관리자의 불만이나 역할 갈등 초래, 긴축을 요하는 불황기에 활용의 어려움이 발생한다. 조직구조 설계 시 매트릭스 조직이 필요한 경우는 조직규모가 너무 크지도 작지도 않으면서, 환경변화가 심하고, 불확실성이 높고, 비일상적 기술이 많이 요구되는 경우이다.

④ 프로세스 조직

프로세스 조직(process organization)은 리엔지니어링에 따라 기존 조직을 근본적으로 재설계하여 획기적인 경영성과를 도모할 수 있도록 프로세스를 기본 단위로 완전히 새롭게 설계된 조직을 의미한다. 고객의 가치를 가장 이상적으로 반영할 수 있도록 조직구조를 재설계한다. 상급자는 각 프로세스가 잘 기능할 수 있도록 돕는 역할을 수행하며, 구성원들은 각자 시스템의 한 부분으로서 프로세스의 변화에 따라 어떤 직무를 수행해야 하는지를 파악해야 한다. 프로세스 조직은 가치창출 프로세스(원자재 조달, 생산, 마케팅, 상품 출하 등으로 가장 핵심적인 영역), 자산창출 프로세스(인적자원관리, 자금 조달, 시설관리 등), 조정·통제 프로세스(예산, 경영계획, 내부평가 등 경영관리 및 기획 관련 영역), 지원 프로세스(가치창출 프로세스를 위해 정보, 기술, 물자 등을 직접 제공)로 구분된다.

⑤ 팀 조직

전통적 조직체계는 국－과－계 등으로 이어지는 계서적 성격을 가졌으나, 팀 조직(team organization)은 업무재편을 통해 통합・분할하여 하나의 팀으로 전환하여 팀장을 중심으로 업무를 하도록 만든 조직구조이다. 팀 조직은 조직목표에 대한 명확한 인식과 상급자와 하급자 간의 신뢰, 공동목표 성취에 대한 책임이 공유될 때 유용한 조직유형이다. 비교적 수평적인 조직 형태이기 때문에 의사소통과 사기에 도움이 될 수 있다. 그러나 팀 간 갈등이 발생할 수 있고, 단기적 안목에 의한 목표달성 수준의 저하 등이 나타나기도 한다.

⑥ 네트워크 조직

네트워크(network) 조직은 환경변화에 보다 신속하고 적절하게 대응할 수 있도록 외부자원의 효과적 활용을 꾀하는 조직구조이다. 보유 자원을 핵심 사업에 집중하고 핵심 이외의 부문은 아웃소싱함으로써 조직의 효율성을 꾀하고자 한다. 다른 기업과 제휴 등을 통해 강점을 결합한 시너지 효과를 창출하고, 상호 네트워크 구축 효과의 극대화와 상호 신뢰를 꾀하는 것이 중요하다.

⑦ 자율적 작업 조직

자율적 작업 조직(self－direct work group)은 해야 할 업무를 자체적으로 결정하고 관리하도록 의사결정 권한을 부여받은 사람들로 구성된 소규모 조직이다. 조직의 상층부로부터 광범위한 자율권이 이양되며, 그에 따른 지원과 책임도 수반된다. 팀의 임파워먼트, 구성원의 효과적 관리, 개인 성과와 팀 성과의 연계, 지원을 위한 교육 및 보상 체계 등이 성공을 위한 요건이다.

3) 조직구조 설계

조직구조 설계는 조직목표를 달성하기 위한 효과적인 방법을 모색하는 데 관심을 둔다. 조직구조는 조직구성원의 행동 방식에 영향을 미치기 때문에 조직구조 설계에 대한 원리를 찾고 원리에 따라 조직을 만들면 조직의 효과성이 높아질 것을 가정한다. 이러한 관심은 1930년대 귤릭(Gulick), 어윅(Urwick), 페이욜(Fayol)과 같은 학자들에 의해 주도되었는데, 조직에 대한 기능적 접근을 통해 조직을 운영하는 공통적이면서 일반적인 원리를 제시하고 있다.

(1) 직무설계

직무설계는 구성원들의 직위에 따라 담당해야 하는 직무를 설계하는 것을 말한다. 기존에는 분업에 따른 효율성을 추구했기 때문에 업무 세분화가 강조된 직무설계가 이루어졌다. 그러나 최근에는 세분화에 따른 문제점이 지적되면서 직무의 포괄성을 강조하는 복합적 직무설계가 강조되고 있다. 직무설계에 있어 직무의 세분화는 담당자들의 역할이 명확하고 전문성을 키우는 데 용이하며, 각자의 역할이 뚜렷하게 구별되기 때문에 관리, 감독이 수월하다. 그러나 직무를 지나치게 세분화할 경우 조직 전체 차원에서 업무를 조정하고 관리하기 어려워 조정과 관리비용이 소모되며, 동일한 업무를 지속적으로 반복하게 되어 업무의 관성화가 이루어지고, 이용자의 다양한 욕구에 대한 대응이 미흡할 수 있다. 직무설계의 유형으로는 직무확충, 직무순환, 직무공유, 근로시간 유연화가 있다.

① **직무확충**(job enrichment)

조직 내에서 각 구성원이 담당하는 직무에 있어서 인간성을 회복하도록 직무내용의 확충을 도모하는 일이다. 동일한 직무에 각기 다른 과업들을 병합하는 것으로 직무확대와 직무충실로 구분된다.

가. 직무확대

직무확대는 한 직무에서 수행되는 과업의 수를 증가시키는 것을 말한다. 조직구성원으로 하여금 중심과업에 다른 관련 직무를 더하여 수행하게 함으로써 개인의 직무를 늘려서 넓게 확대하는 것이다. 단지 작업자가 수행해야 할 일거리만 증가한다는 측면이 있다.

나. 직무충실

직무충실은 직무확대보다 더 포괄적인 개념으로 구성원들에게 더 많은 책임과 선택의 자유를 부과한다. 직무충실은 수직적 측면에서 직무충실화의 본질적 측면(원래 의도한 바)에 해당되는 것으로, 직무의 질적 개선을 목적으로 하고,

수평적 측면에서는 질적 개선에 따른 양의 증가를 의미하는데, 이는 직무충실화가 원래 의도하는 바는 아니지만 직무충실로 인해 결과적으로 나타나는 것이다.

② 직무순환, 직무공유, 근로시간 유연화

직무순환(job rotation)은 조직구성원이 교대로 각기 다른 관련된 몇몇 직무들을 수행하는 것이고, 직무공유(job sharing)는 특별한 유형의 시간제 근무로, 하나의 전일제(full-time) 직무를 둘 혹은 그 이상의 구성원이 나누어 수행하는 것이다. 최근에는 유연근무제의 형태로 근로시간 유연화(flexible work hour)가 이루어지는데, 업무시간을 9~18시로 고정해 두지 않고, 구성원들이 각자 편리하고 조직의 업무에도 도움이 되는 시간을 선택해서 정해진 시간만큼 근무하도록 하는 것을 말한다.

(2) 직무 재구조화

직무 재구조화는 지나친 직무 세분화로 인해 나타나는 문제점들을 극복하기 위해 등장하였다. 특히 사회복지조직에서는 사례관리, 사례옹호, 팀제 도입 등을 통해 업무의 조정 및 통합을 위한 집단적 차원의 접근을 시도하고 있다.

① 사례관리

사정, 연계 및 의뢰, 옹호 등을 주된 서비스 내용으로 하여 사례관리자의 주된 책임하에 개별 클라이언트의 복합적인 문제들을 다양하게 분화되어 있는 세분화된 서비스에 연결하고 그 결과를 묶어서 클라이언트의 문제를 해결하고자 하는 통합적인 접근이다.

② 사례옹호

클라이언트를 위한 옹호자적 입장에서 접근하는 방법이다. 옹호자로서 클라이언트의 욕구와 권익을 대변하는 역할을 수행한다. 사실상 사례관리와 유사한 측면이 많기 때문에 사례관리의 한 부분으로 여겨지기도 한다.

③ 팀제 도입

세분화된 다양한 분야들이 모여서 한 클라이언트의 문제를 공동으로 해결해 나가기 위해 팀을 조직하는 방법이다.

(3) 통합과 조정

조직은 내·외부 환경에 따라 조정과 통합을 거치며 변화한다. 즉, 조직의 규모가 커지고 과업이 복잡해짐에 따라 분화가 이루어지고, 조직의 효율성을 위해 통합이 이루어지도 한다. 조직의 분화는 의사소통 장애의 원인이 되기 때문에, 지나친 세분화는 조직의 효율성을 떨어뜨린다(이창원 외, 2012).

① 조직통합

조직통합(integration)이란 조직의 과업을 수행할 때 여러 다른 하위 체계 사이의 노력을 통일시키는 과정으로서(Lawrence & Lorsch, 1967), 조직의 목표와 연관되어 수행되는 의식적인 과정이다. 조직에서의 통합은 분화된 활동을 조직의 목표 수행에 적합하도록 통합하고 조정할 필요에 따라 제기된다. 통합과 조정은 분화된 직무활동들을 서로 연결시킨다는 점에서 같은 기능을 수행한다고 할 수 있으며, 조직의 목표를 달성하기 위해 분화된 하위 부문 사이의 노력을 조정·통합하는 데 목적이 있다.

② 조정

조직에서 조정(coordination)이란 조직의 부서 간, 직무 간, 계층 간에 분화된 활동을 하나의 전체로서 조화시켜 나가는 것이다. 조정은 조직의 전체 목표를 달성하기 위한 협력적 활동의 질을 좌우하므로 조정에 필요한 정보의 흐름을 원활하게 할 수 있는 조직구조의 설계가 요구된다. 조직에서 개인의 과업을 분화하고 그 과업들을 연결하여 하나의 단위 부서로 묶는 부서화가 진행될수록 상호 의존성을 가진 조직 내의 다른 과업들과의 관계를 조정할 필요를 갖게 된다. 조직 내에서 개인의 과업이 충실히 수행되었다고 할지라도 그것은 조직 전체 과업의 일부분에 불과하기 때문에, 다른 과업들과의 적절한 조정을 통해 조직 전체의 과업의 수행에 기여해야 한다. 따라서 조직은 각각의 개인 과업을 적절히 상호 조정하기 위해 이들을 통합하는 수단이 필요하게 된다.

③ 통합 및 조정의 저해 요인

조직에서 효율적인 통합과 조정을 확보하는 것은 매우 중요하다. 그러나 조직의 통합과 조정 과정은 구성원의 저항과 갈등을 유발하기도 한다. 조직의 통합과 조정의 저해 요인으로는 다음과 같은 내용들이 제시되고 있다(이창원 외, 2012).

가. 책임 소재의 불명확성

조직의 기능이 복잡·다양해짐에 따라 조직의 양적·질적인 변화가 심화되고 있다. 이러한 현상은 조직의 통일적 책임의 소재를 불명확하게 하고 있다. 특히 전문화와 분업으로 인한 할거주의(sectionalism)는 책임의 문제를 더욱 심각하게 하고 있다. 이러한 현상은 조직 내부에서의 통합과 조정을 곤란하게 할 뿐 아니라 외부로부터의 수요에 대한 통합과 조정도 어렵게 한다.

나. 조직의 경직성

변화의 속도가 급격한 동태적 환경으로부터 발생하는 고객 수요에 기동성 있게 대응하지 못하는 경우, 체제의 투입·전환·산출 및 환류의 기능이 둔화되고 조직의 동태성 내지 생동감이 둔화된다. 경직된 조직에서 조직 기능의 통합 조정을 기대하기란 불가능하다.

다. 합리적인 의사결정 체제의 미비

의사결정의 합리성을 저해하는 요인, 즉 사회심리적 및 체제적 장애 요인이 조직에는 항상 존재한다. 조직이 이러한 장애 요인을 극복하지 못하고 합리적인 의사결정 체제를 확립하지 못한 경우 통합 조정은 더욱 곤경에 직면하게 된다.

라. 일체감의 부족

조직 내부에는 고도의 전문성과 기술성을 지닌 수많은 구성원이 존재한다. 이들의 조직에 대한 일체감, 사회에 대한 일체감이 결여되어 있을 때 행동의 통일성을 확보하기 어렵다. 일체감의 부족은 사회적 측면에서 산업사회 발달의 부산물로서 나타난 공동체 의식의 결여에 기인한다. 조직 내외의 이러한 일체감의 부족 현상은 통합 조정의 곤란성을 더욱 격화시키게 된다.

5. 조직이론의 변천

조직은 바라보는 시각에 따라 매우 다양하게 이해되고 정의된다. 지금까지 조직에 대한 이해는 조직관리, 조직구성원, 조직환경을 중심으로 접근하였다. 스콧(Scott, 2003)은 조직이론의 구분을 조직환경 개념을 포함하는지 여부와 조직에 대한 합리성(rational)을 강조하는지 여부에 따라 폐쇄－합리적 조직이론, 폐쇄－자연적 조직이론, 개방－합리적 조직이론, 개방－자연적 조직이론으로 분류하였다(최천근·이창원, 2012 재인용). 첫째, 폐쇄－합리적 조직이론은 조직을 외부환경과 단절된 폐쇄체제로 보면서, 조직구성원들이 합리적으로 사고하고 행동하는 것으로 간주하는 이론이다. 시기적으로는 약 1900~1930년도를 전후한 이론들이다. 여기에는 과학적 관리론, 관료제론, 행정관리학파, POSDCoRB 이론이 해당된다. 둘째, 폐쇄－자연적 조직이론은 조직을 외부 환경과 단절된 폐쇄 체제로 보면서 조직구성원들이 합리적이지 않다는 자연적 관점으로 보지만, 조직구성원의 인간적 문제에 중점을 둔다. 약 1930~1960년도를 지배했던 조직이론이다. 인간관계론, 협력적 체제, 환경유관론, X·Y 이론이 해당된다. 셋째, 개방－합리적 조직이론은 조직환경의 중요성을 강조하지만, 조직이나 인간의 합리성 추구를 강조한다. 약 1960~1970년도를 풍미했던 이론이다. 제한된 합리성, 구조적 상황이론, 전략적 선택이론, 조직경제이론이 해당된다. 넷째, 개방－자연적 조직이론으로 조직환경의 중요성을 강조하지만, 조직의 합리적인 목적 수행보다는 조직의 존속이나 비합리적인 동기적 측면을 강조한다. 1970년대 이후 각광을 받고 있는 이론이다. 조직군 생태이론, 자원의존이론, 사회적 제도화 이론, 조직화이론, 혼돈이론 등이 해당된다.

〈표 3-5〉 스콧의 조직이론 분류

구분		체제의 본질	
		폐쇄적	개방적
조직의 특성	합리적	**폐쇄-합리적 조직이론** • 과학적 관리론(Taylor, 1911) • 관료제론(Weber, 1924) • 행정관리학파(Fayol, 1919) • POSDCoRB(Gulick & Urwick, 1937)	**개방-합리적 조직이론** • 제한된 합리성(Simon, 1957) • 구조적 상황이론(Lawrence & Lorsch, 1967) • 전략적 선택이론(Child, 1972) • 조직경제이론(Williamson, 1975)
	자연적	**폐쇄-자연적 조직이론** • 인간관계론 • 협력적 체제(Barnard, 1938) • 환경유관론(Selznick, 1949) • X·Y 이론(McGregor, 1960)	**개방-자연적 조직이론** • 조직군 생태이론(Hannan & Freeman, 1977) • 자원의존이론(Pfeffer & Salanick, 1978) • 사회적 제도화 이론(DiMagio & Powell, 1983) • 조직화이론(Weick, 1979) • 혼돈이론(Prigogine & Stengers, 1984)

출처 : 이창원 · 최창현(2012).

조직이론은 조직의 생산성을 높이기 위한 방법으로 어떤 전략을 취했는지, 조직구성원에 대한 이해는 어떤 관점에서 접근했는지, 조직환경과의 관계를 폐쇄적 혹은 개방적으로 보았는지에 따라 이론의 변화가 나타났다. 다양한 관점에서 접근이 가능한 조직이론 중 이하에서는 대표적인 조직이론을 중심으로 살펴보고자 한다.

1) 고전이론

(1) 과학적 관리론

과학적 관리론(scientific management)은 테일러(Frederick W. Taylor)에 의해 체계화된 이론이다. 조직은 생산성이나 능률성을 향상시키기 위한 도구로 존재한다는 인식에서 출발한다. 모든 조직활동이나 조직편성은 생산성 향상에 목적이 있으며, 이를 위해 합리성(rationality)을 강조한다. 테일러는 『과학적 관리의 원칙(the principles of scientific management)』에서 조직구성원이 직무를 수행하기 위한 유일 최고의 방법을 규명할 수 있고, 이를 위해 시간 및 동작(time & motion studies)에 주로 의존하는 직무과정 분석이 중요하다고 주장했다. 테일러가 규정한 과학적 관리하에서 관리의 기본 원리는 다음과 같다(이창원 · 최창현 · 최천근, 2012).

① 과학적인 과업관리(시간 및 동작 연구)

근로자의 개별적인 과업은 과학적 분석에 의해 설계되어야 하고 과업 수행에 관한 유일 최고의 방법이 규정되어야 한다는 것이다. 테일러는 동작연구와 시간연구를 통해 근로자의 표준과업량(표준생산량)을 설정하고, 그에 따라 과업 수행에 관한 유일 최고의 방법을 규정함으로써 과업 내용 설계 및 과업 수행 방법 결정의 과학화를 이루었으며, 할당된 과업의 달성에 따라 임금의 고하를 연계시키는 임금 결정체계를 개발함으로써 고의적 태업을 막고자 했다.

② 과학적인 직원의 선발과 훈련

과학적으로 설계된 과업을 원활하게 수행하기 위해서는 근로자들을 과학적인 방법으로 선발하고 훈련시켜야 한다는 것이다.

③ 적절한 배치

과학적으로 설계된 과업과 과학적으로 훈련된 근로자를 적절히 결합시켜야 한다는 것으로, 근로자들을 정신적, 육체적으로 가장 알맞은 과업에 배치해야 한다는 것을 의미한다.

④ 기능식 직장제도

공장조직을 철저한 기능식 조직으로 전환해 관리자와 근로자가 책임을 적절하게 분담하고 과업의 과학적 수행을 위해 서로 협동해야 한다는 것이다.

과학적 관리론자들은 조직을 움직이는 동력을 상하 간의 협력(cooperation)에서 찾는다. 상하 간의 협력을 이끌어 내기 위한 도구 중 하나가 바로 경제적 유인책(monetary incentives)으로, '당근과 채찍'을 통해 조직의 생산성을 확보하고자 한다(Mouzelis, 1967). 과학적 관리론에서는 조직환경과의 관계에 대한 관심이 없어 폐쇄 시스템을 상정하여, 외부환경으로부터 영향을 받지 않고 조직 내 구성원 간 갈등도 발생하지 않는 것으로 보고 있다(Hasenfeld, 1983).

(2) 행정관리론

행정관리론(administrative management)은 귤릭(Gulick), 어윅(Urwick), 페이욜(Fayol)과 같은 학자들에 의해 제시된 이론으로, 조직 운영을 위한 '이상적', '전형적' 조직구조의 원칙들을 제시하고 있다. 조직이 효율적으로 운영되기 위해서는 성취하고자 하는 조직의 임무와 목적을 설정한 후, 일을 쪼개고 구조화하며, 최적의 방법을 모델화하고, 필요한 조직구조를 설계해 나가는 이론이다. 과학적 관리론이 작업자 수준의 근로자에게 초점을 맞춘 미시적 접근 방법이라면, 행정관리론은 조직 전체 효율성을 증가시키고자 하는 경우에 적용한다. 조직에서의 관리 기능을 중시하여, 조직의 관리층에서 맡아야 할 관리 작용의 원리를 개척하는 데 주력한 이론이다.

귤릭과 어윅은 『행정과학론』을 통해 조직의 능률성 향상을 위해서는 조직을 운영하는 과학적 원리를 발견해야 한다고 주장하였고, 페이욜은 행정의 원칙으로 노동의 분업, 권위와 책임감, 훈육, 명령의 통일, 지휘감독의 통일, 질서를 제시했다. 귤릭은 행정관리 기능으로 POSDCoRB[2)]를 제시하여 조직 운영의 보편적인 원리를 제시하고 있다.

조직 운영의 원칙을 발견하고자 한 행정관리론은 몇 가지 측면에서 비판받는다. 첫째, 개인적 동기나 리더십, 비공식 집단 등과 같은 조직 내의 인간적인 요소들을 무시한다는 점이다. 공식적인 관리보다 비공식적인 관계가 조직에 영향을 미치는 경우가 있고 때로는 이러한 요인들이 조직의 생산성에 긍정적인 영향을 미친다는 점을 무시하고 있다. 둘째, 조직 운영의 원칙들은 과학적인 검증을 통해서 증명된 관리원칙이 아니라는 점이다. 조직 분야에서 제시한 대부분의 원리들은 행정행태론자인 사이먼(Simon)이 비판한 것처럼 좋은 '격언(proverb)'에 불과할 뿐이고 검증되지 않은 것이다. 행정관리론자들은 다음과

2) ① P(Planning, 기획) : 프로그램을 관리하기 위한 방법 및 계획들을 준비, ② O(Organizing, 조직화) : 한 기관 내에 상이한 하위 부서들을 만듦, ③ S(Staffing, 인력배치) : 빈자리를 메우기 위해 능력 있는 사람들을 고용, ④ D(Directing, 지휘) : 시간과 업적 기준을 갖는 명령들을 내림, ⑤ Co(Coordinating, 조정) : 업무자들의 노력을 효율적으로 상호 연계함, ⑥ R(Reporting, 보고) : 상급자들에 제출한 보고서를 준비, ⑦ B(Budgeting, 예산) : 예산을 준비하고 실행에 옮김

같은 조직 원리를 제시하고 있다.

① **계층제의 원리**(hierarchy)

계층제의 원리란 '조직 내의 권한과 책임 및 의무의 정도가 상하의 계층에 따라 달라지도록 조직을 설계하는 것'을 말한다. 조직은 계층으로 이루어져 있으며, 이러한 계층은 상급자와 하급자로 이루어진다. 상급자와 하급자는 각자의 역할이 있으며, 상위계층은 하위계층에게 업무를 위임하여 일을 효율적으로 처리하도록 한다. 상급자와 하급자는 수직적인 관계이며, 그 관계는 체인이나 사다리처럼 연결되어 있다. 계층제의 순기능은 다음과 같다(이종수 외, 2014).

가. 조직에서 지휘명령 등 의사소통의 통로로 기능한다.
나. 조직 내 권한이 위임되는 통로로 작용하며, 행정책임의 한계를 분명히 하는 준거가 된다.
다. 조직목표의 설정과 업무의 배분 통로가 된다.
라. 하위계층 간 갈등과 분쟁이 발생할 경우 계층제를 통해 갈등과 분쟁이 해결되고 조정될 수 있어 조직의 통일성과 안정성 유지에 기여한다.
마. 계층을 타고 승진 경로를 제공하기 때문에 구성원의 사기를 앙양시켜 준다.

하지만 계층제가 잘 운영되지 않을 때 발생할 수 있는 역기능은 다음과 같다.
가. 지나치게 수직인 계층 관계는 조직의 경직성을 초래하고 신축적인 조직 운영을 저해한다.
나. 부처할거주의가 일어나 동일 계층의 부서 간 조정이 어려워진다.
다. 계층 수가 증가하게 되면 의사전달의 왜곡이 발생한다.
라. 구조를 지나치게 강조하면 조직구성원의 개성과 창의성을 저해하고, 조직원의 귀속감을 감소시켜 인간관계 형성을 방해한다.
마. 환경변화에 신속한 대응이 곤란하다.

② **명령통일의 원리**(unity of command)

명령통일의 원리는 조직에서 한 사람의 부하는 자신에게 권한과 책임을 부여해 준 한 사람의 상관으로부터 명령을 받아야 한다는 의미이다. 'one man one boss'의 원리를 강조하는 것으로 여러 상사로부터 명령을 받게 되면 부하는 행동의 혼란스러움과 업무의 비능률성과 무책임이 발생할 수 있음을 지적한다. 조직은 상급자의 지시에 따라 움직여야 한다는 조직원리로, 명령이 계층제의 사다리를 타고 내려오더라도 일관성을 유지할 수 있어야 한다는 것을 의미한다.

③ **통솔범위의 원리**(span of control)

통솔범위의 원리는 한 조직에서 통솔할 수 있는 하급자의 수는 제한되어 있다는 원리이다. 대부분 조직에서 한 사람의 상관은 너무 많은 부하를 둘 경우 통솔에 어려움이 있기 때문에 3~6명 정도의 부하를 두는 것이 바람직하다는 것이다. 그러나 모든 상황에 적합한 일반적인 통솔범위는 도출되지 않았고, 감독자의 능력, 업무의 난이도와 돌발 상황의 발생 가능성 등 다양한 요소를 고려해 통솔범위를 결정해야 한다.

④ **조정의 원리**(coordination)

조정의 원리는 전문화되거나 분업화된 조직 단위의 업무를 조직의 목표 달성이라는 관점에서 일관성이 유지되어야 한다는 원리이다. 전문화, 분업화된 부서가 목표를 달성하기 위해서는 체계적, 통일적으로 업무를 처리해야 하는데 이를 위해서는 의사소통과 조정이 필요하다.

⑤ **분업 및 전문화의 원리**(functional specialization)

분업 및 전문화의 원리는 조직의 작은 단위는 분업과 전문성에 따라 나누어져야 한다는 원리를 의미한다. 궁극적으로 한 개인 단위로 부과될 수 있는 업무는 세분화되어야 하며, 동질적인 업무는 하나로 묶고 이질적인 업무는 서로 나누는 것으로, 업무가 복잡한 경우 전문화의 원리에 따라 조직의 분업이 이루어진다는 것을 의미한다. 업무 능률의 증진을 위해 조직 전체의 업무를 종류와 성질별로 나누는 것을 의미한다.

2) 인간관계론

(1) 인간관계론

인간관계론(human relation)은 메이요(E. Mayo)의 호손 공장 실험으로부터 시작되었다. 기계적 조직관과 인간을 이기적 · 경제적인 존재로 전제하는 과학적 관리론의 반성에서 출발하여, 비합리적·비제도적·사회적·심리적·감정적 측면에 역점을 두어 인간을 관리하는 기술과 방법에 관한 이론을 체계화한 것이다. 인간관계론은 관료제나 과학적 관리론에서처럼 조직을 공식적인 틀(formal framework)로 보지 않을 뿐만 아니라 합리성에 대해서도 강조하지 않는다. 조직은 보통 사람들이 알고 있는 공식적인 틀이 아니라, 조직구성원 사이에 존재하는 사회구조(social structure)와 상호 교류 관계(worker interaction)를 의미한다(Gordon, 1982). 조직구조를 결정하는 사회구조나 상호 교류 관계는 분업이나 목표가 아니라 조직구성원의 태도와 감정이나 인간관계 유형에 의해 결정된다. 인간관계론의 관심대상은 조직에서 자생적으로 발생한 비공식 그룹(informal group)이다. 인간관계론자들이 주장하는 내용을 요약하면 다음과 같다.

① 조직은 인간들로 구성된 사회적 체제(social system)로 조직의 생산성을 향상시키기 위해서는 공식조직뿐 아니라 조직구성원들의 태도 결정에 중요한 역할을 하는 비공식집단이 매우 중요하고, 권위주의적 리더십보다는 민주적 리더십이 더욱 효과적이며, 조직구성원의 조직에 대한 만족감을 증신시키는 것이 중요하다.

② 인간을 사회적 욕구를 지닌 사회적 존재로 파악한다. 인간이 행동하는 이유는 경제적 유인뿐 아니라 사회·심리적 유인에 의해서도 영향을 받는다. 즉, 조직의 생산성은 사회적 규범과 비경제적 보수 및 제재에 의해 영향을 받는다.

③ 집단의 규범 설정과 시행과정에서 리더십의 역할이 중요하다.

인간관계론은 과학적 관리론의 한계에 대한 비판으로부터 출발하였으나, 여전히 조직에 그대로 적용하는 데에는 한계가 있다. 인간관계론이 갖는 한계는 다음과 같다.

① 지나친 비합리성·비경제성, 즉 심리적 감정주의를 지향한다.

② 경제인관에 대한 지나친 부인으로 인간을 감정적·사회적 존재로만 인식한다.

③ 비공식집단의 지나친 강조에 따라 야기된 조직구성원의 상호 의존적 성향과 보수성이 강하다.

④ 조직외부환경을 무시한 폐쇄조직이론으로 환경이 조직에 영향을 미친다는 점을 소홀히 한다.

⑤ 조직에 대한 지나친 이원론적 인식으로 공식 대 비공식, 이성 대 감정으로 구분한다.

⑥ 조직 내부에 있어 갈등의 순기능을 고려하지 못했다는 측면이 있다.

〈표 3-6〉 과학적 관리론과 인간관계론 비교

공통점	차이점	
	과학적 관리론	인간관계론
폐쇄적 조직관	합리성	비합리성
인간욕구의 획일성	경제적 측면	비경제적 측면
인간을 수단시	공식조직	비공식조직
인간의 피동성	인간의 기계화	인간을 감정적 존재로 파악
조직과 개인-조화	합리적·경제적 인간관(X론)	사회적 인간관(Y이론)
정치·행정이원론	경제적 욕구	사회적 욕구

(2) X·Y 이론

조직관리에 관한 철학들은 조직구성원의 인간행태(human behavior)에 대한 일련의 가정들을 기반으로 한다. 조직구성원이 어떤 특성을 갖는지를 탐구하고 이를 통해 조직을 관리함으로써 생산성을 높이고자 하는 것이다.

맥그리거(McGregor, 1960)는 『기업의 인간적 측면(The Human Side of Enterprise)』에서 인간에 대한 X이론과 Y이론에 대한 관리 철학의 개념을 설명하였다. 인간에 대한 전통적인 가정은 일반적으로 X이론적으로 설명하고 있는데, X이론은 세 가지 가정을 토대로 한다.

① 대부분 사람은 본질적으로 일하기를 싫어한다.

② 게으른 인간의 속성으로 인해 조직의 성과를 달성하기 위해서는 구성원을 강제하거나 처벌해야 하고 통제와 지시가 필요하다.

③ 사람들은 지시받기를 선호하고 책임을 회피하기를 좋아한다.

X이론이 인간에 대한 부정적인 가정을 한다면, Y이론은 인간을 긍정적인 측면에서 접근하고 있으며, 네 가지의 가정을 토대로 한다.

① 사람들은 본래 일하기를 좋아하며, 일에 대한 물리적이고 정신적인 노력을 하는 것은 놀이를 하거나 휴식하는 것과 같이 자연스럽다.
② 개인들이 의무적으로 해야 하는 목표를 달성하기 위해 사람들은 자기통제, 자기결정을 행사한다.
③ 책임의 회피, 야망의 부족, 안전에 대한 강조는 인간 고유의 특성이라기보다 일반적인 경험의 결과들로, 스스로 목표를 설정하고 목표추구활동을 한다.
④ 조직문제를 해결하기 위해 상상력, 독창성, 창조성을 행사하며, 스스로 책임을 지고, 능력을 발휘하고자 한다.

인간에 대한 가정은 리더십의 스타일과 조직관리 방향에 지대한 영향을 미친다. 예를 들어, 인간에 대한 X이론적 인식이 강한 관리자들은 조직을 명령과 지휘 계통하에 운영하려는 경향이 많은 반면, Y이론적 인식이 강한 관리자들은 조직운영에 있어 민주적 리더십과 자율에 의한 운영을 선호할 가능성이 더 크다고 할 수 있다. 다만, 조직은 극단적인 두 개의 유형으로 구분할 수 없으며, 현대의 조직과 조직구성원은 다양한 특성을 가졌다는 측면에서 이러한 조직의 성격을 구분하는 것은 어렵다.

(3) Z이론

맥그리거가 인간에 대한 가정을 X・Y 이론으로 설명하고 있는 가운데, Z이론은 크게 세 가지의 설명 방식이 존재한다. 우선, 룬트스테트(Sven Lundstedt)의 Z이론은 권위주의적 관리를 대변하는 X이론과 민주적 관리를 대변하는 Y이론에 대비해 자유방임형의 관리를 지칭한다. 롤리스(David Lawless)의 Z이론은 변동하는 환경 속에서 살아가는 조직을 관리할 때 상황을 객관적으로 파악해 이에 상응하는 관리전략을 세우고 변화시켜 나아가야 한다는 상황적 접근방법을 말한다. 그리고 오우치(William G. Ouchi)의 Z이론은 1970~1980년대 일본기업이 미국기업을 압도할 때 일본식 경영을 배우자는 논의에서 주장한 것으로 미국 내의 일본식 경영관리를 의미한다.

인간에 대한 X, Y, Z 각각의 이론들은 각각 인간에 대한 특성을 설명하고 있으나, 어느 하나의 이론만으로 인간을 설명하기에는 한계를 가지고 있어 순수하게 조직과 개인을 설명하기는 어렵다.

〈표 3-7〉 이론 비교

구 분	X이론	Y이론	Z이론
일에 대한 태도	일하기를 싫어함	삶의 자연스러운 조건으로 인식	종업원의 참여는 생산성 향상의 중요 요인
통제	통제와 지시 선호	제한된 통제와 지시 선호	종업원 통제는 함축적이고 비공식적으로 진행
일에 대한 책임	책임보다 안정성 추구	적당한 상황에서 책임 추구	종업원들은 책임과 의사결정을 공유하는 것을 선호
성과	강요에 의해 일함	위협적이지 않은 상황에서 성과 도출	신뢰와 협동을 장려하는 문화에서 성과 도출
보상	금전적 보상	여러 가지 욕구에 의해 동기부여	고용보장과 느린 성과평가 및 승진 수용

3) 구조주의 이론

구조주의 이론은 고전적 이론과 인간관계이론을 통합한 이론이다. 에치오니는 고전이론과 인간관계이론을 통합하여 합리성과 공식성에 중점을 두는 전통적 조직이론과 비합리성, 비공식성에 중점을 두는 인간관계의 조직이론을 종합하여 포괄적으로 제시하고 있다. 구조주의자들은 조직을 그 속에서 사회집단들이 상호작용하는 크고 복잡한 사회적 단위라고 본다. 구조주의 이론은 조직에서의 갈등을 순기능적인 것으로 간주하고 있으며, 갈등은 인간사회에서 항상 존재하는 불가피한 것으로 파악하고 해결책을 찾는 것에 관심을 둔다.

구조주의 이론은 조직에 대한 환경의 영향을 강조하고, 외부환경과 관련된 여러 가지 유형의 행정 및 조직의 역할을 강조하고 있으나, 인간적인 요소를 충분히 고려하지 않았고, 인간의 욕구나 성격을 경시한 측면이 있으며, 갈등은 의사소통과 신뢰를 통해 해결할 수 있음에도 지나치게 갈등을 강조했다는 점 등에서 인간관계 학파로부터 비판을 받았다.

4) 체제이론

조직의 체제론적 관점은 행정 현상이나 문제를 독립적인 것이 아니라 여러 관련 요소가 서로 연결되어 운영되며, 특히 외부환경과 유기적인 상호관계를 통해 상호적응하기 위한 접근이다. 체제란 부분들의 관계가 일정한 관계를 가지고 질서를 유지하는 것으로, 일정한 경계 안에서 상호 긴밀한 관계를 유지하는 부분 모두 또는 부분 간의 관계 전체를 의미한다. 체제는 고유의 목표달성을 위하여 어느 정도의 독립성을 가지면서 상호 긴밀한 관계를 유지하는 부분들 모두나 부분 간의 관계로서 정치체제, 경제체제, 사회체제, 국제체제와 영향을 주고받는다.

(1) 개방체계와 폐쇄체계

현대사회는 다양한 환경적 요소들과 상호작용이 이루어진다. 역동적인 환경에서 조직은 각각의 기능을 수행하는 하위체계로 구성된다. 체계란 정보, 에너지, 자원 등을 교환하면서 역동적으로 존재하는 실체로서 개방체계는 다른 체계와 빈번한 상호작용을 거쳐 운영된다. 개방체제를 가정할 때 체제는 다음과 같은 특성을 가진다.

① 체제는 일정한 경계를 가지고, 상호 영향을 주고받는다.

② 항상성(homeostasis)을 통해 안정된 상태를 유지하고자 자기 스스로를 규제할 수 있는 능력을 가진다.

③ 부(−)의 엔트로피(entropy)를 추구하여 외부로부터 에너지와 기타 자원을 받아들여 엔트로피(에너지 상실)를 낮추려는 경향을 지닌다.

④ 전체(holism)로서 체제는 구조, 기능, 분화, 통합 등이 복잡하게 엉켜 있는 통합관계로 이해된다.

반면 폐쇄체계는 다른 외부체계들과 상호교류가 없거나 혹은 교류할 수 없는 체계를 의미한다. 체계이론은 조직을 단순히 부분의 합이나 부분의 합에 더해진 것을 의미하는 것이 아닌 전체론적 시각, 외부 환경과 상호 영향을 주고받는 개방체제적 관점, 부분들 간의 상호 연관성을 강조하는 특징이 있다. 다만, 이러한 전체론적 시각은 부분보다 전체를, 개인보다는 조직이나 집단을, 조직이나 집단보다는 환경을 중시하게 됨으로써 체제 내의 개인의 영향력을 과소평가하게 되거나, 체제 간의 경계가 모호한 경우 관계의 규명이 어려운 문제가 발생할 수 있다.

(2) 하위체계

조직은 전체 체계에 대한 하위체계로 구성되며, 하위체계는 성장단계에 따라 초기단계, 안정단계, 발전단계로 구분된다. 체계이론에서 하위체계는 생산 하위체계, 유지 하위체계, 경계 하위체계, 적응 하위체계, 관리 하위체계로 구성된다.

① 생산 하위체계(production subsystem)

모든 조직은 생산과 관련된 과업을 수행하고, 결과물로서 재화나 서비스를 생산한다. 생산 하위체계는 조직의 역할과 과업을 설계하는 데 있어 결과물을 잘 생산하는 것을 강조한다. 생산 하위체계에서 질 좋은 재화와 서비스의 생산을 위해서는 숙련과 기술이 요구된다.

② 유지 하위체계(maintenance subsystem)

조직이 만들어지고 나면, 조직 유지를 위해 조직의 내부 시스템을 확립해야 한다. 여기에는 보상체계, 조직구조, 역할 분담, 직무훈련 등이 포함된다. 개인의 욕구를 조직의 욕구에 통합하는 데 특히 강조점을 두며, 조직의 현재 상태대로 조직의 계속성을 유지하거나, 직원들의 과업과 일치하지 않을 경우 이를 조정하거나 통합함으로써 조직을 유지하고자 한다.

③ 경계 하위체계(boundary subsystem)

조직과 환경의 관계를 고려하고, 개방체계를 강조한다. 환경과 환경에 영향을 미치는 제도를 고려하게 되고, 조직의 외부환경에 영향을 미칠 수 있는 기반을 구축한다.

④ 적응 하위체계(adaptive subsystem)

조직의 업무수행 능력을 향상하고 조직의 성장을 도모한다. 조직의 계획과 관련되어 있으며, 연구와 계획을 중시한다.

⑤ 관리 하위체계(managerial subsystem)

관리 하위체계는 다른 네 가지 하위체계를 조정하고 통합하기 위한 리더십을 제공한다. 권한의 활용을 통해 계층 간에 생겨나는 갈등을 해결하고, 타협과 심의를 통해 하위체계를 조정하며, 자원을 증진시키고, 필요한 경우 조직의 재구조화를 위해 외부환경과의 조화를 꾀한다. 갈등 해소와 조정 등의 방법을 사용한다.

5) 조직환경이론

(1) 상황적합이론

상황모형(contingency model)은 조직을 목표달성과 동시에 환경과의 관계에 따라 형성된 구조로 보고 있다. 조직은 끊임없이 목표달성을 시도하는 실체이지만 목표달성을 위해 하나의 최선의 방법(one best way)만을 추구하지는 않는다. 조직환경과 조직구조의 적합성이 조직의 성패에 영향을 미친다는 관점을 취한다.

상황이론은 조직에 영향을 미치는 환경적 요인을 중시했지만, 실제로 어떤 조직구조가 어떤 환경에서 가장 적합한 것인지에 대한 해결책은 제시하지 못하였다. 또한 환경이 조직에 영향을 미친다는 점은 인정했으나, 조직이 환경에 영향을 준다는 점을 고려하지 못하였다.

(2) 정치경제이론

정치경제이론은 권력의 상호작용, 권력 행사자들이 성취하려는 목적 및 생산적 교환체계에 관한 연구이다. 개방체계의 관점에서 조직을 이해하는 것으로 환경적 요소들에 의해 조직의 특정 행태가 영향을 받는 과정에 초점을 두고, 조직과 환경 간의 상호작용이 조직의 내부 역학관계에 미치는 영향들에 초점을 둔다. 정치경제이론은 과업환경의 요소들이 조직에 대해서 힘과 영향력을 행사할 수 있을 정도의 정치적·경제적 자원을 보유하고 있다면, 조직의 입장에서는 반드시 필요한 자원을 확보해야 하기 때문에 이러한 이론을 자원의존이론으로 명명한다.

자원의존이론(resource-dependence theory)은 조직을 환경과의 교류(interaction)에 의해 형성된 구조로 보고 있다. 자원의존이론에 의하면 조직은 환경과의 교류를 통해 생존뿐만 아니라 발전 방법을 모색한다. 조직은 환경으로부터 영향을 받는 실체가 아니라 환경에 영향을 미치는 역할도 동시에 수행한다고 보고 있으며, 조직을 움직이는 동력은 전략적 선택(strategic choice)에 있다(Child, 1972). 조직은 외부환경으로부터 조직이 필요한 인적·물적 자원을 동원하고, 조식을 유지할 자원을 외부에서 동원하기 때문에 환경이 조직의 중요한 변수다. 그러나 조직은 수동적인 입장에서 환경으로부터 영향을 받는 것이 아니라 끊임없이 환경을 자신의 편으로 끌어들이기 위한 의사결정을 하며, 의사결정 과정에서는 조직 내부의 정치력과 외부환경의 요구 사항이 교류하게 된다. 이 과정에서 조직은 합리적 선택보다는 조직 내부의 정치적 역학관계에서 외부 환경문제를 효과적으로 해결할 전략적 선택을 하게 된다.

(3) 신제도이론

신제도주의는 사회의 현상을 설명하는 데 제도를 중심으로 접근하는 방법이다. 신제도이론은 제도적인 환경 속에 존재하는 규범이나 규칙들에 의해서 조직의 성격이 결정된다고 주장한다. 학문 영역에 따라 역사적 제도주의(정치학), 사회학적 제도주의(사회학), 합리적 선택 제도주의(경제학)로 구분하여 발전되었다.

(4) 조직군 생태이론

조직군 생태모형(population-ecology model)에 의하면 조직은 만들어지는 것이 아니라 환경으로부터 선택받았다는 관점에서 설명한다. 조직의 성격도 정해지는 것이 아니라 환경과의 관계에서 최적의 상태로 변화하는 것으로 보고 있다(Hall, 1996). 환경과의 관계가 조직편성의 기본 원리로 자리 잡고 있다는 점에서 체계이론(systems theory)과 같은 맥을 형성하고 있다.

조직군 생태모형에 의하면 조직을 움직이는 동력은 조직 내에 있지 않다. 환경에 조화를 이루려고 하는 조직의 선택을 동력으로 본다. 조직은 3단계를 거쳐 환경과 조화를 이룬다. 첫 번째 단계는 조직유형(organizational forms)의 변화다. 계획된 것이든 계획된 것이 아니든 조직구조는 항상 변화하는 성향을 가지고 있다. 조직구조의 변화는 긍정적인 방향으로 기능을 수행할 때도 있지만 그렇지 못한 경우도 있다. 두 번째 단계에서는 선택이 일어난다. 긍정적으로 기능을 수행하는 유형은 선택되고, 그렇지 못한 유형은 선택되지 않는 과정을 거치면서 조직은 진화한다. 세 번째 단계는 보존이다. 선택된 유형의 조직은 계속 남아 유지된다(Aldrich, 1979).

6) 현대조직이론

(1) 목표관리이론

목표관리이론(MBO : Management By Objectives)은 개인이나 부서의 목표를 조직의 관리자가 아니라 하급자와 협의해 조직이 달성할 목표를 설정하고, 이를 기준으로 달성 여부에 따라 조직의 성과를 관리하는 방법이다. 목표관리는 참여의 과정을 통해 조직 단위와 구성원들이 실천해야 할 생산활동의 단기적 목표를 명확하게 체계적으로 설정하고, 그에 따라 생산활동을 수행하도록 하며 활동의 결과를 평가·환류시키는 관리체계이다. MBO의 특징은 목표 설정 과정에 모든 조직구성원이 참여하고, Y이론적 관점에서 하급자 스스로 상급자와 합의하며, 목표달성의 성과, 성과에 따른 평가, 환류를 중시하며, 평가는 전 과정에서 수시로 실시한다.

목표관리는 부하와 상사가 조직 내 업무를 파악하고 협력하여 목표를 설정한다는 점에서 부하가 조직 내 시간 및 자원 활용을 효율적으로 배분하는 데 유효하며, 업적평가와 계획행태를 개선하고 조직참여자의 직무만족을 제고하여 조직효과성을 높이는 데 기여한다(이창원 · 최창현, 1996). 그러나 공공조직에서 적실성 있는 목표를 설정하는 것은 어려운 일이며, 단기목표만을 강조하게 되는 경향을 초래할 수 있는 단점이 있다.

(2) 총체적 품질관리

총체적 품질관리(TQM : Total Quality Management)란 조직의 문화를 정의하는 것이며, 도구, 기법, 훈련 등의 통합 시스템을 통해 상시적으로 고객 만족을 추구하는 작업을 지원하는 것이다. 전통적인 관리기법과 구별되는 특징은 고객의 욕구나 필요에 따라 조직의 목표가 설정된다는 고객 중심의 관리를 강조한다는 점이다. 조직운영과 서비스의 지속적인 개선을 통해 양질의 서비스를 산출하여 조직의 경쟁력을 증대시키고 이를 위해 전체 조직구성원들이 참여하여 노력하는 경영 시스템을 갖추고자 한다.

TQM의 주요 특징은 총체적 관리가 리더의 강력한 의지로 주도되며, 지속적 학습과 지속적 개선 강조, 신뢰 관리, 장기적 관점과 예방적 통제, 고객의 요구 존중, 집단적 노력과 전체 구성원의 참여 유도, 과학적 방법 사용, 인간 존중, 분권적 조직구성이다. TQM은 고객은 최초의 서비스에 대한 품질 판정자로서 품질관리는 생산 초기부터 제품 또는 서비스의 구성요소가 되어야 한다는 점을 강조한다. 여기서 품질은 개인에 따라 달라서는 안 되며, 시스템 내부 설계로부터 나오고 조직구성원 전체가 책임을 지는 요소가 된다. 품질향상을 위해서는 투입과 과정상의 지속적인 개선이 이루어져야 하는데, 서비스의 질을 판단하는 측정기준은 신뢰성, 즉응성, 확신성, 감정이입, 가시성/ 유형성을 제시한다.

(3) 전략적 관리

전략적 관리(strategic management)는 환경과의 관계를 중시하는 변혁적 관리로서 조직에 영향을 미치는 효율적 관리를 지향한다. 역동적인 환경에 처하여 변화를 겪고 있는 조직에 새로운 지향 노선을 제시하고 그에 입각한 전략, 기술을 개발하여 집행함으로써 조직이 그 활동과 운명을 스스로 통제할 수 있게 하는 것을 강조한다. 목표 지향적, 개혁적 관리, 장기적 시간관리, 환경분석의 강조, 전략개발의 강조와 조직활동 통합을 강조한다.

(4) 학습조직이론

1990년대 벤치마킹의 체질화와 함께 조직과 인력의 역량 강화를 강조함으로써 서비스의 효과성, 생산성을 제고하기 위해 제시되었다. 조직구성원이 바라는 결과를 창조할 능력을 확장하고 새롭고 확대된 사고 패턴이 육성되며, 집단적 목표나 열망이 자유롭게 선정되고 함께 학습하는 방법을 지속적으로 배우는 조직을 의미한다.

(5) 기타이론

① 재구조화(Re-structuring)

재구조화는 유형·무형의 사회간접자본을 재구축하자는 것으로, 재구축이라는 말은 일반적인 사회간접자본 외에 투자역량 강화, 교육환경 개선과 인적·지적 자본의 형성, 과학기술 수준 제고와 학습역량의 극대화, 시민참여를 통한 사회통합역량의 강화 등이 포함되는 포괄적인 개념이라 할 수 있다. 좁은 의미로는 정부조직과 기능의 재조직화를 의미한다.

② 리엔지니어링(Re-engineering)

리엔지니어링은 기존의 제도를 질 좋은 행정서비스를 제공할 수 있도록 절차를 합리적으로 재공정하는 것을 의미한다. 리엔지니어링은 '조직업무의 전반적인 과정과 절차를 축소, 재정비하여 가장 합리적인 방법으로 업무를 수행하려는 조직관리이론'으로 TQM 이후 1980년대에 등장하였다. 리엔지니어링은 업무절차의 최소화, 통제의 최소화, 고객 지향, 구성원에 의한 의사결정, 분권화, 서류 전달점 축소 등을 특징으로 한다.

③ 재설정(Re-orientation)

자유경제의 시장원리와 성과 지향적 경제원칙을 수용해서 '보호보다는 경쟁, 규제보다는 자유'를 지향하는 새로운 관리목표의 재설정을 의미한다.

④ 벤치마킹 시스템(Bench-marking system)

국내외 우수기업들에서 이미 성공을 거둔 합리적인 우수경영방식 등을 발굴・수용하여 공공부문이 이를 채택하는 방식을 말한다. 지속적인 개선을 달성하기 위해 조직 내부의 활동과 기능, 관리능력 등을 외부의 조직과 비교 평가하고 판단하는 것이다. 성공적인 조직 운영을 위해 최고의 실제 사례를 찾아 그것을 표적으로 자기 조직과 비교하고 그 차이를 극복하기 위해 노력함으로써 부단히 자기 혁신을 추구하는 기법이다.

⑤ 애드호크러시(Adhocracy)

애드호크러시는 임무를 완수하면 일단 해체되었다가 다시 새로운 임무가 주어질 때 재구성되는 조직이다. 구조적 차원에서 애드호크러시는 구조가 복잡하지 않고, 형식주의나 공식성에 얽매이지 않으며, 의사결정권한이 분권화되어 있다. 대부분의 임시조직은 고도의 전문지식을 가진 사람들로 충원되기 때문에 고도의 수평적 구조를 이루고, 업무의 분산화를 통해 환경 변화에 신속하게 대응한다. 임시조직은 유연한 조직 형태로 외부 환경과 변화에 유기적으로 반응한다. 프로젝트 조직이나 매트릭스 조직이 속한다.

7) 조직이론 관점에서 본 사회복지조직의 특성

조직은 규모에 상관없이 어느 정도 관료화되어 있다. 사회복지조직 또한 대면서비스의 성격이 강하지만, 조직운영에 있어서는 관료제적 특성에 기반한다. 특히 조직의 목표설정, 체계적인 업무 분화, 특정 업무에 적합한 인력 모집 및 훈련, 배치 등에서의 적용, 경영효율화 측면에서 관료제적 성격은 조직운영에 적합하다. 그러나 관료제는 형식주의, 보수주의, 변화저항 등의 병리현상으로 인해 서비스 제공에 있어 즉시성과 적실성을 담보하지 못하는 경우도 발생한다. 사람을 대상으로 하는 사회복지조직은 서비스를 전달하는 과정에서 사회복지사와 클라이언트와의 관계를 중시하기 때문에 관료제의 적용이 비효과적이라는 점과 규칙과 규정에 지나치게 의존함으로써 서비스 전달과정에서 비인간적인 관계를 초래하여 클라이언트와의 관계 형성에 어려움을 겪고 목표달성이 곤란할 수 있기 때문이다.

더불어 사회복지조직은 서비스의 질과 효과성이 강조되고 인간을 대상으로 하는 휴먼서비스의 성격을 갖기 때문에 목표가 모호하고 불확실하다는 점에서 과학적 관리론과 관료제적 특성을 그대로 적용하는 데 어려움이 있다. 따라서 인간관계론에 기반하여 감정적, 정서적 가치를 조화롭게 수용할 필요가 있다. 최근에 우리나라는 고령화, 다문화, 산업화 등 격변하는 환경 속에 놓여 있어, 사회복지기관 역시 이러한 환경을 고려하여 운영되어야 한다.

CHAPTER 04

우리나라 사회복지조직의 실제

1. 사회복지조직의 성격

사회복지행정은 사회복지정책을 서비스로 전환시키는 사회복지조직의 활동에 주안점을 두기 때문에 사회복지조직에 대한 이해가 선결과제이다. 역사적으로 사회복지조직은 민간의 자발적인 결사체로 이루어져 발전해 온 비영리민간조직이 존속하는 가운데 정부의 사회복지에 대한 개입으로 공공조직도 출현하고 오늘날에는 영리형 사회복지조직도 등장하고 있다(황성철 외, 2019 : 107).

사회복지조직의 유형은 학자들마다 다르게 분류하고 있는데 사회복지정책의 구성요소를 중심으로 공공부조조직, 사회보험조직, 사회복지서비스 조직으로 나누기도 한다. 그러나 전형적으로 사회복지조직은 크게 공공조직과 민간조직으로 나누고 민간조직은 영리를 목적으로 하는가 그렇지 않은가에 따라 비영리(non-profit) 민간조직과 영리(for-profit) 민간조직으로 나눌 수 있다.

공공부조조직은 국가가 빈곤계층을 보호하기 위해서 현물과 현금 등을 지원하는 조직이다. 우리나라를 포함한 현대 복지국가 대부분에서 공공부조는 정부조직이 공공전달체계를 통해서 직접 급여를 제공한다. 우리나라에서는 보건복지부가 시·도를 통해서 각 시·군·구에서 국민기초생활급여를 수급자에게 지원한다. 사회보험은 운영주체가 정부와 공공기관을 통해서 기여금을 내는 가입자에게 보험급여를 지급한다. 우리나라에서 국민연금과 건강보험은 보건복지부가 주무 행정기관이고, 고용보험과 산재보험은 고용노동부가 담당한다. 사회복지서비스는 전통적으로 민간 사회복지기관의 전유물이었으나 오늘날 공공기관도 직접 서비스 제공에 참여하고 민영화 이후 영리기관도 참여하여 매우 혼란스러운 양상을 보이고 있다(황성철 외, 2019 : 108).

공공부조와 사회보험의 공급주체는 주로 정부 또는 공공이 담당하기 때문에 전형적인 관료제적 조직구조를 갖추고 공무원 또는 공공적 성격의 종사자가 업무를 수행하기에 그 조직의 성격을 구분하는 것은 어렵지 않다. 그러나 사회복지서비스는 공공 또는 민간, 그리고 영리기관 등 제각기 다른 설치목적과 운영체계를 갖추고 있기 때문에 그 조직의 성격을 일률적으로 규정하기는 어렵다.

휴먼서비스로서 사회복지조직은 클라이언트에게 직접 서비스의 전달을 통해 정상적인 활동을 지원하는 것에 중점을 두고 있다. 대부분의 사회복지조직은 비영리를 기초로 정부보조금이나 민간기부금 등을 지원받아 서비스 대상자의 복지를 증진 및 향상시키는 것이 조직의 성과가 되기 때문에 민간조직을 중심으로 사회복지조직의 모형과 조직화 방법 등을 알아둘 필요가 있다.

2. 사회복지조직의 조직모형

사회복지행정의 대상은 도덕적 가치를 가진 인간이므로 조직의 목표와 기술이 불확실하고 제공된 서비스의 효과성이나 효율성을 측정하기 어려운 특성을 가진다. 사회복지조직의 핵심활동은 사회복지조직의 직원과 대상자의 관계에서 이루어지게 되는데, 서비스 전달이 이루어지는 조직은 서비스 성격이나 조직화 방법 등에 따라 조직의 유형이 다르게 형성된다.

1) 조직의 서비스 성격에 따른 유형

조직은 특정 목표를 달성할 목적으로 의도적으로 구조화된 계획적 단위로서 사회적 구조나 참여자, 조직의 목표, 실천 기술, 사회환경 간의 상호 의존적인 관계가 형성된다. 조직이 가진 서비스 성격에 따라 조직의 유형이 분류되는데 이는 다시 생산일선조직, 연계조직, 고객 서비스 조직 유형으로 나뉜다.

(1) 생산일선조직

생산일선조직은 제조업 공정에서 부품을 조립하여 완성품을 만드는 것과 같이 각각의 업무 단위를 병렬로 나열하여 조직하는 것을 말한다. 사회복지조직의 경우 무형의 서비스를 생산하는 조직으로 서비스 전달과정으로 설명할 수 있다. 다양한 사회보험 관리 및 전달조직 또는 정신건강 서비스 조직 등을 생산일선조직으로 볼 수 있으나 인간을 대상으로 하는 특성 때문에 서비스표준화가 어려운 사회복지조직에서는 적용이 어려울 수 있다. 다만, 정신건강 분야는 진단 및 검사 도구와 치료 서비스의 표준화가 이루어지고 있어 적용 가능성이 높다.

(2) 연계조직

사회복지조직은 서비스 대상자에게 필요한 서비스를 연결하고 지원하는 역할을 한다. 연계조직은 이러한 중계자의 역할, 즉 사람과 서비스를 연결 지어주는 활동을 말한다. 지역사회에 대한 정보를 수집하고 필요한 자원 간의 연결을 구축하는 특성이 있는데, 사회복지조직에서 대표적으로 입양기관, 사회복지서비스 안내 및 의뢰기관, 네트워크 조직 등이 해당한다.

(3) 고객 서비스 조직

고객 서비스 조직은 사회복지조직의 가장 전형적인 특성이다. 사회복지조직은 개인, 집단, 지역사회의 특수성과 문제의 성격에 맞게 개별화된 서비스를 제공하는 조직이기 때문이다. 사회복지서비스를 전달하는 조직구성원은 고객(소비자) 또는 클라이언트의 특성과 욕구나 문제에 맞춰 개별화된 서비스를 제공하는 것을 최우선으로 하고 있어 표준화가 어려운 특성이 있다.

2) 조직화 방법

사회복지조직에서 과업 수행에 관련된 조직 전체와 기술적 방법을 적용시키기 위해 조직화가 필요하다. 조직화가 잘 이루어지기 위해서는 구성원의 인간적 요인이나 적용 가능한 실천의 기술적 요인 등의 조화가 잘 이루어져야 한다.

일반적으로 조직화에서는 세 가지 영역이 고려되고 있다. 첫째, 일반적인 조직 내지 구조의 영역으로 통상적인 조직 편성의 수준에 따라 부서 간의 권한을 배분하게 되므로 직무수행을 위한 공식적 조직구조 내지는 조직화가 이루어지는 것이다. 둘째, 직무수행의 절차에 관한 문제영역으로서 결재절차·예산절차·구매절차·수용절차 등의 문제가 고려되어야 한다. 마지막으로 직무 수행 수단에 대한 문제영역으로 일상적인 행정업무 수행 활동이 원활히 이루어지도록 고려되어야 한다(한국사회복지협의회, 1993). 사회복지조직의 조직화 방법은 다음과 같다.

(1) 수기준 부문화

조직에서 같은 역할을 하는 사람들을 한 명의 슈퍼바이저 밑에 소속시키는 방법으로 수에 의해 업무를 부문화하는 것을 말한다. 보편적인 방법이지만 조직구성원 개인의 능력차를 고려하지 못하는 단점이 있으므로 다른 방법과 혼합적으로 사용해야 한다.

(2) 시간기준 부문화

업무시간을 기준으로 2교대 또는 3교대로 업무를 부문화하는 방법이다. 사회복지조직은 생활시설과 같이 24시간 근무해야 하는 조직에서 시간기준으로 업무를 부문화하고 있다. 시간기준 부문화의 단점은 야간근무자 선발이 어렵고 교대하는 직원들 간의 업무연결이 제대로 되지 않을 경우 조직의 기능이 단편화될 수 있다는 데 있다.

(3) 기능기준 부문화

조직구성원의 능력, 선호도, 관심 등에 근거하여 직무상 적성에 맞는 사람을 배치하는 방법이다. 사업이나 재무, 총무, 인사 등으로 나누는 기능별 부문화를 말하며, 이 외에 서비스 전달, 홍보, 모금, 자원배분 등으로 구분하기도 한다. 능률을 높일 수 있으나 업무 단위 간 경쟁심이 크게 발로되는 경우 부문 간 협조 부족 및 업무 단위 위주의 편협한 생각을 하기 쉬우므로 유의해야 한다.

(4) 지리적 영역기준 부문화

잠정적 고객 또는 클라이언트의 거주 지역 중심으로 조직을 구성하는 것을 말한다. 서비스 효율성을 높이고 고객에 대한 서비스 책임자를 분명히 할 수 있다는 책임의 명료성 확보에 유리하다. 다만, 장기적으로 업무 단위 간 업무량의 격차가 생겨 지역별로 사기 저하가 발생할 수 있고, 지리적 구분의 엄격성으로 인하여 인근 지역이면서도 다른 업무 단위에서 서비스를 제공하는 비효율적인 문제도 발생할 수 있다.

(5) 서비스기준 부문화

사회복지 실천기술, 즉 사회복지서비스의 제공방법에 따라 부문화하는 것으로 사례관리, 집단 프로그램, 지역사회조직 등으로 구분하는 것을 말한다. 실천기술의 전문성이나 사례의 특성에 따라 전문화하는 장점이 있으나 문제가 복합적일 경우 통합서비스 제공이 어려운 한계가 있다.

(6) 고객기준 부문화

클라이언트의 연령이나 문제에 따라 부문화하는 방법이다. 아동, 장애인, 노인 등 대상별로 분류하거나 비행 문제, 가족 문제, 학업 문제, 고용 문제, 경제적 문제 등으로 구분한다. 클라이언트의 문제가 다양한 경우 한 사람의 서비스 제공자가 대상자를 선택할 수 있지만 문제가 복합적일수록 전문성이 제한되어 효과적으로 서비스를 제공할 수 없게 된다.

(7) 서비스 접근통로 기준 부문화

서비스에 대한 접근 방법으로 조직을 부문화하기도 한다. 클라이언트가 어떤 서비스에 접근할 수 있는 통로별로 업무를 부문화하는 것으로 학교, 병원, 경로당 등으로 구분하는 것이다. 접근 통로가 다양하게 전개될 수 있으나 그 통로가 확실하지 못하고 제한되어 있는 것이 일반적이어서 효과적인 방법은 아닌 것으로 평가된다.

3. 사회복지시설의 유형

사회복지서비스를 제공하는 사회복지시설은 사회복지사업법 제2조에 따른 '사회복지사업'을 할 목적으로 설치된 시설을 의미한다. 사회복지사업법은 사회복지사업에 관한 기본법으로 노인복지법, 아동복지법 등 개별 법령에 별도의 규정이 있을 경우 해당 법령을 우선 적용한다. 최근에는 사회적 경제 영역까지 사회복지서비스 제공이 확대되어 사회복지조직의 유형이 다양화되고 있다.

1) 사회복지시설의 유형

1997년 사회복지사업법 개정을 통해 기존 허가제로 설립되던 사회복지시설은 신고제로 전환되어 국가 또는 지방자치단체, 사회복지법인 또는 비영리법인, 개인 등 결격사유가 없는 한 누구나 사회복지시설을 설치·운영할 수 있다.

국가 또는 지방자치단체 외의 자가 시설을 설치·운영하고자 하는 때에는 시장·군수·구청장에게 신고하여야 하는데, 각 개별 법령의 신고기준을 참고하여 신고 가능 여부를 확인하되, 중증 장애인시설, 치매노인시설 등의 경우 시설 설비 및 종사자 요건을 엄격하게 적용하여 시설생활인의 인권 및 안전에 만전을 기할 것을 명시하고 있다. 사회복지시설 여부는 시설운영자가 주관적으로 판단하는 것이 아니라 실질적으로 사회복지사업을 행하는지에 따라 판단한다.

사회복지시설은 시설의 설립·운영 주체, 시설이용자 부담, 시설 이용 방법 등에 따라 분류한다. 시설의 설립·운영 주체에 따른 분류는 그 주체가 국가 또는 지방자치단체인가 아니면 민간법인인가에 따라 구분되는 것이다. 시설이용자 부담에 따라서는 유료시설, 실비시설, 무료시설로 분류되며 시설이용방법에 따라서는 24시간 일상생활을 보호하는 시설로 생활시설(거주시설)이 있고, 지역사회 내의 재가 또는 시설생활인을 대상으로 통원 서비스를 제공하는 이용시설이 있다. 이때 통상적으로 생활시설을 사회복지시설이라 하고, 이용시설을 사회복지기관이라 부르기도 한다.

사회복지시설이 제공하는 사회복지사업은 사회복지사업법 제2조에 규정된 개별 법령에 의한 '보호·선도 또는 복지에 관한 사업'과 '사회복지상담·직업

지원・무료 숙박・지역사회복지・의료복지・재가복지・사회복지관 운영・정신질환자 및 한센병력자 사회복귀에 관한 사업' 등 각종 복지사업과 이와 관련된 '자원봉사활동 및 복지시설의 운영 또는 지원을 목적으로 하는 사업'을 말한다. 해당하는 개별 법령은 다음과 같다.

> ①「국민기초생활보장법」 ②「아동복지법」 ③「노인복지법」 ④「장애인복지법」 ⑤「한부모가족지원법」 ⑥「영유아보육법」 ⑦「성매매방지 및 피해자보호 등에 관한 법률」 ⑧「정신건강증진 및 정신질환자 복지서비스 지원에 관한 법률」 ⑨「성폭력 방지 및 피해자 보호 등에 관한 법률」 ⑩「입양특례법」 ⑪「일제하 일본군위안부 피해자에 대한 생활안정지원 및 기념사업 등에 관한 법률」 ⑫「사회복지공동모금회법」 ⑬「장애인・노인・임산부 등의 편의증진보장에 관한 법률」 ⑭「가정폭력방지 및 피해자보호 등에 관한 법률」 ⑮「농어촌주민의 보건복지증진을 위한 특별법」 ⑯「식품등 기부 활성화에 관한 법률」 ⑰「의료급여법」 ⑱「기초연금법」 ⑲「긴급복지지원법」 ⑳「다문화가족지원법」 ㉑「장애인연금법」 ㉒「장애인활동 지원에 관한 법률」 ㉓「노숙인 등의 복지 및 자립지원에 관한 법률」 ㉔「보호관찰 등에 관한 법률」 ㉕「장애아동복지지원법」 ㉖「발달장애인 권리보장 및 지원에 관한 법률」 ㉗「청소년복지 지원법」 ㉘ 그 밖에 대통령령으로 정하는 법률

〈표 4-1〉 보건복지부 산하의 사회복지시설 유형

소관 부처	시설 종류	세부종류		관련법
		생활시설	이용시설	
보건복지부	노인복지 시설	• 노인주거복지시설 • 노인의료복지시설 • 학대피해노인전용 쉼터	• 재가노인복지시설 • 노인여가복지시설 • 노인보호전문기관 • 노인일자리지원기관	노인복지법
	복합노인복지 시설	• 농어촌에 지역에 한해 노인복지법 제31조 노인복지시설을 종합적으로 배치한 복합노인복지시설을 설치·운영 가능		농어촌주민의 보건복지 증진을 위한 특별법
	아동복지 시설	• 아동양육시설 • 아동일시보호시설 • 아동보호치료시설 • 자립지원시설 • 공동생활가정 • 학대피해아동쉼터	• 아동상담소 • 아동전용시설 • 지역아동센터 • 아동보호전문기관 • 가정위탁지원센터 • 자립지원전담기관	아동복지법
	장애인 복지 시설	• 장애유형별 거주시설 • 중증장애인 거주시설 • 장애영유아 거주시설 • 장애인단기 거주시설 • 장애인공동생활가정 • 피해장애인쉼터 • 피해장애아동쉼터	• 장애인지역사회재활 시설 • 장애인직업재활시설 • 장애인의료재활시설 • 장애인생산품판매 시설	장애인복지법
	어린이집		• 어린이집	영유아보육법
	정신건강증진 시설	• 정신요양시설 • 정신재활시설 중 생활시설	• 정신재활시설 중 이용 시설	정신건강증진 및 정신질환자 복지서비스 지원에 관한 법률
	노숙인 시설	• 노숙인자활시설 • 노숙인재활시설 • 노숙인요양시설	• 노숙인종합지원센터 • 노숙인일시보호시설 • 노숙인급식시설 • 노숙인진료시설 • 쪽방상담소	노숙인 등의 복지 및 자립지원에 관한 법률
	사회복지관		• 사회복지관	사회복지사업법
	지역자활센터		• 지역자활센터	국민기초생활 보장법
	다함께 돌봄센터		• 다함께돌봄센터 (학교돌봄터 포함)	아동복지법
질병 관리청	결핵·한센 시설	• 결핵·한센시설		사회복지사업법

출처 : 보건복지부(2024). 2024년 사회복지시설 관리안내.

〈표 4-2〉 여성가족부 산하의 사회복지시설 유형

<table>
<tr><th rowspan="2">소관
부처</th><th rowspan="2">시설종류</th><th colspan="2">세부종류</th><th rowspan="2">관련법</th></tr>
<tr><th>성매매피해
지원시설</th><th>이용시설</th></tr>
<tr><td rowspan="7">여성
가족부</td><td>성매매피해
지원시설</td><td>• 일반지원시설
• 청소년지원시설
• 외국인지원시설
• 자립지원공동생활시설</td><td>• 자활지원센터
• 성매매피해상담소</td><td>성매매방지 및 피해자 보호 등에 관한 법률</td></tr>
<tr><td>성폭력피해
보호시설</td><td>• 성폭력피해자보호시설</td><td>• 성폭력피해상담소</td><td>성폭력방지 및 피해자 보호 등에 관한 법률</td></tr>
<tr><td>가정폭력
보호시설</td><td>• 가정폭력피해자보호시설</td><td>• 가정폭력상담소
• 긴급전화센터디지털</td><td>가정폭력 방지 및 피해자 보호 등에 관한 법률</td></tr>
<tr><td>한부모가족
복지시설</td><td>• 출산지원시설
• 양육지원시설
• 생활지원시설
• 일시지원시설</td><td>• 한부모가족복지상담소</td><td>한부모가족지원법</td></tr>
<tr><td>다문화가족
지원센터</td><td></td><td>• 다문화가족지원센터</td><td>다문화가족지원법</td></tr>
<tr><td>건강가정
지원센터</td><td></td><td>• 건강가정지원센터</td><td>건강가정기본법</td></tr>
<tr><td>청소년복지
시설</td><td>• 청소년쉼터
• 청소년자립지원관
• 청소년치료재활센터
• 청소년회복지원시설</td><td></td><td>청소년복지 지원법</td></tr>
</table>

출처 : 보건복지부(2024). 2024년 사회복지시설 관리안내.

2) 사회적 경제의 등장

사회적 경제가 사회복지현장에 등장한 것은 전적으로 사회복지환경의 변화에 따라 사회복지가 확대되었기 때문이다. 사회복지조직의 전형적 유형으로서 공공조직과 민간조직 사이에서 그 경계가 모호한 제3의 융합형 조직이 실제 사회복지조직의 모습을 보여주고 있다(황성철 외, 2019 : 107). 사회복지시설을 운영하는 법인은 사회복지법인이 주를 이루나 사단법인도 참여하고, 최근 사회적 경제 영역의 사회적 협동조합이 사회복지시설을 수탁하여 운영하고 있다.

고동현 등(2016)은 국제협력개발기구의 정의를 빌려 사회적 경제의 개념을 '국가와 시장 사이에 존재하면서 사회적 요소와 경제적 요소를 모두 가진 조직들'이라고 하면서 사람과 사회적 목적이 자본보다 우선하며, 구성원 자격은 자발적이고 개방적이고 구성원에 의한 민주적 통제, 연대와 책임을 기본 원칙으로 제시하고 있다. 사회적 경제의 등장은 사회문제를 사회경제로 해결하려는 것이다.

사회적 경제 영역의 대표격인 사회적 기업은 1970년대 후반 이후 서구를 중심으로 등장한 민간 중심의 활동으로 취약계층의 노동 통합, 사회서비스 전달, 지속 가능한 지역개발을 목표로 운영되었다. 우리나라에서는 2007년에 제정된 사회적기업육성법에 따라 그 전에 시도되었던 자활사업의 일환으로 진행되었고, 2012년에 제정된 협동조합기본법에 의해 한층 탄력을 받았다(최옥채, 2019 : 114).

사회적 경제는 경제활동에 초점을 두어 사회복지와 다르지만 궁극적으로 사회적 가치의 실현을 주된 목적으로 하므로 서로 추구하는 바가 같다. 사회적 기업이나 비영리법인, 비영리민간단체를 사회경제 기업으로 규정한 사회기업, 협동조합, 자활기업, 마을기업 등이 대표적인 사례다.

(1) 자활기업

자활기업은 국민기초생활보장법이 관장하는 만큼 사회복지의 일환일 뿐만 아니라 이후 사회적 경제 조직의 시작이 되었다. 정부의 지원을 받아야 할 수급자나 차상위계층이 자활사업단에 참여하여 자활기업으로 발전시키고, 여기에서 사회적 기업이나 협동조합과 마을기업으로 나아가는 것이다.

(2) 사회적 기업

사회적 기업은 2003년 시작한 사회적 일자리창출사업을 바탕으로 2007년 시작된 것으로 취약계층에게 사회서비스나 일자리를 제공하고 지역사회에 공헌함으로써 주민의 삶의 질을 높이는 사회적 목적을 추구한다. 사회적 기업을 설립하기 위해서는 정부가 요구하는 여건을 갖추어 사회적 기업으로 인증을 받아야 한다. 사회적 기업은 사회서비스의 제공 및 취약계층의 일자리 창출을 목적으로 하는 점에서 영리기업과 큰 차이가 있다.

(3) 사회적 협동조합

협동조합은 일반협동조합과 사회적 협동조합으로 구분하고 사회복지와 관련해서는 사회적 협동조합에 관심을 둔다. 사회적 협동조합은 주민들의 권익과 복리증진을 위한 목표를 세우고 이 목표를 달성할 수 있는 사업을 수행하는 데 중점을 둔다. 사회적 협동조합 역시 일자리 제공과 함께 취약계층에게 사회서비스를 제공한다. 예컨대, 장애인이나 노인의 일상을 지원하는 활동을 사업화하여 참여할 수 있으며 지방정부의 시원을 받을 수도 있다.

(4) 마을기업

마을기업은 행정안전부가 관장하며 마을 주민이 주도하여 마을의 자원을 활용하여 일자리를 창출하고, 일정의 소득을 얻는 데 목적을 두고 있다. 주민의 참여와 협력 관계를 바탕으로 마을의 문제를 해결하는 데 중점을 두는 것으로 마을공동체를 기반으로 공익과 수익 창출을 동시에 추구하는 것이 특징이다. 농촌 지역의 특화작물 재배와 관련한 영농조합이 대표적이다.

4. 사회복지시설의 운영체계

사회복지시설은 사회복지사들이 지역사회와 클라이언트에게 보다 밀착하여 몰입할 수 있는 근무환경을 만들기 위해 노력해야 한다. 이에 다양한 형태로 사회복지시설이 운영되는데, 국가 및 지방자치단체가 직접 설립·운영하는 시설도 있으나 대부분 사회복지법인 등에 민간위탁 형태로 운영되고 있다.

1) 사회복지시설 민간위탁

사회복지시설의 민간위탁은 사회복지사업법 시행규칙 제21조에 명시되어 있다. 국가 또는 지방자치단체가 설치한 시설이 위탁대상시설이 되며 사회복지법인 또는 비영리법인이 수탁자가 된다. 수탁자는 시설운영의 안정성, 영속성, 공공성 등의 차원에서 사회복지법인 또는 비영리법인으로 그 자격을 제한하고 있다.

시설의 민간위탁은 반드시 공개모집에 의해 수탁자를 선정하도록 하고 있으며 최근에는 협동조합기본법에 의해 비영리법인으로 명시된 사회적 협동조합도 사회복지시설 수탁에 참여할 수 있도록 하고 있다.

2) 시설의 인력

사회복지시설의 인력은 대표적으로 시설장 및 종사자를 말하며 이의 자격은 사회복지사업법에 따른다. 사회복지시설의 장은 사회복지사업법 및 개별 법령 등에 명시된 시설의 장의 결격사유에 해당되지 않아야 하고, 상근의무를 가진다. 시설장과 종사자 모두 각 시설유형이 요구하는 자격 기준을 갖추어야 한다.

사회복시법인 및 사회복지시설 운영을 위해서는 사회복지사를 채용하도록 하고 있으며 정기적으로 인권에 관한 내용이 포함된 보수교육을 받도록 하고 있다. 사회복지사업에 종사하는 사람은 그 업무를 수행할 때에 사회복지를 필요로 하는 사람을 위하여 인권을 존중하고 차별 없이 최대로 봉사하여야 한다.

3) 이사회와 위원회

사회복지조직의 대표적 심의・의결 기구는 이사회와 위원회가 있다. 이사회는 시설을 위탁하는 사회복지법인 및 비영리법인의 심의・의결 기구로서 법인은 임원으로서 이사(理事)와 감사(監事)를 두고, 법인의 의사결정기관인 이사회(理事會)를 반드시 두도록 하고 있다. 위원회는 조직의 일상 업무수행 기구와는 별도로 사회복지사 외에 전문가로 구성된 기구를 말한다. 위원회에는 인사나 예산 등과 관련된 업무를 처리하기 위한 상임위원회와 조직의 운영 규정을 개정하는 것과 관련된 비정규적 업무를 처리하기 위한 임시위원회 등이 있으며,

사회복지시설은 운영위원회가 대표적인 심의기구에 해당한다.

이사회는 조직이 목표를 달성할 수 있도록 법률적 책임을 지고 있는 조직의 정책결정 기구이다. 이사는 책임감, 활동력, 지식을 가지고 업무를 수행하는데 7인 이상 두어야 하며 이사회의 구성에 있어 '특별한 관계에 있는 자'는 이사 현원의 5분의 1을 초과할 수 없도록 하고 있다. 이사회는 법인의 예산, 결산, 차입금 및 재산의 취득・처분과 관리에 관한 사항, 정관의 변경에 관한 사항, 법인의 합병・해산에 관한 사항, 임원의 임면에 관한 사항, 수익사업에 관한 사항, 기타 법령이나 정관에 의하여 그 권한에 속하는 사항 등을 결정한다.

운영위원회는 사회복지시설 운영의 민주성・투명성 제고 및 시설이용・생활인의 권익 향상 등을 위해 설치・운영하는 심의기구로서 모든 사회복지시설을 대상으로 운영하도록 하고 있다. 시설운영위원회는 분기별 1회 개최를 원칙으로 하며 위원장 1인을 포함하여 5인 이상 15인 이하의 위원으로 구성한다. 주요 심의사항은 시설운영계획의 수립・평가에 관한 사항, 사회복지 프로그램의 개발・평가에 관한 사항, 시설종사자의 근무환경 개선에 관한 사항, 시설거주자의 생활환경 개선 및 고충처리 등에 관한 사항, 시설 종사자와 거주자의 인권보호 및 권익증진에 관한 사항, 시설과 지역사회와의 협력에 관한 사항 등이다. 이 외에 시설운영위원회 보고사항은 시설의 회계 및 예산・결산에 관한 사항, 후원금 조성 및 집행에 관한 사항, 그 밖에 시설운영과 관련된 사건・사고에 관한 사항 등이다.

CHAPTER 05

사회복지서비스 전달체계

사회복지서비스 전달체계(the service delivery system)란 사회복지 법과 정책을 지역사회의 주민들에게 복지서비스로 전달하는 과정으로 지역사회복지 서비스 제공에 있어서 반드시 필요하고, 또한 부수적인 활동을 지원하거나 촉진하는 협동적인 활동과정을 말한다. 즉, 사회복지 담당공무원을 포함한 지역사회복지 행정인력의 활용, 지역사회복지 정책의 기획, 집행, 관리를 담당하는 조직체계라고 할 수 있다(이순희, 2010).

사회복지에서 서비스전달체계에 관심을 두는 이유는 지역사회를 포함한 사회 전체의 복지를 보다 효과적으로 증진시키고자 하는 데 있다. 사회복지서비스를 제공하는 모든 기관과 시설들이 체계화된 구조를 갖추고, 상호 유기적인 관리·운영 기능을 수행할 수 있는 전달체계를 구축할 때, 사회복지서비스 제공의 효과성은 극대화될 수 있다.

1. 사회복지서비스 전달체계의 개념

1) 사회복지서비스 전달체계

사회복지서비스 전달체계(delivery system)란 지역사회체계 속에서 사회복지서비스의 공급자 간 또는 공급자와 소비자(클라이언트, 고객) 간을 연결시키기 위한 조직적 장치(organizational arrangements)라고 할 수 있다(Gilbert & Terrell, 1988). 사회복지서비스 전달체계의 개념을 올바르게 이해하기 위해서는 복지서비스 전달과정에 대한 이해가 선행되어야 한다. 사회복지서비스 전달체계라는 단어는 일방적 전달 및 공급의 의미를 담고 있다. 사회복지서비스 전달체계는 서비스 공급자와 이용자가 상호관계를 이루면서 서비스를 직접 전달하는 절차는 물론, 서비스 전달의 기획, 지원, 관리기능 수행과 서비스의 직접 전달기능 수행을 동시에 고려하여야 한다.

서비스 전달주체와 분배의 관점에서 복지서비스 전달체계에 대한 기존 학자들의 논의를 살펴보면 프리드랜더와 앱트(Friedlander & Apte, 1995)는 '수혜자를 둘러싼 일체의 공적·사적 복지기관의 서비스 전달망' 또는 '지역사회에서 사회복지 편익을 위하여 소비자와 공급자 간에 또한 배분자들 사이에 조직적으로 배분하는 체계'라고 하였다(Gilbert & Specht, 1986). 남기민(2004)은 '복지서비스 전달체계란, 사회복지서비스 공급자 간을 연결시키기 위하여 또는 복지서비스의 공급자와 소비자 간을 연결시키기 위하여 만들어진 조직으로 정의'하고 있으며, 전수일과 봉민근(1999)은 '복지서비스 전달체계란 양질의 복지서비스를 보나 효율적으로 제공하기 위하여 만들어진 체계로 정의'하고 있다. 조흥식 등(2008)은 '사회복지 전달체계는 사회복지 관련 급여 및 서비스의 공급자와 소비자를 연결해 주는 조직적 체계라고 할 수 있는데, 담당주체로는 중앙정부, 지방정부, 중앙정부와 지방정부의 혼합체계, 정부와 민간조직 혼합체계, 민간조직 등이 있다'라고 하였다. 최일섭(1987)은 '사회복지 제공기능을 국가가 담당한다고 할 때, 정부는 이를 집행하는 주요 담당기관'이라고 하였다.

정리하면, 사회복지서비스 전달체계란 지역사회 내에 존재하는 사회복지서비스를 제공하는 공급자와 공급자 간의 연결 또는 사회복지서비스 공급자와 소비자를 연결시키기 위하여 만들어진 조직적인 체계이다. 즉, 좁은 의미에서 실제 서비스가 전달되는 사회복지사와 클라이언트 사이의 체계를 말하며, 넓은 의미에서는 이러한 서비스의 전달을 지원하는 행정적 지원까지를 포괄한다. 사회복지서비스의 효과적이고 효율적인 전달을 목적으로 하기 때문에 서비스 전달에 관한 고려되어야 할 원칙과 전략이 필요하다.

2) 사회복지서비스 전달체계의 구분

(1) 구조기능적 구분

사회복지서비스 전달체계는 구조·기능상으로 보면 행정체계와 집행체계로 구분될 수 있다(성규탁, 1992). 조직은 구조상으로 서비스 전달을 기획, 지원 및 관리하는 행정체계와 전달자가 소비자와 상호 접촉을 가지면서 서비스를 직접 전달하는 집행체계로 구분한다. 공공부조인 경우 최종적인 집행이 읍·면·동 행복센터를 통해 이루어지므로 시·군·구까지가 행정체계이고 읍·면·동이나 보건소 등이 집행체계가 된다. 사회복지관은 관장, 운영위원회, 기획관리부 등은 행정체계라 할 수 있으며 일선 부서 이하는 집행체계라고 할 수 있다.

또한 사회복지서비스 전달체계 기능을 행정기능과 서비스제공기능으로 나눈다면, 행정기능은 서비스전달업무를 원활히 수행하기 위한 기능이고, 서비스제공기능은 클라이언트나 소비자의 욕구에 응하여 서비스를 직접 제공하는 기능이다.

(2) 운영주체별 구분

사회복지서비스 전달체계에 포함되어 있는 모든 조직과 프로그램들은 민간 혹은 공공에 의해서 운영되는데, 운영주체의 성격에 따라 공공전달체계와 사적(민간) 전달체계로 구분할 수 있다. 공공전달체계는 사회복지서비스를 제공함에 있어 보건복지부를 중심으로 한 정부조직이나 공공기관이 직접 관리·운영하는 것을 말한다. 사적 전달체계는 복지재단, 자원봉사단체, 사회복지협의회, 사회복지시설 등의 수평적인 체계망에서 민간이 직접 관리·운영하는 것이다. 대부분의 사회복지서비스는 정부가 사적 전달체계에 운영을 위탁하고 공공전달체계가 보조금을 지급하는 형식으로 제공된다. 이러한 경우 민간이 위탁형태로 운영하고 있지만, 공공기관의 지원과 통제를 받고 있어 운영주체의 엄격한 구분이 어렵게 된다. 1990년대 후반 이후는 사회복지사업법이나 공동모금법, 세금제도 개편 등을 통해 사적 전달체계를 강화하려는 정책적 움직임이 있다.

공공전달체계의 경우 재정적으로 안정적이지만 관료적이고 경직되어 있어 복잡한 성격을 가진다. 반면에 사적 전달체계는 재정적으로 취약성이 있지만 융통성이 있고 클라이언트에게 가깝게 위치하고 있어 창의적이고 유연한 장점을 가진다.

(3) 서비스별 네트워크에 의한 구분

사회복지 전달체계가 가지고 있는 한계를 극복하기 위한 노력의 일환으로 사회복지서비스 제공 조직에서 네트워크의 필요성이 증가되었다. 사회복지서비스 네트워크의 목적은 현재의 서비스 제공기관들이 주민들에게 적절하고 지속적이며 포괄적이면서 전문적인 통합서비스를 제공하기 위하여 필요한 자원을 지역사회 네트워크를 통해 상호 조달함으로써, 서비스의 효율성과 효과성을 높이고 사회복지의 책무성을 달성하는 데 있다고 본다. 지역사회 안에서의 연계망으로 이해할 수 있는 네트워크가 지역의 다양한 자원들을 서로 연결하고 서비스를 향상할 수 있는 동력이 될 수 있으며, 이는 또한 일방적 네트워크가 아니라 다양한 소통이 가능하게 되면서 서비스별 네트워크로 사회복지 전달체계를 구분할 수 있다.

서비스 수급자들의 관점에서 서비스의 종류와 성격에 의한 네트워크는 아동복지서비스 네트워크, 노인복지서비스 네트워크, 정신건강증진서비스 네트워크 등이 운영될 수 있다. 이는 특정 문제나 개별 서비스 욕구들과 관련된 각종 기관이나 프로그램들이 지역사회에서 어떤 연계를 이루고 있으며, 효과성과 효율성은 어떤지를 파악하려 하는 것이지만 네트워크에 소속된 조직들 간에 연결이 실질적으로 느슨하며 구분이 어려운 단점이 있다.

2. 효과적인 사회복지서비스 전달체계의 요건

사회복지서비스 이용자들에게 어떠한 내용의 서비스를 어떻게 제공하느냐에 가장 중요한 영향을 미치는 것 중 하나가 사회복지 전달체계이다. 사회복지의 기본 개념이 지역사회를 기반으로 하는 지역주민에 대한 복지서비스이므로 이를 활성화하기 위해서는 서비스를 집행하는 집행구조, 즉 전달체계가 매우 중요하다.

하지만 우리나라의 경우 사회복지 전달체계를 개편하고 시행도 제대로 해보지 않은 상황에서 정권이 바뀌고 다시 새로운 전달체계를 마련하는 일이 반복되면서 일선 지방자치단체에 혼란을 가져오게 되었다. 특히 공공서비스 전달체계가 안정적으로 자리매김하지 못한 상황에서 사적 전달체계 또한 같은 상황을 맞게 되어 더 어려움을 겪고 있다. 복지의 시장화로 인한 여러 가지 복합적인 어려움이 생기게 되는 것이다.

전달체계가 제대로 작동될 때 실효성 있는 서비스 전달이 가능해지므로 자원 간 연계, 즉 민과 관의 네트워크가 이루어져 함께 협력하는 파트너십이 잘 구축되어야 한다. 공공과 민간이 함께 협력하고 지역주민이 참여하는 구조가 제대로 작동될 때, 사회복지가 활성화되며 지역주민의 삶의 질이 향상될 수 있을 것이다. 우리나라의 경우 현재 공공영역과 민간영역, 공공영역 내, 민간영역 내 등 다양한 차원에서 협력체계가 잘 이루어지지 못하고 있는 상태로서 이태수 등(2006)은 다음과 같이 문제점을 지적하였다.

첫째, 정부 간(intra－governmental)의 연계와 조정이 매우 미흡하다. 중앙부처는 물론이고, 시·군·구 내의 서비스 전달부서 간 연계가 미비하여 보건과 복지의 부분적 연계를 제외하고는 고용·문화·평생교육·생활체육·안전·주거 등 서비스 간 연계가 제대로 이루어지지 않고 있으며, 이러한 경향성은 시·군·구의 지방자치단체에서도 그대로 답습되어 지역복지 네트워크를 구축함에 있어 매우 결정적인 한계로 작용한다.

둘째, 민간서비스 자원들 간에도 연계인식이 전무하거나 미미한 것을 들 수 있다. 현재 지역 차원에서 분야별 민간자원 제공기관들 간의 네트워크가 미미하여, 서비스제공 대상 및 사업의 중복, 사각지대가 발생하고 이로 인해 자원의 적절한 배분이 이루어지지 않고 역할분담과 조정에 의한 서비스의 심화 및 확장이 이루어지지 못하고 있다.

셋째, 공공과 민간 서비스 제공주체 간 연계·협력이 매우 미흡하다. 기존의 민·관 협력은 정부주도 방식이거나 일부의 복지단체에 한정되는 경우가 대부분이었고, 사회복지사업법에 의해 설치된 지역사회보장협의체는 보건·복지

간 네트워크로 한정되어 다양한 서비스 간 통합적 요구를 담지 못하며, 참여단체의 대표성 문제, 민간단체들의 참여 배제, 자문회 수준의 회의방식 등으로 여러 가지 한계를 드러내고 있다.

이처럼 지방정부는 지역 특성에 따라 관련된 지역기관의 협조와 주민의 참여 및 지원으로 지역의 복지수요를 예측하고 복지서비스를 전달함으로써 궁극적으로 사회복지 증진에도 기여하게 된다. 무엇보다도 지방정부와 지역주민들이 자신이 거주하는 지역에서 지역 공동체의 복지를 스스로 해결해야 한다는 책임의식을 갖게 될 때, 향후 복지증진에 있어서도 지역적인 문제를 극복하고 창의적인 복지공동체로 발전해 나갈 수 있을 것이다.

이처럼 사회복지서비스의 전달은 국가가 재정을 확보하고 프로그램만을 준비한다고 해서 그 역할을 다한 것이라고 할 수 없다. 복지서비스를 가장 능률적이고 효과적으로 전달할 때, 정부는 복지서비스 전달의 기능을 수행한 것으로 인정받을 수 있는 것이다. 따라서 복지서비스를 전달하는 조직체계를 갖추는 것은 복시 프로그램을 개발하는 것 못지않게 중요하다. 복지서비스를 전달하는 체계는 사회복지서비스를 고객에게 전해주기 위해서 만들어진 사회적 조직체이다.

3. 사회복지서비스 전달체계 구축의 주요 원칙

사회복지서비스 전달체계는 사회복지서비스를 고객에게 전달하기 위해서 만들어진 사회적인 조직체이다. 즉, 서비스 전달업무를 실제로 집행하는 사회적 체계를 말한다. 사회복지서비스 전달을 효율적으로 하기 위해서는 여러 가지 원칙들이 있는데, 성규탁(2000)은 '접근 가능성과 지속성, 적합성, 포괄성, 통합성, 공평성, 비용의 적절성의 원칙 들이 있다'고 하였다. 여기서는 최성재와 남기민(2001)의 전문성의 원칙, 적절성의 원칙, 지속성의 원칙, 포괄성의 원칙, 통합성의 원칙, 평등성의 원칙, 책임성의 원칙, 접근 용이성의 원칙을 중심으로 살펴보았다.

1) 사회복지서비스 전달체계의 주요 원칙

(1) 전문성

일반적으로 전문성의 원칙은 전달체계를 운영하는 과정에서 사회복지 대상자의 문제해결을 위해 전문적인 서비스를 제공하도록 해야 하며, 전문적인 사회복지인력을 적절하게 확보하여 유지할 수 있고, 업무수행에서 이들의 전문성이 충분히 발휘될 수 있도록 배치하는 것을 의미한다.

전문성은 인력 및 업무의 재배치와 조직개편, 전문서비스의 강화 등으로 나타나며, 특히 인적 구성요소와 관련된다. 즉, 공공전달체계 내에서 사회복지서비스 전달을 전담하는 사회복지전담공무원은 보건복지와 관련된 법령 및 업무지식을 가지고 있으면서, 수급자들의 실태를 파악할 수 있는 전문지식과 이들의 자활 능력을 증진시키기 위한 역량을 갖추고 있어야 한다.

사회복지서비스 제공업무에서 전문가란 국가 또는 전문 직업 단체의 시험 또는 기타 자격심사에 의해 자격증을 부여받은, 자격이 객관적으로 인정된 사람을 말한다. 이들은 자신의 전문적 업무에 대한 권위와 자율적 결정권 및 책임성을 지니게 된다. 사회복지서비스는 전문적인 서비스이므로 전문가가 담당하게 되는데, 사회복지 분야에는 사회복지사, 의사, 간호사, 보육교사, 물리치료사, 작업치료사, 영양사 등의 여러 전문가가 있지만, 사회복지사가 가장 보편적인 전문가이다.

(2) 적절성

사회복지서비스는 그 양과 질, 제공하는 기간이 클라이언트의 욕구충족(혹은 문제해결)과 서비스의 목표달성에 충분해야 한다. 예를 들어, 소득보장을 위한 급여가 최저생계 수준에 못 미치거나 서비스제공 기간이 너무 짧다든가 하면 클라이언트의 욕구충족뿐 아니라 서비스의 목표달성도 어려워지기 때문이다. 그러나 적절성의 원칙은 재정형편상 제대로 지키기 어려운 경우가 많아 적절성의 수준에 대해서는 논란이 있을 수 있다.

(3) 지속성

지속성은 한 개인의 문제나 욕구를 해결하는 과정에서 사회복지 대상자에게 필요한 서비스를 문제를 해결하는 동안 일정하게 계속적으로 제공하는 것을 말한다. 문제해결 과정에서 필요한 서비스의 종류와 질이 달라져야 하는 경우가 발생하게 되는데, 필요로 하는 다른 서비스를 지역사회 내에서 계속적으로 제공받을 수 있도록 상호 연계되어야 한다. 예를 들면, 직업훈련 프로그램은 직업알선 프로그램과 연계되어 있어야 소득증대라는 서비스의 목표를 달성할 수 있다. 지속성의 원칙이 잘 적용되기 위해서는 같은 조직 내의 서비스 프로그램 간의 상호 협력이 잘 이루어져야 할 뿐만 아니라 지역사회 내의 사회복지서비스 조직 간에도 유기적인 연계가 잘 이루어져야 한다.

(4) 포괄성

클라이언트의 욕구는 다양할 뿐만 아니라 한 가지 문제는 다른 여러 가지 문제와도 연관되어 있는 것이 일반적이기 때문에 다양한 욕구와 문제를 해결하기 위해서는 다양한 서비스를 필요로 함을 의미한다. 사회복지전담공무원이 공공부조 이외 지역사회의 다양한 자원과 서비스를 사회복지 대상자에게 연결하는 것 등은 포괄적인 서비스 제공 노력의 일환으로 볼 수 있다. 특히 소득보장의 문제는 경제적 원조뿐 아니라 직업훈련 혹은 직업알선 문제, 가족 문제, 자녀교육 문제 등의 다양한 문제와 결부될 수 있으므로 이러한 문제들을 포괄할 수 있는 다양한 서비스가 제공되어야 하는 것이다.

포괄성을 달성하는 방법은 일반적 접근, 전문적 접근, 집단적 접근, 사례관리 등이 있다. 일반적 접근은 한 명의 전문가가 다양한 문제를 취급하여 다소 전문성이 떨어진다. 반면에 전문적 접근은 다수의 전문가가 한 사람이 가지고 있는 다수의 문제 중 자신의 전문 분야에 해당하는 문제를 맡게 되지만 통합조정의 한계가 있다. 집단적 접근도 다수의 전문가가 팀을 구성하여 접근하지만 전문가 사이에 의견이 달라 갈등이 있을 수 있다. 사례관리는 한 사람의 전문가가 책임지고 필요한 서비스나 전문가를 연결시켜 주는 방법을 말한다.

(5) 통합성

통합성은 다양한 서비스가 동시에 투입되어야 할 정도로 사회문제가 복잡하게 얽혀 있기 때문에 필요한 원칙이다. 통합성의 원칙을 실현하기 위해서는 다양한 서비스를 통합하여 관리할 수 있는 책임기관의 선정 또는 책임전문가의 선정이나 사회복지계획 및 자원의 배분 그리고 업무수행 시에 관계기관 및 관계자들 간의 협조, 조정이 원활하게 이루어질 수 있는 전달체계가 구축되어야 한다. 이는 서비스의 단편성과 비연속성 문제를 해결하기 위해 공급자 중심의 서비스 전달에서 수요자 중심의 서비스 전달로의 전환을 의미한다.

클라이언트의 문제도 많은 경우 복합적이고 상호 연관되어 있기 때문에 이러한 문제의 해결을 위한 서비스들도 서로 연관되어야 한다. 서비스가 통합적으로 제공되기 위해서는 한 행정책임자 아래 서비스들이 제공되고, 서비스 제공 장소(조직)들이 지리적으로 가까워야 하며, 서비스의 편중이나 중복, 누락을 예방하는 데 초점을 둔다. 주민생활지원서비스 개편 당시 사회복지 대상자에 대한 원스톱서비스(one-stop service) 제공, 사례관리 기능 강화, 인테이크의 단일화 등은 서비스의 통합성을 강조한 것이다.

(6) 평등성

평등성의 원칙은 클라이언트의 연령, 성별, 소득, 지역, 종교나 지위에 관계없이 모든 국민에게 서비스를 평등하게 제공해야 한다는 절대적 평등과 서로 다른 조건에 맞게 서비스를 다르게 제공해야 한다는 상대적 평등을 모두 포함한다.

(7) 책임성

사회복지조직은 국가(사회)가 시민의 권리로 인정한 사회복지서비스를 전달하도록 위임받은 조직이므로 사회복지서비스의 전달에 대하여 책임을 져야 한다. 책임을 져야 할 주요 내용은 서비스가 수혜자의 욕구에 적절히 대응하는 것인가, 서비스의 전달체계가 적합한가, 수행과정이 투명하고 의사결정이 민주적인가, 서비스가 효과적이고 효율적인가에 관한 것이다. 사회복지조직이 구체적으로 책임을 지는 대상자는 사회나 국가를 대표하는 실체인 중앙정부 및 지방정부와 서비스의 수혜자가 되어야 한다.

(8) 접근 용이성

사회복지서비스는 그것을 필요로 하는 사람이면 누구나 쉽게 받을 수 있도록 접근이 용이해야 한다. 클라이언트가 서비스에 접근하는 데에는 서비스에 관한 정보 부족이나 교통수단의 부재(지리적 장애), 자신의 문제 노출에 대한 불안함(심리적 장애), 경제적인 장애, 선별기준 장애, 자원 부족, 개인적 동기와 인식 등의 여러 가지 장애요인이 있을 수 있으므로 사회복지조직의 서비스 전달은 이러한 장애요인들을 가능하면 제거하여 클라이언트가 서비스의 제공 장소에 쉽게 접근하여 서비스를 받을 수 있도록 설계되어야 한다.

2) 행정적인 측면에서의 기본 원칙

정부가 제공하는 사회복지서비스는 전달체계를 통하여 최종 소비자인 국민에게 전달된다. 정부의 역할은 사회복지 정책목표를 결정하고 집행하는 합리적 정책 형성도 중요하지만 실제로는 어떠한 공급체계를 통하여 효과적으로 집행하는가도 매우 중요한 것이다.

사회복지 공급이 비효율적, 비효과적으로 구성되어 있는 상황에서는 아무리 정책을 수정하고 예산과 인력을 확충한다고 하더라도 효율성과 효과성을 저해하는 장애요인은 그대로 남아 있다고 할 수 있다. 사회복지서비스를 가장 능률적이고 효과적으로 전달할 때 정부는 복지서비스 공급체계의 최종적 효율성을 달성한 것으로 볼 수 있다. 사회복지서비스 전달체계가 효과적, 효율적으로 설계되기 위해서는 행정적 측면에서 몇 가지 기본 원칙을 갖추어야 하는데 그 내용은 다음과 같다.

첫째, 기능분담의 체계성의 원칙이다. 행정체계는 상부－중간－하부로 연결되는 기능상의 분담이 이루어지므로 체계성과 일관성을 유지해야 한다.

둘째, 전문성에 따른 업무분담의 원칙이다. 전문성의 원칙이 실현되기 위해서는 전문가, 준전문가, 비전문가의 업무분담이 요구된다.

셋째, 책임성의 원칙이다. 사회에 대한 책임, 복지대상자에 대한 책임 및 전문가에 대한 책임이 부여된다. 서비스의 효과성과 연결되므로 매우 중요하다.

넷째, 통합조정의 원칙이다. 업무수행 시 관계기관 및 관계자들 간에 연계·조정이 원활해야 한다.

다섯째, 지역사회참여의 원칙이다. 지역사회 주민의 참여를 비롯하여 자원의 동원·활용 및 전체의 의식 증대에 기여해야 한다.

여섯째, 조사 및 연구의 원칙이다. 사회복지서비스의 효과성·효율성을 평가하거나 프로그램의 개발 등을 위한 조사 및 연구 기능을 수행해야 한다.

4. 사회복지서비스 전달체계의 개선전략

1) 서비스 전달체계의 개선전략

사회복지서비스 전달체계의 궁극적인 목적은 서비스를 효과적이고 효율적으로 전달하는 것이다. 길버트와 테렐(Gilbert & Terrell, 1988) 등이 제안한 서비스 전달체계의 효율성과 효과성을 높이기 위한 주요 전략은 의사결정의 권위와 통제의 재구조화, 업무분담의 재조직화, 전달체계의 구조변경이다.

(1) 의사결정의 권위와 통제의 재구조화

의사결정의 권위와 통제의 재구조화는 협조체제의 구축과 시민참여제 도입 등으로 실현될 수 있다. 우선, 협조체제의 구축은 전달체계의 기관을 중앙집권화 또는 연합화하여 전달체계를 통합적이고 포괄적인 것으로 발전시키는 전략을 말한다. 중앙집권화는 행정적인 통일화를 의미하는데, 즉 사회복지 관련 업무를 하나의 통일된 전달체계로 통합하는 것이다. 연합화는 전달체계 기관 간의 자발적 상호 호혜적 공조체제이며, 이는 주로 각 기관이 가지고 있는 자원을 지역적으로 집권화는 것으로, 중앙집권화에서와 같은 행정적 통일화는 이루어지지 않는다.

시민참여제의 도입은 의사결정의 권위를 전달체계의 기관과 클라이언트에 재분배하는 전략을 말한다. 시민참여는 클라이언트의 욕구에 보다 적절히 반응할 수 있으며, 접근 용이성 및 서비스에 대한 책임성을 보장할 수 있다는 취지에서 선택되는 전략이다.

(2) 업무분담의 재조직화

업무분담의 재조직화는 역량 있는 사람에게 전문가의 역할을 일부 부여하거나 전문가로서 전문성이나 자율성 발휘가 저해될 때 그러한 조직적 상황에서 벗어나서 전문성과 자율성을 발휘하도록 하는 것이다.

전문가로서의 역할 부여는 서비스 전달이 어려운 경우, 서비스 전달 전문가와 클라이언트를 중간에서 연결하여 줄 수 있는 사람에게 전문가의 역할 일부를 부여하는 것이다. 서비스 대상자가 사회계급적, 문화적, 인종적으로 서비스를 전달하는 전문가와 다를 경우 상호 이해와 접근이 용이하지 않을 때 서비스 전달이 어렵다면 서비스 전달 전문가와 클라이언트를 중간에서 연결하여 줄 수 있는 사람을 찾아 그에게 전문가의 역할 일부를 부여하는 것이다.

또한 서비스 전달체계가 관료적 특성이 강하여 전문가로서 전문성이나 자율성 발휘가 저해될 때 그러한 조직적 상황에서 벗어나서 분리된 후 전문성과 자율성을 발휘하게 할 수도 있다.

(3) 전달체계의 구조변경

전달체계의 구조변경은 클라이언트로 하여금 서비스에 쉽게 접근할 수 있도록 하는 전략으로, 서비스에의 접근을 촉진하는 그 자체를 하나의 특별한 서비스로 마련하는 것과 의도적으로 같은 서비스 전달체계를 중복화시키는 방법이 있다.

이 외에 사회복지서비스 전달체계 개선을 위해 사회복지실천 주체들 간의 역할 분담이 설정되어야 한다. 중앙정부와 지방자치단체, 광역자치단체와 기초자치단체, 공공과 민간의 역할 분담이 이루어져야 자원의 효율적이고 효과적인 배분이 가능해지며, 궁극적으로 지역주민의 복지욕구가 원활하게 충족될 것이다.

2) 서비스 배분방법

사회복지서비스의 배분에 대해서는 서비스의 효율성 제고 측면에서 지금까지 제한된 자원을 가지고 보다 많은 사람들의 사회적 욕구를 충족시킬 수 있도록 배분하는 것이 중요한 관심사가 되어왔다.

서비스를 배분하는 방법에는 공급억제와 수요억제가 있다. 공급억제 전략은 수혜자격 요건을 강화하는 클라이언트에 대한 제한 강화와 서비스의 양과 질을 감소시키는 서비스 희석화가 있는데, 이는 클라이언트와의 접촉시간 단축, 사례의 조기종결, 전문가의 질을 낮추거나 자원봉사자로 대체하는 등의 방법이다. 수요억제 전략은 서비스의 접근에 물리적, 시간적 및 사회적 장애를 제거하지 않거나 또는 장애를 생기게 하는 것으로, 예를 들면 서비스 이용 촉진활동을 하지 않거나 대기자 명단제도 도입, 교통이 불편한 장소와 시간배치 등의 방법으로 수요를 억제할 수 있다.

3) 서비스 통합성 증진을 위한 전략

사회복지 영역의 다양한 서비스를 서로 연계하여 통합적으로 제공하기 위한 전략을 통해 과거, 현재, 그리고 앞으로 필요한 서비스를 파악하여 유사 서비스가 반복되지 않도록 조정하고 꼭 필요한 서비스가 제공될 수 있도록 하는 것이 중요하다.

(1) 종합서비스센터

장애인종합복지관, 종합사회복지관처럼 하나의 서비스 기관에서 복수의 서비스가 제공될 수 있도록 하는 곳을 말한다.

(2) 인테이크 단일화

클라이언트의 다양한 욕구를 종합적으로 평가하여 적절한 서비스 계획을 개발하도록 인테이크(intake) 전담 창구를 개발한다.

(3) 종합적인 정보와 의뢰 시스템

종합적인 정보와 의뢰 시스템(information & referral system)은 전달체계들을 단순 조정하는 방법으로 각기 독립성을 유지하면서 서비스의 통합적 제공을 강화하는 방법이다.

(4) 사례관리

사례관리자가 중심이 되어 조직들 간의 네트워크를 이용하여 클라이언트를 관리하고 욕구를 만족시켜 주는 방법이다.

(5) 트래킹

트래킹(tracking)은 서로 다른 각각의 기관과 프로그램에서 다루었던 클라이언트에 대한 정보를 서로 공유할 수 있게 하는 시스템으로, 클라이언트가 받은 서비스의 경로와 행적을 추적해서 정보를 알 수 있게 된다.

5. 사회복지서비스 전달체계의 운영주체

사회복지서비스 전달체계의 운영주체는 서비스의 성격에 따라 공적 조직이 제공해야 할 것과 사적 조직이 제공하는 것이 있다. 예컨대 사회보험이나 공적 부조에 속하는 서비스는 서비스의 성격상 공적 조직이 제공해야 하지만 사회서비스는 공적 조직 또는 사적 조직이 제공할 수 있다.

또한 사적 조직의 경우 비영리조직일 수도 있고, 영리조직일 수도 있다. 무료서비스의 경우는 대부분 비영리조직(공적 조직 또는 비영리법인)이, 유료서비스는 비영리조직과 영리조직이 함께 참여하는 경우가 최근 많이 등장하고 있다. 이론적으로 비영리조직이 보다 높은 공적 책임성을 지고 있고, 영리조직은 이윤을 추구하여 사회복지서비스의 본질과 양립하기 어렵기 때문에 사회복지서비스 전달에 부적합하다는 주장이 있지만, 서비스의 효율성과 효과성에 있어서 영리조직이 비영리조직보다 우월하다면 반드시 영리조직의 사회복지서비스 전달에의 참여를 배제할 수는 없다. 특히 최근 등장한 사회서비스의 경우 영리조직의 참여가 뚜렷하게 나타나고 있다.

비영리조직과 영리조직의 서비스 제공 문제는 서비스의 표준화 정도, 클라이언트 집단의 능력, 서비스의 위험성, 관련규정 준수에 대한 감독의 강력성 같은 조건을 감안하여 선택하는 것이 바람직하다.

1) 공적 사회복지서비스 전달체계

우리나라의 공적 사회복지행정을 담당한 중앙부서의 변천을 보면 1948년 정부수립과 동시에 사회부가 발족되었으며, 그 이듬해에 사회부의 기능 중 보건에 관한 사항을 분리하여 보건부가 신설되었다. 그러나 1955년 정부의 조직 통폐합 작업에 따라 보건부와 사회부가 보건사회부로 개편되었고, 1994년에는 보건사회부를 보건복지부로 개칭하면서 지금까지 30여 회의 직제 개정을 거쳐 오늘에 이르고 있다.

(1) 국가부문의 필요성

국가를 통한 자원배분과 공공복지의 필요성이 제기되는 것은 전통적으로 시장이 초래하는 비효율적 자원배분과 분배상의 불평등과 같은 시장실패와 관련이 있다. 급변하는 환경 속에 국가의 역할은 제공주체들과 사회구성원 간의 연계를 위해 중개자의 역할과 여러 제공 주체들이 가진 갈등구조의 문제, 자원의 소유자와 비소유자 사이의 불평등 문제를 조정하는 중재자의 역할을 필요로 한다. 또한 소득의 불평등에 대한 재분배 장치를 국가가 마련해야 하며 복지욕구를 충족할 수 없는 사회적 취약계층에 대한 사회복지 제공자의 역할도 수행해야 한다.

(2) 공적 전달체계 현황

우리나라의 사회보험, 공공부조, 사회복지서비스 등은 대부분이 공적 전달체계로 전달되고 있다. 공적 전달체계는 주로 1차적 욕구 충족에 중점을 두고 있어 국민연금, 국민건강보험, 노인장기요양보험 등은 보건복지부 소관으로 국민연금공단과 국민건강보험공단 등에서 업무를 처리하고 산재보험, 고용보험 등은 고용노동부 소관으로 근로복지공단에서 업무를 처리한다. 공공부조와 사회복지서비스의 경우 보건복지부 소관이나 행정안전부 소속의 지방조직에 업무를 위탁하고 있다.

(3) 현행 공적 전달체계의 문제점

우리나라의 공적 사회복지 전달체계는 조직구조상의 문제가 중요하다. 이러한 조직구조상의 문제는 프로그램 운영과 프로그램 평가 면에도 영향을 미치게 되는데 문제점을 살펴보면 다음과 같다.

① 상의하달식 수직적 전달체계

일선 행정체계의 획일성으로 사회복지담당자가 전문성을 발휘하여 자율적으로 업무를 수행하기 어려운 환경에 있다. 상의하달식의 수직적 체계로서 지역특성과 욕구를 반영한 복지서비스를 제공할 여건이 미흡하다. 자율적인 지역사회복지의 실현을 위해서는 지역의 특성을 반영할 수 있어야 하는데, 중앙정부에서 전달된 제도 및 정책 등을 그대로 시행함으로써 지역의 특성에 맞는 정책수립이 미흡하여 지역주민의 복지욕구를 해소하지 못하고 지역 간 복지서비스 편차는 더 커지게 되었다.

② 사회복지행정의 지방일반행정 체계로의 편입

공공부조의 행정체계가 행정안전부의 지방행정체계에 편입되어 사회복지서비스의 특성과 전문성을 살리지 못하고 있다. 다양한 전달체계 개편을 통해 서비스 향상을 시도하고 있지만 여전히 공공복지 전달체계의 비효율적 운영으로 시・군・구 복지조직의 잦은 인사이동이 이루어져 업무의 연계성과 지속성이 떨어진다.

일반행정직은 사회복지업무를 기피하고 있어 업무 순환보직이 자주 이루어지게 되므로 서비스의 연속성이 낮아지거나 상급자가 일반행정직인 경우 사회복지 분야에 대한 이해가 부족하여 전문적 지도・감독이 어렵고, 사회복지전담공무원이 타 업무를 겸임함으로써 전문성 발휘 기회가 줄어 서비스 제공의 효과성과 책임성이 낮아지고, 소진현상이 증가하고 있다.

③ 전문인력 부족 및 관리 미흡

공적 전달체계의 최일선에 사회복지전담공무원이 업무를 수행하고 있지만 인력 부족으로 인한 서비스의 질이 우려된다. 사회복지 인력의 부족으로 사회복지업무를 사회복지직이 아닌 일반행정직이 맡음으로써 복지에 대한 전문성

부족 등을 야기하여 폭증하는 복지수요에 효과적으로 대처하지 못하였다. 지속적인 복지영역의 확대, 서비스 내용의 다양화, 서비스 방법의 변화가 강력히 요청되고 있는 여건 속에 취약계층의 자립·자활, 재활을 가능하게 하려면 상담 등의 찾아가는 서비스를 통한 전문적 대인서비스가 이루어져야 하지만 전담공무원의 업무가 과중하고 여건이 미비한 현실이다.

④ 서비스의 통합성 결여

사회복지업무가 통일적으로 운영되지 않아 제도 간 연계성이 부족하고 중복지원 또는 누락의 가능성이 있다. 즉, 복지업무가 읍·면·동과 시·군·구의 별개의 행정단위체계로 수행되며, 대상 분야별로 별도관리가 이루어져, 대상자에 대한 중복지원 또는 누락의 가능성으로 인한 급여의 효율성 및 제도 간 연계성이 부족하다.

⑤ 각종 위원회의 활동 부진

사회복지서비스 전달체계의 외부 자원 동원과 전문가 의견 수렴 등을 위해 전달체계 내의 다양한 자문위원회, 심의위원회 등이 조직되어 있으나 형식적으로 운영되고 있어 이의 개선이 필요하다. 주민참여가 가능한 민주적 의사소통 구조를 마련하여 각종 위원회가 적극적이고 실질적으로 활동할 수 있도록 개선되어야 한다.

우리나라의 공적 전달체계는 이러한 문제점들과 함께 전반적인 복지제도의 발달이 미흡한 상태에서 복지욕구에 대한 국가의 투자가 부족했다는 점, 그동안 복지서비스를 필요로 하는 욕구가 심각한 사회문제로 인식되지 않았다는 점, 우리나라의 전통적 가족주의가 복지서비스의 개입을 용이하게 하지 않았다는 점 등은 복지서비스 제도 및 이에 따른 전달체계의 발달을 지체시킨 또 다른 원인으로 볼 수 있다.

2) 사적(민간) 사회복지서비스 전달체계

사적 전달체계는 지방자치제도의 실시와 더불어 지역의 특수성이 반영된 사회복지사업의 전개가 요구되며 지역주민이 필요로 하고 있는 서비스 제공기관의 확충과 기존 사회복지기관의 서비스 분화 및 특화를 위한 서비스 개발이 이루어져야 한다.

(1) 사적(민간) 전달체계의 필요성

① 정부가 제공하는 서비스가 미치지 못하는 사람들에 대한 서비스 제공

정부에서 제공하는 서비스는 많은 경우 대상자의 자격기준을 심사하여 선별적으로 제공하기 때문에 대상자가 제한될 수밖에 없다. 따라서 수혜자격이 있음에도 수적인 제한으로 서비스를 받을 수 없는 사람들, 즉 서비스의 사각지대에 놓인 사람들을 위해 민간전달체계가 필요하다.

② 정부가 제공할 수 없는 서비스의 제공

정부의 서비스는 일반적이고 기본적인 문제나 욕구 충족에 1차적인 목표를 두고 있는 만큼, 정부에서는 개인의 다양한 문제나 욕구를 모두 충족시켜 줄 수 없고 질 높은 서비스를 제공하기 어렵다. 따라서 사적 기관은 정부에서 제공할 수 없는 보다 다양하고 질 높은 서비스를 제공하기 위해서 필요하다.

③ 동일 종류의 서비스에 대한 선택의 기회 제공

정부에서 제공하는 것과 같은 종류의 서비스를 사적 기관에서 제공함으로써 클라이언트나 소비자로 하여금 그들의 기호나 지역적, 시간적 여건에 따라 선택할 수 있게 하는 것이 바람직하다. 공적 기관과 사적 기관 간의 경쟁을 유발하여 서비스의 질도 높일 수 있기 때문에 사적 기관에 의한 서비스 제공이 필요하다.

④ 사회복지서비스의 선도적 개발 및 보급

사적 기관은 공적 기관에 비해 행정적 융통성이 있고 의사결정도 신속히 이루어질 수 있으므로, 환경의 변화와 클라이언트의 새로운 욕구에 민감하게 대응하여 새로운 프로그램을 개발하고 평가하여 보급하는 일을 하기에 유리하다.

⑤ 민간의 사회복지 참여 욕구 수렴

민간전달체계는 지역사회 내 자원봉사자나 후원자 등의 형태로 참여하여 자원동원이 용이한 장점이 있다. 많은 사람들이 사회복지활동에 자원봉사자로, 재정적 후원자로 또는 운영자로 참여하기를 원하는데, 이러한 민간의 참여욕구

는 사적 기관에서 적절히 수렴하거나 민간기관의 설립을 통해 충족될 수 있으므로 기관과 그 활동이 필요한 것이다.

⑥ 정부의 사회복지활동에 대한 압력단체 역할

민간조직은 비슷한 서비스를 제공하면서 정부기관의 활동과 서비스를 감시할 수도 있고, 정부가 수행해야 할 서비스를 찾아내거나 확인할 수 있기 때문에, 정부가 서비스를 개선하거나 새로운 서비스를 도입하도록 압력을 가할 필요가 있다.

⑦ 국가의 사회복지비용 절약

현대사회에서 사회복지의 제1차적 책임은 국가에 있으므로, 국가의 재정으로 사회복지활동을 하여야 한다. 그러나 국민의 요구는 다양해지고 계속적으로 상승하고 있기 때문에, 국가는 국민 모두를 충족시킬 수 있는 재정적 능력이 없으므로 민간기관에 의한 사회복지활동은 정부가 비용을 투입하여 수행해야 할 일을 대신 하면서 정부의 사회복지비용을 절약하는 효과를 가져올 수 있다.

(2) 사적(민간) 전달체계의 내용

사적 사회복지 전달체계는 사적 사회복지조직이고 또한 민간 사회복지조직이다. 민간 사회복지조직은 '영리를 목적으로 하지 않는 주민조직과 그리고 사회복지법인, 재단법인 및 사단법인, 종교단체, 법정단체 및 기타 특수법인, 등록단체나 그 법인 또는 단체가 사회복지 사업을 목적으로 운영하는 시설과 기관'을 총칭하는 것이다. 조직에서 제공하는 서비스의 대상자에 따른 분류, 제공하는 서비스가 클라이언트나 소비자에게 직접적으로 전달되느냐, 아니면 서비스의 기획(계획)과 감독 등의 업무를 수행하여 간접적으로 전달하느냐에 따른 분류, 서비스를 제공하는 장소 이외의 다른 장소에 거주하면서 서비스를 받느냐, 아니면 서비스를 제공하는 그 장소에 거주하느냐에 따른 분류, 해결해야 할 문제나 욕구별 또는 문제나 욕구를 가지고 있는 대상인구 집단에 따른 분류, 조직의 설립주체의 성격에 따른 분류가 이루어진다.

(3) 사적(민간) 사회복지 전달체계의 현황과 문제점

① 조직구조상의 문제

대부분의 사적 사회복지기관이나 시설들이 그 운영에 필요한 재정의 상당 부분을 정부보조금에 크게 의존하고 그 운영에 있어서 지도·감독을 받아야 하는 것이 우리나라의 현실이다. 이러한 결과로 그들이 속해 있는 지역사회 클라이언트의 요구보다는 정치적 흐름에 영향을 받게 되거나 이와 관련되어 정부의 '지시'에 따르는 경향이 많아 민간부문의 장점인 자율성과 창의성이 크게 제약을 받고 있다.

민간 사회복지복지시설 가운데 거주시설은 아직도 정부의 지원수준이 낮고 시설의 종별·지역별 분포가 불균형하며, 재정상태 및 전문 인력 확보가 매우 어려운 실정이다. 또한 지역사회에 바탕을 두고 지역주민의 참여와 함께 시설의 개방화와 사회화가 이루어져야 함에도 불구하고 그렇지 못하다거나 시설의 서비스와 지역사회의 서비스가 제대로 연계되지 않아 거주인이 통합적인 서비스를 받을 수 없는 경우도 있다. 대표적인 저소득층 주민의 이용시설로서 사회복지관의 경우에도 도시지역에 편중되어 분포하고 있으며, 전문 인력의 부족과 재정의 취약성으로 말미암아 시범적이고 포괄적인 프로그램을 지속적으로 제공하지 못하고, 몇몇 독창적인 프로그램들을 제외하고는 기관별 유사한 프로그램을 운영하고 있는 실정이다.

② 관리운영상의 문제

대표적인 사적 전달체계의 사회복지협의기구들이 조정자로서의 역할과 기능을 충분히 수행하지 못하고 있다. 사회복지협의회, 지역사회보장협의체 등을 포함하여 각 분야별 협회가 구성되어 있으나, 재정적으로 정부보조금에 의존하고 있기 때문에, 지역의 이슈나 문제에 대하여 정부나 국민에게 사실을 홍보하고 정책건의를 하는 데에는 많은 한계가 있다. 이용시설의 경우, 기관들 간의 협의 조정체계가 구축되어 있지만 실질적인 운영에 어려움이 있고, 서비스 간의 연계가 부족하며 이러한 결과로 프로그램의 중복과 누락 현상도 여전히 발생하고 있다.

거주시설의 경우도 정부 보조금이나 기부금 등에 의존하고 있기 때문에, 서비스의 제공에 필요한 재원이 빈약하여 대부분 만성적인 재정난에 봉착하고 있으며, 특히 단순 수용보호로는 클라이언트의 건전한 인격 형성, 사회생활 적응 능력의 배양, 자립, 자활 등과 같은 클라이언트의 복지 목표를 기대하기는 어려운 실정이다.

결국 기존의 기관 및 단체를 활성화하여 민간복지참여를 활성화하는 것이 요구되며 사회복지전담공무원과 민간복지자원 간의 연계체계를 구축하여 복지역량을 종합적으로 활용하는 방안을 마련해야 할 것이다.

③ 전달인력상의 문제

사회복지조직 전문종사자의 처우가 열악하여 직원의 빈번한 이직과 교체로 서비스의 지속성이 부족하여 전문성과 책임성을 추구하는 데 한계가 있다. 대부분의 시설이 빈약한 운영비 때문에 적합한 전문 인력을 확보할 수 없거나, 취업공고를 내어도 근무여건의 열악성으로 인하여 전문사회복지사들이 취업을 기피하고 있어 전문적 프로그램의 제공에 어려움이 있다. 또한 타 직종과의 급여 차이로 인력확보에 어려움이 있으며, 잦은 이직으로 프로그램의 연계성에 문제를 안고 있다.

사적 전달체계의 목적을 효과적으로 달성하기 위해서는 다양한 사회복지시설의 설치와 전문 인력의 확보와 활용이 관건이라고 할 수 있는데, 이러한 측면에서 전문 인력에 대한 교육 및 지원체계 마련이 필요하다.

3) 각 주체들 간 역할분담의 원리

사회복지서비스 전달체계를 통해 지역복지연계체계의 기반을 마련하는 것은 민간에서 주도적으로 수행하여 나가기는 무리가 있으므로 공적 전달체계로서 국가와 지방자치단체는 이러한 과제 해결이 지역복지발전을 위해 우선 해결되어야 한다는 점을 인지하고 적극적으로 노력하여야 한다. 이를 위해 각 전달체계 주체들 간의 역할분담이 필요하다

각 주체들 간의 역할분담은 우선, 제공되는 사회복지재화의 속성에 따라 이루어져야 하며, 둘째, 재화나 서비스의 공공재적인 성격의 정도와 그것들의 외부효과의 정도를 고려해야 한다. 셋째, 재화나 서비스를 소비자들이 선택하는데 있어 이러한 재화들에 대한 정보를 소비자들이 많이 가지고 있지 않거나 혹은 정보습득에 비용이 많이 들 경우 공공부문에서 제공하는 것이 바람직하다. 넷째, 평등이나 공평성의 가치를 추구하는 서비스의 경우 민간부문보다 공공부문에서 제공하는 것이 바람직하며, 마지막으로 어떤 재화나 서비스는 그 속성상 여러 부문에서 보완적으로 제공되는 것이 바람직하다.

CHAPTER 06

리더십과 조직문화

조직에서 리더십은 조직의 성과와 깊은 관련을 맺기 때문에 리더십에 대한 논의가 매우 활발하게 진행되고 있다. 리더는 조직구성원들에게 조직의 목표를 달성하고 공헌할 수 있도록 직무만족을 높여주는 동기를 제공하며, 중요한 의사결정과 의제선정을 하는 중심부에 존재하고 대안을 실행에 옮기도록 조직을 독려하고 이끌어 가는 주체이다. 하지만 모든 조직에 적용될 수 있는 유일한 리더십은 존재하지 않으며 조직의 특성에 따라 효과적인 리더가 다르다.

1. 리더십의 의의

오랫동안 조직의 리더에 대한 연구가 진행되었고, 학자의 관심이나 연구방향, 시간의 흐름에 따라 새로운 관점으로 진화되어 왔다. 그동안의 연구를 통해 나타난 리더십에 대한 정의는 사람들로 하여금 집단 목표를 기꺼이 달성하게끔 영향을 미치는 활동이나, 목표 달성을 지향하도록 집단에 대하여 영향을 미칠 수 있는 능력, 공동목표의 달성에 있어서 사람들이 협동하여 일하도록 영향을 주는 능력, 조직의 목표 달성에 있어서 조직의 구성원들이 조직과 관련된 행동에 자발적으로 종사할 수 있게끔 어떤 주어진 상황에서 공식적 지위에 있는 사람이 영향력을 행사하는 과정 등으로 표현된다. 이러한 정의를 통해 리더십에 대한 공통된 개념을 찾는다면, '조직의 미션이나 비전을 달성하기 위해 리더와 부하의 동태적인 상호 관계에 의해 형성되는 영향력'으로 이해할 수 있다(유민봉, 2021). 결국 리더십은 어떤 목표와 비전을 성취하기 위해 특정 집단에 영향을 미치는 능력이다(Robbins & Judge, 2011 : 410; Yukl, 2002).

여기서 '영향력(influence)'이라는 의미는 한 사람의 행위가 다른 사람의 가치, 신념, 태도, 행동에 변화를 일으키는 힘을 의미하지만, 강제력을 가지고 행사하는 권력(power)과는 구분되는 개념이다. 높은 직위에 있는 상급자가 부하에게 영향력을 끼쳐 행동의 변화를 가져왔다면 리더십이라고 할 수 있지만, 직위에 근거하여 강제력을 사용했다면 그것은 권력이라고 이해할 수 있다. 또한 영향력은 리더만 가질 수 있는 것이 아니라 부하가 리더에게도 행사할 수 있는 것으로, 이들의 상호관계에 의해 결정되는 관계적 개념으로 이해한다. 리더는 비전과 전략을 통해 조직이 나아갈 방향을 정하고 개인이나 집단의 행태에 지대한 영향을 미친다. 때문에 조직에서 구체적인 활동을 통해 실천이 이루어지고 행동을 따르는 매니저와도 구분된다. 조직에서 리더십은 다음과 같은 이유 때문에 더욱 필요하다.

① 리더십을 통해 조직구성원에게 동기를 부여할 수 있다. 조직 전문가의 자율에 대한 욕구와 조직의 통제 사이의 긴장으로 인해 구성원들은 리더십을 필요로 한다.

② 조직은 매우 빠르게 변화하고 있으며, 변화하는 외부 환경적 요구에 능동적으로 대처하기 위해서 리더십은 필요하다. 새로운 기술, 새로운 구조 도입 등 중요한 내부적 변화가 있을 때 이와 같은 변화가 조직에 통합될 수 있도록 리더십이 필요하다.

③ 구성원의 목표와 조직의 목표 사이에 가능한 한 많은 일치를 가져올 수 있도록 노력하는 데 리더십이 요구된다. 즉, 조직통합을 위해서도 리더십이 요구된다.

2. 리더십 이론의 전개

리더십에 대한 연구는 리더십이 조직성과에 미치는 영향을 분석하기 위해 어떤 리더십 유형이 가장 효과적인지를 발견하는 것이다. 그동안 전통적 리더십에 관한 이론은 리더십 과정의 어느 측면을 강조하느냐에 따라 일반적으로 다음의 세 가지 이론으로 분류한다.

첫째, 리더를 중심으로 성공적인 리더의 개인적 특성 및 자질에 연구의 초점을 맞춘 특성론적 접근법(trait approach)이다. 리더가 갖추고 있는 자질이 조직성과에 영향을 미친다는 이론이다.

둘째, 리더와 부하 간의 관계를 중심으로 리더의 행동을 통해 리더십 효과성을 설명하고자 하는 행태론적 접근법(behavioral approach)이다. 리더에게 요구되는 바람직한 행태가 무엇인지를 설명하고자 한 이론이다.

셋째, 리더의 행동이 상황에 따라 어떻게 다른가를 파악하고 효과적인 리더의 행동이나 특성은 상황에 따라 다르다는 것을 강조하는 상황론적 접근법(situational approach)이다. 조직성과는 리더 이외에도 다양한 요인에 의해 영향을 받기 때문에 같은 리더라도 조직에 따라 다른 성과가 나타날 수 있다는 관점을 견지한다.

1) 특성론적 접근법

초창기 리더십 연구에서 가장 많이 연구되었던 접근 방식은 리더가 가지고 있는 속성(신체적 특성, 성격 특성, 능력 등)을 강조한 자질(trait) 접근이다. 이 이론은 리더가 특정한 자질을 갖춘 경우 효과적인 리더가 될 수 있음을 강조한다. 리더의 자질로는 ① 신체적 특성(신체의 모습), ② 성격(personality), ③ 지능, ④ 사회적 배경, ⑤ 사회성(사회적 특성), ⑥ 과업태도(과업과 관련된 특성)를 제시하고 있다. 자질론에 의하면 리더는 일반인과는 다른 특성을 가지고 있다고 보며, 이러한 자질은 후천적으로 훈련을 통해 얻는 것이라기보다 선천적으로 타고난 것이라는 의미가 강하다.

그러나 스토그딜(Ralph M. Stogdill, 1948)은 초기의 리더십 연구를 통해, "몇 가지 특성을 가지고 있다고 해서 그 사람이 리더가 되지는 못한다. 리더의 개인적 특성의 패턴이 부하들의 특성과 활동 및 목표와 적절하게 연계되어야만 한다"는 점을 지적하고 있다. 이후 후속연구에서는 리더와 비(非)리더를 구분 짓는 특성은 연구자들마다 서로 다르고, 리더의 특성이 조직 효과에 어떤 영향을 미치는지는 상황에 따라 다르다는 점을 지적하고 있다(Stogdill, 1974). 즉, 특성이론은 특성의 범위가 너무 광범위하여 성공적인 리더의 자질을 명확히 제시할 수 없고, 상황에 따라 요구되는 리더십 특성이 다를 수 있다는 비판을 받았다는 점에서 한계가 있다.

2) 행태론적 접근법

행태론적 접근법은 특정한 자질을 가진 사람이 리더라는 특성론적 접근에 강한 비판을 제기하면서, 리더의 어떠한 행동이 조직성과에 영향을 미치는지를 파악하고자 하면서 등장했다. 즉, 효과적인 리더의 행동은 그렇지 못한 리더의 행동과 다르며 모든 상황에서 효과적인 리더의 행동이 존재한다는 것을 전제로 행태론적 접근법이 제시되었다. 특성론적 접근법이 리더십에 맞는 사람을 선택하는 방법을 연구했다면, 행태론적 접근법은 어떤 사람이든 리더가 될 수 있으며 리더십을 훈련시킬 수 있다고 가정했다. 때문에 많은 학자가 행태론적 접근법이 특성론적 접근법에 비해 우월하다고 주장했다.

(1) 오하이오 주립대학교의 리더십 연구

1940년대 후반과 1950년대 초반에 수행된 오하이오 주립대학교 리더십 연구자들은 리더십 행동의 범주를 확인하고, 범주 내에서의 리더의 반복된 행동을 측정하기 위해 리더의 행위를 두 가지 차원, 즉 배려(consideration)와 구조 주도(initiating structure)로 구분하여 조사를 수행하였다.

① 배려

리더의 사람에 대한 관심과 대인관계에 관한 것으로 지원적, 우호적이고 개방적인 자세로 부하를 생각해 주고 대변해 주는 리더의 행동과 부하의 이해관계를 대변하는 행동 등을 포함한다. 배려는 관계 지향적, 인간중심적으로 온화한 인간관계, 신뢰, 상호 존경과 우정, 지원, 구성원의 의견수렴, 구성원의 복지를 위한 부분에 관심을 기울이는 리더 유형이다.

② 구조 주도

리더가 과업을 조직화하고 정의하며, 업무를 할당하고 의사소통 망을 확립하며, 업무집단의 성과를 평가하는 행동을 말한다. 리더의 성취에 대한 관심과 관련된 것으로 부하에게 지시하는 행동, 역할을 규정해 주는 행동, 문제해결, 직무성과가 저조한 부하를 질책하고 성과를 높일 수 있도록 독려해 주는 행동 등이 포함된다.

이러한 배려와 구조 주도로 이루어지는 리더십 행동 유형은 다음과 같다(Kreitner & Kinicki, 1989).

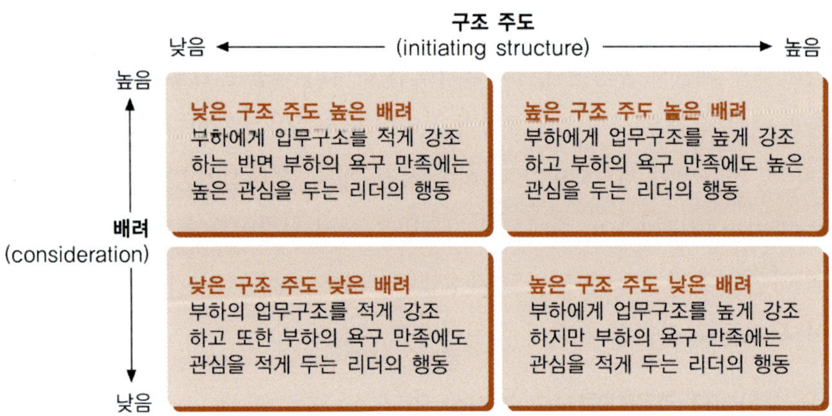

[그림 6-1] 배려-구조 주도의 리더십 행동 유형

오하이오 주립대학교의 리더십 연구 이후 리더의 배려와 구조 주도가 다양한 리더십 효과성의 기준과 어떠한 관련이 있는가를 조사하는 연구가 많이 수행되었다. 그러나 연구 결과는 대부분의 리더십 효과성 결과에 대해 미약하거나 일관성이 결여되었다(Bass, 1990; Fisher & Edwards, 1988).

(2) 미시간대학교의 리더십 연구

미시간대학교의 리더십 연구의 초점은 리더를 과업중심 리더십과 관계 지향 리더십으로 구분하고 관리자들의 리더십에 대한 차이점을 제시하였다(Likert, 1961; 1967). 미시간대학교의 리더십 연구가 제시한 바는 다음과 같다.

① 리더의 행동은 과업 지향(job-centered or production-centered) 행동과 관계 지향(employee-centered) 행동으로 분류할 수 있다. 과업 지향 행동은 직무중심으로 주로 생산 과업에 관심을 가지면서 생산의 방법, 절차 등을 중시하고 리더에게 주어진 공식적 권한에 의존해 부하들을 철저히 관리하는 행동 유형을 말한다. 반면 관계 지향 행동은 부하중심적 행동으로 부하와의 관계를 중시하고 부하의 욕구충족과 만족 등에 관심을 가지는 행동 유형이다.

② 리더가 관계 지향 행동을 사용하는 것이 과업 지향 행동을 사용하는 것보다 생산성을 높이는 데 효과적이다. 또한 부하들의 만족감을 높이는 데에도 관계 지향 행동이 과업 지향 행동보다 효과적이다.

③ 리더의 수평적, 수직적, 대각적인 연결 관계를 연결핀(linking pin) 관계라고 하는데, 리더의 이러한 연결핀으로서의 역할이 효과적으로 이루어질 때 부하와의 관계가 원활해지고 리더십 효과성도 제고될 수 있다. 즉, 리더십은 주로 부하와의 상호관계를 중심으로 이루어지는 것이 사실이지만 리더가 리더의 상위계층 및 동료들과 얼마나 좋은 관계를 맺고 있느냐에 따라서 리더가 관리하는 집단의 이익을 대변하고 집단에 필요한 자원과 이익을 얻을 수 있는 정도가 영향을 받는다는 것이다.

(3) 관리그리드 모형(고 과업-고 관계 리더)

관리그리드 모형은 블레이크와 머튼(Blake & Mouton, 1964)에 의해 개발되었으며, 인간에 대한 관심과 생산에 대한 관심을 두 개의 축으로 하여 상호작용에 초점을 두는 분류방식이다. 첫 번째 차원은 생산에 대한 관심(concern for production)이다. 생산에 대해 높은 관심을 보이는 리더는 과업중심적이고 결과를 얻고 임무를 완수하는 데 초점을 맞춘다. 두 번째 차원은 인간에 대한 관심(concern for people)이다. 인간에 대해 높은 관심을 보이는 리더는 갈등을 피하고 부하들과 우호적인 관계를 가지려고 노력한다. 생산과 사람에 대한 관심의 높고 낮음을 서로 결합시켜 다섯 개의 리더십 유형을 도출하였다.

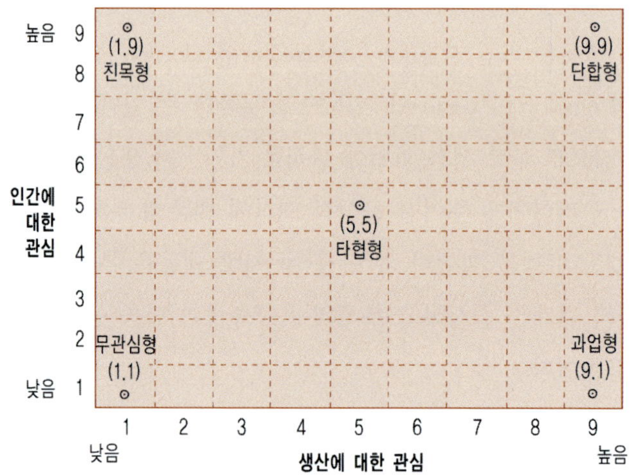

[그림 6-2] 관리그리드의 리더 행동 유형

출처 : Griffin & Moorhead(2008), p. 332.

관리격자를 통해 분석된 리더십 유형은 5개로 리더 행동의 유형 중 단합형이 가장 이상적임을 주장했다.

① 무관심형(impoverished management)은 생산 및 인간에 대한 관심이 모두 낮은 유형으로 자신의 직분을 유지하는 데 필요한 최소의 노력만을 투입한다.

② 친목형(country club management)은 인간에 대한 관심은 높고 생산에 대한 관심은 낮은 유형으로 구성원의 만족과 친밀한 분위기를 조성하는 데 노력한다.

③ 과업형(authority-obedience management)은 생산에 대한 관심은 높고 인간에 대한 관심은 낮은 유형이다.

④ 타협형(organization man management)은 인간과 생산에 절반씩만 관심을 두는 유형으로 적당한 정도의 성과를 지향한다.

⑤ 단합형(team management)은 생산 및 인간에 대한 관심이 모두 높은 유형이다. 즉, 조직의 목표 달성을 위해 조직과 조직구성원들의 상호 의존 관계와 공동체 의식을 강조함으로써 구성원들 간에 신뢰와 존경의 관계가 형성되고 조직목표 달성을 위해 헌신하도록 유도하는 유형이다.

3) 상황론적 접근법

리더십의 자질론적 접근과 행태론적 접근법은 유일한 효과적인 리더의 행동이 있다는 것을 가정했으나, 상황에 따라 다르다는 사실을 간과하고 있다는 비판에 직면하였다. 상황론적 접근법(situation theory)은 어떤 상황에서나 효과적인 유일한 리더십은 존재하지 않는다는 가정하에 리더십의 유효성을 상황과 연결시킨다.

(1) 피들러의 상황적합적 리더십 이론(contingency theory of leadership)

피들러(Fred E. Fiedler)는 조직에 대한 리더의 영향력은 세 가지의 상황적 변수인 리더와 부하의 관계, 직위 권력, 과업 구조에 의해 결정된다는 모형을 개발하여 제시하였다. 이들 상황요소의 개념은 다음과 같다.

① 리더와 부하의 관계(leader−member relations)는 리더가 부하로부터 지지(support)와 충성(loyalty)을 받는 정도로 부하와의 관계가 어느 정도로 우호적(friendly)이며 협동적(cooperative)인가 하는 것이다. 예컨대 부하가 리더를 좋아하고 지지, 신뢰하고 있다면 리더의 권한 행사는 더욱 용이할 것이다.

② 직위 권력(position power)은 직위에 부여된 공식적이고 합법적인 권력을 말한다. 이러한 직위 권력이 클수록 리더는 부하의 과업성과(performance)를 평가하고 그것에 따라 보상(rewards)이나 처벌(punishments)을 할 권한이 많은 것이다. 즉, 직위 권력이 클수록 리더십 행사는 쉬워지고 직위 권력이 없는 리더는 다른 방법의 영향력을 행사해야 한다.

③ 과업 구조(task structure)는 과업을 달성하는 데 필요한 표준화된 절차가 어느 정도로 준비되어 있는가, 완제품이나 완수된 용역에 관해 얼마나 분

명하고 상세하게 규정하고 있는가, 과업이 제대로 달성되어 있는지에 관한 객관화된 기준이 어느 정도로 준비되어 있는가 등으로 판단한다. 이러한 과업 구조가 모호하다면 리더나 부하 모두 업무를 수행하는 적절한 방법을 파악하지 못하므로 리더십 행사에 어려움을 줄 것이다.

피들러는 상술한 세 가지 상황 변수(즉, 리더와 부하의 관계, 직위 권력, 과업 구조)가 어떠한 방법으로 결합하느냐에 따라 리더의 상황적 유리성(situational favorableness)이 결정되고 이러한 상황적 유리성에 따라 효과적인 리더십 스타일이 다르게 나타난다고 했다. 피들러는 리더의 스타일을 가장 낮은 선호의 동료(LPC : the Least Preferred Coworker) 점수를 사용하여 분류했는데, LPC 점수란 리더들이 자기가 가장 싫어하는 동료를 어떻게 평가하는가에 대한 점수로서 그 점수에 따라서 리더를 과업 지향적 리더(task-oriented leader)와 관계 지향적 리더(relation-oriented leader)로 분류했다(Rainey, 1997).

〈표 6-1〉 피들러의 상황적합적 리더십 이론

리더와 부하의 관계	좋음				나쁨			
과업 구조	구조화		비구조화		구조화		비구조화	
직위권력	많음	적음	많음	적음	많음	적음	많음	적음
상황적 유리성	매우 유리함			적당히 유리함			매우 불리함	
효과적 리더십 스타일	과업 지향적 리더			관계 지향적 리더			과업 지향적 리더	

출처 : Moorhead & Griffin(2004), p. 350.

피들러의 상황적합적 리더십 이론은 연구의 결과가 일관성을 갖지 못하고, 측정 도구인 LPC 점수가 타당성이 결여되어 있다는 점과 리더의 행동은 변화시킬 수 없다는 피들러의 가정이 비현실적이라는 측면에서 한계가 있다고 지적된다(Moorhead & Griffin, 2004).

(2) 경로-목표 이론

에반스(Martin Evans)와 하우스(Robert J. House)에 의해 개발된 경로－목표 이론(path－goal theory of leadership)은 1970년대에 나타난 리더십 이론이다. 경로－목표 이론에 의하면 부하는 리더의 행동이 그들의 기대감에 영향을 미치는 정도에 따라 동기가 유발된다. 즉, 리더는 부하가 바라는 보상(즉, 목표)을 받게 해줄 수 있는 행동(즉, 경로)이 무엇인지 명확하게 해줌으로써 부하의 성과를 높일 수 있다는 것이다. 경로－목표 이론은 리더의 행동을 네 가지(지시적 리더십, 지원적 리더십, 성취 지향적 리더십, 참여적 리더십)로 분류하고 있다.

① 지시적 리더십(directive leadership)은 부하들의 역할 모호성이 높은 상황에서 필요한 리더십 유형이다. 즉, 부하들에게 그들이 무엇을 해야 하는지를 알려주고 업무에 대해 구체적으로 지도한다.

② 지원적 리더십(supportive leadership)은 부하의 욕구를 배려하고 우호적인 작업 풍토를 조성한다. 또한 지원적 리더십은 부하가 과업을 어렵게 느끼거나 자신감이 결여되어 있을 때 또는 실패에 대한 공포가 높은 경우에 부하의 불안감을 감소시킴으로써 부하가 결국 노력의 수준을 높일 수 있게 한다.

③ 성취 지향적 리더십(achievement－oriented leadership)은 부하에게 도전적인 목표를 설정해 주고 또한 부하에게 높은 성과를 달성할 수 있다는 리더의 확신을 나타내 보여줌으로써 부하가 목표달성을 추구하는 데 자신감을 갖게 해준다.

④ 참여적 리더십(participative leadership)은 부하들이 구조화되지 않은 과업을 수행할 때 필요한 리더십 유형이다. 즉, 부하가 과업 목표, 계획, 절차, 방법 등에 관한 의사결정에 참여함으로써 과업과 그들에 대한 역할기대를 학습하게 되고, 이러한 학습을 통해 부하의 역할 명료성이 높아지며 또한 노력이 성과를 가져올 것이라는 기대도 높아진다.

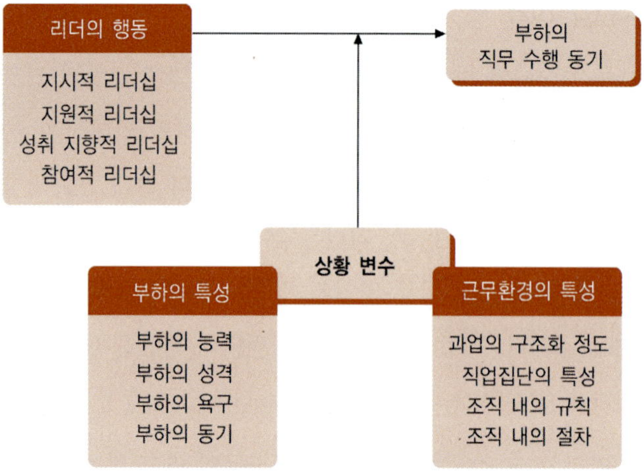

|그림 6-3| 경로-목표 이론

출처 : Moonhead & Griffin(2004).

(3) 허시와 블랜차드의 리더십 상황이론

허시(Paul Hersey)와 블랜차드(Kenneth Blanchard)의 상황이론은 다양한 상황 중에서 부하의 속성에 주목한다. 이 이론은 구성원이 없으면 리더도 존재하지 않는다는 가정에 기반하여 리더십은 구성원의 존재와 그들의 상황에 적합한 관리적 행동이 중요하다는 것을 강조한다(오세영, 2011). 리더의 행동을 과업행동(task behavior)과 관계성 행동(relationship behavior)으로 구분하고 부하의 성숙도(maturity)를 상황변수로 채택했다(Hersey & Blanchard, 1982; 1984). 부하의 성숙도는 직무상의 성숙도(job maturity)와 심리적 성숙도(psychological maturity)로 구분되며, 직무상의 성숙도는 부하의 과업 관련 기술과 기술적 지식의 정도를 의미하고 심리적 성숙도는 부하의 자신감과 자존심의 정도를 나타낸다. 부하의 성숙도에 따라 리더의 행동이 달라져야 한다는 허시와 블랜차드의 주장을 요약하면 다음과 같다(Moorhead & Griffin, 2004).

① 부하의 성숙도가 낮을 때 지시형 리더십이 필요하다고 제안한다. 부하의 역할, 목표, 표준, 절차 등의 설정에서 리더가 매우 지시적인 활동을 할 때 과업행동이 효과적이다.

② 부하의 성숙도가 중간 정도의 상황에서 리더는 부하에게 깊은 관심을 가지고 부하가 가지고 있는 문제 해결에 지원적이며 의사결정 과정에 부하를 참여시키도록 노력하는 관계성 행동이 효과적이다.

③ 부하의 성숙도가 높은 상황에서 효과적인 리더의 행동은 부하에게 권한을 대폭 위임해 주어 부하 스스로 과업을 수행할 수 있도록 배려해 주는 것이다.

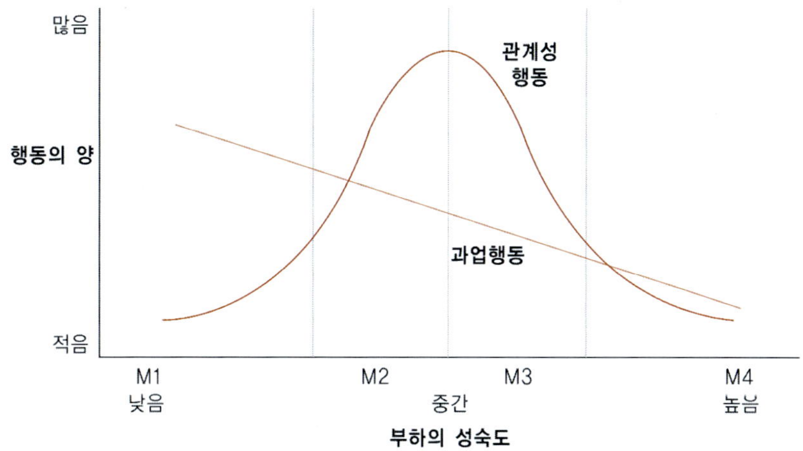

|그림 6-4| 허시와 블랜차드의 상황적 리더십 이론

출처 : Moonhead & Griffin(2004).

(4) 리더십 이론에 대한 비판

리더의 자질, 행동, 상황론적 접근으로 이어지는 리더십에 관한 연구는 이론에 따라 리더십을 효과적으로 설명하고 있으나, 리더십의 본질을 설명하기에는 한계가 있다. 리더십 이론이 가지고 있는 문제점들을 요약하면 다음과 같다(유민봉, 2021).

첫째, 리더와 부하의 관계를 공식적인 권위의 수직적 구조 안에서 이해하여, 리더가 부하에게 하향적이고 일방적인 영향을 미친다는 폐쇄적 시각을 견지한다.

둘째, 리더와 부하를 이분적으로 접근하여 리더는 부하와 차별되는 자질이나 특성을 가지고 리더만이 보일 수 있는 행태를 적극적으로 행사하는 사람으로, 부하는 수동적으로 행동하는 사람으로 묘사하는 것이다.

셋째, 리더가 부하에게 영향을 미쳐 조직의 성과를 가져오는 것이 리더십이라는 논리의 검증이 경험적으로 어렵다는 점이다.

4) 현대적 접근법

전통적 리더십 이론의 한계를 인식하고 조직 현장에서 실제적인 리더십을 설명하기 위한 이론들이 개발되었다. 이 이론들은 리더십은 상관과 부하의 상호작용에 의해 형성되는 것으로 이해하고 서로 영향을 주고받는 관계 속에서 리더십이 효과성이 결정된다고 본다. 이러한 이론들은 합리적 과정보다는 감정과 가치관의 중요성을 강조했다(Yukl, 2006). 합리적 과정이나 교환 과정의 중요성을 강조하는 전통적 리더십과는 다르게, 현대적 리더십은 감정 및 가치관이나 상징적인 행태의 중요성과 어떠한 사건을 부하의 입장에서 볼 때 의미 있게 만드는 리더의 역할을 강조한다(Yukl, 1999b).

(1) 변혁적-거래적 리더십

① 변혁적 리더십

변혁적 리더십은 리더와 구성원 모두의 동기와 목적의식을 고취시키는 것을 의미한다. 변혁적 리더는 구성원들로 하여금 자신의 관심사를 조직발전 속에서 찾도록 영감을 불러일으켜 주며 항상 새로운 창조와 혁신을 할 수 있도록 비전을 제시해 준다(오세영, 2011). 변혁적 리더십은 개인적 관심보다는 좀 더 고차원의 높은 도덕적인 가치와 이성에 호소하여 개인의 의식을 변화시키는 리더십 유형으로 개인에게 높은 기대치 부여, 개인 각자에게 관심을 기울여 주거나 구성원들을 개인적으로 지도하고 조언하는 개인적인 고려를 통한 리더십 유형을 말한다. 변혁적 리더는 구성원들과의 관계에서 다음과 같은 네 가지 자질을 갖추어야 한다.

첫째, 구성원들에게 미래의 비전을 제시해 주며 비전을 통한 단결능력을 가져야 한다. 둘째, 비전은 제시하는 것으로 끝나지 않고, 그 비전을 전달할 수 있는 능력이 있어야 한다. 셋째, 구성원들로부터 전적으로 신뢰감을 얻어야 한다. 넷째, 리더 스스로 자신의 이미지 관리에 능통해야 한다(오세영, 2011). 변혁적 리더십의 하위 구성요소는 구성원과의 관계에서 이상적 영향력, 영감적 동기부여, 지적 자극, 개인적 배려의 역할을 강조한다. 변혁적인 리더(transformational leader)는 인본주의 · 평등 · 평화 · 정의 · 자유와 같은 포괄적이고도 높은 수준의 도덕적인 가치와 이상에 호소하여 부하들의 의식을 더 높은 단계로 끌어올리려 한다. 번스(James A. Burns)에 의하면, 변혁적 리더십은 하나의 과정이기 때문에 반드시 리더와 부하와의 관계만이 아닌 동료들 간이나 혹은 하위 리더들 간의 영향력 과정도 포함된다. 즉, 변혁적 리더십은 조직 내의 어느 위치에 있는 사람에게도 발휘될 수 있는 것이다(Burns, 1978).

② 거래적 리더십

거래적 리더십은 리더가 원하는 것과 개인이 원하는 것을 교환하는 유형으로 개인의 노력에 대한 대가로 보수나 지위 등을 보상하거나, 좋은 성과에 대한 보상을 약속하고 성취 정도를 인정해 주는 리더십 이론이다.

변혁적 리더십과 거래적 리더십은 지향하는 가치나 관심대상 또는 기본 전제 등에 차이가 있다. 변혁적 리더십은 리더의 카리스마적 영향력에 의존해서 변화와 혁신을 지향하고 기대 이상의 성과를 목표로 하며, 구성원의 장기적인 성장과 내재적 보상에 관심을 갖지만, 거래적 리더십은 리더에게 주어진 공식적 권위에 의존하며, 조직문화 등을 바꾸기보다는 주어진 조건으로 받아들여 현상을 유지하고 구성원의 단기적 성과와 외재적 보상에 관심을 가지며 구성원의 실수에 대해서도 책임을 물어 재발을 방지하는 관리적 성향이 강하다(유민봉, 2021).

(2) 서번트 리더십

서번트 리더십(servant leadership)은 인간 존중을 바탕으로 구성원들이 업무수행에서 잠재력과 기량을 충분히 발휘할 수 있도록 도와주어, 공동의 목표를 이루어 나갈 수 있도록 환경을 조성해 주고 섬기는 리더십이다(강정애 외, 2009).

그린리프(Greenleaf, 1977)의 에세이 제목인 『리더로서의 서번트(The Servant as Leader)』에서 출발한 서번트 리더십의 '서번트'의 의미는 아랫사람, '리더'는 윗사람의 의미를 가지고 있다. 그린리프는 추종자들에 대한 봉사는 리더의 최우선적인 책임이며 윤리적 리더십의 핵심으로 섬기는 자로서 리더는 존중, 봉사, 정의, 정직, 공동체 윤리 등 다섯 가지 원칙이 있어야 한다고 강조했다.

서번트 리더십은 구성원의 인지 여부와는 상관없이 부하들을 지원하는 데 리더를 그룹 내에서 권력의 핵심에 두고 있지 않다(Smith, et al., 2004). 스피어스(Spears, 1995)는 서번트 리더십을 모든 인간의 존엄성과 가치에 대한 믿음에서 출발하여 리더의 권위는 추종자로부터 기인한다는 민주적 원칙에 입각한 리더십이라고 표현했다(신구범, 2009). 부하와의 관계를 중요시한다는 점에서 서번트 리더십과 변혁적 리더십은 많은 공통점이 있지만 역할과 도덕적 요소 등에서 차이가 있다. 바부토와 휠러(Barbuto & Wheeler, 2006)는 서번트 리더십과 변혁적 리더십의 개념적 차이를 다음과 같이 제시했다.

〈표 6-2〉 서번트 리더십과 변혁적 리더십 이론의 비교

구 분	서번트 리더십	변혁적 리더십
리더의 역할	구성원을 섬김	규범적 조직목표 추구를 위해 구성원을 영감으로 고취시킴
부하의 역할	더 현명하고 자유롭고 자율적이 됨	조직의 목표를 추구하게 됨
도덕적 요소	명시됨	명시되지 않음
기대되는 결과	구성원들의 만족, 개발, 서비스에 대한 몰입, 사회적 개선	목표 일치, 노력 증대, 만족, 생산성, 조직 이익
개인수준	섬기려는 욕망	이끌려는 욕망
대인 간 수준	리더가 부하를 섬김	리더가 부하를 고무시킴
집단수준	리더는 구성원 욕구를 충족시키기 위해 집단을 섬김	리더는 집단목표를 추구하기 위해 집단을 결합함
조직수준	리더는 조직이 공동체를 섬기도록 준비시킴	리더는 조직목표를 추구하기 위해 구성원을 고취시킴
사회수준	리더는 사회의 개선을 위해 긍정적 유산을 남김	리더는 명확한 목표를 추구하도록 국가나 사회를 고취시킴

출처 : 이상호(2009).

(3) 경쟁적 가치모델

퀸(Quinn, 1988)은 경쟁적 가치모델(competing values model)을 제시하여 리더십의 초점을 외부 지향–내부 지향의 연속선과 유연성–통제의 연속선이라는 두 가지 축을 바탕으로 리더십 기술 영역을 제시하고 있다.

첫째, 외부 지향–유연성에 근거한 경계 잇기(boundary-spanning) 기술이다. 외부 지향적인 동시에 조직활동의 유연성을 추구하는 리더십이다. 개방체제 모형으로 환경의 변화에 대한 적응력, 위기대응력을 통해 조직의 성장을 이끌고 자원을 획득한다. 리더십 유형은 비전제시가이다.

둘째, 외부 지향–통제에 근거한 지시(directing) 기술이다. 합리성을 중시하는 모형으로 기획, 목표설정 등을 통해 생산성, 능률성을 강조하며, 목표달성가의 리더십 유형이다.

셋째, 내부 지향–유연성에 근거한 인간관계(human relation) 기술이다. 인간관계 모형으로 인적자원 개발에 투자하며, 구성원 간의 높은 신뢰도와 응집력을 토대로 효과성을 극대화한다. 리더십 유형은 동기부여자이다.

넷째, 내부 지향–통제에 근거한 조정(coordinating) 기술이다. 내부과정 모형으로 조직 내 정보관리 및 의사소통을 통해 조직의 안정과 유지에 초점을 둔다. 리더십 유형은 분석가이다.

(4) 윤리적 리더십

최근 기업의 사회적 책임과 윤리 경영의 중요성이 대두되면서 기업의 이익과 윤리에 대한 균형적인 사고의 틀이 강조되고 있다. 윤리적 리더십은 대외적으로 조직의 이미지와 신뢰도를 높여 고객 만족과 조직의 이익, 사회 기여를 증가시킬 것이다.

브라운(Brown, 2005)은 윤리적 리더십을 “리더의 행동과 대인관계상에 규범적으로 적합한 행동의 모범을 보이며, 상호 간 원활한 의사소통과 적절한 강화물의 제공을 통해 부하들로 하여금 적합한 행동을 하도록 촉진하는 것”이라고 정의하고 있다. 아리스토텔레스의 사상에 기반을 둔 윤리적 리더십은 타인을 존중하고, 타인을 섬기고, 공정성과 정의에 관심을 기울이고, 정직한 리더다.

또한 공동체를 확립하는 리더다(장준호・조용현, 2009). 윤리적 리더는 다른 사람들에게 도움을 주기 위해 자신의 카리스마를 건설적인 방법으로 이용한다. 최고경영자는 조직의 도덕적 분위기를 주도하기 때문에 높은 윤리적 기준을 세우고, 행동하고 타인의 성실을 격려하고 보상해 주어야 한다(김지성 역, 2006).

5) 팔로워십

리더십을 잘 발휘하기 위해서는 팔로워의 역할이 중요하다. 팔로워십(followership)은 리더와 효과적인 추종자들 간의 상호작용을 강조한다. 효과적인 추종자들이 그들의 행태 면에서 적극적이고 책임적이며, 자율적이고 비판적인 사고를 한다는 것이다(민 진, 2009). 리더십과 팔로워십은 결코 다른 개념이 아닌 동전의 양면처럼 긴밀하게 공존하면서 지속적인 상호작용을 통해 존재하는 것으로, “최고의 리더는 팔로워에게 요구를 잘 하는 사람이 아니라 팔로워의 상황적 요구를 가장 잘 들을 수 있는 사람이다”(신인철, 2007).

21세기 지식기반 사회에서 조직의 역량은 소수의 관리자들에게만 의존할 수 없고 창의적인 사고를 가진 직원들로부터 창출된다. 따라서 조직의 가장 소중한 자산은 리더뿐 아니라 팔로워이기도 하다. 팔로워는 숫자상으로 리더보다 훨씬 많기 때문에 조직 성과에도 중대한 역할을 한다(김미경・김경환, 2009). 켈리(Kelley, 1992)는 그의 저서 『팔로워십의 힘(The Power of Followership)』에서 “조직의 성공에서 리더가 기여하는 것은 많아야 20% 정도이고 그 나머지 80%는 팔로워들의 기여로 볼 수 있다”고 했다. 자신이 원하는 바를 정확하고 즉각적으로 리더에게 알려주고 표현할 수 있는 능력이 성공적인 팔로워십의 중요한 요소가 된다(신인철, 2007).

6) 계층별 리더십 수준

리더십은 조직의 최고위층에게만 요구되는 것은 아니다. 소규모 조직이든 대규모 조직이든 모든 조직에는 역할에 부여되는 리더십이 존재한다. 조직의 계층에 따라 요구되는 리더십에 차이가 있지만, 모든 구성원들은 업무를 수행하는 데 적합한 리더십이 다르다.

(1) 최고관리층에 적합한 리더십

최고관리층이란 조직운영에 전반적인 책임을 지고 있는 사람들로 조직 내에서 상층부에 해당한다. 최고관리층은 조직에서 두 가지 중요한 과업의 달성을 필요로 한다. 하나는 내부 운영을 지시 및 조정하고 환경의 관계를 확립하는 것이다. 다른 하나는 외부환경과의 관계를 확립하는 기술을 가져야 한다. 관리층에게 필요한 리더십 기술은 ① 조직의 기본적 임무의 설정, ② 임무를 수행하기 위한 서비스 기술의 선정, ③ 내부구조를 발전시키고 유지, ④ 변화를 주도하고 수행하는 것이다.

(2) 중간관리층에 적합한 리더십

조직의 중간계층에 속하며, 중요한 프로그램 부서를 책임지고 있는 사람들을 말한다. 조직에서 중간관리층은 의사결정에의 보조 및 집행 기능을 수행할 뿐 아니라 최고관리층의 지시를 전달하고 하위관리층의 욕구나 관심사를 대변하는 중개 역할을 해야 한다. 중간관리층이 구사하는 기술은 두 가지 종류이다.

① 수직적・수평적 연결기술로 최고관리층과 직원을 연결하고 의사를 전달하는 수직적 기술과 동료 간의 협조・조정의 수평적 기능을 수행한다.
② 하위 직원들의 욕구를 조직의 목표에 통합시키는 인간관계기술이 요구된다.

(3) 하위관리층에게 적합한 리더십

사회복지조직에서의 하위관리층은 일선 직원들과 매일 정상적으로 접촉하는 슈퍼바이저를 포함한다. 이들은 프로그램을 감독하고 일선 직원들에게 업무를 위임・분담시키고 서비스가 제대로 제공되고 있는가를 검토한다. 케이스를 다루는 결정에 있어서 일선 직원을 상담하는 주요 책임을 맡고 있으며 단위감독자, 조정자, 팀 리더의 역할을 수행한다. 이들은 다음과 같은 두 가지 종류의 기술을 필요로 한다.

① 기술적 지식으로 슈퍼바이저가 직원과 자원을 효율적이고 효과적으로 활용하는 데 도움을 준다.

② 형평에 대한 관심으로 업무 수행에 대한 적절한 보상과 제재의 분배를 통해 공정성을 유지해야 한다.

3. 조직문화

1) 조직문화의 정의

조직문화란 조직구성원이 오랜 기간 아무런 의식 없이 당연한 것으로 받아들여 학습된 것으로 행동규범과 지배양식이라고 할 수 있다. 조직문화는 조직구성원들이 집단적으로 공유하는 무형적인 조직행동의 기본 전제가 된다. 조직문화는 조직구성원들 상호 간의 학습과정을 통해 강화되거나 약화되기도 한다. 이러한 조직문화는 조직 내적인 측면에서 구성원들에게 조직의 정체성을 공유하게 하고, 의사소통·의사결정·과업수행 등에 영향을 미치게 되며, 조직 외적인 측면에서는 환경과의 관계에 영향을 미치는 요소이다. 최근에는 조직의 상호작용에 대한 관심이 증가하면서 조직문화가 더욱 강조되고 있다.

2) 조직문화의 기능

조직문화는 보이지 않지만 조직구성원에게 영향을 미치게 되며, 행동을 결정하는 중요한 요소가 된다. 조직문화는 다음과 같은 기능을 수행한다.

① 조직구성원들이 일체감을 갖는 데 기여한다.

② 일상적으로 일어나는 업무 관행이나 의사결정 관행에 영향을 미친다.

③ 조직이 정책이나 전략을 선택하는 데에 영향을 미친다.

④ 조직구성원들의 행동을 형성하는 데 통제 메커니즘으로 기능한다.

⑤ 조직문화가 경직적일 때 개인의 다양한 행동과 장점들이 약화되고 조직에 동조화 현상을 강화시켜 다양성이 저해된다.

⑥ 강한 조직문화의 경우 내부적으로 조직구성원들의 저항이 나타날 수 있다.

3) 조직문화의 형성과 확대

조직문화 형성에 중요한 요소는 조직의 설립자 또는 최고경영자의 경영이념과 철학이다. 설립자나 최고경영자의 경영이념과 철학이 조직이 지향하는 가치관의 형성에 직접적인 영향을 미치고, 이것이 조직의 역사 속에서 구성원들에게 뿌리 내려 조직문화가 형성된다. 조직문화는 조직구성원을 선발하거나 오리엔테이션 및 훈련 · 교육, 최고경영자의 발언과 행동, 조직 내에서의 행사 등을 통해 유지 · 전파된다. 이러한 조직문화는 조직 내 의사소통을 통해 조직구성원들을 사회화시켜 특정한 형태의 가치와 규범이 형성되는 것이다.

그러나 조직문화는 고정된 것이 아니며, 변화가 나타날 수 있다. 조직문화의 변화가 용이한 상황으로는 조직이 극단적인 위험에 처해 있을 때, 기존과는 다른 대안 가치체계를 가진 새로운 리더로 변화될 때, 조직의 수명주기상 형성기에 있을 때, 조직의 규모가 상대적으로 작을 때, 기존의 조직문화가 강하지 않을 때이다.

4) 조직문화의 유형

조직문화 유형에 대해서는 다양한 논의가 있으나, 해리슨(Harrison)은 네 가지의 조직문화 유형을 발견하고 그 특성에 따라 권력 지향형 조직문화, 성취 지향형 조직문화, 역할 지향형 조직문화, 그리고 지원 지향형 조직문화로 명명하였다(신장호, 2008 재인용).

(1) 권력 지향형 조직문화

권력 지향형 조직문화(power culture)를 가진 조직에서 리더는 권한 · 정당성 · 온정적 호의에 바탕을 둔 리더십을 구사하고, 부하는 리더에 대한 일방적인 순종과 추종이 이루어진다. 조직 내부에 권력을 통한 안정된 사회적 질서가 유지되고 있으나 조직의 활동은 상대적으로 제한된다. 조직구성원들은 기본적으로 보상과 처벌에 의해 동기부여되며, 강력한 리더와 호의적인 관계를 맺으려 노력한다. 권력 지향형 조직에서 때때로 리더들은 개인적 이익을 위해서 권력을 남용함으로써 공포를 통해 규제하려는 경향을 보이기도 하며, 리더들이 권한범위 · 세력 · 영향력을 확장하려 조직을 이용하기도 한다.

(2) 성취 지향형 조직문화

성취 지향적 조직문화는 직무 자체에 관심을 가지고 직무수행에 초점을 둔다. 성취 지향 조직에서 구성원들은 업무 추진 과정에서 상호작용과 내재적 만족(intrinsic satisfaction)을 중시함으로써 성과가 달성될 경우 고도의 개인적 몰입을 유발하게 된다. 하지만 성취 지향적 조직문화는 조직구성원 간 지나친 경쟁이 발생할 수 있고, 이 과정에서 시스템이나 절차의 규율에 근거하지 않고 행동함으로써 조직목표를 오히려 훼손하는 경우가 발생한다. 아울러 조직 간 경쟁으로 인해 조정과 통합의 어려움이 발생할 수 있으며 자원의 낭비를 초래하게 된다.

(3) 역할 지향형 조직문화

역할 지향형 조직문화(role culture)는 리더의 역할을 구조와 절차의 시스템이 수행하게 되며, 부하는 보호를, 조직에 대하여는 안정을 제공하며, 구성원들의 역할에 대한 의무와 보상은 문서로 규정된다. 역할 지향형 조직문화의 기본적 가치는 질서 · 의존성 · 합리성 · 일관성이다. 사람들은 명확한 규칙이나 규정하에서 권력 지향에서의 임의적인 권한행사로부터 보호를 받게 되고 자신의 직무와 직위를 명확히 확인하게 되며, 그들의 직무에 몰입할 수 있다. 그러나 사람을 신뢰할 수 없다는 가정하에서 조직을 운영하고 있으므로 하위층 구성원들에게 자율성과 재량권을 부여하지 않으며, 구성원들의 이기적이고 그릇된 행동을 예방하도록 시스템을 설계하여 그 시스템이 사람을 통제하도록 하고 있다.

(4) 지원 지향형 조직문화

지원 지향형 조직문화는 개인과 조직의 상호 신뢰에 기초를 둔 조직문화이다. 지원 지향적 조직의 사람들은 공식적인 필요나 관계를 떠나서도 다른 사람을 도우며, 고객 · 공급업자 · 일반대중 등과 같은 외부 사람들과의 상호작용에 있어서도 매우 인간적이다. 직무상 또는 직무 이외의 관심사에 관해서 서로 의사소통하고 자주 만나 시간 보내기를 즐거워한다. 근본적으로 그들은 서로 선량한 사람으로 인식하기 때문에 다른 사람의 직무성취나 승진·퇴직·생일·기념일 등에 대해서 함께 축하하고 서로 격려해 준다. 성취 지향형 조직문화는 고도의 목적의식·사명감·직무몰입에 의하여 유발된 개인의 정력에 초점을 두고 있는 데 반해, 지원 지향형 조직문화는 애정과 신뢰를 바탕으로 감정적 노력을 유발하며 개인·집단·조직을 서로 돌보아 줄 수 있도록 함께 묶는 데 초점을 둔다. 지원 지향형 조직은 공통의 목적이나 이념을 통하여 그들의 공헌을 유발하기보다는 상호성·소속감·연계성 등의 관계에서 구성원들에게 만족을 제공한다. 따라서 실질적으로 소속감을 느끼고 개인적인 이해관계를 갖는 구성원들은 집단이나 조직에 대해서 보다 몰입하게 되기도 한다.

CHAPTER 07

기획과 의사결정

1. 기획의 개념과 필요성

1) 기획의 개념

기획(planning)은 목표를 달성하기 위한 장래의 행동에 관하여 일련의 결정을 하는 과정이라고 할 수 있다. 기획과 유사한 개념에 계획(plan)이 있다. 이 둘은 상당 부분 혼용되어 사용되고 있는데, 기획은 계획을 세워가는 활동과 과정을 가리키며, 계획은 구체적인 사업에 대한 연속적인 의사결정의 결과라는 점에서, 기획에서 도출된 최종적인 결론을 의미하는 것이다.

또한 기획(planning)과 정책(policy), 프로그램(program)도 혼용되어 사용되고 있다. 그러나 시간과 규모를 고려한다면, 기획은 장기적이며 미래에 대한 설계로, 정책은 현재의 문제해결을 위한 설계로, 프로그램은 기획이나 정책을 실천하기 위한 작은 계획으로 정책을 구체화시켜 놓은 것이라고 할 수 있다. 기획은 미래의 목표를 설정한다는 점에서 미래 지향적, 계속적 과정, 의사결정과 연결, 목표 지향적, 목표를 위한 수단, 현장성, 개방성, 인증 가능성, 학습과 성장이라는 특성을 가진다(오세영, 2011; 정무성, 2005). 즉, 기획은 미래에 도달하고자 하는 상태라고 할 수 있다.

〈표 7-1〉 정책과 유사 개념

구 분	시 점	기 간	범 위	성 격
기 획	미래	장기	광범위	미래설계
정 책	현재	단기	중범위	문제 해결
프로그램	현재 혹은 미래	단기	작은 범위	문제 해결과 미래설계를 위한 작은 계획

출처 : 허만형(2012).

2) 기획의 필요성

현대와 같은 불확실한 상황에서 기획을 하는 이유는 무엇인가? 특히 사회복지조직은 정부의 보조금이나 기타 단체의 기부금으로 운영되기 때문에 기획을 통해 서비스 제공에 있어서 효율성과 효과성을 달성할 책임을 가지고 있다. 기획은 ① 효율성 증진, ② 책임성 강화, ③ 기관과 구성원의 사기진작, ④ 목표의 모호성 감소, ⑤ 문제해결을 위한 합리성 증진을 위해 필요하다. 그러나 기획이 모든 문제를 해결하기는 어려우며, 현대와 같이 빠르게 변하는 상황에 지나치게 세밀한 기획은 오히려 유연한 변화에 대처하기 어렵게 한다.

2. 사회복지 기획 유형과 과정

1) 기획의 유형

사회복지조직에서 기획은 다양하게 제시되고 있다. 엘러스(Ehlers) 등은 사회복지행정의 기획을 자원기획(resource planning), 프로젝트 기획(project planning), 개인기획(personnal planning)으로 구분하고 있다(오세영, 2015 재인용). 그러나 일반적인 기획의 유형은 다음과 같은 구분에 의해 제시된다.

(1) 조직의 위계수준에 따른 기획

조직의 위계수준에 따른 기획은 조직을 계층에 따라 구분하고 계층별로 요구되는 기획을 제시하는 방법이다. 조직의 위계수준은 관리실무자, 감독관리층, 중간관리층, 최고관리층으로 구분한다.

〈표 7-2〉 조직의 위계수준에 따른 기획의 유형

위계수준	기획의 유형
최고관리층	조직 전체 영역, 기획, 장기적 기획, 전략적 기획
중간관리층	부문·부서별 기획, 운영기획
감독관리층	구체적 프로그램 기획, 운영기획
관리실무자	일상적 업무 및 사소한 절차에 국한

출처 : 오세영(2015).

(2) 시간에 따른 기획

기획을 시간적 관점에 따라 구분하는 방법으로 장기기획은 1년 이상의 기획을 의미한다. 장기기획은 조직의 목표를 내재화시키고, 미래의 방향을 제시하는 기능을 한다. 반면 단기기획은 장기기획에 근거하여 1년 미만의 기간에 걸친 기획으로, 보다 구체적이며 행동 지향적 특징을 가지고, 운영할 수 있는 실행계획의 성격을 띤다.

(3) 대상에 따른 기획

대상에 따른 기획은 전략적 기획과 관리운영기획으로 구분된다. 전략적 기획(strategic planning)은 목표설정, 우선순위 설정, 자원획득 및 분배에 관한 기획 과정을 의미한다. 조직에서 달성해야 하는 구체적 목표의 설정 및 변경, 구체적 목표달성을 위한 자원 및 자원 획득, 사용, 분배를 위한 정책을 결정하는 과정을 말한다. 반면 관리운영기획(operational planning)은 획득된 자원이 조직의 목표를 효과적이고 효율적으로 달성하기 위하여 사용되도록 하는 과정을 의미한다. 운영기획은 주로 조직의 중간계층 이하에서 작성하는 관리 차원의 기획을 의미한다.

2) 사회복지 기획의 유형

기획은 일정한 사업을 추진하기 전에 이루어지는 것으로 사회복지 영역에서 기획의 유형은 자원기획, 프로젝트 기획, 개인기획 등이 있다.

(1) 자원기획

① 재정에 관한 기획

재정기획은 기관이나 프로그램의 재정 상태를 예측하기 위한 것이다. 성공적인 재정기획을 위해서는 특정한 기획기관을 통하여 프로그램의 재정 상태를 예측하는 능력이 필요하다. 사회복지조직에서 필요로 하는 사업을 하기 위해서는 예산이 필요하고 이러한 예산을 확보하기 위해서 사전에 총체적으로 자원의 흐름과 내용 확인이 요구된다. 사회복지조직은 일반 행정기관과는 다른 재정기획이 요구되는데, 재정기획의 목적은 첫째, 자금 수요를 줄이기 위한 것으로 서비스의 양이나 범위를 축소 또는 수정하기 위한 것이고, 둘째, 사회복지조직은 각종 후원금과 기부금 등이 중요한 자원확보 수단인데, 자원 확보 등 모금운동을 하기 위한 것이다.

② 시설 및 장비에 관한 기획

사회복지조직의 목표 달성을 위해 필요한 시설이나 장비의 구매·임대 등에 관한 기획이다. 시설이나 장비에 관련된 기술은 잘 개발되어 있으며, 대부분 조사방법의 체계적 적용이나 네트워크 장비, OR기법 등으로 발전하고 있다. 사회복지조직은 다양한 사람들이 참여하기 때문에 필요한 장비와 시설이 요구되고, 수혜자의 요구와 필요에 맞는 시설 설비와 장비 구축은 사전 기획을 통해서 확인해야 한다.

③ 소비물자 기획

소비물자 기획은 소비물자(supplies), 즉 서류용지, 필기용구, 기록보관철 등에 관한 기획을 의미한다. 이러한 품목들의 구매는 일상적인 업무가 되어야 하며 이를 위한 자금은 언제든지 이용 가능하여야 한다.

④ 인사 기획

조직을 운영하고 프로그램을 추진하는 데 가장 중요한 자원이 인적자원이라고 할 수 있다. 인사 기획은 인적자원관리에서 다루어지는 기획으로서, 인적자원 확보, 인적자원 개발, 인적자원 보상, 인적자원의 유지 및 관리, 노사관계 등에 관련된 기획을 의미한다. 일반적으로 인사 기획에는 기관의 목표를 달성하기 위하여 필요한 최소한의 직원 수(전문직, 준전문직, 서기 등), 매 기획연도에 충원되어야 할 직원의 수, 새로 고용된 직원이 배치되어야 할 부서나 프로그램 등이 포함된다.

(2) 프로젝트 기획

프로젝트 기획(project planning)은 지속성, 반복성 등의 특성을 갖는 일상적 기획과는 달리 한시성, 유일성, 점진적 구체화 등의 특성을 가지는 기획을 말한다. 사회복지조직은 자원 확보를 위해 다양한 프로젝트를 추진한다. 개별적인 프로젝트이든 집단적인 프로젝트이든 미리 계획을 세우지 않으면 활동연결이 잘 이루어지지 않을 뿐만 아니라 각 단계에 필요한 시간도 제대로 할당할 수 없게 된다. 특히 집단적인 프로젝트는 사전에 계획을 세우지 못하면 성공적인 달성이 어렵다. 프로젝트는 내부의 재원을 통해 기획되어 운영되기도 하지만, 외부 공모 사업이나 관과의 협력을 통해 추진하게 된다. 프로젝트는 다음과 같은 절차에 의해 기획된다.

① 프로젝트 요구사항의 인식과 명확화
② 이전의 경험, 조사, 견해 등과 같은 기술을 사용한 자료 수집
③ 기본적인 접근방법에 관한 잠정적인 결정
④ 기본적인 활동계획의 설계
⑤ 프로젝트 계획의 검토
⑥ 집단 프로젝트의 경우, 과업을 할당하고 프로젝트 시작일자 결정
⑦ 미리 선정된 기준에 따라 프로젝트의 점검과 재조정
⑧ 종료일자와 보고서 전달방법의 결정

(3) 개인기획

개인기획은 자신의 목표를 설정하고 취해야 할 활동과정을 기술하는 것으로, 관리자는 조직의 프로그램과 프로젝트에 관한 전반적인 기획책임도 있지만 자신의 개인적인 과업도 계획해야 한다. 따라서 개인기획이란 개인적인 목표를 성취하기 위하여 계획을 수립하는 것으로, 고려해야 할 요소는 다음과 같다.

① 시간적 요소, 가용한 자원, 장애물, 자신이 하는 일에 영향을 미칠 수 있는 타인의 기대되는 행동 등의 요소를 이해하고 계획을 수행하면서 일어날 수 있는 불가피한 변화들을 예상할 수 있어야 한다.

② 유사한 과업이나 프로젝트를 가진 다른 사람들의 이전 경험을 활용하여 계획을 설계해야 한다.

③ 계획이 실현 가능한지를 알아보아야 한다. 가용한 자원과 시간을 고려할 때 목표달성이 가능한가와 필요한 시간과 자원이 있다면 목표를 성취할 능력이 있는가 등을 고려한다.

④ 계획 속에 점검지점을 확인해 두어야 한다.

3) 기획의 과정

일반적으로 기획은 ① 문제확인, ② 목표설정, ③ 프로그램 설계, ④ 평가의 과정을 거치게 된다. 이러한 과정은 선형적으로 이루어지지 않으며, 개방적이고 융통성 있게 이루어져야 한다. 기획과정은 매우 동태적이며 역동적인 과정으로 변화가 필요하며, 상황의 변화에 적응해야 한다. 스키드모어(Skidmore, 1990)는 사회복지행정의 기본적인 기획단계는 다음과 같은 과정을 거쳐 이루어진다고 하였다.

(1) 목표의 설정

목표는 조직이 달성하고자 하는 미래의 바람직한 상태이다. 목표를 설정하기 위해서는 다음과 같은 사항들이 고려되어야 한다.

첫째, 민주적 과정을 통해 이루어져야 한다.

둘째, 기관 내외에 있는 여러 분야의 전문가들과 광범위한 의견교환을 통하여 그들의 전문적인 지식과 경험을 적극적으로 활용하여야 한다.

셋째, 사회복지기관에서 설정되는 목표는 사회복지 수준을 현재보다 높은 수준으로 끌어올릴 수 있는 바람직한 것이어야 한다.

넷째, 기관에서 목표를 설정할 때에는 관리자의 가치관, 기관 내외의 갈등 등 환경적 요인들을 고려하여 신중히 설정해야 한다.

(2) 기관 가용자원의 고려

기획단계에서 고려되어야 할 것은 기관이 보유한 자원과 가용할 수 있는 자원을 확인하는 것이다. 달성하고자 하는 목표와 기관이 활용하거나 보유한 자원을 연계하여 이용하는 것은 매우 중요하다. 이때 기관의 설비, 가용예산 및 서비스에 대한 지역사회의 후원 등과 연결시키고, 직원의 가용성뿐만 아니라 직원의 자질, 능력, 태도와 감정 등도 고려되어야 한다.

(3) 대안의 모색

목표 설정과 자원에 대한 검토가 끝난 후에 목표 달성이 가능한 여러 가지 대안들을 고려하여야 하며 거기서 발생할 수 있는 결과를 기술하고 예측하여야 한다. 자유로운 집단토의 및 개인들 간의 대화를 통하여 새로운 가능성을 발견할 기회를 마련할 수 있다.

(4) 대안의 결과 예측

열거한 대안의 비용적인 측면과 인적자원 등을 검토하고 기대효과와 장단점을 찾아내어 미리 평가하는 과정이다. 대안의 결과 예측을 위해서는 각종 자료와 현장과의 간담회 등을 통해 종합적으로 평가가 이루어져야 한다.

(5) 최종대안의 선택

대안들이 기록되고 가능한 목표에 대한 선택사항들이 인식되고 난 후 우선순위를 고려하여 최종적으로 대안을 선택해야 한다. 중요하고 실현 가능한 것이 무엇인가에 무게를 두어야 하며 가장 중요한 것, 즉각적인 조치를 요구하는 것이 무엇이며 연기되어야 할 것 등이 무엇인지 결정해야 한다.

(6) 구체적인 프로그램 계획의 수립

이 단계는 목표 달성을 위해 구체적인 프로그램을 형성하는 단계이며 청사진 혹은 도표, 시간표 작성을 포함하여 단계적 행동개요가 나타나고 기록되어야 하는 과정이다. 이 과정에서는 진척상황 검토와 보고 및 프로젝트 완성을 위하여 구체적인 시간이 계획되어야 한다.

4) 기획에 활용되는 기법

기획을 추진하는 데는 오랜 시간과 자원이 소모된다. 효율적인 기획을 위해서는 시간 관리와 활동 관리, 자원 관리 등이 요구되는데, 이러한 자원을 효율적으로 사용하기 위해서는 다음과 같은 기법을 활용할 수 있다.

(1) 간트 차트(Gantt Chart, 시간별 활동계획 도표)

시간별 활동계획 도표는 1910년 미국의 사업가인 헨리 간트(Henry Gantt)가 생산관리를 위해 고안한 방식이다. 바(bar)차트, 막대그래프 차트라고도 불리는데, 사용이 간편하여 일정을 관리하기 위한 기법으로 널리 사용되고 있다. 근로자의 생산활동과 시간을 통제할 수 있는 도구로서 작업단위와 작업시간의 분석을 통해 하나의 작업이 완성된 후에 다음 단계로 넘어갈 수 있는 작업, 하나의 작업이 진행되는 중간에 시작되는 작업, 동시에 시작할 수 있는 작업으로 구분하여 시간을 통제함으로써 하나의 프로젝트를 정해진 시간 내 완성할 수 있도록 하는 기법이다.

시간별 활동계획 과정을 살펴보면 ① 목표 달성에 필요한 작업을 단계별로 분류한 후, 각 작업을 완성하는 데 필요한 시간을 산정한다. ② 한 작업이 끝난 후 이어서 시작되는 작업, 동시에 진행되어도 무방한 작업, 진행 중에 시작할 수 있는 작업을 찾아낸다. ③ 작업단계와 시간을 결합시켜 도표를 만든다.

세로에는 사업(행사)을 위한 주요 세부목표 및 관련활동을 기입하고 가로에는 월별 또는 일별 시간을 기입한 도표에 사업의 시작 또는 완료 시까지의 기간 동안 계획된 세부목표 및 활동기간과 그것의 실제 수행현황을 병행하여 막대 모양으로 표시한다.

간트 차트의 장점은 ① 상대적으로 복잡하지 않은 사업을 계획할 때 쉽고 간편하게 작성할 수 있어 사회복지조직에서도 많이 활용되고 있고, ② 활동이 언제 시작되고 언제 끝나는지를 명확히 알 수 있어 전체적인 작업의 진행상황을 파악할 수 있다는 점이다. 반면 단점으로는 ① 작업 간의 유기적인 관계, 연결성(즉, 하나의 작업이 다른 작업과 어떻게 연결되는지)에 대해서는 파악하기 어렵고, ② 복잡하고 세밀한 일정 계획에는 적용하기 어려우며, ③ 일정 계획의 변경을 유연하게 수용할 수 없고, ④ 실제 작업에 착수한 뒤 일어날 수 있는 문제점을 미리 예상하기가 어렵다는 점이다.

(2) 프로그램 평가검토 기법(PERT : Program Evaluation Review Technique)

PERT는 1950년대 미국 해군의 잠수함 건축 과정에서 고안된 것으로 목표달성을 위하여 설정된 주요 세부목표(활동)와 각 활동의 관계와 시간계획을 연결시켜 도표화한 것이다. 최종 목적에서 시작하여 이와 관련된 주요 과업들과 활동들을 역방향으로 연결하는 과정과, 각 과업과 활동들의 소요 시간을 추정하여 기입하는 과정으로 구분되며, 이를 순서도를 통해 기록함으로써 보다 명확하고 포괄적으로 목표를 성취하기 위한 업무들을 체계적으로 나타낸다.

프로그램 평가검토 기법의 기본 구조는 일련의 목표들이 필요로 하는 과업들에 의해 연결되어 있는 것으로 구성되며, 주로 시간 통제에 관심을 가진다. 임계경로(critical path)는 과업 수행 시 최소한 확보해야 할 시간을 의미하며, 시작에서 종료에 이르는 가장 많은 시간이 소요되는 시간으로서 조직구성원들에게 프로젝트를 완성하기 위해 필요한 제반 활동과 과업들을 전체적인 그림을 통해 보여주는 이점이 있다.

PERT의 특징은 명확한 목표를 가진 프로그램을 조직화하고 진행 시간표를 작성하고 예산을 수립하여 프로그램 진행사항을 추적해 나가는 데에 유용하고 각 활동에 소요되는 기대시간(Te)을 측정할 수 있다.

PERT의 구체적인 작성방법은 최종목표를 먼저 설정하고 그 목표에 도달하기 위해 진행되는 활동들을 역방향의 순서로 연결하게 된다.

- 1단계 : 최종목표를 설정
- 2단계 : 최종목표를 위한 모든 활동 내용을 파악
- 3단계 : 각 활동의 순서를 결정하여 도식화함
- 4단계 : 각 활동에 대한 소요시간 측정
- 5단계 : 예측에 대한 평가 및 최종 결정

PERT의 장점은 ① 활동 간 상관관계가 나타나기 때문에 전반적인 진행의 흐름을 파악하는 데에 용이하고 활동의 순서가 나타나기 때문에 업무를 체계적으로 수행하는 데에 도움이 된다. ② 또한 활동을 진행하면서 특정 활동의 소요시간 증감, 일정 변경 등 유동적인 상황에 대처하는 데에 편리하다는 점이다. 그러나 단점으로는 ① 소요시간 예측이 어렵기 때문에 치밀한 계산이 필요하고, ② 모든 활동을 활동 간 연결성을 파악하여 순서대로 배치해야 하기 때문에 도식화를 하는 과정에서 너무 많은 시간과 비용이 낭비될 수 있으며, 때로는 도식화 자체에 어려움을 겪을 수 있고, 도식화가 지나치게 복잡하면 오히려 파악하기가 어려울 수도 있다.

(3) 월별 활동계획 도표(Shed-U Graph)

미국의 Remington-rand사에서 고안해 낸 것으로, 시간별 활동계획 도표와 비슷한 성격이다. 개발될 당시에는 바탕종이에 카드를 꽂을 수 있는 주머니가 달려 있고 바탕종이의 위쪽 가로에는 월이 기록되어 있어, 특정 활동이나 업무를 조그만 카드에 기입하여 월별 아래 공간에 삽입하거나 붙이도록 되어 있었다.

월별 활동계획 도표는 업무 시간에 따라 변경하여 이동시키는 것이 편리하다는 장점이 있는 빈면, 시간별 활동계획 도표와 마찬가지로 업무 간 상관관계를 파악하기 어렵다는 단점을 가진다.

(4) 방침관리기획(Plan-Do-Check-Action)

PDCA(Plan-Do-Check-Action) 사이클에 따른 프로그램 기획기법으로, Hoshin Kanri라는 일본 기업에서 개발한 기획 방법에 기초한 것이다. 한 조직의 문제를 해결하고 핵심적인 목표를 달성하기 위해 조직의 자원을 결집시키는 데 초점을 두고 있으며, 공통된 목표를 달성하기 위해 전체 조직구성원의 노력을 적절하게 조정하기 위해 사용되는 기법이다. 예외 상황은 계속 발생하게 되므로 계획을 바로 실행에 옮긴 후 문제점을 찾아가면서 그때그때 수정하며 실행 후 확인 과정을 통해 보완해 나가는 방식이다.

PDCA 사이클의 절차는 계획(Plan)-실행(Do)-확인(Check)-조정(Action)의 순서로 구성되는데, 원 계획(plan)이 수립되면 이를 실행(do)하는 도중에 발생하는 상황과 문제를 확인(check)하여, 원래의 계획을 수정 및 조정(action)하는 일련의 절차를 하나의 프로그램 기획관리 과정으로 보는 것이다.

3. 의사결정

1) 의사결정 의의

(1) 의사결정의 개념

의사결정(decision making)은 바람직한 목표를 달성하기 위해 이용 가능한 여러 대안(alternatives) 중에서 최선의 대안을 선택하는 과정이다(Griffin & Moorhead, 2008). 다시 말해, 모든 개인이나 조직체의 운영상 목표 달성을 위한 최선의 대안을 선택하는 일련의 과정이라고 할 수 있다. 그러므로 의사결정은 조직 관리를 하는 데 가장 핵심적 위치를 차지한다고도 할 수 있다(Odgers & Keeling, 2000). 좁은 의미에서 본다면 특정한 문제해결을 위한 대안선택을 의미하지만 좀 더 넓은 의미에서는 조직활동을 수행하기 위해 어떻게 조직을 구성하고, 어떤 인력을 어느 곳에 배치하며, 또 어떠한 통제 및 조정의 노력이 필요한가를 결정하는 총체적 관리과정으로 규정할 수 있다.

의사결정은 조직의 운영에 있어서 행정가가 행하는 의사결정의 형태와 질이 조직의 목표 달성 및 서비스 전달에 있어 직접적 또는 간접적으로 지대한 영향을 미치고, 사회복지조직의 환경과 사회적 요구의 변화에 대처하고 생존 발전하기 위해서는 신속하고 적절한 의사결정을 내려야 하기 때문에 중요하다. 이와 같은 맥락에서 시몬(Simon, 1971)은 의사결정을 조직관리를 위한 가장 기본적인 활동으로 규정하였고, 더 나아가 의사결정 과정 자체를 경영으로까지 표현하기도 했다. 스키드모어(Skidmore, 1990)는 의사결정 과정이 기관구성원의 사기와 밀접한 관계를 가진다는 것을 지적하면서, 이는 곧 조직의 서비스전달 효과성을 좌우할 수 있는 중요한 요인임을 강조하였다. 이러한 의사결정의 개념 속에는 다음과 같은 세 가지 핵심 내용이 내포되어 있다(박연호 · 오세덕, 2000).

① 의사결정은 선택 행위를 포함한다는 것이다. 만약 가능한 행동 대안이 한 가지밖에 없다고 한다면 의사결정이란 존재할 수 없다.

② 의사결정은 의식적인 수준에서 행해지는 정신적 과정을 내포하고 있다는 점이다. 의사결정에는 논리성이 강조된다. 그러나 그 과정에는 논리적인

측면 이외에도 감정적·비합리적 및 보수주의적 요소들이 작용하고 있음을 간과해서는 안 된다.

③ 의사결정은 목표 지향적이라는 점이다. 즉, 그것은 어떤 구체적인 목표를 달성하기 위해 이루어지는 행동 내지 과정인 것이다.

2) 의사결정의 유형

조직의 의사결정은 복잡성에서 차이가 있고, 다양하게 접근할 수 있다. 여기서는 의사결정의 구조화에 따른 유형과 의사결정의 주체에 따른 유형으로 구분하여 제시하고자 한다. 우선 의사결정의 구조화에 따른 유형은 정형적 의사결정과 비정형적 의사결정으로 구분할 수 있다.

(1) 의사결정 구조화에 따른 유형

의사결정이 특별한 절차에 따르는가의 여부에 따라 정규적 의사결정과 비정규적 의사결정으로 나눌 수 있는데 이 두 가지는 서로 구분되기보다 연속선상에서 상호 연관되어 있다고 보는 것이 바람직하다.

① 정형적 의사결정

정형적 의사결정(programmed decision)은 의사결정 규칙이 개발될 수 있을 정도로 빈번히 되풀이되는 의사결정이다. 여기서 의사결정 규칙이란 의사결정 상황에 관한 정보를 미리 제시하고 어떤 대안을 선택할 것인가에 대해 규정해 두는 것을 말한다. 정형적 의사결정은 성공과 실패에 대한 기준이 명확하고, 양질의 정보를 이용할 수 있으며, 대안을 쉽게 구체화할 수 있고, 선택된 대안이 성공적일 것이라고 믿을 수 있을 때 가능하다.

정형적 의사결정은 결정자가 일상적으로 반복되는 업무에 대한 것과 발생한 문제에 대한 대안과 방법이 사전에 미리 정해져 있는 결정을 행하는 것을 의미한다. 예를 들어, 직무규정, 인사규칙, 조례 등에 명시되어 있는 업무가 여기에 해당된다.

② 비정형적 의사결정

비정형적 의사결정(non-programmed decision)은 새로운 사태의 발생을 비롯하여 예측이 어려운 중대한 사건 등에 대처하기 위한 정책대안의 수립과 결정에 관한 것이다. 아무런 대비책을 마련하지 못한 상황이므로 일회적이고 비조직적이며 일반적인 문제해결 절차로 처리하는 기법이다.

조직이 이전에는 직면하지 못했던 문제와 의사결정 상황을 해결해야 하고, 의사결정자가 이전에 규정해 두었던 의사결정 규칙에 의존할 수 없을 때 비정형적 의사결정을 활용한다. 정형적 의사결정과 달리 비정형적 의사결정은 문제해결이 필요하다. 문제 해결이란 의제가 독특하여 의사결정 규칙의 도움 없이 대안을 개발하고 평가해야 할 필요가 있는 의사결정의 한 형태라고 할 수 있다(Nutt, 1993; 2002).

(2) 의사결정의 주체에 따른 유형

① 개인적 의사결정

개인적 의사결정(individual decision-making)이란 최고책임자가 수집한 자료, 정보, 그리고 자신의 경험·판단에 의해 혼자 의사결정을 내리는 방법으로, 대안선택흐름도표, 의사결정나무분석 등이 그것이다.

가. 대안선택흐름도표

대안선택흐름도표(alternative choice flow chart)는 목표가 분명하고 예상 가능한 사항의 선택에 적용될 수 있는 것인데, 'yes'와 'no'로 답할 수 있는 질문을 연속적으로 만들어 예상되는 결과를 결정하도록 하는 개인적 의사결정 방법이다. 비교적 목표가 분명하고 예측 가능한 상황의 선택에 적용할 수 있는 기법이다.

나. 의사결정나무분석

의사결정나무분석(decision tree analysis)은 개인이 가능한 여러 대안을 발견하여 나열하고 선택했을 때와 그렇지 않았을 때의 결과를 그림으로 그려 생각하는 개인적 의사결정 방법이다. 나무 기둥에서 가지, 잔가지로 뻗어나가는 모양과 비슷한 형태로 작성된다. 개인이 생각할 수 있는 대안들을 열거하여 확률

계산을 통해 그것을 선택했을 때(yes)와 선택하지 않았을 때(no) 예상되는 결과를 파악한다. 적절하지 않은 대안이나 실현 가능성이 없는 대안들은 가지를 치듯 쳐내며 최종적인 의사결정을 한다.

② 집단적 의사결정

집단적 의사결정(group decision-making)이란 최고책임자가 의사결정을 함에 있어 부하직원이나 전문가들의 의견을 종합하여 결정을 내리는 것인데, 최고책임자가 의사결정을 내리기 위해 다른 구성원이나 전문가들의 의견을 듣고 종합하는 방식으로 이루어진다. 집단적 의사결정 방법에는 명목집단기법, 델파이 기법, 브레인스토밍이 있다.

가. 소집단 투표 의사결정 방법/ 명목집단기법

명목집단기법(nominal group technique)은 의사결정의 사회심리학적 연구를 토대로 하여 사람들이 함께 아이디어를 제시하여 결정하는 방법이다. 미국의 지역사회 행동기관에서 개발한 기법으로, 전문가들을 한 장소에 모아놓고 각자의 의견을 적어내게 한 후 그것을 정리하여 다 함께 각각의 의견을 검토하는 절차를 합의가 이루어질 때까지 계속하는 방법이다. 참여한 사람 모두의 의사가 고루 반영될 수 있고, 소수 엘리트 집단의 독단에 의한 의사결정 가능성을 최소화할 수 있다. 보통 6명에서 9명 정도의 소집단을 이용하여 의사결정을 한다. 지역에 오래 거주해서 지역에 대해 잘 아는 사람 혹은 지역 공무원 등과 같이 지역 내에 거주하지 않았더라도 지역의 사정을 잘 알고 그들을 대변할 수 있는 사람들이 명목집단의 구성원이 된다.

나. 델파이 기법

델파이 기법(Delphi technique)이란 합의적 의사결정에 도달하기 위하여 아이디어들을 익명으로 결정함으로써 창의성을 증진시키는 기법으로, Rand 기업연구소의 의사결정자들에 의해서 개발되었다. 이 기법은 명목집단기법에 비해 보다 복잡하고 시간이 많이 소요되는 대안적 방법으로 집단구성원들의 출석을 요구하지 않는다는 점을 제외하고는 명목집단기법과 매우 유사하다. 즉, 이 기법은 전문가 또는 관련자들로부터 우편으로 의견이나 정보를 수집하여 그 결과를 분석한 후 다시 응답자들에게 보내 의견을 묻는 식으로 만족스러운 결과를 얻을 때까지 계속하는 방법으로, 어떤 불확실한 사항에 대한 전문가들의 합의를 얻으려고 할 때 적용될 수 있다.

조사진이 전문가들에게 몇 개의 개방형으로 이루어진 질문지를 보낸 후 1차 답변을 얻고, 조사진이 주제별로 요약·정리한 다음, 정리된 답변을 통해 구성된 새로운 질문을 동일한 전문가들에게 보낸다. 이 같은 과정을 몇 차례 반복하며 쟁점에 대해 최대한의 합의를 얻는다. 이는 어떤 불확실한 사항에 대해 전문가들의 합의를 얻으려고 할 때 적용될 수 있다. 이 기법은 전문가를 한 자리에 모으는 수고를 덜고 전문가가 자유로운 시간에 의견을 말할 수 있는 장점이 있으나 시간이 많이 걸리고 반복하는 동안 응답자의 수가 줄어드는 문제가 있다.

델파이 기법을 적용하는 과정을 도식화하면, 전문가 선정 → 주요 관심사에 대한 설문지 작성 → 설문지 우송 → 회수된 응답 내용을 합의된 부분과 합의되지 않은 부분으로 나누기 위해 통계적으로 집계 → 1차 분석 결과에서 합의도가 낮으면 그 결과를 다시 응답자들에게 보내어 1차 분석 결과를 참조하여 다시 의견을 물음 → 회수된 응답 재분석으로 구분되며, 일정한 정도의 합의점에 도달할 때까지 이 과정을 반복적으로 실시한다.

다. 브레인스토밍(brainstorming, 집단토의)

오스본(Osborn)이 제시한 이 방법은 어떤 한 가지 주제에 관하여 관계된 사람들이 모여 집단의 효과를 살려 아이디어의 연쇄반응을 일으키게 함으로써 자유분방하게 아이디어를 내는 방법이다. 이 방법에서 가장 중요한 점은 의사교환을 자유롭게 한다는 것인데, 다소 주제와 무관한 의견조차도 새로운 아이디어로 연결될 수 있다는 점을 감안하기 때문에 제약 없이 의견을 제시할 수 있다. 다만, 자유로운 토론 방식으로 인해 제시된 의견들을 잘 취합해야 하고, 특정 몇몇 사람들에게 발언권이 편중되지 않도록 유의해야 한다.

〈표 7-3〉 개인적 의사결정과 집단적 의사결정의 비교

구 분	개인적 의사결정	집단적 의사결정
문제 및 과업의 유형	• 능률성이 요구될 때 • 비교적 단순한 지식과 기술이 요구될 때	• 다양한 지식과 기술이 요구될 때 • 문제가 개별적으로 나누어져 언급될 수 있는 다차원적인 부분으로 이루어져 있을 때 • 문제를 평가해야 할 때
결정사항에 관한 수용	수용이 중요하지 않을 때	집단구성원들에 의한 수용이 중요시될 때
해결책의 질	최선의 해결책을 제시할 수 있는 구성원을 파악할 수 있을 때	몇몇 조직구성원에 의해서 해결책이 도출될 수 있을 때
사람들의 특성	사람들이 협력할 수 없을 때	조직구성원들이 함께 일한 경험이 있을 때
의사결정 분위기	경쟁적인 분위기일 때	집단의 문제해결에 대해 우호적인 분위기일 때
시간 정도	비교적 활용할 수 있는 시간이 적을 때	비교적 많은 시간을 활용할 수 있을 때

3) 의사결정 과정

의사결정 과정이란 조직목표를 달성하기 위해 모든 대안을 비교·검토하여 최적의 대안을 선택하는 과정을 말한다. 일반적으로 합리적인 의사결정의 과정은 다음과 같은 여섯 단계를 거치게 된다.

(1) 문제의 인지와 분석 단계

문제란 바람직한 상태와 현실의 상태 사이의 차이를 의미한다(강근복, 1996). 의사결정을 하려면 우선 결정자가 문제의 성질을 명백히 인식하고 목표를 설정해야 하며, 인지된 문제를 해결하기 위해서는 그 문제에 대한 분석이 뒤따라야 한다. 문제로 인식하고 개선 또는 해결하기 위한 의사결정을 하기 위해서는 그 문제나 욕구가 어떤 것인가를 정확히 규정해야 하며 문제에 관련된 상황, 심리적·사회적 요인과 관련자의 감정, 문제의 심각성, 피해자, 문제를 해결하려는 조직원과 구성원의 욕구도 알 필요가 있다.

(2) 목표 설정 단계

목표란 달성하고자 하는 미래의 바람직한 상태를 의미한다. 다시 말해, 현재의 문제를 해결하여 조직구성원들의 심리적 긴장 상태를 없애고 만족스러운 상태를 이끌어 낼 수 있는 구체화된 미래의 상태를 말하는 것이다. 이때 목표는 구체적이고 명확하게 기술되어야 한다.

(3) 정보의 수집 · 분석 단계

문제가 명확해지고 목표가 설정되면 이에 대한 대책을 강구하기 위해 정보(information)와 자료(data)를 수집하여 과학적으로 분석한다. 규정된 문제나 욕구에 관련된 정보를 얻기 위하여 여러 가지 방법으로 조사 · 수집 활동을 해야 하는데, 조직 내외의 개인이나 동료, 관련 기록자료 등을 통해 직접 면접, 전화, 자료분석 등의 방법으로 수집하고, 수집 후에는 검토 · 정리와 대안적 행동방침을 판단할 기준도 마련해야 한다.

(4) 대안의 탐색 및 평가 단계

목표의 달성을 위해 모든 방안을 탐색하고 평가한다. 대안을 탐색할 때에는 수집한 정보와 지식 및 경험도 중요하지만 이 일을 담당하는 사람의 창의성에 크게 의존하게 된다. 의사결정자는 가장 불리한 상황에서도 모든 가능한 대안을 개발하기 위해 전력을 기울여야 한다(박연호, 2000). 대안이 탐색된 후에는 이들의 장 · 단점과 대안들이 초래할 결과를 가급적 계량적으로 평가해야 한다. 관련정보에 근거를 두고 문제해결을 위한 여러 대안을 개발해야 하며 대안을 영역별로 구분하고 전 단계에서 설정한 기준에 의거하여 각 대안의 장단점, 성공 가능성, 기대효과 등이 검토되어야 한다.

(5) 대안의 선택과 실행 단계

대안의 선택은 여러 대안 중에서 최선의 대안을 하나 선택하는 과정이다. 최선의 대안을 선택한다는 것은 최대의 이익과 최소의 불이익을 가져올 것을 목표에 비추어 선택한다는 것을 의미한다. 이러한 대안의 선택이 곧 의사결정이다. 대안이 선택되고 나면 이는 실행에 옮겨져야 한다. 이 단계에서는 실행 담당자들의 실행 의지가 무엇보다 중요하다.

(6) 환류

의사결정의 전 과정에 있어서 개방적인 태도와 유연성을 가지고 의사결정 각 과정 자체와 각 과정에서 이루어진 것에 대하여 의견을 들을 필요가 있으며 이미 결정된 것도 실행되기 전에는 재검토될 수 있다는 적극적인 태도와 현재의 결정을 변경하거나 다음의 의사결정 과정에 반영할 수 있는 융통성이 있어야 한다.

4) 의사결정 모형

사이먼(Simon)은 정책을 문제해결 과정으로 정의한다. 사회는 복잡하고 불확실한 환경으로 인해 문제의 해결방법을 알지 못하는 사악한 문제(wicked problem)에 직면해 있다. 문제 해결의 결과는 의사결정에 의해 영향을 받게 된다. 조직은 의사결정이 이루어지는 과정을 계속해서 발전시켜야 하고, 변화하는 환경에 대응할 수 있도록 좀 더 효과적인 방법을 개발해야 한다.

누구나 합리적인 의사결정을 추구하고 최선의 선택을 했다고는 하지만 실제로는 결정을 내릴 때 사람마다 제각기 다른 접근을 하는데 이러한 접근법들은 한두 가지가 아니다(임창희, 2009). 여기에서는 다양한 의사결정 모형 중 대표적인 것들을 살펴보기로 하겠다.

(1) 합리모형

합리모형(rational model)은 의사결정 시에 최대한의 합리성을 추구하는 의사결정 모형이다. 합리모형에 의하면, 의사결정자는 이성과 고도의 합리성에 근거하여 결정하고 행동한다. 즉, 합리모형은 인간이 의사결정에 필요한 모든 지식과 정보를 파악·동원할 수 있다는 전지(全知)의 가정(assumption of omniscience) 하에서 목표 달성을 위한 합리적 대안의 탐색·선택을 추구하는 규범적·이상적 접근 방법이다. 의사결정자는 합리적 인간으로서, 다음과 같은 문제해결 과정을 거친다.

① 해결할 문제가 무엇인지 안다.

② 문제해결을 위한 목표를 설정한다.

③ 문제해결을 위해 대안을 작성한다.

④ 대안이 가져올 결과에 대한 정보를 수집한다.

⑤ 대안을 비교, 평가한다.

⑥ 최선의 대안을 선택한다.

합리모형은 의사결정자가 모든 정보를 체계적으로 수집하여 현실적인 제한점을 고려하지 않은 채, 문제와 욕구의 정의 및 해결을 위한 모든 대안을 개발하고 선택하는 것을 말한다. 즉, 의사결정 과정에서 인간의 능력, 정보, 시간 및 비용의 제한성에 대한 고려가 이루어지지 않는다. 때문에 현실적으로 적용할 수 있는 가능성이 희박한 모형이며, 수량화할 수 있는 것만을 강조함으로써 제한된 부분에만 적용이 가능하다는 비판을 받고 있다. 가장 이상적인 모형이지만, 인간의 능력은 제한되어 완전하고 종합적인 정보수집과 처리가 어렵고 문제해결 대안의 개발에서 현실적인 제약점을 고려하지 않기 때문에 사실상 실현 가능성이 약하다.

합리모형의 적용이 어려운 이유를 살펴보면 다음과 같다.

① 인간의 인지상의 한계

인간은 모든 정보를 파악하고, 분석할 수 있는 능력이 존재하지 않는다. 인간은 모든 것을 다 알 수 없다.

② 성급한 의사결정(hasty decision)

의사결정을 하기 위한 시간이 항상 충분한 것은 아니다. 신속하게 의사결정을 해야 하는 긴급한 사안의 경우 성급하게 의사결정을 함으로써 충분한 내용을 숙지하지 못할 우려가 있다.

③ 자원의 제한성과 정보 부족

문제를 해결하기 위해 충분하거나 필요한 정보를 획득하지 못한 경우도 존재한다.

④ 기술의 부족

문제를 해결하는 데 필요한 기술이 부족하거나 아직 발전되지 못한 경우도 존재한다.

(2) 만족모형

만족모형(satisfying model)은 합리모형이 가지고 있는 한계를 극복하기 위해 제시된 의사결정 모형으로 합리모형의 완전한 합리성이 아닌 제한된 합리성(bounded rationality)에 기초하고 있다. 이와 관련하여 사이먼과 마치(Simon & March, 1958)는 인간은 지식, 학습 능력, 기억 능력, 계산 능력 등 각종 능력 면에서 제한을 받고 있기 때문에 최적의 대안을 선택할 수 없으며 어느 정도 만족스러운 대안이 나오면 그 수준에서 결정하게 된다고 주장한다. 결정자가 어떤 결정을 하는 경우 반드시 최적 안을 추구하기 어렵기 때문에 현실적·주관적 관점에서 만족할 만한 대안을 선택하는 데 그치게 된다고 본다. 주로 비정형적 의사결정에 적용되는데, 이는 해결해야 할 문제가 새롭고 불분명하며 또 복잡하여 기존의 행정 절차를 이용할 수 없을 때, 제한적 합리모형의 관점에서 의사결정을 하게 되는 경우가 많다. 때문에 만족모형은 실제 적용하기가 쉽고, 인간의 형태학적 특성을 고려하기가 용이하다. 그러나 만족모형은 다음과 같은 비판을 받고 있다(정정길, 1991).

① 최선의 대안이 아니라 만족할 만한 대안을 찾은 후에 대안 탐색을 중단하게 되면 검토되지 않은 대안 중에 훨씬 더 중요한 대안이 있을지 모름에도 불구하고 이를 간과하게 된다.

② 만족 여부는 의사결정자의 기대수준에 달려 있는데, 이 기대수준 자체가 극히 유동적이므로 어느 것이 만족할 만한 대안인지를 객관적으로 판단하기 어렵다.

③ 일상적이고 중요성이 떨어지는 의사결정에서는 무작위적으로 대안을 고려하고 만족할 만한 대안이 있으면 대안의 탐색이 중단된다는 주장이 일리가 있지만, 예외적이고 중대한 의사결정에는 좀 더 분석적 결정이 이루어질 가능성이 크다.

(3) 연합모형

연합모형(coalition model)은 회사모형(firm model)이라고도 하며, 사이어트(Richard M. Cyert)와 마치(James G. March)가 개발했다. 이 모형은 개인적 차원

의 만족모형을 한층 더 발전시켜 그것을 조직의 의사결정 과정에 적용시킴으로써 만족모형으로 설명할 수 있는 현상의 범위를 넓혔다는 데 가장 큰 의의가 있다(조석준, 1977).

조직의 행태를 경제적 · 시장 중심적 시각에서 벗어나 조직의 구조 · 목표의 변동이나 기대의 형성과 선택의 관점에서 파악하려고 하는 것이 바로 연합모형이다. 연합모형에서는 목표가 서로 충돌하여 상호 갈등적 관계에 놓여 있는 단위 조직들 간의 갈등 해결이 의사결정이라고 본다. 이와 같은 연합모형의 특징을 살펴보면 다음과 같다(김규정, 1986).

① 불확실성을 회피하려는 경향이 있다. 조직을 둘러싸고 있는 환경은 유동적이므로 대안이 가져올 결과를 불확실한 것으로 보고, 조직은 단기적 전략을 사용하고 환경과 타협함으로써 불확실성을 회피하려는 경향을 가진다고 본다.

② 문제 중심적 탐색이다. 조직은 문제가 등장했을 때에만 탐색을 시작하여 적절한 해결 방안을 찾는다.

③ 표준운영절차(SOP : Standard Operating Procedure)를 중시한다. 조직의 의사결정은 조직이 존속해 오는 동안 경험적으로 터득한 학습된 행동 규칙인 표준운영 절차를 따르고 있다.

그러나 연합모형은 다음과 같은 점에서 비판을 받고 있다.

① 이윤 추구를 목표로 하는 기업조직을 대상으로 하고 있기 때문에 공공 부문의 의사결정에 적용하는 데는 한계가 있다.

② 표준운영 절차에 따르는 결정 방식을 채택하고 있다. 이는 상황이 안정적이라는 것을 전제하고 있는 것으로, 급격한 변동 상황에 직면한 경우에는 적합하지 않다.

③ 권한이 광범위하게 위임되어 있고 자율성이 강한 조직을 전제로 하고 있으므로 권위주의적 조직의 의사결정에는 적용하는 데 제한이 있다.

(4) 점증모형

점증모형(incremental model)에서는 인간의 지적 능력의 한계와 의사결정 수단의 기술적 제약을 인정하고 의사결정을 할 때 대안 선택이 종래의 정책이나 결정의 점진적·부분적·순차적 수정 내지 약간의 향상으로 이루어진다고 보고 있다. 따라서 의사결정 과정을 '그럭저럭 헤쳐 나가는(muddling through) 과정'으로 보고 있다(Lindblom, 1959).

점증모형에 의하면, 합리모형은 달성하기가 불가능하기 때문에 포기할 수밖에 없으며, 대신에 연속적·제한적 비교 또는 세부적 점증주의의 전략에 따라 의사결정이 이루어진다고 한다. 점증모형은 주로 다원성을 가진 정치적·사회적 구조 및 사회적 안정성 여건하에서는 실효성을 거둘 수 있으나, 근본적으로 보수주의에 기반을 두고 있으므로 쇄신·혁신을 요하는 사회에는 적용하기 곤란하다. 또한 정치적 다원주의가 지배하는 선진국에는 적용이 가능하나 결정자의 판단이 주요 정책에 크게 영향을 미치는 후진국에는 적용하는 데 한계가 있다는 점을 지적받고 있다. 주요한 특징으로는 다음과 같다.

① 인간의 합리성 추구 능력에는 한계가 있다는 것을 전제한다.

② 인간의 정보수집과 처리에 대한 능력이 제한되어 있을 뿐만 아니라 실제 의사결정을 하는 데 있어서도 현실적인 제한점이 있을 수밖에 없고 또한 고도의 합의를 이끌어 내는 것도 어렵다는 것을 전제한다.

③ 목표 달성을 위해 여러 대안을 평가하여 최적의 것을 선택하는 방법과는 달리 기존의 정책이나 결정을 일단 긍정하고 그것보다 약간 향상된 대안을 도출한다.

④ 현재 상황에 저항을 가장 적게 받고 문제를 효율적으로 해결할 수 있다는 장점이 있다.

⑤ 의사결정 내용이 현상유지적 문제해결 방법에 지나지 않아 보수적이며, 기존 세력의 이익을 반영하는 결과가 되고, 과거 결정에 기초하고 있음에도 불구하고 과거 결정이 타당하지 않을 수 있고, 급속한 환경의 변화에 점진적인 변화로 대응해 갈 수 없는 경우도 많으며, 전례가 없는 문제에 대한 해결방법으로는 적합하지 않다는 비판을 받는다.

(5) 혼합모형

혼합모형(mixed-scanning model)은 합리모형과 점증모형을 절충하여 상호 보완적으로 혼용함으로써 현실적이면서도 합리적 결정을 할 수 있다고 주장한다. 에치오니(Amitai Etzioni)는 기본적인 결정과 부분적인 결정을 구별하고 기본적인 결정에 대해서는 합리모형, 부분적 결정에 대해서는 점증모형에 의해 결정하는 것이 바람직하다고 주장했다. 종합적 합리성을 바탕으로 하여 큰 범위에서의 기본적인 결정은 합리적으로 이루어지지만, 세부적 결정은 기본적 결정을 보완 수정하여 점증적으로 이루어진다고 주장하는 의사결정 모형으로, 이상적인 합리모형과 현실적인 점증모형의 장점만 상호 보완한다. 기본적인 결정에서는 합리성이 작용하지만 세부적인 결정에서는 점증적인 결정이 이루어진다고 보고, 의사결정에는 합리성만 작용하는 것도 아니고, 비합리적 결정만 이루어지는 것도 아니며, 결정의 범위에 따라 이 두 가지가 다 적용된다고 본다.

이와 같은 혼합모형은 합리모형과 점증모형을 결합했다고 하나, 사실상 이 두 모형에서 제시된 것 이상의 특별히 새로운 것이 없어 독립된 모형으로 보기 어렵다는 비판을 받고 있다. 또한 혼합모형의 내용이 되는 기본적 결정과 부분적 결정을 구분해 줄 만한 명백한 기준을 제시하지 못하고 있다는 비판도 제기된다.

(6) 최적모형

최적모형(optimal model)이란 경제적 합리성과 아울러 직관, 판단력, 창의력과 같은 초합리적인 요인을 고려하는 의사결정 모형으로 드로(Yehezkel Dror)가 제시했다. 그는 점증모형에 불만을 표시하면서, 특히 과거에 선례가 없는 문제이거나 매우 중요한 문제의 해결을 위한 비정형적 결정 시에는 경제적·합리적 측면 이외에 이러한 초합리성을 중요시해야 한다는 입장을 취하고 있다. 즉, 의사결정자가 자원의 제약, 불확실한 상황, 지식과 정보의 부족 등으로 합리성의 정도를 높이는 데 제약이 따르므로 초합리적 요소가 개입되는데, 점증모형이나 행태이론이 이를 경시하는 것은 잘못이라는 것이다(Dror, 1968).

그리고 그는 단순히 현실적으로 이루어지는 결정만을 연구할 것이 아니라, 언제나 이상을 가지고 가능성의 영역을 개척하기 위해, 의사결정 방법은 물론 결정이 이루어진 후의 집행에 대한 평가 및 환류를 계속하게 되면 결정 능력이 최적 수준까지 향상될 수 있다고 주장한다(박동서, 1993). 최적모형의 특징은 다음과 같다.

① 만족모형, 점증모형이 지니는 보수성에 불만을 가지고, 특히 과거에 선례가 없는 비정형적인 의사결정을 하는 경우 초합리적인 요인, 즉 직관, 판단, 창의력 등이 개입하게 됨을 중요시한다.

② 제한된 자원, 불확실한 지식 및 정보의 결여 등이 의사결정 과정에서 합리성을 제약하므로 초합리성을 중요시한다.

③ 의사결정의 평가는 그 결정이 정치적·경제적 측면에서 얼마나 실현 가능한가에 따라 달라진다.

④ 계량적이 아닌 질적 모형으로, 합리적·초합리적 요인을 동시에 다루며, 경제적 이익의 극대화를 대안선택의 가장 중요한 척도로 설정하고, 의사결정에 중점을 부여하며, 환류를 강조한다.

최적모형은 의사결정 과정의 쇄신과 가치관, 창의성 등의 초합리성을 강조한 이론모형으로서 관심을 끌고 있으나 다음과 같은 비판도 받고 있다.

① 초합리성의 본질과 합리성과의 관계가 불분명하다.

② 초합리성을 달성하는 구체적인 방법이 명확하지 않으며 오히려 지나치게 이상에만 치우친 모형이라는 것이다.

③ 정책결정을 향상시키려는 노력의 부족, 직원이 고수하는 기득권으로 인한 보수성, 정보와 자료의 부족, 목표의 불확실성, 평가와 시정조치의 경시 등의 비판을 받는다.

④ 의사결정 상황에서 경제적 합리성을 지향하고 있으므로 사회적 과정에 대한 고찰이 미흡하다.

(7) 쓰레기통 모형

쓰레기통 모형(garbage can model)은 사회 내의 신념 체계, 가치 체계나 정치 체제가 바뀌는 등의 좀 더 복잡하고 혼란한 상황, 즉 '조직화된 무정부 상태(organized anarchies)' 속에서 조직이 어떠한 결정 행태를 나타내는가를 설명하기 위한 모형이다(Cohen, March, & Olsen, 1972).

쓰레기통 모형은 극도로 불합리한 집단 결정에 대한 대표적인 이론모형으로, 복잡하고 급격한 변화가 일어나는 상황을 설명하는 데 적합한 모형이라고 볼 수 있다. 쓰레기통 모형의 전제가 되는 조직화된 무정부 상태의 구체적 특성을 살펴보면 다음과 같다(Cohen, March, & Olsen, 1972).

① **문제성 있는 선호** : 결정에 참여하는 사람들 간에 무엇을 선택하는 것이 바람직한지에 대해 합의가 없다는 점과 참여자 중에서 어느 개인 한 사람을 두고 보더라도 스스로 자신이 무엇을 좋아하는지조차 모르면서 결정에 참여하는 경우가 있음을 말한다.

② **불명확한 기술** : 의사결정에서 달성하려는 목표와 이를 달성하기 위한 수단 사이에 존재하는 인과 관계인 기술이 불명확하다는 것이다. 즉, 결정에 참여하는 사람이 목표를 명확히 알아도 무엇을 수단으로 선택해야 하는지 잘 모르는 경우가 많으며, 이 경우에는 시행착오를 통해 운영되는 것이 보통이라는 것이다.

③ **일시적 참여자** : 모든 결정 과정에 참여하는 사람들은 그 자신의 시간적 제약 때문에 어떤 경우에는 결정에 참여하기도 하고 어떤 경우에는 참여하지 않기도 한다는 것이다.

쓰레기통 모형은 조직 내의 많은 의사결정의 비체계성을 강조하는 모형으로, 목표가 불확실하고 목표 달성을 위한 수단이 불분명하며 의사결정에 참여하는 사람들이 계속 바뀌는 조직에서는 문제해결을 위한 의사결정이 계획적이고 단계적인 문제해결 활동에 의해서가 아니라 '우연하게' 이루어질 수 있다고 본다. 정책결정이 이루어지는 과정에 있어서 다양한 계층이 참여하게 됨에 따라 여러 방면에서 영향을 받는 민주주의 행정의 경우, 이들의 선호와 문제를 정의하는 것이나 해결방법, 대안선택이 매우 다양하기 때문에 예측이 어렵다고 본다. 해결방안, 의사결정 참여자, 의사결정 순간이 서로 독립적으로 상호작용하면서 쓰레기통 속을 흘러 다니다가 어느 한 시점에서 우연히 만났을 때 의사결정이 이루어진다고 보기 때문에 기회, 운, 타이밍과 같은 변수가 의사결정의 주요 결정 요인이라고 본다.

그러나 현실의 조직은 쓰레기통 모형에서 전제로 하는 조직보다 훨씬 더 체계적이며, 여러 가지 의사결정과 관련된 요소들이 무질서하게 쓰레기통 속에 들어가 있으면 언젠가는 의사결정으로 전환된다는 것은 가능성이 희박하다는 비판을 받는다.

(8) 공공선택모형

공공선택모형(public choice model)은 정부 재정 부문의 의사결정 시에 바람직한 민주적 의사결정이 어떻게 이루어져야 하는가를 설명하려는 모형이다. 공공선택모형은 전통적 윌슨(T. W. Wilson)식 행정관을 부정하고 경제학적 시각이라는 새로운 각도에서 의사결정의 행태를 이해함으로써 의사결정 현상의 이해와 규범적 차원의 연구에 크게 기여했다.

이 모형은 비시장적 의사결정에 경제학적 분석 도구를 적용하여 제도적 상호작용을 연구하는 일련의 시도라고 볼 수 있다. 즉, 공공선택모형에서는 정부를 공공재를 생산하는 생산자로 규정하고 시민들을 공공재의 소비자라고 규정한다. 이러한 관점에서 소비자인 시민 개개인의 편익을 향상시킬 수 있는 행정봉사의 비전통적 방법을 제시하려는 것이다(오석홍, 1984). 따라서 모든 사회 가치에 손실을 주는 일 없이 특정 가치를 더 많이 성취하는 이른바 '파레토 최적점(Pareto optimum) 상태'에서 시민 개개인의 선호와 선택을 존중하는 공공재의 가장 합리적인 결정이 이루어진다고 본다.

그러나 공공선택모형은 민주행정의 실현과 자원 배분상의 효율성을 달성할 수 있는 유용성이 있으나, 공공선택모형을 행정 분야에 적용할 때 현실적인 의사결정 행태를 완전하게 설명해 주지 못한다는 비판을 받는다.

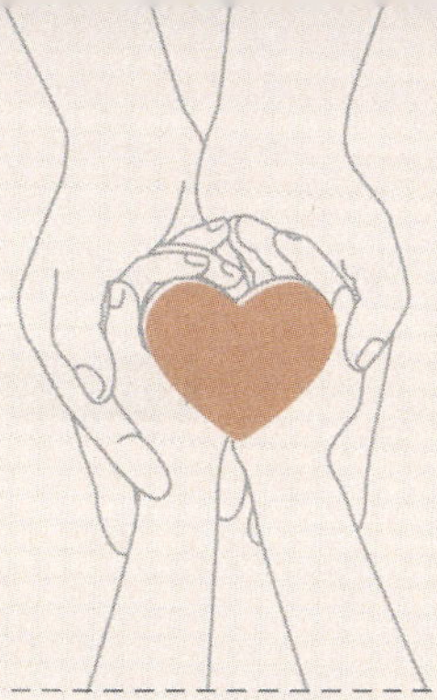

PART

3 사회복지행정 자원관리

CHAPTER 08

인적자원관리

인적자원관리는 조직의 목표달성을 위해 미래 인적자원 수요 예측을 바탕으로 인적자원을 확보·개발, 배치, 평가하는 일련의 업무를 의미한다. 구성원들이 조직의 목적과 그들의 능력에 맞게 활용되고 그에 걸맞은 물리적·심리적 보상과 더불어 실질적으로 조직의 구성원들의 발탁, 개발 그리고 활용의 문제뿐만 아니라 구성원들의 조직과의 관계 및 능률을 다루기도 한다. 사회복지조직에서의 인적자원관리는 사회복지조직의 목표를 효과적으로 달성하기 위하여 조직활동에 필요한 인재를 동원하고 관리하는 기능이다. 모든 조직은 사람들로 구성되고 이들을 조직의 목적에 충실히 움직이게 하는 것이 인적자원관리의 핵심이다.

휴먼서비스 제공자로서 사회복지사의 직무는 대체로 비일상적이고 불확정적이라는 특성을 띠므로 클라이언트가 의도했던 이익을 보장해 주기 위해 신중히 설계되어야 한다. 서비스의 원료인 클라이언트가 제기하는 문제나 욕구들은 개별성과 전일성 관점에서 다루어져야 한다. 이와 관련하여 이 장에서는 사회복지조직의 생존·유지·발전에 직접적으로 영향을 미치는 인적자원관리에 대해 인사관리, 직원채용, 직원능력개발, 슈퍼비전, 동기부여, 직무만족과 소진 등으로 나누어 설명하고자 한다.

1. 인사관리

일반적으로 인사관리란 사회복지조직의 목적과 프로그램 목표를 효과적·효율적으로 달성하기 위하여 사회복지조직의 구성원인 직원의 능력을 최대한 활용하기 위한 조직의 총체적 활동이라 할 수 있다(장동일, 2010).

인사관리는 직원을 채용하고 능력을 개발하며 근무의욕을 가지고 조직에 헌신할 수 있도록 동기를 부여하는 관리활동으로서 일반적으로 직원의 채용, 직원의 개발, 직원에 대한 슈퍼비전, 동기부여 등으로 구분하여 다루어진다.

1) 인사관리의 의의

인사관리 또는 인사행정은 조직의 목표를 달성하기 위해 직무수행에 필요한 인적자원의 효율적 관리와 관련된 활동을 의미한다. 조직의 인력계획, 경력관리, 보수 및 퇴직금, 보건, 안전 및 복지후생, 사기와 인간관계 관리, 복무와 근무규율, 노사협조, 인사관리 정보체계 구축 등이 중요하게 다루어지며 업무분석 및 업무성과에 대한 평가와 직원개발 및 보상 등이 인사관리의 핵심요소가 된다.

전통적인 인사관리는 승진 중심의 수직적 이동이나 지시·통제를 통한 관리, 직급 중심의 인사체계를 토대로 조직 간 이동성이 낮은 양상을 보여 왔지만 최근의 인사관리는 전문성을 바탕으로 수평적·수직적 이동이 가능하며, 직무와 역량 중심의 인사체계를 토대로 조직 간의 이동성이 높은 특징을 가진다.

2) 인사관리의 중요성

사회복지조직은 전문적인 지식과 기술을 구비한 인력을 필요로 하고 인간관계를 강조하는 조직이기 때문에 사회복지조직의 구성원인 사회복지사와 사회복지조직의 관리 책임을 맡고 있는 사회복지행정가의 역할은 매우 중요하다. 또한 사회복지사업은 미리 정해진 규칙이나 절차 등에 의해 실천되는 것이 아니라 사회복지사와 사회복지행정가들의 재량과 전문적인 활동에 의해 이루어지기 때문에 인사관리가 더욱 강조된다.

수평적이고 비공식적인 성격이 강한 사회복지조직에서는 여타 조직의 인사관리와는 다른 사회복지행정이 이루어져야 한다. 사회복지조직의 유효성 증진을 위한 노력에는 전문직 현장 인력의 개별적 관리가 최우선 과제가 되는 것이다.

인사관리에 있어서 일차적 관심은 직원의 능력 향상에 있다. 휴먼서비스 기관은 노동 집약도가 높고, 예산의 상당 부분이 인적자원의 개발과 유지 비용에 소요된다. 그로 인해 조직관리에서 인적자원을 활용하고 강화하는 방식이 중요하게 간주된다(김영종, 2010). 이러한 인사관리는 몇 가지 과업들로 과정을 구분하는데, 먼저 직위 분류 및 이에 따른 직원 선발, 적절한 보상계획 수립과 집행, 직원의 능력 개발 및 훈련, 직무수행 평가 등이 포함된다.

2. 직원채용

1) 직무분석

직무(job)란 직원이 맡는 역할의 성격을 나타낸다. 직업상 담당자에게 맡겨진 임무로서 각 직위(position)에 배당된 업무를 말한다. 직무에는 그 수행과 관련된 권한과 책임이 따르게 되는데, 그것은 각자에게 주어진 일을 효율적으로 처리할 수 있도록 하고 그 일의 과정에서나 결과에 대하여 책임을 지우기 위해서이다.

사회복지학 사전에서는 직무에 대해 '생산활동에 종사하는 개별 종사자 한 사람에 의해 정규적으로 수행되었거나 또는 수행되도록 설정, 교육, 훈련되는 일련의 업무 및 임무'라 정의하고 있으며, 직업분류의 가장 기본적인 개념으로 사용된다. 인사관리의 출발점은 바로 이 직무를 디자인하는 것이다.

직무분석이란 인사관리나 조직관리의 기초를 세우기 위하여 직무의 내용을 분석하는 일을 말한다. 사회복지조직에서 인력관리를 위해 직무분석을 하는 것은 매우 중요하다. 휴먼서비스에서는 인력이 곧 핵심 기술이고 주된 자산이 되는 상황에서, 직무분석은 곧 조직의 유효성에 관한 구조를 짜는 것과 같다. 만약 유사한 서비스를 제공하는 조직군에서 이미 직무나 직위에 대한 표준화 규정이 존재한다면, 기관은 자체적으로 직무분석의 과정을 거치지 않아도 기존의 표준화에 준해서 직위분류를 시도할 수 있다. 그렇지 않은 경우에는 직무분석을 위한 체계적 기법을 활용하여 직위분류를 시도해야 한다.

직무분석의 방법에는 실제담당자에 의한 자기기입(自己記入), 분석자에 의한 관찰, 면접청취, 통계, 측정, 검사 등이 있다. 어느 것이나 모두 주도면밀한 준비와 세심한 주의가 필요하다. 직무분석의 결과는 직무기술서나 직무명세서로 종합・정리되어, 채용・승진・배치전환・교육훈련・임금・안전위생 등 인사관리나 직무분담・부서편성・지휘감독 등의 조직관리에 자료를 제공한다.

직무분석의 목적은 어떤 직위에서 어떤 일을 하는가를 분석하여 그 업무에 따른 의무와 자격을 밝혀 놓음으로써 지원자가 그 업무에 적합한가를 판단하는 기준으로 삼게 하려는 데 있다. 직무분석이 이루어지고 나면 이에 기초해서 직원 채용을 하게 된다. 채용은 사회복지조직의 직원으로서 적절한 인물을 신규로 충원하는 것을 의미하며, 이것이 이루어지는 과정을 기준으로 하여 모집, 선발, 임명으로 나누어신나.

2) 모 집

모집(recruitment)이란 '조직에 적절한 수의 유자격 지원자들을 끌어오는 것'으로, 자격 있는 지원자들을 공석 중의 직위에 유치하는 과정이다. 모집의 목적은 전문적으로 유능하고 클라이언트 및 다른 직원들과 원만한 대인관계를 맺을 수 있는 능력을 지닌 직원을 고용하려는 데 있다.

모집절차는 우선, 직무분석을 한 직무명세서를 작성한다. 인사관리 과정에서 직원이나 클라이언트가 원만한 인간관계를 이루어 나갈 수 있는 유능한 사람을 채용하기 위해 해당 직무에 대한 직무분석이 선행되어야 어떤 업무를 수행하게 되는지를 서술하는 직무기술서 및 직무명세서를 작성할 수 있다. 이러한 활동은 공석 중인 직위가 요구하는 직무의 내용, 직무의 내용이 요구하는 자격조건을 명확히 해준다.

〈표 8-1〉 직무기술서와 직무명세서

직무기술서(job description)	직무명세서(job specification)
특정 직무·직위에 부가된 임무와 책임을 구체적으로 기술한 것(직무 내용)	특정 직무를 수행하는 데 요구되는 최소한 자격요건을 기술한 것(인적 요건)
- 직무명칭(소속부서, 직속상관 등) - 직무개요(직무 목적, 기대 결과) - 장비(직무에 필요한 도구) - 환경(직무의 환경적 특성) - 작업활동(직무의 임무 및 책임과 직무에 요구되는 사회적 측면)	- 사회복지사, 운전면허 등 관련 자격증 - 교육수준 및 경력 - 판단력과 주도력, 책임 - 육체적 노력 및 육체적 기술 - 의사소통기술 - 정서적 특징 - 필요한 능력과 그 수준 - 감각기능의 사용도와 필요도

직무분석이 이루어진 후 공식적인 모집공고를 낸다. 모집은 채용에 대한 정보를 제공하여 관심이 있는 사람들이 지원하도록 유도하는 것을 말한다. 모집의 목적은 채용을 희망하는 사람에게 기회를 부여하는 것과 동시에 적극적으로 유능한 사람들을 응시하게 만들기 위함이다. 모집공고를 작성할 때에는 모집분야와 지원 자격에 대해 자세히 작성하여 회사가 채용하기 원하는 인재를 선발할 수 있도록 하여야 한다. 이 외에도 전형방법, 전형기간, 제출서류 등을 함께 공지하여 지원자들이 충분히 이해하고 지원할 수 있도록 하여야 한다. 좋은 모집이 되려면 인사담당자 및 기타 관리자가 사전에 채용될 직원의 역할 및 책임에 동의할 필요가 있다.

사회복지조직의 경우 공개모집을 원칙으로 하고 있다. 공개모집이란 자격을 갖춘 누구에게나 응모기회를 제공하여 경쟁을 통해 능력 있는 사람을 임용하는 제도로, 사회복지법인 또는 사회복지시설에서 독자적으로 또는 공동으로 채용 시 해당 법인 및 시설 홈페이지, 소식지, 지방자치단체 홈페이지 등에 채용관련 사항을 15일 이상 공고한 후 법인 및 시설 내규 등에 의해 채용하도록 하고 있다.

3) 선 발

직원선발은 우선 조직의 요구와 기대, 채용될 사람의 요구가 중요하며 모집에 관한 직무명세서를 바탕으로 지원자의 문서자료를 획득하고 지원동기와 같은 조직에 대한 관심의 진술이 요청된다.

선발의 권한과 책임의 주체는 조직에 따라 다양하다. 어떤 조직은 기관장이 단독으로 직원 선발의 권한을 행사하고 그에 대한 책임을 지며, 다른 어떤 조직은 직원 선발의 권한과 책임을 인사위원회에 위임하기도 한다. 소규모 사회복지조직의 경우 일선 사회복지사가 직원선발 업무를 담당하기도 한다. 그러나 사회복지조직은 규모가 매우 작기 때문에 특정인에게 선발의 권한과 책임을 부여하는 것보다는 사회복지조직의 구성원 전체가 참여하여 선발하는 것이 더욱 바람직하다.

표준화된 직원 선발의 방법은 관리가 용이하고 시간과 경비를 절약할 수 있는 필기시험과 실제 근무하는 경우와 같은 조건하에 같은 도구나 기구를 써서 일을 해보는 실기시험, 필기시험에서 알아보기 힘든 사람의 태도, 성격, 창의성, 협조성 등을 파악하기 위해 필요한 면접시험 등이 있다.

다만, 적절한 시험방법이 없는 경우에는 관련 직무에 필요한 자격(증)을 가지고 판단한다. 이것도 일종의 시험의 성격을 띠는데, 해당 기관이 직접 시험을 실시하지 않고 공인된 기관의 테스트 결과를 인정하는 것이다. 예를 들어, 영어능력의 검증에는 TOEIC 점수를 제시하게 하는 것이다. 그러나 무엇보다 중요한 것은 시험과정의 객관도(objectivity), 타당도(validity), 신뢰도(reliability)이다.

(1) 필기시험

필기시험은 관리가 용이하고 경비를 절약할 수 있으며, 주관식 시험과 객관식 시험을 별도로 시행하거나 혼용하면서 객관도와 타당도를 높일 수 있다. 주관식 시험은 통찰력, 추리력, 판단력 등과 같은 고도의 복잡성을 지닌 사고 능력을 측정할 수 있으며 시험출제에 비교적 적은 시간이 소요되지만 채점자에 따라 객관도에 차이가 날 수 있으며 채점에 많은 시간과 경비가 소요될 수 있다. 객관식 시험의 경우 채점이 용이하고 고도의 객관성을 확보할 수 있지만 사고능력 측정에는 비효과적인 시험방식이다.

(2) 실기시험

지원자가 해당 직무에 요구되는 소질이나 기술을 소유하는지에 관한 정보를 획득하는 데 유리한 방법이다. 실제와 같은 근무조건을 설정하고 사무도구나 기구를 써서 일을 해보도록 하는 시험방식으로 타당도가 높다는 장점이 있다. 다만, 어떤 내용과 방식의 시험이 적합할지에 대한 기술적 검토가 어려울 수 있어 신뢰도나 객관도가 떨어진다는 면에서 문제가 있을 수 있다.

(3) 면접시험

면접은 종합적인 정보획득의 방법이다. 필기시험이나 실기시험에서 알아보기 힘든 지원자의 태도, 성격, 창의성, 협조성 등을 파악하는 데 필요한 시험방법이다. 면접에서 이력서의 내용이나 자격 관련 등의 정보를 구할 수도 있다. 또한 면접을 통해 다양한 시험을 실시할 수도 있는데 직무와 관련된 질문을 하거나 상식, 가치와 관련된 질문들을 할 수 있다.

사회복지조직에서 직원을 채용할 때 면접시험은 매우 바람직하다. 면접시험은 편안한 분위기를 조성하고 질문에 답변하도록 하는 시험방식으로서 지원자의 생각과 느낌을 알아볼 수 있는 기회가 되기 때문에 이 시험방법을 적절히 활용하는 것이 필요하다.

여러 방법들 중 면접은 유용한 정보를 산출하기에 가장 유리하지만, 한편으로 편견도 가장 많이 개입되기 쉬운 방법이다. 면접에서 정확한 정보를 도출해 내려면, 사전에 면접 도구와 방식을 준비하는 것이 필요하다. 면접 과정에서 편견이 개입되는 것을 최소화하기 위해서는 면접자 스스로가 자기 편향성을 의도적으로 인식하려는 노력이 중요하며 면접 기록자와 이를 평가하는 사람을 따로 분리하여 면접자와 평가자를 구분하는 것도 편견 축소에 도움이 된다.

4) 임 명

선발과정을 거치고 나면 어떻게 선발되었든 성적순, 직종별로 등급이 매겨진 임명후보자 명부가 작성되어야 한다. 이를 근거로 최종적으로 지원자 중 가장 능력과 자격이 있다고 판단되는 사람을 선발하여 직무를 수행하도록 공석 중인 직위에 임명하게 된다.

사회복지조직에서 직원의 임명은 관리자에게 조직을 해석하고 설명할 기회를 제공한다. 현명한 관리자는 이를 잘 이용해야 하며, 직원의 배경과 경험에 부합되어야 할 뿐 아니라 다른 직원들과 비교해서 공정해야 한다.

최종적으로 선발된 사람들에게는 직무의 성격, 급여수준, 인사 정책과 절차 등에 대한 정보를 충분히 제공해야 한다. 조직에서의 직원 선발은 선발된 사람과 조직이 일련의 합의적 계약 관계를 체결하는 것과 같다. 애초에 이 계약이 명확하면 명확할수록 선발된 사람은 조직에 수월하게 적응할 수 있다. 자신의 일자리에 대한 과도한 혹은 과소한 기대를 막고 현실적인 근무조건들을 명확하게 인지하도록 하는 것은 선발된 사람과 조직 모두를 위해 도움이 되기 때문이다.

3. 직원능력개발

1) 직원능력개발의 개념 및 목적

직원능력개발(staff development)은 사회복지조직에서 활동하는 직원들의 소양과 능력을 개발하고 직무수행에 필요한 지식과 기술을 향상시키며 가치관과 태도를 바람직한 방향으로 변화시키기 위한 교육 및 훈련 활동이라 할 수 있다. 사회복지행정에서 직원의 능력개발은 인적자원의 활용 및 잠재력의 개발이라는 측면에서 매우 중요한 의미를 가진다.

직원능력개발의 1차적 목적은 사회복지조직이 제공하는 서비스의 효과성을 높이고자 하는 데 있으며, 2차적 목적은 직원 상호 간 이해와 연대감을 높여 조직 효과성을 높이려는 데 있다. 이러한 목적 달성을 위해 직원들이 업무를 수행하는 과정에서 어떤 부분이 미흡한지를 파악하고 어떤 변화가 필요할지 진단하여 그에 필요한 적절한 목표를 설정하고 실천 가능한 전략을 선택해야 한다.

2) 직원능력개발의 종류

(1) 신규 채용자 훈련

새로운 직원에게 사회복지조직과 조직의 서비스 및 지역사회를 소개하는 과정이다. 신규 채용자 훈련을 적응훈련 또는 기초훈련이라고도 하는데, 조직에 대한 안내를 위해 반드시 실시하는 것이 일반적이다. 사회복지조직의 역사와 서비스 기본 정책, 규정 및 절차, 조직구조, 봉급, 작업시간, 휴가, 병가, 승진, 사무실 배열, 특별급여 등에 관한 기본적인 정보를 제공하며 조직의 장 또는 부서의 장에 의해 이루어진다.

(2) 일반직원 훈련

직무수행의 개선을 위한 교육훈련으로 새로운 기법 습득과 사회복지조직 직원으로서의 가치관과 태도 등의 내용을 담고 있다. 주로 현직 훈련의 형태로 실시되며 장기적이고 지속적인 실시가 필요하다.

(3) 감독자 훈련

감독자 훈련은 1인 이상의 부하를 통솔하고 감독할 책임을 진 슈퍼바이저들에 대한 훈련으로 제일선의 지도감독을 맡고 있는 팀장이나 과장을 대상으로 한다. 업무지식, 리더십, 의사전달, 인간관계, 인사관리 등 거의 전 분야의 내용을 교육한다.

(4) 관리자 훈련

슈퍼바이저보다 높은 최고 계층에 속한 중・고급 관리자에 대한 훈련을 말한다. 관리자에게 요구되는 능력으로서 정책수립, 리더십에 관한 것으로 구분되며, 사례발표, 회의, 토의방법, 신디케이트(syndicate) 등이 널리 이용된다.

(5) 멘토링

상위 단계의 업무에 대해서 경험이 많지 않은 구성원들에게 경험을 공유시키면서 역량개발을 유도하는 방법이다. 멘토와 멘티의 지속적인 상호작용을 강조한다. 성공적인 멘토링 프로그램을 만들기 위해서는 자발적인 참여와 절차상의 유연성, 능력과 의지를 갖춘 멘토 선택, 목적에 대한 명확한 이해 등이 필요하다.

3) 직원능력개발의 방법

(1) 강의

직원능력개발을 위한 가장 공동적인 도구로서 일정한 장소에 직원들을 모아 놓고 전달하는 방법이다. 강의 후 토론시간을 주어야 하며, 경비 절감, 시간 절약 등의 효과가 있으나 강사의 유능함, 참여하는 직원들의 성의 정도에 따라 소기의 효과를 거두기 어려울 수도 있다는 단점이 있다.

(2) 회의

주제에 관한 논의 내지 토의가 이루어지는 공식적인 모임이다. 1명의 연사가 발표, 토론하거나 구성원 간 상호 의견을 통해 학습이 촉진된다. 단, 회의 참여 전에 토의될 주제에 관해 어느 정도의 지식을 가지고 있어야 하며, 소규모 집단에 적용 가능하다.

(3) 토의 · 토론

한 주제에 대해 소수의 사람이 먼저 주제발표를 한 다음 여러 사람이 토론을 벌이는 방법이다. 자유롭고 공개적인 집단사고를 통해 중지를 모을 수 있지만, 참여자가 많아 각자의 의견 개진이 어려우며 결론 없이 끝날 수 있으므로 초점을 잃지 않도록 주의해야 한다. 자유토의, 포럼, 패널토의, 심포지엄 등과 유사하다.

참가자가 다수일 경우는 가급적 많은 사람에게 전문적인 정보를 충분히 제공하고, 일정 시간 내에 토의에 참가시키기 위한 다음과 같은 방법이 있다.

① **패널토의**(panel discussion) : 논제에 관한 전문가 또는 각종 의견의 대표자(패널구성원)가 먼저 토의하고, 그 다음에 청중이 참가해서 사회자를 중심으로 전체토의를 한다.

② **심포지엄**(symposium) : 몇 사람의 강연자가 논제에 대해서 서로 다른 각도에서 강연을 하고, 그 후에 청중이 참가해서 질문이나 의견을 제시한다.

③ **콜로키**(colloquy) : 몇 사람의 청중 대표가 먼저 문제를 제시하여, 배석한 몇 사람의 전문가의 의견을 구하는 형식을 중심으로 하는데, 필요에 따라 청중도 참가해서 토의를 한다.

④ **포럼**(forum) : 청중의 참가라는 의미가 강한데, 한 사람의 강사에게 강의를 하도록 한 다음에 청중이 토의를 하는 렉처 포럼(lecture forum), 대표자의 토론이 끝난 다음에 청중이 의견을 나누는 디베이트 포럼(debate forum), 영화나 슬라이드를 보고 난 뒤에 의견을 나누는 필름 포럼(film forum) 등의 방법이 있다.

(4) OJT, Off-JT

① OJT(On the Job Training) : 직장훈련, 현장훈련, 직무상 훈련이라고도 하며, 근무현장 내에서 실제 직무를 수행하면서 선임자로부터 대면지도, 개별지도, 훈련지도 등을 통해 직무수행 능력을 개발하는 방법이다.

② Off-JT(Off the Job Training) : 직장 외 교육이라고도 하며, 직장 내·외의 전문가를 초빙하여 직무현장이 아닌 강의실이나 세미나실 등에서 강의식으로 교육하는 방법으로, 실무 중심이 아닌 일반적인 원리나 지식을 교육하는 데에 적합한 방법이다.

(5) 슈퍼비전

직원이 실제 직위에서 윗사람으로부터 직무에 관하여 지도감독을 받는 것으로 사회복지조직에서 특히 중요하며, 전문적 슈퍼비전은 크게 능력을 키울 수 있는 밑거름이 된다. 1 : 1뿐 아니라 집단적으로도 가능하지만 다수인을 동시에 훈련할 수 없으므로 슈퍼바이저가 많은 시간을 할애해야 한다.

(6) 사례발표

직원개발의 공통적인 방법으로 직원들 간에 돌아가면서 한다. 사례를 계획하고 개입기법을 배우는 데 도움을 주며 시간은 약 30~45분이 허용된 후 평가 및 토의 시간이 몇 분 정도 주어진다. 분석적 사고능력과 문제해결 능력 개발에 도움을 주지만 사례 선정에 주의를 기울여야 한다.

(7) 집단행동

집단적으로 격리된 장소에서 합숙훈련을 하는 것이다. 감수성 훈련, 시찰, 시청각교육, 실습 등이 있으며 직원개발의 목적, 직원들의 특성 및 기타 시설과 경비 등의 제반 사항을 감안하여 결정해야 한다. 구성원의 결속력을 다지는 데 효과적인 방법이다.

(8) 신디케이트(syndicate)

분단연구반, 분임토의로 많이 불린다. 10명 내외의 소집단으로 나누고 각 집단별로 동일한 문제를 토의하여 해결방안을 작성하고 다시 전체가 모인 자리에서 각 집단별로 문제해결 방안을 발표하고 토론하여 하나의 합리적인 문제해결 방안을 모색하는 방법이다.

(9) 계속교육

학교교육이 끝난 사회복지조직의 직원들을 대상으로 그들의 전문성을 유지하고 향상시키기 위해 계속적으로 필요에 맞게 교육하는 것을 의미한다. 일회성으로 끝나지 않도록 철저한 계획이 마련되어야 하며, 교육기관과 일선 사회복지조직 간의 협조가 이루어져야 할 것이다.

(10) 역할연기(role playing)

여러 직원들 앞에서 2인 또는 그 이상의 직원들이 실제로 연기한 후 여러 직원들이 평가, 토론하여 사회자가 결론적인 설명을 하는 방법이다.

(11) 순환보직(rotation)

일정한 시일의 간격을 두고 여러 다른 직위나 직급에 전보 또는 순환보직 등을 통해 훈련하는 방법을 말한다. 여러 가지 보직을 담당하는 과정에서 시야와 경험을 넓히고 관리능력을 향상시키는 장점이 있는 반면에 전보가 빈번히 이루어지는 경우 업무 수행의 전문성과 능률성을 저하시켜 행정의 일관성을 해칠 우려가 있다.

4) 직원능력개발 평가

직원능력개발을 위한 다양한 방법들이 실행된 이후 그것이 얼마나 효과적인지를 판단하기 위한 평가과정이 필요하다. 새로운 기술이나 지식을 습득했는지, 업무 태도에 있어 어떠한 변화가 일어났는지 등을 토대로 실제로 직무수행

능력이 향상되었는지를 확인하는 과정이다.

최근 강조되고 있는 직무의 수행성과(performance)는 '직원들에 의해 개인적으로나 혹은 집단적으로 나타나는 직무행동'을 말하는 것으로 조직이나 프로그램 관리를 위해서는 어떤 식으로든 이러한 직원들의 직무수행 성과를 평가하는 것이 필요하다. 평가를 통한 피드백 정보는 자신의 직무수행이 조직이 요구하는 방향이나 방법들에 얼마나 부합되는지를 확인시켜 주기 때문이다.

수행성과는 몇 가지 기준을 통해 측정될 수 있는데 일반적으로 생산성(혹은 산출물), 서비스의 효과성, 서비스의 질, 효율성 등과 같은 기준이 많이 쓰인다. 특히 사회복지조직은 측정에 따른 실행 가능성이 떨어지고 비용과 시간 소모가 많은 변수들을 동원해야 하는 어려움이 있지만 서비스의 질과 효과성을 가장 중요하게 여긴다.

4. 슈퍼비전

사회복지 슈퍼비전은 독자적 이론이나 뚜렷한 방법론이 아직 개발되지 않아 '지도감독', '슈퍼비전' 사이에서 공식적 단어 선택이 이루어지지 않고 있다. 더욱이 사회복지 실천현장이 다양하기 때문에 슈퍼비전의 적용도 그 특성에 따라 독특성이 강조되어 오고 있다.

사회복지조직의 몇 가지 특성이 이러한 슈퍼비전의 필요성을 증가시키고 있다. 우선, 사회복지조직이 관료제적 특성을 가지기 때문에 실천현장에서 위계적 명령계통을 따르므로 슈퍼비전의 필요성을 증가시킨다. 또한 사회복지조직은 정부, 지역사회, 기부자들로부터 재원을 조달하므로 자율성의 제한을 겪는다. 이는 사회적 책무성이 높아지도록 하고 있어 상급자의 지도감독이 매우 필요하게 되었다. 마지막으로, 사회복지실천은 매우 다양한 인구집단을 대상으로 하므로 사회복지조직은 명확한 목표 설정에 어려움을 겪고 있으며 이는 업무 표준화를 어렵게 한다. 이를 보완하기 위해 슈퍼비전을 통한 업무 조정, 통합, 방향 설정 등이 이루어지고 있는 것이다.

1) 슈퍼비전의 정의

슈퍼비전은 사회복지기관의 종사자가 업무를 수행하는 데에 지식과 기능을 최대로 활용하고 그 능력을 향상시켜 효과를 높이기 위하여 원조와 지도를 행하는 일이며 최소 2인 이상의 관계에서 이루어지는 것이다. 'super(over, 위에서)'와 'videre(watch, 지켜보다)'의 합성어로 사회복지사가 하는 그 일에 대한 사전 경험이 풍부한 사회복지사가 지도감독 하는 일이며 직속상관이 제공하는 것이 가장 바람직하다. 일에 대한 감시나 감독이 아니라 교육하고 훈련하고 지도하고 지원하는 교육과 지도의 형태여야 하며, 사회복지사에게 교육과 지도가 필요할 때까지만 한정적으로 제공되는 것이다.

2) 슈퍼비전의 목표

슈퍼비전은 효과적이고 효율적인 서비스 제공을 위한 슈퍼바이지, 즉 사회복지사의 변화와 성장을 위해 작업배경 제공, 업무만족감 제공, 각종 교육과 훈련을 실시하여 대인서비스 제공에서의 학습문화 정립을 목표로 한다. 궁극적으로 클라이언트에게 최상의 서비스를 제공하기 위해 직원의 전문성을 향상시키고 기관의 책무성을 실현하기 위한 것이다.

3) 슈퍼비전의 원칙

슈퍼비전에 대한 학문적 정립은 미흡하지만, 카두신(Kadushin, 1992)과 먼슨(Munson, 1979)은 다음과 같이 슈퍼비전의 8대 원칙을 제시하고 있다.

① 공식화 : 기관 전체 직원이 공식적으로 이해하고 있어야 한다.
② 구조화 : 언제, 어디서, 무엇을, 어떻게 할 것인가 구조화되어 있어야 한다.
③ 정규화 : 슈퍼비전을 정규적 정식 업무로 인정해야 한다.
④ 개별화 : 슈퍼바이지 개인의 학습욕구 및 성향에 따라 실시되어야 한다.
⑤ 맥락화 : 사례를 중심으로 구체적으로, 일관성 있게 진행되어야 한다.
⑥ 성장 중심화 : 긍정적 평가 통해 칭찬, 격려, 지적 등이 이루어져야 한다.
⑦ 욕구 중심화 : 슈퍼바이지의 욕구에 맞추어 이루어져야 한다.

⑧ 상호교류 중심화 : 양방향으로 투명하게 실시하며 언어적 표현을 주로 사용한다.

4) 슈퍼비전의 기능

카두신(Kadushin, 1992)은 사회복지조직에서 슈퍼바이저의 역할을 세 가지 영역으로 정의한다. 첫째, 행정적인 상급자로서의 역할 수행이다. 하급자가 기관의 정책이나 과정, 규정 등을 잘 지키고 있는지를 감독하는 역할로 업무를 처리하고 조직의 통제와 책임성을 유지하는 행정적 과정을 강조한다. 둘째, 교육자로서의 역할이다. 직접 서비스를 제공하는 일선 사회복지사에게 전문적인 지식과 기술을 증진시키는 역할로 전통적인 교육 기능을 강조한다. 셋째, 상담자로서의 역할이다. 클라이언트의 문제로 인해 감정적으로 소진된 사회복지사에게 사회적 지지를 제공하는 역할이다. 사기를 진작시키고, 좌절과 불만에 대해 도움을 제공하며, 전문가로서 가치를 느끼고 기관에 대한 소속감과 직무수행에 있어 안정감을 갖도록 하는 것이다.

이를 기반으로 슈퍼비전의 기능은 행정적(administrative), 교육적(educational), 지지적(supportive) 기능으로 나누어지는데 각각의 특성은 다음과 같다.

(1) 행정적 슈퍼비전

행정적 슈퍼비전은 작업배경을 제공하는 목표를 가지고 조직의 구조와 사회복지사의 업무를 도울 수 있는 기관자원에 접근하는 방법을 제공하며, 사회복지사의 지시, 지도, 행정적 업무를 돕는다. 직원의 채용과 선발, 사회복지사의 임명과 배치, 업무의 계획 수립 및 위임, 업무에 대한 모니터링, 의사소통의 촉진, 변화의 매개자, 행정적 수장으로서의 역할이 수행된다.

(2) 교육적 슈퍼비전

사회복지사의 업무능력 개선에 목표를 두고 업무에 필요한 지식과 기술을 제공한다. 더불어 학습의 촉진, 훈련 및 교육, 경험과 지식의 공유, 정보제공, 안내, 명확화, 문제해결에 대한 원조, 조언 및 제안 등이 이루어진다.

(3) 지지적 슈퍼비전

일선 사회복지사가 스스로 업무를 진행할 수 있도록 용기를 북돋워 주고 지지해 준다. 업무만족감 고취를 목표로 하여 효과적 업무수행을 위한 심리적 자원을 제공하는 것이다. 스트레스 유발 상황 방지 및 해소, 사회복지사의 신뢰 형성, 관점의 공유, 결정에 대한 책임 공유, 성공을 위한 기회 제공, 심리적 지지, 긴장의 완화 등의 방법이 있다.

〈표 8-2〉 슈퍼비전의 기능별 구분

구분	행정적 슈퍼비전	교육적 슈퍼비전	지지적 슈퍼비전
목표	작업배경 제공	업무능력 개선	업무만족감 지원
장애물	비합리적 조직	무지와 낮은 인지능력	정서 불안정
내용	조직의 구조와 사회복지사의 업무를 도울 수 있는 기관자원에의 접근법 제공	업무에 필요한 지식과 기술 제공	효과적으로 업무를 수행할 수 있도록 심리적 자원 제공
관심 영역	효율적인 조직에 사회복지사를 연결시켜 조직의 구조와 자원을 효율적으로 이용할 수 있도록 하는 것	지식과 기술의 향상을 통해 사회복지사의 효율성을 증대하는 것	업무수행을 방해하는 스트레스를 감소시키고 사기를 증진시켜 사회복지사의 효율성을 증대하는 것
사회복지사 모델	효율적으로 과제를 수행하는 사회복지사	자질 있고 능력 있는 사회복지사	공감적이고 이해심 많은 사회복지사
과제	① 직원의 채용과 선발 ② 직원의 임명과 배치 ③ 업무계획 ④ 업무할당 ⑤ 업무위임 ⑥ 업무모니터링(검토/ 평가) ⑦ 업무조정 ⑧ 의사소통 촉진 ⑨ 행정적 완충 ⑩ 변화 대행	① 가르침 ② 학습촉진 ③ 훈련 ④ 경험과 지식 공유 ⑤ 정보 제공 ⑥ 명확화 ⑦ 가이드 제공 ⑧ 사회복지사 원조 ⑨ 전문적 성장 제고 ⑩ 조언, 제안, 문제해결 원조	① 스트레스 유발상황 방지 ② 스트레스 해소 ③ 스트레스 대처 원조 ④ 신뢰 형성 ⑤ 관점 공유 ⑥ 결정에 대한 책임 공유 ⑦ 성공을 위한 기회 제공 ⑧ 동료를 통한 지지 제공 ⑨ 업무 관련 긴장 완화

출처 : 김융일 외(2001).

5) 슈퍼비전의 유형

슈퍼비전은 자신의 업무에 대해서 스스로 점검하는 자기분석 슈퍼비전, 일대일로 슈퍼비전을 제공하는 개별 슈퍼비전, 동료 간 일대일로 진행하는 동료 간 개별 슈퍼비전, 슈퍼바이저와 여러 명의 슈퍼바이지가 슈퍼비전 관계를 형성하는 집단 슈퍼비전, 동료들이 집단을 구성하여 서로 슈퍼비전을 주고받는 동료집단 슈퍼비전, 한 부서/ 팀이 외부에서 슈퍼바이저를 초빙해서 슈퍼비전을 받는 부서/ 팀 슈퍼비전 등이 있다. 이들 유형은 각각 장단점이 있고 상황에 알맞게 활용될 수 있어야 한다.

(1) 개별 슈퍼비전

개별 슈퍼비전은 일대일로 슈퍼비전 회합을 갖는 것으로, 개별 슈퍼비전을 제공하는 슈퍼바이저는 사회사업에 대한 지식과 이해, 교육적인 과정, 그리고 개인의 행동에 대한 이해를 필요로 한다. 강력한 멘토링 관계 형성으로 개별화된 목표에 초점을 맞출 수 있으나 관계가 어긋나면 슈퍼비전의 유지가 어려워지거나 슈퍼비이지의 의존심을 유발할 가능성이 있다.

(2) 집단 슈퍼비전

행정적, 교육적, 지지적인 기능을 수행하기 위해서 소집단을 활용하는 것이다. 집단 슈퍼비전은 배우는 사람에게 문제를 해결할 수 있는 기술과 그가 일하면서 활용해야 하는 기술을 알려줄 수 있다. 기관에서는 직원회의나 위원회, 오리엔테이션 등으로 실시되며 학교에서는 학생들을 소집단으로 나누어서 세미나 또는 집단토론을 할 때 사용한다. 편안한 학습 환경을 제공할 수 있고 소속감, 자율성 등을 증가시킬 수 있으나 개별 슈퍼바이지에게 충분한 시간을 투여할 수 없고 개인이 집단에 희생당할 수 있는 우려가 있다. 집단 슈퍼비전을 제공하는 슈퍼바이저는 집단지도에 대한 상당한 기술을 갖추고 있어야 한다.

(3) 동료집단 슈퍼비전

동료들 간의 자발적인 슈퍼비전으로 슈퍼바이저의 참여 없이 동료들이 주기적으로 만나서 주제를 선정하여 함께 토론하고 배우는 방법이다. 동료집단 슈퍼비전을 실시하기 위해서는 참여자들이 사회복지에 충분한 경험과 지식과 기술이 있어야 하고, 필요할 때 도움을 제공할 수 있어야 한다는 전제가 요구된다. 또한 문제를 집단토론에 안건으로 제출하여 함께 토론하고 이로 인해 얻은 결과를 적절하게 사용할 수 있어야 한다.

(4) 기타 유형

왓슨(Watson)은 개별, 집단, 동료 집단 슈퍼비전 이외에 직렬 슈퍼비전, 팀 슈퍼비전, 케이스 상담 등을 슈퍼비전 유형으로 제시하고 있다. 직렬 슈퍼비전은 두 업무자가 동등한 자격으로 슈퍼비전을 상호 간에 제공하는 것이며, 팀 슈퍼비전은 다양한 성격을 가진 구성원으로 팀을 구성하여 진행한다. 케이스 상담은 업무자와 상담인의 체계로 형성된다.

6) 슈퍼바이저의 조건과 자질

슈퍼바이저는 사회복지실천에 대한 풍부한 지식과 기술을 습득하고 있어야 한다. 사회복지사가 언제든 접근할 수 있어야 하며 항상 진지한 자세로 슈퍼비전에 임해야 한다. 슈퍼바이저가 갖추어야 할 조건으로 의사소통, 솔직함, 칭찬과 인정을 통한 긍정적 보상 등이 중요하게 여겨지고 있다.

특히 슈퍼바이저가 가지고 있는 가정과 학교에서의 개인적 경험과 관계 맺기, 옹호, 계약, 피드백 제공 등과 같은 전문적 실천가로서의 경험, 스스로 슈퍼비전 받은 경험, 학생 실습지도자로서의 경험 등이 슈퍼비전의 유형에 영향을 미치기 때문에 슈퍼바이저는 스스로 전문가로서의 자신에 대한 이해, 즉 자기인식(self-awareness)이 필요하다. 사회복지사 개인의 생활경험이 클라이언트와 다르기 때문에 사회복지사는 자신의 가치관을 정직하게 또 의식적으로 통찰할 수 있어야 한다. 이를 통해 전문가로서의 자아인식 발달을 꾀할 수 있는 것이다.

〈표 8-3〉 효과적인 슈퍼바이저의 유형

효과적인 슈퍼바이저	비효과적인 슈퍼바이저
• 구조화된 슈퍼비전	• 비구조화된 슈퍼비전
• 상담 역할 활용	• 상담과 슈퍼비전 구분 불가능
• 슈퍼바이지에게 적합한 상담 방법 활용	• 오직 하나의 상담 방법을 고수
• 훌륭한 교사	• 부적절한 교사
• 융통성 있는 역할 선택	• 특정 역할에 매임
• 명확한 계약	• 부적절한 협상
• 합의된 기준에 의한 공정한 평가	• 평가에 대한 명료한 기준 미흡
• 슈퍼바이지의 개별화	• 동일한 방법으로 모든 슈퍼바이지에게 슈퍼비전 제공
• 슈퍼바이저 훈련받음	• 슈퍼바이저 훈련이 필요한 이유 모름
• 다양한 슈퍼비전 개입방법 활용	• 제한적인 슈퍼비전 개입방법
• 명확하고 직접적이고 건설적인 피드백	• 피드백이 없거나 모호하거나 처벌적

7) 바람직한 슈퍼비전

사회복지조직에서 슈퍼바이저가 자기지식을 개발하고 발전시키는 것과 개발된 사아를 수용하는 것은 평생이 걸리는 일이다. 사회복지실천의 주요 도구인 자아를 능숙하게, 충분히, 그리고 최대의 결과를 가져오도록 사용할 수 있게 누군가가 도움을 줄 수 있다면 그것이 슈퍼바이저의 역할이다.

스키드모어(Skidmore, 1990)에 의하면 바람직한 슈퍼비전이 이루어지려면, 조직이 슈퍼비전을 제공할 수 있는 시간을 확보할 수 있어야 하고, 각 직원에 대한 직무분석, 직무기술 등이 구비되어 있어야 하며, 각 직원이 달성해야 할 목표와 우선순위 체계가 마련되어 있고, 기관의 목표가 무엇인지에 대해 직원들이 공유할 수 있는 조직 분위기가 형성되어야 한다.

5. 동기부여

1) 동기부여

동기부여(motivation)는 근무의욕을 북돋우고 사기를 진작시켜 업무의 생산성을 향상시키며, 나아가 서비스 제공의 효과성과 효율성을 높이기 위한 중요한 요소이다. 사회복지서비스를 관리하는 데 매우 중요한 요소로서 동기부여 이론과 동기부여의 공통적 요소들에 관해 살펴보고자 한다.

(1) 동기부여 이론

동기부여 이론은 내용이론과 과정이론으로 분류된다. 내용이론은 동기를 부여하는 실제적인 내용이 무엇인가에 초점을 두는 것으로 무엇이 인간의 행동을 일으키는가와 관련된다. 개인의 욕구 충족을 위해 동기가 발생하는 것으로 보기 때문에 내용이론을 욕구이론이라고도 한다. 반면에 개인의 욕구 충족이 조직 내에서 어떻게 이루어지는가에 대한 부분은 과정이론에서 설명된다. 즉, 조직구성원이 조직의 목표 달성 과정에서 어떤 요인에 의해 행동을 일으키는지에 초점을 두는데, 인간의 욕구에 기초를 두고 거기에 더하여 행위의 선택을 유발하는 요인이 무엇인가를 추가적으로 설명하는 것이다.

내용이론으로는 매슬로우의 욕구 5단계 이론, 알더퍼의 ERG 이론, 허즈버그의 동기－위생 이론, 맥클리랜드의 성취동기이론, 맥그리거의 X · Y 이론 등이 있으며, 과정이론으로는 아담스의 형평성 이론, 브룸의 기대이론 등이 있다.

① 매슬로우의 욕구 5단계 이론

매슬로우(Maslow)는 욕구가 낮은 단계에서 높은 단계로 올라가는 계층으로 구성되어 있다고 주장하였다. 동기부여 될 필요가 있는 경우 근로자들은 각각 하나의 개인으로서 이해되어야 하고 그들의 개인적 · 집단적 욕구가 고려되어야 한다고 주장하며 그들의 욕구를 충족시킬 수 있도록 작업조건이 제공되어야 한다고 주장한다. 하지만 이 이론의 타당성은 인정받고 있지만 실증적으로 욕구가 단계적인가에 대한 근거가 부족하며, 업무만족은 매슬로우의 단계와 관계없는 요소의 영향을 받을 수 있다는 비판이 있다(제12장 참고).

가. 1단계 : 생리적 욕구

인간의 가장 기본적인 욕구인 의식주와 관련된 최하위 단계의 욕구

나. 2단계 : 안전의 욕구

추위, 질병, 위험 등으로부터 자신을 보호하는 욕구

다. 3단계 : 소속감과 애정의 욕구

가정을 이루고, 친구를 사귀는 등 애정 및 소속감에 관한 욕구

라. 4단계 : 자아존중의 욕구

소속단체의 구성원으로 명예나 권력을 누리려는 욕구

마. 5단계 : 자아실현의 욕구

자신의 재능과 잠재력을 충분히 발휘하여 자신이 이룰 수 있는 모든 것을 성취하려는 최고 수준의 욕구

② 알더퍼의 ERG 이론

알더퍼(C. Alderfer)는 매슬로우의 욕구 5단계 이론이 현실적인 조직 생활에 적용하기가 매우 모호하다는 점을 비판하면서 이 문제점 내지는 한계점을 극복하고 보완하는 데 초점을 두고 이를 3단계로 축소하였다. ERG 이론의 E(Existence, 존재욕구)는 매슬로우의 생리적 욕구나 일부 안전의 욕구와 같이 인간이 자신의 존재를 확보하는 데 필요한 욕구로 급여, 육체적 작업에 대한 욕구, 물질적 욕구 등을 말한다. R(Relatedness, 관계욕구)은 개인이 주변 사람들과 의미 있는 인간관계를 형성하고 싶은 욕구를 말한다. 매슬로우의 욕구 중 안전에 대한 욕구, 소속감과 애정의 욕구, 일부 자아존중의 욕구와 비슷하다. G(Growth, 성장욕구)는 인간의 잠재력 발휘와 성장 및 발전과 연관된 욕구로서 매슬로우의 자아존중의 욕구, 자아실현의 욕구와 비슷하다.

매슬로우와 알더퍼 이론의 차이점은 다음과 같다(이목훈, 2008).

첫째, 매슬로우는 욕구의 중요성과 추구의 순서를 기준으로 다섯 가지로 나누었으나, 알더퍼는 욕구를 충족시키기 위해 취하는 행동이 얼마나 추상적인가를 기준으로 세 가지로 나누었다.

둘째, 매슬로우는 다섯 가지의 욕구 중 가장 강력한 하나의 욕구에 의해 동기가 생성된다고 보았지만, 알더퍼는 두 가지 이상의 욕구가 동시에 작용하여 동기를 유발한다고 보았다.

셋째, 매슬로우는 최하위의 생리적 욕구로부터 자아실현의 욕구로까지 단계적으로 충족시켜 나간다는 일방적 과정을 제시한 반면, 알더퍼는 하위단계로부터 상위단계로만 진행되는 것이 아니라 반대의 방향으로도 충족시켜 가고자 한다고 보고 있다. 즉, 욕구충족의 행위는 후진적·하향적 퇴행을 보이기도 한다는 것이다.

③ 허즈버그의 동기-위생 이론

허즈버그(Herzberg)가 제시한 것으로 인간의 두 가지 기본적 욕구, 즉 고통(pain)을 피하려는 욕구와 심리적 성장과 만족을 성취하려는 욕구를 만족시켜야 한다는 것이다. 허즈버그는 생산성이 떨어지는 주요한 이유 중의 하나는 효율성이라는 미명 아래 일의 의미와 심리적 소득이 박탈되기 때문이며 직장에는 그 자체가 직무만족이나 적극적인 동기부여를 가져오는 요인이 결핍되면 불만의 요인이 되어 근무의욕에 영향을 주는 위생적인 요소들이 있다고 제시한다. 허즈버그의 이론 이후 많은 연구들이 나왔으나 허즈버그 이론에서 얻을 수 있는 것은 직원들의 불만 요인을 제거함으로써 근무의욕을 가질 수 있는 예방적 조건을 구비한 후 동기부여하는 것이 바람직하다는 것이다.

동기요인은 심리적 요인으로 직무를 통한 '정신적 성장' 및 '자기실현' 욕구와 관련된다. 성취, 인정, 발전, 일에 대한 책임감, 성장 가능성, 승진 등이 이에 해당한다.

위생요인은 갖추어지지 않을 경우 불만족을 초래하는 근무조건이나 환경과 관련된다. 매슬로우의 욕구 단계 중 저차원적 욕구와 유사하다. 조직의 정책과 경영, 감독기술, 급여, 인간관계, 작업조건 등이 결핍되면 불만이 되는 요인이다.

④ 맥클리랜드의 성취동기이론

맥클리랜드(D. McClelland)는 모든 사람이 동일한 욕구 계층을 가지고 있다고 주장한 매슬로우의 욕구단계 이론을 비판하면서, 인간은 자신이 사회에서 경험하며 살아가는 과정에서 욕구를 학습한다고 주장한다. 그는 개인의 행동을 동기화시키는 잠재력 있는 욕구는 사회문화적 환경에서의 생활을 통해 학습되는 것이므로 개인마다 상이한 욕구체계를 가진다고 주장한다. 이렇게 개인이 사회문화적으로 학습하는 욕구는 성취욕구, 권력욕구, 친교욕구로서 각각 개인의 행동을 유발하는 동기로 작용한다는 것이다.

성취욕구는 달성욕구라고도 한다. 어려운 일을 달성하려는 욕구, 장애를 극복하여 높은 목표를 이루려는 욕구, 다른 사람들과 경쟁하여 이기고 싶은 욕구, 자신의 능력을 최대한 발휘하고 싶은 욕구 등이 이에 해당한다.

권력욕구는 구성원들에게 통제력을 행사하거나 행동에 영향을 미치려는 욕구를 말한다. 권력욕구가 강한 사람은 타인에게 영향력을 행사하거나 통제하려는 데 온통 관심을 집중하고, 논쟁에서 이겨 타인의 행동을 바꾸고자 하며, 권위와 지위를 얻기 위해 노력한다.

친교욕구는 친화욕구, 귀속욕구라고도 하는데, 다른 사람과 친근하고 밀접한 관계를 맺으려는 욕구를 말한다. 친교의 욕구가 강한 사람은 타인과 우호적이고 인정 있는 관계를 맺고 유지하고자 하므로 많은 사람과 접촉하는 일에 종사하는 것이 좋다.

⑤ 맥그리거의 X · Y 이론

맥그리거(McGregor, 1960)가 제시한 것으로 X이론은 고전적 접근법을, Y이론은 인간관계적 접근법을 의미한다. X이론은 인간은 본질적으로 일하기를 싫어하고 가능하면 일을 피하려고 하기 때문에 근로자에게 민주적 참여를 최소화하고 집권적인 권위적인 지시와 통제가 필요하다는 것이다. 반면에 Y이론은 근로자들을 의사결정에 광범위하게 참여시킴으로써 덜 집권화시킬 것과 최소한의 통제와 지시를 강조한다.

매슬로우가 말하는 욕구단계에서 X이론은 하위욕구에 초점을 둔 것으로 강제, 통제, 명령, 처벌 등을 기초로 한 관리 전략을 말하고, Y이론은 비교적 상위욕구를 염두에 둔 것이다. 즉, '자율에 의한 통제'를 강조하면서, 조직구성원의 잠재력이 능동적으로 발휘될 수 있는 관리 전략을 통해 개인의 목표와 조직의 목표를 서로 통합시켜 민주적 관리를 하도록 하는 것이다. 이러한 X이론과 Y이론은 조직 내 인력자원의 동기수준, 직무의 성질, 조직의 상황요인 등을 고려해서 적용되어야 한다.

⑥ 아담스의 형평성 이론

아담스(J. Adams)의 형평성 이론은 사람들이 항상 자신의 투입에 대한 보상결과를 남과 비교하면서 인지하게 되는 형평성 여부가 사람들의 동기에 영향을 미친다고 보는 이론이다. 즉, 투입에 대한 산출의 비율을 기준으로 준거인들과 비교하여 인지되는 형평성이 동기를 유발하게 된다는 것이다. 조직원이 다른 사람과 비교하여 불공평함을 느낀다면, 그 차이를 줄이는 방향으로 동기가 부여된다는 것이다.

형평성 이론에서 투입은 조직으로부터 보상을 기대하고 조직에 투여한 능력, 기술, 교육, 경험, 사회적 지위 등을 말한다. 산출은 투입에 대한 결과로서 개인이 받은 수익이나 비용을 말하는데 보수, 승진, 만족, 학습기회 등이 이에 해당한다. 비교대상이 되는 준거인들은 보통 조직 내 동일부서나 다른 부서에 근무하는 사람들 또는 다른 조직에서 유사한 상황에 있는 사람들을 말한다. 형평성과 비형평성은 비교결과로서 자신의 투입에 대한 산출의 비율과 준거인들의 투입에 대한 산출의 비율을 비교하면서 발생되는 개념이다.

형평성 이론은 형평성이 보장되는 조직구조와 관리방식이 조직구성원에게 긍정적인 동기요인이 됨을 시사하며, 동시에 관리자들은 구성원들의 형평성에 대한 인지에도 관심을 기울여야 함을 말해주고 있다.

⑦ 브룸의 기대이론

브룸(V. Vroom)의 기대이론 발표 이후 상당한 기간 동안 여러 학자들에 의해 이론적 범위가 확대되어 왔다. 기대이론은 인간이 행동하는 방향과 강도는 그

행동이 일정한 성과(Outcome)로 이어진다는 기대(Expectancy)의 강도와 실제로 이어진 수단성(Instrumentality)에 대해 느끼는 가치부여(Valence)에 달려 있다. 사람은 행동에 앞서서 행동의 결과에 대해 생각하고 어떤 결과가 이루어질 확률(가능성)을 고려해서 행동하며, 그 선택은 결과를 초래하는 인지된 매력에 의해 영향을 받는다고 가정한다.

기대이론에서 동기의 강도는 이러한 기대, 수단성, 가치부여의 관계를 기초로 한 결합에 의하여 결정된다고 보았다. 조직구성원이 조직이 제공하는 보상에 가치를 두고, 능력을 발휘하면서 노력을 하면 성과가 있을 것으로 믿으며, 성과가 있으면 바라는 보상이 주어질 것이라고 믿을 때 동기가 유발된다는 것이다. 그러나 기대이론이 전통적 동기이론의 설명력을 높여주고는 있지만 자아실현적 욕구가 동기가 된다고 보는 성장이론의 발전으로 기대이론의 설명력은 크게 약화되었다. 성장이론에서는 조직의 목표와 개인의 목표가 통합됨은 물론, 개인은 자아실현의 욕구를 가지고 있기 때문에 스스로 동기를 갖게 되면서 과업을 열심히 수행하여 조직목표를 달성하는 것이 개인에게도 보람이며, 그것 자체가 가장 큰 보상이 되는 것으로 기대이론과 상반된 입장을 보이고 있기 때문이다.

(2) 동기부여의 공통적 요소들

다양한 동기부여 이론을 살펴보면 사회복지행정 분야에 적용할 수 있는 몇 가지 공통적 요소들을 갖추고 있다. 이는 동기부여와 관련한 개인적 관심과 시간관리, 행정적 지지, 책임과 권한의 명확화, 인정과 칭찬, 성취기회의 제공 등이 해당된다.

우선, 개인적 관심은 동기부여와 양질의 사회적 서비스 제공에 아주 중요하다. 관심은 조직에서 사례와 경험을 나누거나 조직 운영에 중요한 기획 및 의사결정 과정에 직원들을 참여시킴으로써 개발될 수 있다. 민주적이고 참여적인 분위기가 도움이 된다.

둘째, 시간관리는 행정가들이 조직의 틀 내에서 시간 사용을 존중하거나, 직원들 스스로 창의적이 되기 위해 상당한 시간을 사용하도록 하는 양보를 필요로 한다. 행정가들이 자신들의 시간을 효과적으로 사용함으로써 모범을 보여야 하며, 위원회 운영과 의사결정 과정을 조직화해야 한다.

셋째, 행정적 지지가 필요하다. 조직 내외적 신뢰와 지지는 또 다른 신뢰와 지지를 불러일으킨다. 지지적이라는 것은 직원들을 뒷받침하고 칭찬과 인정을 해주면서 직원들의 감정을 충족시켜 주고 직원들로 하여금 다른 직원들과 일할 의욕을 불어넣어 줄 수 있다.

넷째, 책임과 권한의 명확화가 필요하다. 직원들이 자신들의 책임을 이해하고 책임 수행을 위한 권한을 가지고 있다면 직원들은 긍정적 감정으로 그들이 할 수 있는 것을 하도록 동기부여 된다. 책임은 구체적이고 분명해야 하며 반드시 책임할당과 권한부여가 함께여야 한다.

다섯째, 직원들은 상관으로부터 인정과 칭찬으로 이루어진 환류(feedback)를 필요로 한다. 말이나 글로 인정을 표현할 수 있으며, 환류를 통해 직원들에게 그들의 행위가 제대로 이루어졌다는 것을 알려준다. 유능한 행정가는 개별면담 및 직원모임에서 칭찬을 아끼지 않는다.

마지막으로 성취기회가 제공되어야 한다. 가치 있는 무엇인가를 할 수 있는 기회가 공개되어 개인 및 집단의 만족을 가져오도록 해야 한다. 그에 대한 성취로 진정한 만족과 긍정적 감정을 얻을 수 있으므로 성취기회 제공은 사기진작을 위해 아주 중요하다.

6. 직무만족과 소진

1) 직무만족

직무만족은 직무수행 과정에서 경험하거나 직무수행 결과로 얻게 되는 성취감 등 한 개인이 자신의 직무에 대해 가지고 있는 일련의 태도로서, 긍정적인 정서 상태를 의미한다. 직무의 난이도, 도전감, 중요성, 다양성, 책임 등은 내적 만족에 해당하며, 보상, 작업환경, 승진 등은 외적 만족에 해당한다.

사회복지서비스를 포함하는 휴먼서비스에서는 효과적인 직무수행을 위해 직무만족도가 필수적인 선행조건이라는 것이 상식처럼 인식되고 있다. 즉, 직장에서의 높은 사기가 서비스의 질이나 효율성 등과 같은 업무수행력의 향상에 기여한다는 것이다. 그러나 이러한 두 변수들 간의 관계가 구체적으로 성립되지 않음을 보여주는 연구들도 있다. 적어도 직무에 대한 만족도와 직무 수행성과의 관계가 이전에 생각했던 것보다는 훨씬 더 복잡하게 나타난다고 본다(김영종, 2010). 사회복지조직 자체와 직무수행자인 사회복지조직 구성원의 내적·외적인 특성과 상황에 따라 직무만족의 결정요인이 다르게 나타나기 때문에 직무만족에 영향을 미치는 요소들을 찾아내어 설명하기는 어려운 일이다.

2) 소 진

헌신적이었던 전문직업인이 직업에서 경험하는 스트레스와 고통들에 대한 반응으로서 직무에서부터 멀어져 가는 과정으로 직업에 대한 이상, 열정, 목적의식이나 관심을 점차적으로 상실해 가는 과정을 소진이라 한다. 소진은 다음과 같은 일정 단계를 거친다.

① **열성의 단계** : 희망과 정열을 가지고 많은 시간과 노력을 투자하는 단계
② **침체의 단계** : 보수, 근무시간과 근무환경에 신경을 쓰고 개인적 욕구 충족을 중요시하는 단계
③ **좌절의 단계** : 자신의 직무수행 능력과 자체의 가치에 의문을 가지며 클라이언트와의 직접적인 접촉을 피하고, 피로, 복통 등의 경험을 호소하는 단계
④ **무관심의 단계** : 정신적, 신체적으로 기권 상태에서 클라이언트에게 무관심해지거나 직업을 떠나는 단계

소진 예방을 위해서는 개인적 차원에서 환경적 스트레스 요인을 적절히 통제해야 한다. 사회적 지지 집단을 활용하거나 워크숍, 유연근무제, 휴가, 임금 인상, 역할 교대 등이 대안이 될 수 있다. 또한 환경적 요인에 대해서 변화를 꾀할 수 없을 때는 중재, 긴장 완화, 운동, 여가활동 등으로 혼란을 경감시키기 위한 활동을 하는 것이 좋다.

조직적 차원에서는 조직의 사명, 목적, 목표를 분명히 하고 이를 구성원들과 공유하는 것이 중요하다. 조직 내 인간관계를 바람직하게 형성할 수 있도록 분위기를 조성해야 하며 비효율적이거나 부수적인 서류업무 등은 감소시켜야 한다. 다양한 근무제도의 도입과 지속적인 슈퍼비전, 직원 훈련, 정서적 지지 등도 조직적 차원에서 소진 예방을 위해 필요하다.

CHAPTER 09

재정관리

1. 예산의 개념과 원칙

1) 예산의 개념

예산(budget)은 독립적인 실체에서 행할 장래 일정 기간의 계획된 지출과 그 지출을 위한 자금조달계획이다. 일반적으로 다음 1년 동안의 조직목표를 금전적으로 표시한 것으로 1년 동안의 재정활동에 대한 감시 장치를 제공하는 것이다.

예산은 수입・지출의 종료 및 금액을 계통적・조직적으로 편성한 예정적 계산이며, 사업 계획의 내용과 방향을 수적으로 표시한 것으로서 재정의 규모, 내용 및 방향을 알 수 있도록 한다. 사회복지조직에서는 사회복지를 목적으로 다양한 형태로 제공되는 서비스를 위해 많은 비용이 필요하다. 특히 대상자에게 무상 혹은 최소한의 비용으로 서비스를 제공하고, 정부보조금이나 민간 기부금 및 후원금이 기관 재정에서 절대적인 비율을 차지하고 있기 때문에 예산 운용에 대한 법적・도덕적 책임을 갖게 된다.

사회복지행정에서의 예산은 법인과 시설의 1회계연도에 있어서의 활동에 수반되는 지출경비와 그 경비의 재원을 계수화하여 집계한 시한적 재정계획을 말한다. 사회복지법인 및 사회복지시설 재무・회계 규칙에 따르면 법인과 시설의 1회계연도의 모든 수입을 세입으로 하고 모든 지출을 세출로 하며, 수입과 지출은 모두 예산에 편입하도록 하는 예산총계주의를 채택하고 있다.

2) 예산의 기능과 원칙

예산은 전통적으로 통제기능이 강조되었지만 최근에는 효율성, 효과성과 관련된 관리기능과 기획기능이 강조되고 있다. 통제기능은 서비스의 투입과 전환 간의 관계를 통해 기관과 서비스의 재정 상태를 검토하는 기능으로, 계획된 목적 외에는 사용할 수 없도록 하고 있다. 관리기능은 서비스의 투입과 산출 간의 관계를 통해 기관과 서비스의 재정 상태를 파악하는 기능이다. 최소한의 예산으로 신속하게 효율적으로 목표를 달성할 수 있도록 하는 기능을 말한다. 기획기능은 프로그램의 투입과 성과 간의 관계를 통해 주로 기관과 프로그램의 효과성을 검토하는 기능이다. 예산이 목표달성에 얼마나 효과적인가를 파악하는 기능으로 단기적 계획뿐만 아니라 장기적 계획을 모두 포함한다.

통제, 관리, 기획 기능을 가지는 예산은 다양한 원칙에 의해 수립·편성된다. 현재 적용되는 예산의 원칙을 살펴보자.

① **사전의결** : 적법절차에 따라 국민의 동의를 받아야 한다. 포괄적인 세입·세출에 대하여 국민의 대표기관인 국회의 사전승인을 받아야 하며 집행기관에서는 승인된 내용을 준수해야 한다.

② **책임성** : 예산과 예산관리는 입법적 심사와 회계검사의 대상이 되어야 한다.

③ **투명성** : 예산의 내용뿐만 아니라 그 관리과정의 공개성을 높이고 예산을 누구나 알기 쉽게 구성하여 명료성을 높여야 한다.

④ **정직성** : 예산의 내용이나 관리과정에 속임수가 있어서는 안 되며 특수이익을 고려하거나 부패가 개입되어서는 안 된다.

⑤ **계획성** : 실현 가능성이 높은 예산이 되어야 한다. 신중해야 하며, 공적자금 관리는 지나친 모험을 삼가야 한다.

⑥ **효율성** : 집권화의 요청과 분권화의 요청을 적정하게 조화시켜 입법적·행정적 통제와 집행자율을 상황의 요청에 따라 절충해야 한다.

⑦ **형평성** : 세입·세출의 결정과 집행에서 분배의 정의를 추구해야 한다.

⑧ **성장과 안정의 조화** : 예산은 경제의 성장과 안정을 조화시키는 데 기여해야 한다.

⑨ **통일성** : 기부금, 후원금, 사업수익 등 모든 수입을 하나의 공통된 창구에 포함한 후 지출해야 한다는 것으로 특정한 수입과 특정한 사업을 직접 연결시켜서는 안 된다.

⑩ **포괄성** : 예산총계주의 원칙으로 모든 수입과 지출이 예산에 나타나야 한다. 완전성이라고도 한다.

⑪ **연례성** : 예산은 회계연도 단위로 작성되어야 하며, 이를 예산단연주의라 한다(회계연도 독립의 원칙).

⑫ **배타성** : 예산에 있어서는 재정적인 문제만을 취급해야 한다.

⑬ **한정성** : 정해진 목적을 위해 정해진 금액을 정해진 기간 내에 사용해야 한다(목적 외 사용 금지 원칙).

3) 예산의 유형

예산의 유형에는 정부예산과 공기업 예산, 일반회계예산과 특별회계예산, 기금, 본예산, 수정예산, 추가경정예산, 준예산 등이 있다.

(1) 정부예산과 공기업 예산

정부예산을 일명 국가예산이라고도 한다. 정부예산은 입법부의 심의·의결을 통해 확정되는 예산을 가리킨다. 공기업이란 법률에 의하여 정부에서 기금을 투자하여 설립한 정부투자기관으로 공공성(공공이익)과 기업성(이윤추구)을 함께 추구한다. 따라서 공기업 예산은 국가 또는 공공단체의 승인이나 입법부의 심의가 요구되며 또 한편으로는 공기업의 기업성으로 자율성·신축성 있는 예산 집행이 함께 요구된다(고광신 외, 2010).

(2) 일반회계예산과 특별회계예산

일반회계예산이란 일반의 세입·세출에 관한 예산을 말한다. 국가 활동에 관한 세입과 세출을 포괄적으로 계상한 예산을 가리키며 주로 교육비, 사회개발비, 경제개발비, 국방비, 일반행정비, 지방재정교부금, 채무상환, 예비비, 재정투융자 지원 등에 사용된다.

특별회계예산은 일반회계와 구분되는 국가재정으로 특정한 세입으로 특정한 세출에 충당하는 예산운용제도를 가리킨다. 국가재정법 제4조에서 국가의 회계는 일반회계와 특별회계로 구분한다고 규정하고 있다. 특별회계는 일반회계와 독립적으로 정리함으로써 사업의 성과와 책임의 한계를 명확히 할 뿐 아니라 특정한 세입으로 특정한 세출을 충당함으로써 수지와 손실을 명백히 함에 기본 취지가 있으며 이를 법률 또는 지방자치단체 조례로 설치하도록 규정하고 있다[지방재정법 제4조(회계구분)]. 하지만 특별회계의 경우 예산 구조가 복잡해지고 불투명해지며, 예산과 행정통제가 어려워진다는 단점을 가지고 있다.

(3) 기금

국가가 일정한 목적을 위하여 적립하거나 준비하는 자금을 기금이라 한다. 국가재정법 제5조에서 기금설치와 운영에 대하여 명시하고 있으며 세입세출예산에 의하지 아니하고 운용할 수 있다. 국민주택기금, 국민연금기금, 장애인고용촉진기금, 사회복지사업기금, 산업재해보상보험기금 등 여러 기금이 운용되고 있다.

(4) 본예산

헌법 제54조에 명시되어 있는 대로 국무회의에서 심의하고 대통령이 승인한 다음 연도 예산안에 대하여 입법부에서 심의·확정된 예산을 말한다. 당초예산, 성립예산이라고도 한다.

사회복지행정에서 본예산은 사회복지법인 및 사회복지시설 재무·회계 규칙 제10조에 의거하여 당초 이사회의 심의(운영위원회 보고)를 얻어 확정, 성립된 예산을 말한다.

(5) 수정예산과 추가경정예산

본예산이 확정되었다 하더라도 불가피한 사정이 발생함에 따라 예산 집행의 수정이 불가피할 경우가 생기는데 이를 대비하여 마련한 것이 수정예산과 추가경정예산이다. 정부가 예산안을 국회에 제출한 후 부득이한 사유로 그 내용의 일부를 수정하고자 하는 때에 국무회의의 심의를 거쳐 대통령의 승인을 얻은 수정예산안을 국회에 제출할 수 있다. 추가경정예산은 예산안이 입법부에서 확정된 후에 변경하는 제도를 말한다.

사회복지행정에서는 예산안을 이사회에 제출한 후 부득이한 사정으로 그 내용의 일부를 수정하여 제출하는 예산을 수정예산이라 한다. 추가경정예산은 사회복지법인 및 사회복지시설 재무·회계 규칙 제13조에 명시되어 있다. 추가경정예산이란 추가예산과 경정예산을 통칭하여 사용하며, 추가예산은 이미 성립한 예산의 부족을 보충하기 위해 비목을 신설하거나 기존 비목의 금액을 추가·증액하는 경우에 편성되며 전체 예산 규모에 변동이 일어난다. 경정예산은 새로 세입의 추가 없이 기존 예산의 범위 내에서 각 비목 간의 예산조정 등을 통해 예산과목 상호 간 예산 금액을 변경하는 것으로, 전체 예산 규모에 변동을 가져오지 않으며 보통의 경우 추가예산 작성의 필요성과 경정예산 작성의 필요성이 동시에 발생하는 경우가 많아 양자를 합하여 편성하는 것이 대부분이다.

(6) 준예산

준예산은 입법부에서 예산안이 확정되지 못하여 전년도 예산에 준하여 경비를 지출하는 것을 말한다. 사회복지행정에서도 지방재정법 제46조와 재무회계 규칙 제12조에 의거하여 예산 불성립 시의 예산으로 준예산을 활용한다. 즉, 회계연도 개시 전까지 법인의 예산이 성립되지 아니한 때에는 대표 이사가 시·군·구청장에게 그 사유를 보고하고 예산이 성립될 때까지 경비를 전년도에 준하여 집행할 수 있는 예산이다. 임직원의 보수나 법인 및 시설운영에 직접 사용되는 필수적인 경비(예 공공요금, 임대료, 급식비 등), 법령상 지급의무가 있는 경비(예 사회보험료 등), 이미 예산으로 확정된 경비(예 명시이월비, 계속비 등) 등이 이에 해당한다.

성립 전 예산(추가경정예산 편성의 예외)

세출예산 성립 후 사업내용이 명시되어 수입되는 국고, 지방자치단체보조금, 지정후원금, 기타보조금, 찬조보조금 등은 시설운영위원회와 이사회에서 심의 의결을 거칠 시간적 여유가 없는 경우에는 추가경정예산의 성립 이전이라도 먼저 사용할 수 있으며, 이는 차기 추가경정예산에 반영하여야 한다.

2. 예산의 수립 및 관리

1) 예산 유형[1]

일반적으로 예산의 유형을 항목별 예산, 성과주의 예산, 프로그램기획 예산, 영기준 예산 등으로 나누고 있다. 이는 재정적 관점과 프로그램 관점에 따라 각각 다르게 활용된다.

항목별 예산은 재정적인 관점을 취하므로 단순히 수입과 지출에 대한 계산을 위해 설계된다. 그러나 성과주의 예산, 프로그램기획 예산은 재정적 관점과 더불어 프로그램 관점도 취한다. 성과주의 예산은 프로그램의 제품 및 서비스를 제공하는 비용(중간산출)과 서비스 종료 비용(최종산출)에 관한 정보를 제공한다. 프로그램기획 예산은 프로그램 결과, 성취, 영향에 관련된 정보를 제공하고, 영기준 예산은 전년도 예산을 고려하지 않은 제로 베이스(zero-base)에서 새로이 예산을 편성한다. 항목별 예산, 성과주의 예산, 프로그램기획 예산은 모두 구조화된 예산과정, 표준화된 예산 형식의 사용, 공통적 예산 정의를 사용한다.

(1) 항목별(품목별) 예산(LIB : Line-Item Budgeting)

항목별 예산(LIB)은 과학성이 낮은 가장 오래되고 전통적이고 일반화된 예산 체계이다. 1회계연도를 기준으로 작성하는 가장 기본적인 예산 형식이며, 사회복지기관에서 가장 많이 사용되고 있는 형식이기도 하다. 예산을 수입과 지출의 항목별로 혹은 지출항목별로 구체적으로 제시한다. 예산 집행자들의 재량권을 제한함으로써 행정의 정직성을 확립하려는 제도로 지출을 통제하려는 예산 방식이다. 예산을 지출항목에 따라 분류함으로써 예산에 대한 행정책임의 소재를 분명히 하고 회계책임에 대한 외재적 통제가 용이하도록 하는 제도이다.

점진주의적 특성을 가지고 있어 예산의 증감을 신축성 있게 할 수 없는 특성이 있으며, 결과나 목표달성에 대한 고려가 부족하기 때문에 사회복지조직에서

1) 이 절은 표갑수 · 이재완 · 유옥현 · 이화정 · 김현진(2016). 사회복지프로그램 개발과 평가, pp. 125-133의 내용을 발췌 · 부분 수정하여 기술하였음.

전적으로 이용하는 데는 어려움이 있으므로 회계의 편의와 예산의 통제를 위해서 다른 예산체계와 결합하여 도입하는 것이 바람직하다.

〈표 9-1〉 항목별 예산제도의 장단점

장 점	• 계산 작업과 예산 구조의 이해가 쉽다. • 회계책임을 묻는 데 유용하며 점증주의적 의사결정에 수반한다. • 지나친 모험을 피하게 하며 안전한 예산관리를 할 수 있다. • 갈등을 야기할 수 있는 선택을 분산 또는 분할하기 때문에 모든 어려움에 한꺼번에 직면하지 않아도 된다. • 어떤 정책도 항목들에 반영할 수 있다.
단 점	• 목표달성에 무관심한 투입기준의 예산을 결과로 하여 산출의 성과를 확인할 수 없게 한다. • 목표중립성·정책중립성은 사업무관심·성과무관심을 조장할 수 있다. • 과학적 포괄성·합리성을 결여한다. • 재정구조의 경직화를 초래한다. • 활동의 중복이 발생한다. • 정부 전체 활동의 통합조정에 필요한 수단을 제공하지 못한다.

(2) 성과주의 예산(PBS : Performance-based Budgeting System)

기능적 예산관리(functional budgeting system)라고도 하는데, 개별 지출 항목들을 조직활동과 연결시키는 것이 특성이다. 사회복지조직의 책임성과 관련하여 중요성이 강조되고 있으며, 우리나라는 1990년대 후반부터 성과주의 예산제도를 도입하고 있다.

무슨 일을 하느냐에 중점을 두는 제도로 무엇을 구입하느냐를 적용하는 항목별 예산제도와 구별된다. 성과주의 예산은 투입과 성과를 비교하는 효과성을 강조하는 관점으로서 그동안 사회복지 관련 프로그램에서도 비교적 선호되어 왔던 관점이다. 조직의 활동을 기능별 또는 프로그램별로 나누고 이를 다시 세부 프로그램으로 나누어 세부 프로그램 단위의 원가를 계산하고 여기에 업무량을 곱하여 예산액을 정하고 있다.

이 예산체계는 업무단위 하나를 산출하는 데 소요되는 경비를 말하는 단위원가(단위원가×업무량=예산액)를 계산하여 자금을 배분하므로 합리성을 도모할 수 있으며, 프로그램별로 통제하기 쉽고 프로그램의 효율성을 기할 수 있는 장점이 있다. 그러나 프로그램 단위를 정하는 것과 비용계산이 용이하지 않다는 것이 대표적인 단점이다. 전문 서비스의 경우 프로그램 단위(서비스 단위)를 시간으로 하는 것이 많지만 일괄적으로 적용되기 어렵고, 비용의 계산에도 직접비용과 간접비용을 고려해야 하며 범위를 정하는 것도 쉽지 않다. 성과주의 예산은 서비스의 효율성을 기하는 데 크게 기여할 수 있으므로 사회복지조직에서 도입하는 것이 바람직하다.

〈표 9-2〉 성과주의 예산제도의 장단점

장 점	• 프로그램의 목적을 이해하기 쉽고 계획 수립이 용이하다. • 예산 편성에 있어 신축성을 부여할 수 있으며 프로그램 관리에 있어 계획과 통제가 용이하다. • 예산 과정의 과학화에 기여하고 유용한 행정관리 수단을 제공한다. • 예산배정 대상인 활동과 조직설계의 부합도가 높기 때문에 예산편성과 집행의 관리가 용이하다.
단 점	• 효과성 기준을 제시하지 못한다. • 예산과정에 대한 국회의 참여와 통제가 제약된다. • 행정의 복잡성에 충분히 대응할 만큼 접근 방법이 정교하지 못하다. • 업무단위 선정에 기술적 애로가 크다. • 단위 원가를 계산하기 어렵다.

(3) 프로그램기획 예산(PPBS : Planning-Programming-Budgeting System)

프로그램기획 예산제도는 목표·계획·사업의 효율적 수행에 주된 관심을 가진다. 합리적·포괄적 계획을 강조하며 비용·효과분석 등 계량적 분석기법의 활용을 통한 예산과정의 객관화를 추구한다. 따라서 의사결정의 흐름은 하향적·확산적인 것으로 된다.

프로그램의 계획과 예산 수립의 괴리를 좁혀 프로그램의 효과성을 높이기 위해 개발되었다. 목표달성을 위한 장기적인 계획을 수립하고 그 계획을 연차적으로 실행하기 위해 예산을 사업별로 편성함에 따라 프로그램과 예산이 통합되는 방식이다. 프로그램 중심이자 산출을 중심으로 한 예산방식이다. 구체적인 목표의 수립과 그에 맞는 달성을 강조한다.

장기적인 사업계획(planning)을 세우고 그것을 실천하기 위한 당해 연도의 프로그램 계획(programming)과 이를 뒷받침하는 예산(budgeting)을 통합하여 수립하는 예산체계이다. 프로그램기획 예산의 실행을 위해서는 우선, 목표를 정확히 파악해야 한다. 즉, PPBS에 의하여 사업의 목표가 명확히 제시되어야 한다. 목표가 설정되면 이를 달성하기 위한 능률적인 각종 대안을 체계적으로 검토해야 하며 현재 내리는 결정에 대한 미래의 비용이 포함되어야 한다. 예산수립 과정은 다음과 같다.

① 조직의 장기적이고 일반적인 목표를 개발한다.
② 구체적으로 시간 제한적이며 계량적인 목표를 잠정적으로 정한다.
③ 목표 달성을 위한 욕구와 가용자원, 제약조건 등의 사실 정보를 수집한다.
④ 자료를 근거로 구체적 목표를 설정하고 우선순위를 정한다.
⑤ 기존 프로그램을 포함한 제반 대안들을 개발하고 그것들의 효과성과 효율성을 분석하여 최적의 것을 선택한다.
⑥ 프로그램의 예산을 수립하여 예상되는 수입 원천과 접촉하여 실행 가능성을 검토한다.
⑦ 현실성 있게 예산안을 수정한다.
⑧ 최종적인 예산안을 채택한다.

목표설정의 명확성과 구체성을 통한 효율성과 효과성 달성의 책임이 강조되는 최근의 경향을 생각하면 사회복지조직에서는 가능한 한 이 예산체계를 도입하는 것이 바람직하다.

〈표 9-3〉 프로그램기획 예산제도의 장단점

장 점	• 목표를 명료화하고 집행과정을 목표에 연결 짓는 데 유용하다. • 계획활동을 촉진하고 장·단기 목표에 일관되게 예산을 편성할 수 있다. • 사업의 비용·효과분석을 통해 경제적 논리를 적용할 수 있게 한다. • 사업대안들의 심층적 분석에 필요한 정보를 제공한다. • 정책결정에 관련된 요인들의 포괄적 분석과 계획화를 촉진한다.
단 점	• 경제적 합리성에 집착하여 정치적 영향을 배제하려 하지만 이는 비현실적이다. • 목표체계의 명료화는 실천적으로 쉬운 일이 아니다. • 공공재의 효과는 대부분 계량적 측정이 곤란하다. • 정확한 비용·효과 예측, 포괄적 사업 간 비교가 불가능하거나 매우 어렵다. • 과다한 서류작업을 요구하는 폐단이 있다. • 책임질 수 없는 일에 대해 책임을 묻는 잘못이 있다.

(4) 영기준 예산(ZBB : Zero-Base Budgeting)

영기준 예산 체계는 처음부터(영의 상태에서) 새로 프로그램을 시작한다는 전제하에서 예산을 세우는 것을 말한다. 즉, 전례를 기준으로 삼지 않고 매년 영(0)의 수준 또는 백지 수준에서 새로이 예산을 결정한다는 원칙을 채택하는 모형이다.

이 예산체계에서 가장 중요시하는 질문은 현재의 프로그램은 효율적이고 효과적인가, 현재의 프로그램은 우선순위가 높은 다른 프로그램에 예산을 배정하기 위하여 중단해야 하는가 아니면 프로그램에 대한 예산을 줄여야 하는가이다. 영기준 예산의 수립 절차는 의사결정 단위의 확인, 분석, 각 대안의 비교 및 우선순위 부여, 대안에 대한 예산배정 수준 결정 과정을 가진다. 실천영역에서 조직들이 영기준 예산체계를 채택하는 이유는 예산 감축, 자원 재배정, 예산 요구에 대한 지지 획득, 하급관리자들의 참여 확대, 하급관리자들의 능력 평가, 예산·계획·통제기능의 연계 강화 등을 그 예로 들 수 있다.

영기준 예산체세의 예산편성 절차를 구성하는 기본적 활동단계는 ① 의사결정 단위의 선정(확인), ② 의사결정 계획의 작성, ③ 의사결정 계획의 서열 결정 등 세 가지이다. 이것을 흔히 'ZBB의 기본적 요소'라고 부른다.

〈표 9-4〉 영기준 예산제도의 장단점

구분	내용
장 점	• 자원의 능률적·효율적 배분과 예산절감에 기여할 수 있다. • 정보의 질과 흐름을 개선할 수 있다. • 의사결정과 계획기능의 개선에 기여한다. • 비용·효과, 생산성 그리고 예산절감에 대한 감수성을 높이고 사업의 중복성을 배제하는 데 도움을 준다. • 신속한 예산조정 등 변동대응성의 증진에 기여한다. • 예산과정에 대한 참여를 촉진한다.
단 점	• 계산전략의 포괄적 적용은 불가능하거나 비용·노력의 과다한 투입을 요한다. • 예산결정에 깊이 작용하는 정치적 고려, 각급 관리자의 가치관 등 비경제적 요인의 영향을 간과한다. • 필요한 정보의 획득에 애로가 있다. • 보수적·확장 지향적인 조직의 성향과 마찰을 빚을 수 있다.

	• 경직성 경비 또는 비탄력적 예산 지출이 많아 효용이 떨어진다. • 전면적인 사업재검토는 빈번한 사업변동과 예산배정 변동으로 사업전환에 많은 비용이 든다. • 각급 관리자들은 과중한 서류작업에 시달릴 수 있다.

지금까지 제시한 사회복지 재정 및 프로그램 예산과 관련한 주요한 예산제도의 유형에 관해 간단하게 비교해 보면 다음 표와 같다.

〈표 9-5〉 **주요 예산 유형의 특성**

특 성	항목별 예산 (LIB)	성과주의 예산 (PB)	프로그램기획 예산(PPBS)	영기준 예산 (ZBB)
기준방향	통제	관리	계획	의사결정
범 위	투입	투입・산출	투입・산출 효과・대안	투입・산출 효과・대안
기 능	회계	관리	경제학・기획	관리와 기획
중요정보	지출대상	기관활동	기관목적	사업계획의 목적 또는 기관의 목적
정책결정방식	점증적	점증적	체제적	체제적
예산기관의 역할	재정적 적절성	능률	정책	정책의 우선순위화
기획책임	일반적으로 부재	분산적	중앙	분권화

2) 예산편성의 과정

사회복지행정에서의 예산편성은 자체 시설이나 기관 혹은 재원 지원기관 등에서 마련된 예산작성지침에 의거하여 예산을 수립하는 것이 바람직하며, 예산작성지침서에는 조직의 목표, 정책변경 사항, 가용자원, 예산통제 사항 등이 포함되어야 한다.

예산은 목표달성의 가장 핵심적인 수단이므로 조직의 목표를 검토하고 운영에 대한 충분한 자료 수집이 선행되어야 한다. 예산 수립 과정을 통해 우선순위에 따른 예산안을 잠정적으로 확정하고 재정원천과의 접촉 및 확인을 통해 예산안의 수정 및 확정 과정을 거친다.

(1) 예산편성의 과정

① **조직의 목표 설정** : 조직의 목표는 단기적이고 관찰과 측정이 가능해야 하며, 구체적인 세부목표가 장기적인 목표에 부합하는지를 검토하여 수립한다.

② **기관운영에 관한 사실의 확인** : 과거와 현재 기관운영에 관하여 이용할 수 있는 기본적인 정보를 입수하고 연구하는 과정이다. 조직의 운영에 관해 이용할 수 있는 자료, 즉 부서별, 개인별 업무내용과 프로그램 실적, 프로그램 평가, 조직 내외의 가용자원, 재정현황 등이 기본적인 정보가 될 수 있다.

③ **운영대안의 검토** : 회계연도 내에 가능한 재원을 활용하는 여러 가지 대안을 검토한다.

④ **우선순위의 설정** : 조직의 목표와 효과성, 효율성, 시급성, 재정의 가용성 등 기존의 운영방법과 새로 설정된 운영방법을 비교하여 우선순위를 결정하고, 이 과정에서 어느 것이 기관의 정책 및 목표와 일치하는지를 살펴본다.

⑤ **예산에 관한 최종적인 결정** : 전체 기관 내에서 활동하는 개인들의 잠재력과 요구를 고려하여 부서들의 요구를 조정하여 최종적인 결정을 내린다.

⑥ **적절한 해석과 홍보** : 예산안이 최종적으로 확정되면 민간기관의 경우 이사회, 정부기관의 경우 예산담당 부서에 제시하여 예산 청구의 필요성을 합리적으로 설명하고 홍보하여 최종적인 예산승인을 얻는다.

(2) 사회복지조직의 예산편성 과정

사회복지조직의 예산편성권은 법인의 대표이사에게 있으므로 시설예산은 시설장이 편성하여 대표이사에게 제출해야 한다. 예산은 세입의 견적이며 세출의 한도를 정하는 것이므로 세입을 과다하게 견적한 경우나 실제 수입액이 부족하게 되는 경우 적자발생의 요인이 되므로 유의해야 한다.

사회복지조직의 회계별 예산은 법인회계, 시설회계, 수익사업회계로 구분한다. 법인회계와 시설회계 예산은 필요할 경우 일반회계예산과 특별회계예산으로 구분할 수 있다. 예산규모는 전년도 또는 수 개년 분의 실적을 검토한 후에 다음 해의 물가 상승률을 고려하여 추정하는 점증주의적 특성을 가진다. 전년도 예산과는 무관하게 영기준 예산 체계로 과거의 실적과는 상관없이 완전히 제로 베이스에서 편성할 수도 있으나 대체로 지방자치단체의 보조금에 따라 예산규모를 정하는 경우가 많다.

예산편성은 편성과정과 절차의 적절성, 예산형식과 내용의 예산과목 체계성, 예산편성 과정의 법정시한 등이 중요하게 다루어진다. 또한 클라이언트의 재정 수요와 욕구를 파악하여 예산에 반영해야 한다. 사회복지조직의 예산편성 과정은 다음과 같다.

① **예산안의 제출**

법인의 대표이사 및 시설의 장은 회계연도마다 예산을 편성하여 회계연도 개시 20일 전까지 시설운영위원회 및 법인 이사회에 제출하여야 한다. 예산안에는 예산편성기준, 세입 · 세출예산 사항 설명서(사업계획서), 이월사업비 등 서류를 첨부하여야 한다.

② **예산안의 심의 의결**(규칙 제10조)

법인 이사회 및 시설운영위원회에서는 회계연도 개시 5일 전까지 관할 시장 · 군수 · 구청장에게 확정된 예산을 제출하여야 함을 감안하여 이를 의결하여야 한다.

③ **예산편성 결과 고시**(규칙 제10조 제4항, 제5항)

시 · 군 · 구청장은 법인으로부터 예산을 제출받은 때에는 20일 이내에 법인과 시설의 회계별 세입 · 세출 예산명세서를 시 · 군 · 구의 게시판과 인터넷 홈페이지에 20일 이상 공고하고, 법인의 대표이사 및 시설의 장으로 하여금 해당 법인과 시설의 게시판과 인터넷 홈페이지에 20일 이상 공고하도록 하여야 한다. 공고는 사회복지시설정보시스템 등에 게시하거나 어린이집의 경우 연 1회 공시로 갈음할 수 있다.

주요 내용	주 체	일 정
시·군·구에서 법인 또는 시설에 특히 필요하다고 인정하는 사항에 관해 예산편성지침 통보 가능	법인 또는 시설 소재지 관할 시장·군수·구청장	회계연도 개시 2개월 전까지
▼		
법인은 법인과 법인 산하 시설의 예산편성지침을 결정	법인 대표이사	회계연도 개시 1개월 전까지
▼		
회계별 예산(법인회계, 시설회계, 수익사업회계) 편성	법인 대표이사 및 시설의 장	회계연도 개시 전까지
▼		
시설회계 예산안에 대한 시설운영위원회 보고 ※ 법인이 설치·운영하는 시설의 경우에도 시설회계는 법인 이사회 의결 전 시설운영위원회에 보고 필요 ※ 법인회계 및 수익사업회계에 대해서는 불필요	시설의 장	예산안 편성 완료 시
▼		
법인의 회계별 예산(법인회계, 시설회계, 수익사업회계)안에 대한 이사회 의결, 예산안 확정 ※ 법인이 설치·운영하는 시설의 시설회계도 포함 ※ 법인이 아닌 경우에는 시설운영위원회 보고로 예산안이 확정됨	법인 이사회	예산안 편성 완료 시
▼		
확정된 예산안을 시장·군수·구청장에 제출 ※ 법인은 법인의 회계별 예산(법인회계, 시설회계, 수익사업회계)을 법인 소재지를 관할하는 시장·군수·구청장에 제출하고, 시설의 장(법인이 운영하는 시설도 포함)은 해당 시설의 시설회계를 시설소재지 관할 시장·군수·구청장에 제출	법인 대표이사 및 시설의 장	회계연도 개시 5일 전까지
▼		
법인과 시설의 회계별 세입·세출 명세서를 시·군·구, 법인, 시설의 게시판과 인터넷 홈페이지에 20일 이상 공고 ※ 사회복지사업법 제6조의2 제2항에 따른 정보시스템에 게재하거나 영유아보육법 제49조의2 제2항에 따른 공시로 갈음 가능	시장·군수·구청장, 법인 대표이사, 시설의 장	예산안 제출 20일 이내

[그림 9-1] 사회복지조직의 예산편성 과정

출처 : 보건복지부(2024). 2024년 사회복지시설 관리안내.

3) 사회복지조직의 예산 결정

(1) 예산편성 지침(규칙 제9조)

사회복지법인의 대표이사는 매 회계연도 개시 1개월 전까지 그 법인과 시설의 예산편성 지침을 정하여야 한다. 시장・군수・구청장은 특히 필요하다고 인정되는 사항에 대하여 예산편성 지침을 정하여 매 회계연도 개시 2개월 전까지 법인 및 시설에 통보할 수 있다.

(2) 예산서에 첨부할 서류(규칙 제11조)

사회복지법인 및 사회복지시설 재무・회계 규칙 제11조는 예산서에 첨부해야 할 서류를 정하고 있다. 다만, 단식부기로 회계를 처리하는 경우에는 제1호・제2호・제5호 및 제6호의 서류만을 첨부할 수 있고, 국가・지방자치단체・법인 외의 자가 설치・운영하는 시설로서 거주자 정원 또는 일일 평균 이용자가 20명 이하인 시설(이하 "소규모 시설"이라 한다)은 제2호 및 제6호의 서류만을 첨부할 수 있다.

① 예산총칙
② 세입・세출명세서
③ 추정재무상태표
④ 추정수지계산서
⑤ 임・직원 보수 일람표
⑥ 예산을 의결한 이사회 회의록 또는 예산을 보고받은 시설운영위원회 회의록 사본

(3) 세입・세출예산과목

우리나라 사회복지시설의 예산은 목별 분류를 기초로 한 품목별 예산제도를 중심으로 운영하고 있으며 품목별 예산제도란 예산을 조직별, 지출대상별로 분류하여 예산편성, 심의, 집행, 회계검사에 이르기까지의 전 과정이 기관별・품목별로 운영되는 제도로서 예산집행에 있어서 유용이나 부정을 방지하기 위한 통제 지향적 예산제도이다. 즉, 지출의 대상을 투입요소를 중심으로 급여, 여

비, 수당 등 품목별로 표시한 예산으로 집행부의 역할을 통제하고 집행부가 시설운영위원회 및 이사회의 의도대로 예산을 지출하였는가를 감독할 수 있는 제도이다.

법인 및 시설의 세입·세출예산은 사회복지법인 및 사회복지시설 재무·회계 규칙이 정하는 세입·세출예산과목 구분에 따라 편성하여야 한다고 강제되어 있다(규칙 제10조 제3항).

3. 예산의 집행 및 결산

확정된 예산은 정해진 목적에 따라 자금 수급 등의 재정여건을 감안하여 합리적이고 효율적으로 집행하여야 한다. 따라서 예산집행 시 예산의 취지에 충실하기 위해서는 법령에 규정된 절차에 따라 집행하여야 하며 규정 이외에 사용해서는 안 된다.

재정집행의 주요 목적은 재정통제와 예산의 신축성을 확보하는 것이다. 재정통제를 위해서 지출원인행위에 대한 상세한 지출계획서를 요구함으로써 예산전용이나 불필요한 지출을 막고, 기관의 적절한 인원과 임금을 유도하며 기관의 채무부담행위가 발생하지 않도록 해야 한다. 이를 위해 개별화, 강제, 예외, 보고, 개정, 효율성 등의 원칙이 적용된다.

예산의 신축성 확보는 통제와 반대되는 개념으로 성립된 것으로 변화하는 환경에 적응하고 효율적으로 예산을 집행하기 위한 것이다. 예산의 이용, 전용, 이체, 이월, 예비비, 계속비, 추가경정예산 등이 예산의 신축성을 확보할 수 있는 방법이다.

1) 예산집행의 원칙

전통적으로 품목별 예산에서 보듯이 예산집행의 목적은 통제에 두고 있다. 이는 행정의 경직화, 형식화를 가져올 수 있지만 한정된 예산을 가지고 사업을 진행하다 보면 불가피하게 재정을 통제하지 않을 수 없기 때문이다. 로만(Lohman,

1998)이 제시한 예산 통제의 기본 원칙은 다음과 같다(고광신 외, 2010).

① **개별화의 원칙** : 예산집행은 개별 기관의 전체적인 상황을 고려하여 고안되어야 한다. 개별 기관 그 자체의 제약조건, 요구사항 및 기대사항에 부합해야 한다.

② **강제의 원칙** : 예산집행 시의 강제성은 안정적인 재정집행과 기관의 정책목표 달성에 도움이 된다. 명시적인 규정으로 강제성을 확보하여 이의 동일한 적용을 통해 공평성을 공식화해야 한다.

③ **예외의 원칙** : 사업 수행 시 예상하지 못한 상황이 발생할 것을 고려하여 예외적인 규칙을 마련해야 하며 예외사항에 적용되는 다른 규칙이 명시되어야 한다.

④ **보고의 원칙** : 예산집행 시 전 과정에 걸쳐 보고가 있어야 한다. 특히 예산집행 시 문제가 발생하였을 경우 지체 없이 보고하여야 한다. 재정 관련 행위를 공식적으로 감시하고 통제하는 것으로 예산의 남용이나 개인적 유용, 항목 변경 등의 사실이 있음에도 보고되지 않으면 재정활동에 큰 문제가 발생할 수 있기 때문이다.

⑤ **개정의 원칙** : 규칙은 대개 일정 기간 동안만 적용할 수 있도록 제한하고 그 기간을 경과하였거나 개정의 필요성이 발생했을 경우 새로 개정할 수 있어야 한다.

⑥ **효율성의 원칙** : 예산통제에도 시간과 비용이 투입되므로 이를 최소한으로 하여 예산통제의 효율을 극대화하는 것이다.

⑦ **의미의 원칙** : 효과적인 통제를 위해 모든 조직원들이 예산집행상 적용되는 기준이나 규정, 의사소통 및 계약 등을 이해하게 하는 것을 말한다.

⑧ **생산성의 원칙** : 재정통제는 서비스가 효과적으로 전달되도록 하기 위한 수단이므로 이로 인하여 서비스 전달이라는 생산성에 장애와 갈등이 발생하지 않도록 유의해야 한다.

⑨ **환류의 원칙** : 재정통제 체계에 관한 여러 가지 부작용 및 장단점 등을 관련자들로부터 취합하고, 이를 개정과 개선의 기초로 활용해야 한다.

예산집행을 통제하는 기제는 다양하다. 관리자는 수입과 지출을 분기별로 조절하여 균형을 유지하도록 하기 위해 분기별로 할당하고, 재정현황을 월별, 분기별로 보고받아 검토해야 한다. 지출 전 최고관리자 또는 중간관리자에게 승인을 받도록 하여 계획된 지출을 할 수 있도록 유도하고, 기관의 재정상황에 맞게 적절한 지출이 이루어질 수 있도록 하는 지출의 사전 승인도 통제 기제 중 하나이다. 예상된 수입액이 충족되지 않는 경우 계획했던 지출을 일시적 혹은 최종적으로 취소하여 재정을 관리해야 하지만 불가피한 경우, 은행 등 금융권 및 관련 단체나 정부기관 등을 통해 일정 자금을 빌릴 수도 있다.

2) 사회복지조직의 예산 집행

사회복지 법인회계 및 시설회계의 예산은 세출예산이 정한 목적 외에 이를 사용하지 못한다(규칙 제15조). 그러나 예산집행에 탄력성을 부여함으로써 사업계획이나 여건변동에 따른 집행의 효율화를 기하기 위하여 예산의 전용과 세출예산의 이월, 예비비, 추가경정예산, 특정목적사업 예산 등의 제도를 인정하고 있다.

(1) 예산의 전용(규칙 제16조)

예산의 전용은 어떤 사업을 집행하고 남은 잔액을 사용처분하기 위한 제도가 아니라 계획이나 여건변동에 따라 탄력적으로 예산을 운용함으로써 사업을 보다 효율적으로 추진하기 위한 제도이다. 법인의 대표이사 및 시설의 장은 관·항·목 간의 예산을 전용할 수 있으며. 다만, 관간의 전용 및 동일 관내 항간의 전용은 이사회의 의결 또는 시설운영위원회에 사전 보고를 거쳐야 한다. 동일 항 내 목간의 전용은 법인 대표이사의 결재만으로 가능하다(사회복지시설 관리안내 : 보건복지부 지침). 법인의 대표이사 및 시설의 장은 예산을 전용한 때에는 시장·군수·구청장에게 「세출예산 과목 전용 조서」를 제출해야 한다.

다만, 예산총칙에서 전용을 제한하고 있거나, 이사회 및 시설 운영위원회의 예산심의 과정에서 삭감한 관·항·목으로는 전용하지 못하며 국가 및 지방자치단체로부터 받은 보조금은 「보조금 관리에 관한 법률」에 따라 용도 외로 전용할 수 없다.

(2) 세출예산의 이월(규칙 제17조)

법인회계와 시설회계의 세출예산 중 명시이월과 사고이월은 시설운영위원회 보고와 이사회의 의결을 거쳐 다음 연도에 이월하여 사용할 수 있다. 명시이월은 경비의 성질상 당해 회계연도 안에 지출을 마치지 못할 것으로 예측되는 경비이며, 사고이월은 연도 내에 지출원인행위를 하고 불가피한 사유로 인하여 연도 내에 지출하지 못하는 경비(부대경비 포함)를 말한다.

〈표 9-6〉 명시이월과 사고이월

구 분	명시이월비	사고이월비
내용상 요건	당해 연도에 그 지출을 완료하지 못할 것이 예상되는 경비로서 세출예산에 명시 ※ 예산 성립 시점	당해 연도 내 지출하지 못한 경비 ※ 회계연도 말 시점
절차상 요건	시설운영위원회, 이사회의 사전 의결 필요	시설운영위원회, 이사회의 사전 의결 필요
지출원인행위	이월연도 가능	반드시 당해 회계연도에 완료
제이월	이월연도 지출원인행위 금액에 대하여 사고이월 가능	재 사고이월 불가

(3) 예비비(규칙 제14조)

예측할 수 없는 예산 외의 지출 또는 예산초과 지출에 충당하기 위해 세출예산에 계상(할 수 있다)된 금액을 예비비라 한다. 법인의 대표이사 및 시설의 장은 예측할 수 없는 예산 외의 지출 또는 예산의 초과지출에 충당하기 위하여 예비비를 세출예산에 계상할 수 있다.

(4) 추가경정예산(규칙 제13조)

법인의 대표이사 및 시설의 장은 예산 성립 후에 생긴 사유로 인하여 이미 성립된 예산에 변경을 가할 필요가 있을 때 추가경정예산을 편성·확정할 수 있다. 추가경정예산 역시 당초 예산 심의 시 삭제 또는 감액된 부분을 신설하거나 증액해서는 안 된다. 회계연도 중반 쯤 예산 전체의 흐름을 파악하여 실시하게 되는데 수입이 현저히 증가한 경우, 지출이 당초 예산액보다 현저히 증가한 경우, 특정 과목의 예산이 현저히 증액 또는 감액되어야 할 경우, 새로운 예산 과목(신규사업)의 신설이 필요한 경우 등이 해당된다.

추가경정예산 편성절차는 본예산 편성절차와 동일하다. 예산안 편성이 완료되면 이사회의 심의·의결 및 시설운영위원회 보고를 거쳐 추가경정예산이 확정되고 확정된 날로부터 7일 이내 규칙 제11조(예산에 첨부하여야 할 서류)에 규정한 서류를 시장·군수·구청장에게 제출하여야 한다.

(5) 특정목적사업 예산(규칙 제18조)

완성에 수년을 요하는 공사나 제조 그 밖의 특수한 사업을 위하여 2회계연도 이상에 걸쳐서 그 재원을 조달할 필요가 있는 때에는 회계연도마다 일정액을 예산에 계상하여 특정목적사업을 위한 적립금으로 적립할 수 있다. 법인 또는 시설은 특정목적사업을 위한 적립금을 그 적립 목적에 한하여 사용하여야 하며 적립금의 적립 및 사용계획 등을 사전에 시장·군수·구청장에게 보고하여야 한다. 적립금은 그 적립목적에만 사용하여야 한다.

3) 결 산

(1) 결산의 의의

세입·세출결산은 매 회계연도가 종료하는 시점을 기준으로 한 회계연도에 있어서 시설의 재정활동 전반에 대한 수입과 지출의 실적을 확정적 계수로 표시하는 행위를 의미한다. 법인의 대표이사 및 시설의 장은 세입·세출 결산보고서를 작성하여 각각 이사회의 의결 및 시설운영위원회에의 보고를 거친 후 다음 연도 3월 31일까지 시장·군수·구청장에게 제출하여야 한다.

(2) 결산의 기능

① 예산집행의 타당성 검토

결산은 예산의 전용, 예비비 지출사유, 명시이월, 사고이월 등 예산집행에 관련된 제반 자료를 검토하여 예산집행의 타당성, 합리성 등을 평가하는 재정운영에 대한 사후적 통제기능을 담당한다.

② 장래의 합리적 재정계획 수립

결산심의 결과는 장래의 예산편성 및 심의의 참고자료로 활용하여 미래의 재정계획 수립의 합리화를 도모할 수 있다.

(3) 결산보고서에 첨부하여야 할 서류(규칙 제20조)

결산보고서에는 단식부기로 회계를 처리하는 경우에는 제1호부터 제3호까지 및 제14호부터 제23호까지의 서류만을 첨부할 수 있고, 소규모 시설의 경우에는 제1호 및 제17호의 서류만을 첨부할 수 있다.

① 세입·세출결산서

② 과목 전용조서

③ 예비비 사용조서

④ 재무상태표

⑤ 수지계산서

⑥ 현금 및 예금명세서

⑦ 유가증권명세서

⑧ 미수금명세서

⑨ 재고자산명세서

⑩ 그 밖의 유동자산명세서(제6호부터 제9호의 유동자산 외의 유동자산을 말한다)

⑪ 고정자산(토지·건물·차량운반구·비품·전화가입권)명세서

⑫ 부채명세서(차입금·미지급금을 포함한다)

⑬ 각종 충당금 명세서

⑭ 기본재산수입명세서(법인만 해당한다)

⑮ 사업수입명세서

⑯ 정부보조금명세서

⑰ 후원금수입 및 사용결과보고서(전산파일을 포함한다)

⑱ 후원금 전용계좌의 입출금내역

⑲ 인건비명세서

⑳ 사업비명세서

㉑ 그 밖의 비용명세서(인건비 및 사업비를 제외한 비용을 말한다)

㉒ 감사보고서

㉓ 법인세 신고서(수익사업이 있는 경우에 한한다)

(4) 결산절차

결산서는 과목별 예산규모의 증감사항과 예산액의 증감을 가져오지 않는 예산의 전용, 예비비의 지출 등을 유의해서 작성해야 한다. 또한 예산과목 및 사업목적의 위배사항이 없는지, 결산서가 올바르게 작성되었는지, 결산서 부속서류는 갖추고 있는지 등을 확인해야 한다.

법인의 대표이사 및 시설의 장은 다음 연도 3월 31일까지 법인회계와 시설회계의 결산서를 작성하여 법인 이사회의 의결 및 시설운영위원회에 보고를 거친 후 시장·군수·구청장에게 제출하여야 한다.

시장·군수·구청장은 결산보고서를 제출받은 때에는 20일 이내에 법인과 시설의 세입·세출결산서를 시·군·구의 게시판과 인터넷 홈페이지에 20일 이상 공고하고, 법인의 대표이사 및 시설의 장으로 하여금 당해 법인과 시설의 게시판과 인터넷 홈페이지에 20일 이상 공고하도록 하고 있다.

주요 내용	주 체	일 정
법인회계와 시설회계의 세입·세출 결산보고서 작성	법인 대표이사 및 시설의 장	출납 완료 시
▼		
결산보고서의 시설운영위원회 보고 ※ 법인이 설치·운영하는 시설의 경우에도 시설회계는 법인이사회 의결 전 시설운영위원회에 보고 필요 ※ 법인회계 및 수익사업회계에 대해서는 불필요	시설의 장	결산보고서 작성 후
▼		
결산보고서의 법인이사회 의결 ※ 법인이 설치·운영하는 시설의 시설회계도 포함 ※ 법인이 아닌 경우에는 시설운영위원회 보고로 결산보고서 확정	법인 대표이사	결산보고서 작성 후
▼		
확정된 결산보고서를 시장·군수·구청장에 제출 ※ 법인은 법인회계, 시설회계, 수익사업회계 결산을 법인 소재지를 관할하는 시장·군수·구청장에 제출하고, 시설의 장(법인이 운영하는 시설도 포함)은 해당 시설의 시설회계 결산을 시설 소재지 관할 시장·군수·구청장에 제출	법인 대표이사 및 시설의 장	다음 연도 3월 31일까지
▼		
법인과 시설의 세입·세출 결산서를 시·군·구, 법인, 시설의 게시판과 인터넷 홈페이지에 20일 이상 공고 ※ 사회복지사업법 제6조의2 제2항에 따른 정보시스템에 게재하거나 영유아보육법 제49조의2 제2항에 따른 공시로 갈음 가능	시장·군수·구청장, 법인 대표이사, 시설의 장	결산보고서 제출 20일 이내

[그림 9-2] 사회복지시설의 결산보고 절차

출처 : 보건복지부(2024). 2024년 사회복지시설 관리안내.

4. 사회복지시설의 재무회계

1) 재무회계 관련 법규

사회복지사업법 제23조는 법인은 사회복지사업의 운영에 필요한 재산을 소유하여야 하고 그 회계에 관하여 필요한 사항을 보건복지부령으로 정하도록 하고 있다. 또한 사회복지사업법 제45조는 사회복지법인의 대표이사와 시설의 장은 아무런 대가 없이 무상으로 받은 금품이나 기타 자산(이하 "후원금"이라 한다)의 수입·지출 내용을 공개하여야 하며, 관리에 명확성이 확보되도록 하여야 한다고 명시하고 있다. 후원금에 관한 영수증 발급, 수입 및 사용 결과보고 그 밖에 후원금 관리 및 공개 절차 등 구체적인 사항은 보건복지부령으로 정하고 있다.

사회복지법인 및 사회복지시설 재무·회계 규칙(보건복지부령) 외에도 지방자치단체 재무회계 규칙, 지방자치단체 세출예산 집행기준, 지방자치단체 업무추진비 집행에 관한 규칙, 예산편성 운영에 관한 규칙, 사회단체 보조금 관리지침, 사회복지시설관리 안내 등이 주요 재무회계 관련 지침으로 사용되고 있다.

2) 회계의 의의

회계란 다양한 재정활동 과정에서 발생하는 금전, 물품, 기타 재산 등의 계속적인 변화를 일정한 원리에 따라 종합적으로 기록, 분석하여 이용자가 합리적인 판단과 의사결정을 하는 데 필요한 자료를 제공하기 위한 것이다. 회계의 특성은 다음과 같다.

① **엄정성** : 회계문서에 기명날인함으로써 책임소재의 명확화

② **정확성** : 지출서류에 개서, 삽입, 삭제, 정정, 도말(수정액 등으로 고침) 등 제한·정정하는 경우 정정날인 또는 서명을 하여 책임소재 명확화

③ **공정성** : 기회균등, 경쟁의 원칙

④ **통일성** : 서식, 시기, 내용 등의 법규화로 재량성 불인정

3) 회계의 구분

사회복지법인 및 사회복지시설의 재무・회계는 법인회계, 시설회계, 수익사업회계로 구분하여 적용한다. 법인회계는 재단회계라고도 하며 해당 법인의 업무 전반에 관한 회계를 말하고, 시설회계는 해당 법인이 설치・운영하는 사회복지시설에 관한 회계를 말한다. 법인이 수행하는 수익사업이 있을 경우는 별도의 수익사업회계를 구분하는데 수익사업의 목적은 법인이 운영하는 사회복지사업에 충당할 목적으로 이윤동기에 의하여 운영되는 사업을 말하며, 이 경우 수익사업 운영에 관한 관계 시장・군수・구청장의 사업승인을 받아야 하며, 세무서에 사업자 등록이 되어야 한다. 수익사업에서 얻어지는 수입은 해당 사업수행상의 필요한 경비를 제외하고는 전액 해당 시설의 목적사업 수행에 충당되어야 한다. 회계는 단식부기로 하되, 필요한 경우에는 복식부기에 의하도록 하고 있다.

4) 회계의 기본 원칙

(1) 설립목적에 따른 건선운영 원칙

사회복지법인 및 사회복지시설의 재무・회계는 그 설립목적에 따라 건전하게 운영되어야 한다(규칙 제2조, 지방재정법 제3조).

(2) 예산총계주의 원칙

한 회계연도의 세입과 세출은 누락됨이 없이 모두 예산에 편성・관리되도록 하기 위한 것으로 제반 예산원칙 중 가장 기본이 되는 원칙이다(규칙 제8조, 지방재정법 제34조).

(3) 회계연도 독립의 원칙

'회계연도'란 세입과 세출을 기간적으로 명백히 관리하기 위하여 설정한 예산의 유효기간으로, 예산은 당해 연도 개시 전에는 물론 회계연도를 경과한 후에는 집행할 수 없으며, 당해 회계연도의 경비는 당해 연도 세입으로 충당해야만 하는 원칙이다(규칙 제3조, 지방재정법 제7조).

(4) 목적 외 사용 금지의 원칙

세출예산이 정한 목적 이외에 경비를 사용하거나, 과목 간 상호 이용을 금지하고 있다(규칙 제15조, 지방재정법 제47조).

5) 회계기관의 분립

회계기관의 명령계통과 집행계통의 직무를 분리시켜 상호 견제하도록 하여 회계 관리의 엄정성과 직무상의 비위를 방지하기 위하여 수입 및 지출의 사무를 분리하고 있다. 수입 및 지출 사무의 관리는 법인의 대표이사와 시설의 장이 하며 법인의 대표이사와 시설의 장은 수입 및 지출원인행위에 관한 사무를 각각 소속직원에게 위임할 수 있다.

법인과 시설에서의 수입과 지출의 현금출납업무는 수입원과 지출원이 담당하게 되는데 법인과 시설이 소규모인 경우에는 수입원과 지출원을 동일인으로 할 수 있다. 수입원과 지출원은 법인의 경우는 법인의 대표이사, 시설의 경우는 시설의 장이 임면하며, 수입원과 지출원 등 회계담당직원의 재정보증 설정이 필요하다.

6) 정보통신매체에 의한 재무 · 회계 처리

사회복지법인 및 사회복지시설의 재무 · 회계는 컴퓨터 프로그램으로 처리할 수 있다. 국가나 지방자치단체로부터 보조금을 받는 사회복지법인과 사회복지시설의 경우, 사회복지시설정보시스템 또는 보건복지부장관이 검증한 표준연계모듈이 적용된 정보시스템을 사용하여 재무 · 회계를 처리하여야 한다.

5. 후원금의 관리

1) 후원금의 범위

후원금은 아무런 대가 없이 무상으로 받은 금품이나 그 밖의 자산(사회복지사업법 제45조)을 말한다. 법인의 대표이사와 시설의 장은 후원금의 수입・지출 내용과 관리에 명확성이 확보되도록 해야 하는데, 위반 시 300만 원 이하 과태료가 부과(사회복지사업법 제58조)된다.

2) 후원금 영수증 발급

법인의 대표이사와 시설장은 후원금을 받은 때에는 「소득세법 시행규칙」 제101조 제20호의2 또는 「법인세법 시행규칙」 제82조 제7항 제3호의3에서 정하는 기부금영수증 서식에 따라 후원금 영수증을 발급・후원자에게 즉시 교부하여야 한다.

금융기관 또는 체신관서의 계좌입금을 통해 후원금을 받는 경우에는 법인명의 또는 시설명칭이 부기된 시설장 명의의 후원금 전용계좌를 사용해야 하며 이 경우 후원자가 원하는 경우를 제외하고는 영수증 발급을 생략할 수 있다.

후원금을 받은 때에는 후원금 영수증 교부 후 발급목록을 별도 장부로 관리하여 비치하여야 한다. 후원금의 수입 및 사용 내용은 연 1회 이상 해당 후원금을 낸 법인・단체 또는 개인에게 통보하여야 하는데 법인이 발행하는 정기간행물 또는 홍보지 등을 이용하여 일괄통보가 가능하다.

3) 후원금의 용도 외 사용 금지

법인의 대표이사와 시설의 장은 후원금을 후원자가 지정한 용도 이외로 사용할 수 없다. 다만, 지정후원금의 15%는 후원금 모집, 관리, 운영, 사용, 결과보고 등에 필요한 비용으로 사용이 가능하지만 사회복지법인 어린이재단을 통한 지정후원금 및 생활자에 대한 결연후원금은 제외된다.

후원자가 사용 용도를 지정하지 않은 비지정후원금의 경우 후원금의 사용 기준을 보건복지부장관이 정하고 있다. 즉, 비지정후원금은 법인 운영비 및 시설운영비로 사용하되, 간접비로 사용하는 비율은 50%를 초과하지 못한다. 간접비 사용 비율 50%는 해당 연도 후원금 수입금액이 아닌 지출금액을 기준으로 한다. 간접비 중에서도 업무추진비(기관운영비, 직책보조비, 회의비), 법인회계전출금, 부채상환금, 잡지출, 예비비로는 사용을 금지하여 후원금 사용의 책임성과 투명성을 높이고 있다. 비지정후원금은 인건비로 사용 가능하되, 후원금으로 직원 수당을 지급하는 경우에는 근로기준법 또는 이 지침에서 정하고 있는 수당(명절휴가비, 시간외근무수당, 가족수당 등)과 지방자치단체에서 별도로 정하고 있는 수당에 한하여 편성·지급함을 원칙으로 한다. 개별 사회복지법인 및 사회복지시설에서는 지방자치단체와 협의하여 수당 항목을 추가로 정할 수 있다.

후원금은 예산의 편성 및 확정 절차에 따라 세입·세출예산에 편성하여 사용하고, 가급적 적립·이월하지 않고 회계연도 내에 집행할 수 있도록 노력해야 한다. 후원금을 이월하거나 타 회계로 전출할 경우, 그 세입이 후원금이라는 것을 반드시 명시해야 하며, 이에 따라 이월·전출된 후원금은 후원금 관리기준에 따라 사용하여야 한다.

4) 후원금의 수입 및 사용결과 보고·공개

법인 대표이사와 시설장은 관할 시장·군수·구청장에게 결산보고서를 제출할 때 후원금 수입 및 사용결과 보고서(별지 제19호 서식)를 함께 제출(전산파일 출력물도 가능)해야 한다. 시장·군수·구청장은 제출받은 후원금의 수입 및 사용결과 보고서를 제출받은 날부터 20일 이내에 인터넷(시·군·구 홈페이지) 등을 통하여 3개월간 공개해야 하며 같은 기간 동안 법인의 대표이사 및 시설의 장도 후원금 수입 및 사용결과 보고서를 법인 및 시설의 게시판과 인터넷 홈페이지에 공개해야 한다.

6. 회계 감사

사회복지법인의 감사는 해당 법인과 시설에 대하여 매년 1회 이상 감사를 실시한다. 시설장과 수입원 및 지출원이 사망하거나 경질된 때에는 그 관장에 속하는 수입, 지출, 재산, 물품 및 현금 등의 관리상황을 감사한다. 감사 시 전임자가 입회하여야 하며, 전임자가 입회할 수 없는 경우에는 그 전임자가 지정하거나 법인의 대표이사가 관계 직원 중에서 지정한 입회인을 입회하게 한다.

감사 후 감사보고서를 작성하여 법인 이사회에 보고하며, 재산상황 또는 업무집행에 관하여 부정 또는 불비한 점이 발견된 때에는 시·군·구청장에게 보고하여야 한다.

CHAPTER 10

정보 및 사무관리

정보관리란 조직의 행정가가 조직의 목적과 프로그램의 목표를 효과적・효율적으로 달성하기 위하여 정보를 수집하고 이를 처리하여 조직화하고 활용하기 위한 관리활동이다.

사회복지조직도 정보관리의 필요성을 인식하여 최근 다양한 정보관리시스템이 개발・운용되고 있다. 정보관리시스템은 조직의 목적과 프로그램 목표를 달성하는 데 크게 기여하고 있으며 사회복지행정가의 전문성 확보와 사회복지조직의 합리적 평가를 위해서 활용되고 있다.

최근 사회복지조직에서 활용되는 정보관리시스템은 공공부문의 경우 사회보장정보시스템(행복e음)이 운용되고 있으며, 민간부문은 정보관리 등 시설 운영 전반에 대한 사회복지시설정보시스템이 운영되고 있다.

1. 정보관리

정보(information)란 자료를 기반으로 한 개인이나 조직이 의사결정을 내리는 데 실질적인 가치가 있거나 유용하게 쓰이도록 전환되는 것을 의미한다. 따라서 자료(원료)가 정보로서의 가치를 발휘하기까지는 여러 단계를 거쳐 특정한 목적에 맞는 정보를 생산해 내게 되는 것이다.

정보가 의사결정에 도움이 되기 위해서는 정확성・신속성・적시성・대량성 등의 조건이 충족되어야 한다. 그러기 위해서는 우선 수집의 시스템이 완비되어야 함은 물론, 그것이 처리・전달・저장의 각 시스템과 유기적으로 결합되어야 한다. 이는 종래 사무관리 분야에서 문제가 되었으나, 정보과학의 발달과 응용, 컴퓨터에 의한 정보의 처리·전달·저장의 응용 등과 함께 사무관리와는 별도로 정보관리(information management)라는 말이 쓰이게 되었다.

정보관리는 문서와 문서보관 그리고 종이로 된 문서, 매체와 기록들의 수명관리로 크게 제한되었으나 1970년에 시작된 정보기술의 확산으로 데이터 보관 분야를 포함한 정보관리 직업은 새로운 빛이 되었으며, 1990년대 말 정보가 컴퓨터 네트워크와 다른 전자기기들 간에 정식으로 확산되었을 때 네트워크 관리자들은 정보관리자들이 되었다. 따라서 정보관리는 가장 최근에 사용 가능한 도구로 강력한 자원이 되었다(고광신 외, 2010).

2. 정보관리시스템

1) 정보관리시스템의 의의

정보시스템의 모든 구성요소들이 반드시 복잡하고 형식화되거나 전산화될 필요는 없으나 현실적으로 어떻게 활동을 측정하고, 보고서의 양식을 어떻게 할 것이며, 기준을 어떻게 잡고 어떤 관리 행위를 취해야 할 것인가 하는 구체적인 사항들을 공식적으로 전산화된 시스템으로 제공하면 조직의 행정과 경영의 효율화에 도움을 주게 된다. 이 체계를 정보관리시스템(MIS : Management Information System)이라고 한다.

일반적으로 정보관리와 전산화는 분리될 수 없는 개념으로 이해되고 있다. 전산기술을 활용하여 정보를 수집한 후 처리하고 조직화하는 활동으로서 자료의 일괄 거래 및 처리, 자동화된 작업환경 제공, 사회-기술 시스템과 연계, 자료 분석, 업무능력 개선 등이 이루어진다.

사회복지 조직의 정보시스템은 세 가지 하위 정보체계, 즉 클라이언트 정보시스템, 조직 정보시스템, 업적 정보시스템 등으로 구성된다. 이 세 가지 정보시스템은 상호 연결되어 있는데, 특히 업적 정보시스템은 클라이언트 정보시스템과 조직 정보시스템의 결합에 의해서 발생한다. 따라서 각 시스템의 유기적인 연결을 통해 통합적인 정보시스템을 구축하여야 한다(김영종, 2001; 장동일, 2010).

2) 정보관리시스템의 분류

정보관리시스템은 자료처리 응용단계, 정보관리체계, 지식기반시스템, 의사결정지원시스템, 업무수행지원시스템으로 분류할 수 있다(사회복지교육연구센터, 2015).

(1) 자료처리 응용단계(data processing)

정보관리시스템의 자료처리 응용단계는 기계, 사람, 절차와 반복적인 사무업무를 가능하게 하는 장비로 구성된다. 정보수집, 저장, 검색, 조정, 이송 자료출력을 포함하여 월급명세서 자동처리, 이용자 명부관리, 영수증 자동 발급 등을 수행한다.

(2) 정보관리체계(management information system)

정보관리체계는 정형화된 구조를 통해서 다양한 자료들을 수집, 저장, 처리하여 유용한 정보로 전환하는 것을 말한다. 클라이언트에 관한 정보를 다룰 목적이나 재정 자원의 관리와 같은 내부 운영의 통제 목적을 위해서도 사용된다. 사람모집, 절차, 자료와 정보수집 기술, 일련의 절차를 통해 자료와 정보를 향상시키고 결과를 출력 후 배포하는 것을 포함한다. 기초적인 조직정보를 처리하는 공식적이고 전산화된 응용 프로그램으로서 사업부서별로 월별, 분기별 보고서를 작성한다.

(3) 지식기반시스템(knowledge based system)

정보관리시스템은 전반적으로 자료, 정보, 지식의 구조 그 이상의 의미로 복잡하고 어려운 처리기술이 요구된다. 지식기반시스템은 전문가시스템(expert system)과 사례기반추론시스템(case-based reasoning), 자연음성처리시스템(natural language processing)으로 나누어진다.

전문가시스템은 사용자가 제공한 사실을 기초로 컴퓨터 안에 저장된 지식과 정보를 응용하여 사례에 관한 의사결정을 하는 것으로 전문가인 의사결정자들 사이에 의견 차이가 발생하여 갈등이 일어날 수 있다.

사례기반추론시스템은 수천 개의 클라이언트 사례를 조사하고 저장된 사례 자료로부터 지식과 정보를 얻기 위한 것이다. 상황별 혹은 유형별 등 다양한 기준에 따라 정보가 가공되어야 한다.

자연음성처리시스템은 언어를 텍스트로 전환하는 것으로 사람의 언어를 이해하고 말을 하는 전환음성기나 외국어 번역 텍스트기를 말한다.

(4) 의사결정지원시스템(decision support system)

전문가가 복잡한 의사결정을 보다 쉽게 할 수 있도록 지원하는 기능을 한다. 효과성과 의사결정의 특성을 탐구하는 것이 의사결정지원시스템이다.

(5) 업무수행지원시스템(performance support system)

현장에서의 업무수행 능력을 향상시키기 위해 개발된 통합정보제공시스템을 말한다. 서비스를 직접 제공하는 사회복지사의 업무성과를 높이는 것에 초점을 두고 일을 수행하는 방법에 관한 지시사항과 절차가 방대할 때 효과적으로 적용된다. 직원이 재편성되고 업무교육이 일상적일 때, 기관에 기본적인 컴퓨터 시스템이 마련되어 있을 때, 예산을 줄이고 서비스의 질을 향상시켜야 할 압력이 존재할 때 효과적인 시스템이다.

3) 사회복지 분야의 정보관리체계

(1) 사회복지기관의 정보관리시스템

사회복지사업의 업무 환경이나 전체 사회가 전산 네트워크화된 업무 방식으로 진행되는 상황에서, 사회복지조직의 정보관리 전산화는 이미 업무 과정에 깊숙이 자리하고 있다.

사회복지조직에서 다양한 사회복지사업을 위해 예산이 집행되었다면, 정책입안자와 국민은 이에 대한 결과가 제시되기를 기대한다. 이러한 기관의 책임성 증대를 위해 사회복지기관은 정보관리시스템이 필요하다. 또한 이 시스템을 통해 업무성과에 대한 평가 및 환류가 수월해질 수 있으며, 업무자와 기관 모두 비용 절감의 효과를 얻고, 서비스 이력과 자원을 연결함으로써 직접서비스에 보다 더 충실해지게 된다.

사회복지서비스의 이용 가능성과 다양성은 서비스에 대한 접근이 가능할 때에만 의미가 있다. 사회복지조직에서 정보관리시스템의 도입이 이루어지면서 클라이언트에 대한 정보를 체계적으로 관리할 수 있게 되었으며 적극적이고 체계적인 정보수집과 피드백으로 목표 지향적 성과가 더욱 강화되었다. 하지만 정보관리체계의 도입으로 개인정보를 수집하게 되면서 클라이언트의 비밀보장에 대한 비판이 제기되어 개인정보 보호 대책이 더욱 강화되었다.

특히 사회복지실천가의 경우 컴퓨터 프로그램이 만든 문제해결책을 넘어 전문적 판단을 할 수 있어야 한다. 직접서비스 수준에서 정보시스템의 효과는 서비스 제공과 의사결정 과정을 지원하기 위한 자동화된 자료와 정보의 사용 증가에 있으므로 서비스를 향상시키기 위해 인간과 컴퓨터 시스템을 통합하는 최상의 방법을 결정하는 것은 사회복지실천가의 전문성과 책임성에 달려 있다. 올바른 복지정보체계 구축을 위해서는 강력한 리더십과 정보화 사업과 행정개혁의 연계, 직무문석, 직무설계, 정보공유에 대한 마인드 등이 고려되어야 한다.

(2) 정보관리체계 설계

정보관리체계의 설계는 현재 상황에 대한 사정에서 시작한다. 정보체계 개발 전에 사업의 목적과 목표를 직원들이 이해할 수 있도록 알리고 정확한 사정 및 정보체계 개발을 위해 직원들의 참여와 헌신을 유도해야 한다. 그 다음으로 기존 정보체계에 대한 분석과 어떻게 자료가 사용될 것인가에 대해 정확히 파악하여 세부설계를 수행한다. 어떤 정보를 전산화해야 하는지는 이 단계에서 결정된다. 사회복지기관의 정보관리체계 설계를 위한 정보 유형은 지역사회 정보, 클라이언트 정보, 서비스 정보, 직원 정보, 자원할당 정보 등이 있다.

설계가 완료된 후 정보관리체계 검증과 준비를 위해 직원 훈련과 소프트웨어와 하드웨어의 유지 및 업데이트를 위한 지출이 이루어진다. 시험적용과 교육

훈련이 종결되면 새로운 정보체계가 실행되는 단계로 진입하여 전환, 평가를 거쳐 전반적인 운영, 유지, 수정의 단계를 거치게 된다.

3. 사회보장정보시스템(행복e음)

1) 사회보장정보시스템의 의의

국민에 대한 편리한 복지서비스 제공과 효율적인 전달체계 마련을 위해 각 부처별로 분산되어 있는 복지정보의 통합관리를 목적으로 구축된 것이 사회보장정보시스템이다. 사회보장기본법 제37조에 의해 보장기관이 수급자 선정 및 복지 급여를 관리하기 위해 필요한 정보를 통합·연계하여 처리·기록 및 관리하는 시스템으로 정부 각 부처의 복지사업 정보, 지원 대상자의 자격 및 이력정보를 개인별, 가구별로 통합 관리하여 복지업무 처리를 지원하기 위한 정보시스템이다.

사회보장정보시스템은 서비스 신청 시 민원인의 욕구를 정확하게 파악하여 필요한 서비스를 누락 없이 맞춤형으로 설계하여 일괄 신청할 수 있도록 안내하고 제출서류를 간소화하여 민원편의를 증대하였다. 보건복지콜센터(129번)와 시·군·구 콜센터의 연계를 통한 서비스 제공을 가능하게 하였으며 복지대상자 선정의 정확성을 제고하고, 적정급여를 지급하며, 중복지급을 예방하고 있다. 특히 일선 공무원의 조사에 대한 업무 부담을 줄이는 대신 공무원이 주민을 직접 찾아가 상담하고 서비스를 제공하는 본연의 업무에 집중하도록 하였다. 행정의 책임성과 효율성을 제고하고 개인 정보의 철저한 보호체계를 마련하기 위해 사용자에게 담당업무에 맞는 권한을 부여하고 관리한다.

사회보장정보시스템은 사회복지사업법에 의해 사회복지시설 업무에 필요한 각종 자료 또는 정보의 효율적 처리와 기록·관리업무의 전자화를 위하여 구축·운영되는 정보시스템으로 복지급여 통합관리시스템, 사회복지시설정보시스템, 상담사례관리시스템으로 구성한다.

2) 사회보장정보시스템의 구축 배경

사회복지에 대한 수요와 기대가 높아지면서 복지 예산이 지속적으로 증가하고 서비스도 다양해졌으나 정부 각 부처별로 사회복지사업이 시행됨으로써 국민들의 복지체감도가 낮아지면서 사회보장정보시스템의 구축에 대한 필요성이 제기되었다.

일선 복지담당 공무원들은 각종 조사 및 행정업무로 인해 주민들을 찾아가서 필요한 서비스를 받을 수 있게 도와주지 못하는 실정이었으며, 복지 관련 전산망이 부처별·사업별로 구축되어 제각기 운영되면서 사업 간 중복·누락이 발생하는 등 복지 재정의 효율성에 대한 국민의 신뢰가 저하되면서 사회보장정보시스템이 필요하게 되었다.

2011년 6월 국가정책조정회의에서 사회복지통합관리망 구축 및 운영에 대한 범부처 확대 추진이 결정되면서 복지통합관리추진단이 구성되었다. 그 해 12월, 사회보장기본법을 개정하여 복지정보 통합체계 구축을 위한 사회보장정보시스템 구축 근거를 마련하여 시스템 구축이 본격화되었다.

3) 사회보장정보시스템 용어 정의

사회복지시설의 회계, 인사, 후원금, 서비스 이력관리 등 정보화기반 지원으로 시설의 업무처리 지원 및 회계 투명성 제고를 위한 사회복지시설 업무의 전자화는 사회복지 현장에서 다음과 같은 시스템이 운용 중이다.

- 차세대 사회보장정보시스템(행복이음) : 사회보장기본법 제37조 규정에 의거 사회보장 수급권자 선정 및 급여 관리 등에 관한 정보를 통합·연계하여 처리·기록 및 관리하는 시스템
- 사회복지시설정보시스템 : 사회복지사업법 제6조의2 규정에 의해 사회복지법인 및 시설업무의 전자화를 위하여 구축한 사회복지시설 통합업무관리시스템(회계, 예산, 세무, 인사, 급여, 자산 등 관리)
- 사회서비스정보시스템(희망이음) : 사회보장급여법 제24조의2 규정에 의해 사회서비스 제공기관의 업무를 전자화하고 업무 수행에 필요한 정보를 통

합·연계하여 처리·기록 및 관리하는 정보시스템(통합회계관리, 통합고객관리, 온라인 보고, 서비스 제공관리, 민관협력 등)

- 민간개발정보시스템 : 사회복지시설 등이 민간업체가 개발·보급한 상용 S/W를 구입하거나 자체 개발하여 사용하는 정보시스템으로, 동 시스템 사용시설은 사회서비스정보시스템(희망이음)의 표준연계모듈을 통해 연계하여 행복이음으로 온라인 보고 업무를 처리
  ※ 표준연계모듈 : 사회서비스정보시스템(희망이음)과 민간개발정보시스템을 연계하여 온라인보고 정보를 원활히 전송할 수 있도록 한 연계 표준

4) 사회보장정보시스템의 활용

(1) 복지정보의 제공

복지사업정보나 복지 대상자 수급자격, 수급이력에 대한 정보 등 복지정보를 확인하여 국민들은 직접 적합한 복지사업을 확인할 수 있고 사업 담당자는 종합적인 상담을 할 수 있는 기능을 안내한다. 사회보장정보시스템은 전 부처가 제공하는 290여 개 사업의 산정기준, 지원내용을 안내하고 사업별로 시뮬레이션을 제공하고 있다.

(2) 중복수급 관리 지원

사회보장정보시스템의 수급이력 관리를 통해서 중복수급 사업들에 대한 사전·사후를 확인하여 지원의 차단을 안내한다. 정보시스템의 복지 대상자별 급여·서비스 내역을 분석하여 동일 대상자에게 중복지원 할 수 없는 급여와 서비스를 차단하는 것이다.

(3) 변동사항 관리 지원

수급자격 결정 이후 대상자의 적합성을 확인하여 적정 수급을 유지하기 위한 지원기능을 안내한다. 사망이나 출입국 등과 같은 인적 정보, 전출입 정보, 기초생활수급자나 장애인 등 자격 정보 등이 알림 주기에 따라 통보하여 변동사항을 관리하게 된다.

(4) 자료제공 지원

각 부처 정보요청 부서에서 업무상 필요한 통계 또는 자료를 제공한다. 부처별로 복지서비스를 신설하거나 변경하려는 경우 관련 정보를 제공하여 신규 사업 기획에 대한 지원을 안내하는 것이다.

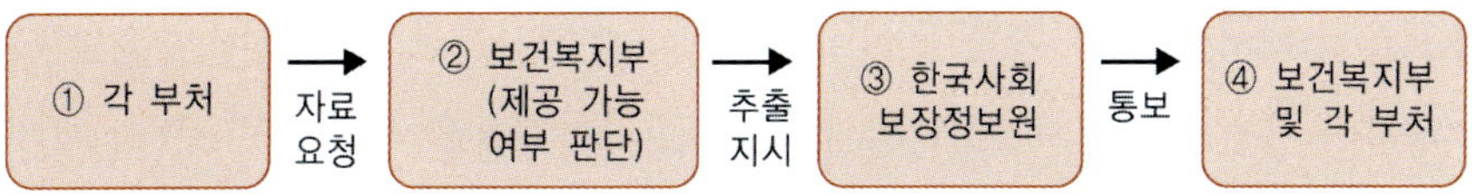

[그림 10-1] 사회보장정보시스템의 자료 제공 절차

출처 : 한국사회보장정보원 홈페이지(www.ssis.or.kr).

4. 사회복지시설정보시스템(w4c.go.kr)

2010년 1월 사회복지통합관리망(행복e음) 구축과 함께 온라인 보고 등 사회복지시설 업무를 전자적으로 수행할 수 있노록 사회복지시설 업무의 전자화 시책이 적용되면서 사회복지시설정보시스템을 활용하여 보조금 신청 교부 등 각종 업무 처리가 시작되었다.

사회복지시설정보시스템은 사회복지사업법 제6조의2에 의해 규정된 사회복지시설 업무의 표준화 및 투명화와 사회복지업무의 전자화를 위한 사회복지시설 통합 업무관리시스템이다. 시설의 종별에 관계없이 모든 생활시설 및 이용시설에서 공통으로 사용 가능하도록 하여 시설의 내부 관리업무 분석 및 단일 표준화가 가능하게 되었다. 그러나 최근 사회서비스정보시스템(희망이음)이 구축되면서 통합회계관리 등의 업무가 이관되고 있다.

1) 사회복지시설정보시스템의 사용 대상

행복e음에 등록되어 있는 사회복지법인 및 사회복지시설은 모두 사회복지시설정보시스템의 사용 대상이 된다. 개인운영신고시설도 사용대상에 포함되지만 경로당, 노인교실, 노인휴양소, 청소년시설, 보육시설 등은 제외하고 있다.

사회복지시설정보시스템은 프로그램 도입 및 설치, 유지보수 비용 전액이 무료로 지원된다.

2) 사회복지시설정보시스템의 기능

사회복지시설정보시스템 내 모든 업무가 연결성을 가지고 처리되어 업무의 중복을 방지하고 과거 자료 조회의 간편성, 필요한 통계자료 산출 등을 자동 수행하여 업무처리를 간소화하고 효율화하는 데 도움을 주고 있다. 특히 사용자의 목적에 맞게 다양한 서식을 제공하여 외부 제출자료 작성의 편의성을 증진하고 기본적이고 다양한 감사자료 제공 등을 수행할 수 있다.

처음 도입 시 별도의 시스템 설치가 필요 없으며 시설의 필요에 따라 사용자 아이디를 발급하는데 아이디별 권한을 시설에서 원하는 대로 부여할 수 있도록 한 웹기반 시스템이다.

통합회계 관리(회계, 예산, 세무), 행정업무 관리(인사관리, 급여관리, 비품 및 소모품 관리), 시설 유형별 서비스이력 관리(생활인 및 이용자 관리, 사회복지서비스 관리, 사례관리, 일지관리 등), 통합고객관리(후원자 및 후원금 관리, 자원봉사자 관리), 사회복지시설통계시스템, 시·도 및 시·군·구 복지급여통합관리시스템 연계 등의 기능을 수행한다.

3) 개인정보 관리

사회복지시설정보시스템에서 취급하는 모든 개인정보는 개인정보보호법에 따라 정보주체의 개인정보를 보호하고 있으며, 사회복지시설정보시스템은 이러한 법령의 규정에 따라 수집, 보유 및 처리하는 개인정보를 공공업무의 적절한 수행과 국민의 권익을 보호하기 위해 적법하고 적정하게 취급하고 있다. 또한 사회복지시설정보시스템은 관련 법령에서 규정한 바에 따라 보유하고 있는 개인정보에 대한 열람청구권 및 정정청구권 등 권익을 존중하며, 이러한 법령상 권익의 침해 등에 대하여 행정심판법에서 정하는 바에 따라 행정심판을 청구할 수 있도록 하고 있다.

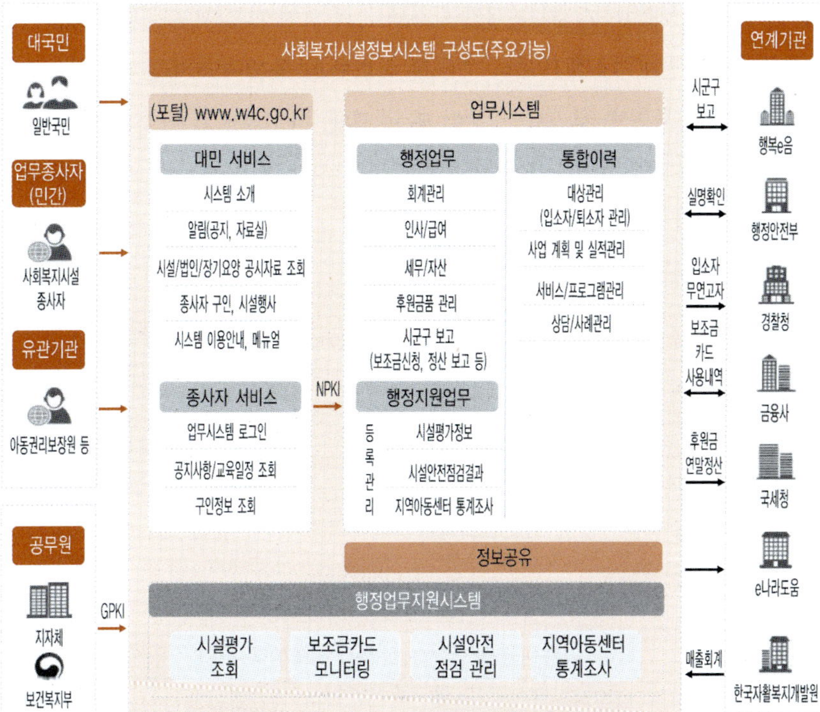

[그림 10-2] 사회복지시설정보시스템 구성도

출처 : 한국사회보장정보원 홈페이지(www.ssis.or.kr).

5. 사회서비스정보시스템(희망이음)

2010년 사회보장정보시스템(행복이음)의 구축 이후 현금을 지급하는 복지급여 정보는 하나로 통합하여 관리되기 시작하였으나 사회서비스 정보는 아동·노인·장애인 등 대상 및 사업별로 31종의 시스템으로 분절되어 있으며, 일부 사회서비스 제공기관의 정보는 여전히 종이문서에 기반하여 수작업으로 관리되고 있다.

이렇게 분절된 시스템에서는 수요자를 기준으로 서비스 이력이 관리되지 않아 개인 맞춤형 서비스의 제공이 어렵고 서비스의 중복·누락 등의 발생 가능성이 높아진다. 대상별로 사용하는 시스템이 달라 생애주기의 단계가 변경될 때 정보의 단절이 발생하며, 서로 다른 기관 사이에 연계·협력이 활성화되지 못하는 문제를 개선하기 위해 통합시스템이 필요해졌다. 이를 해결하기 위해 사회복지시설 정보시스템과 전자바우처 시스템을 통합하고 아동·노인·장애인 등 대상별·사업별 시스템도 통합 또는 연계, 사회서비스 업무의 주요 행위자를 중심으로 일원화된 정보관리체계를 마련하게 되었다.

〈표 10-1〉 사회서비스 분야 시스템 현황 및 통합·연계 계획

연번	분야	시스템명	소관부서	통합/연계
1	공통	사회서비스 전자바우처시스템	차세대추진단	통합
2		사회복지시설정보시스템	차세대추진단	통합
3	아동	입양정보관리시스템	아동복지정책과	통합
4		국가아동학대시스템	아동학대대응과	통합
5		가정위탁지원시스템	아동권리과	통합
6		아동자립지원시스템	아동권리과	통합
7		지역아동센터시스템	인구정책총괄과	통합
8		다함께돌봄센터시스템	인구정책총괄과	통합
9		디딤씨앗통장시스템	아동권리과	통합
10		e-아동행복지원시스템	아동학대대응과	연계
11		보육통합정보시스템	보육정책과	연계
12	노인	취약노인지원시스템	노인정책과	통합
13		노인학대정보시스템	노인정책과	통합
14		노인맞춤돌봄시스템	노인정책과	통합
15		응급안전돌봄시스템	노인정책과	통합
16		노인일자리운영시스템	노인지원과	연계
17		장기요양통합정보시스템	요양보험제도과	연계
18		치매안심통합관리시스템	치매정책과	연계
19		e하늘 장사정보시스템	노인지원과	연계

20	장애인	발달장애인지원정보시스템	장애인서비스과	통합
21		장애인복지관 정보시스템	장애인정책과	통합
22		장애인건강보건관리시스템	장애인정책과	통합
23		장애인활동지원정보시스템	장애인서비스과	부분통합
24		장애인일자리지원시스템	장애인자립기반과	연계
25		장애인학대정보시스템	장애인권익지원과	연계
26		직업재활통합관리 전산시스템	장애인자립기반과	연계
27	보건	정신건강사례관리시스템	정신건강정책과	통합
28		지역보건의료시스템	건강정책과	연계
29		국가입퇴원관리시스템	정신건강정책과	연계
30		건강관리통합정보시스템	공단 건강관리실	연계
31		지역거점공공병원알리미시스템	공공의료과	연계
32	자활	자활정보시스템	자립지원과	부분통합
33	기타	푸드뱅크	사회서비스정책과	연계
34		VMS(사회복지자원봉사인증관리 시스템)	사회서비스정책과	연계

출처 : 보건복지부(2022). 2022년 사회서비스 공통업무 안내.

한국사회보장정보원은 사회서비스 전자화 정책에 따라 사회서비스정보시스템(https://www.ssis.go.kr), 사회복지시설정보시스템(https://www.w4c.go.kr)을 운영하고 있다. 사회서비스정보시스템은 사회복지시설 정보화 기반 조성, 회계의 투명성 제고, 시설관리 업무의 간소화 및 표준화, 사회복지정책 기초 자료 확보 등을 목적으로 한다.

2013년부터 사회복지시설정보시스템 고도화 사업 이후 통합관리 기능개선을 위해 2022년 9월부터는 사회서비스정보시스템(희망이음)으로 전면 개편되었다. 사회서비스정보시스템의 주요 기능은 다음과 같다.

- 통합회계관리 : 회계관리, 예산관리, 세무관리, 인사관리, 급여관리, 자산(비품, 소모품)관리
- 통합고객관리 : 후원자, 후원금 관리, 후원약속사항(기탁서) 등록, 수입사용내역 관리 및 공시
- 온라인 보고 : 행복이음으로 시설 수급자 생계급여, 운영비 등 보조금 신청·정산, 입소자·종사자, 예·결산, 후원금, 운영위원회 결과, 지도점검 조치결과 등을 보고 및 신청, 지방자치단체 공지사항, 질의응답 등 지역사회 내의 의사소통정보 연계
- 시설 유형별 사회복지서비스 이력관리 : 사업 및 프로그램 관리, 온라인을 통한 신청 지원, 기관별 맞춤형 서식을 활용한 각종 입소자 및 이용자 관리, 수혜서비스 제공기록 관리, 사례관리, 각종 일지 관리 등
- 민관 정보공유 및 협업 : 지역사회 내 공공과 민간의 보건복지 자원 공유, 복지 대상자 정보 공유
- 사회복지시설 보조금 전용카드 사용내역 모니터링 : 사회복지시설의 보조금 전용카드 지출결의 내역 열람 및 모니터링, 광역자치단체별 보조금 전용카드제 도입, 보조금 전용카드 사용내역 연계 등 모니터링
- 중앙부처 및 지방자치단체 시설 관리업무 지원 : 희망이음 수집 정보를 기반으로 보건복지부, 지방자치단체 담당 공무원에게 통계(시설, 입소자, 종사자 현황 등) 및 정책 기초자료 제공
- 유관기관(단체) 정보연계 : 지방자치단체 복지시설 관리(시설생계급여, 보조사업, 종사자 등)를 위한 사회보장정보 시스템 연계, 실종자의 조기발견 및 복귀를 위한 무연고 입소자에 대한 경찰청 연계, 복지시설 요금감면(통신요금, 가스요금 등) 절차 간소화를 위한 자격정보 연계, 지방자치단체 복지행정시스템과 연계
- 시설 이용(희망)자 대상 정보제공 : 복지시설 기본정보(유형, 소재지, 연락처 등), 평가, 제공서비스 등 정보제공

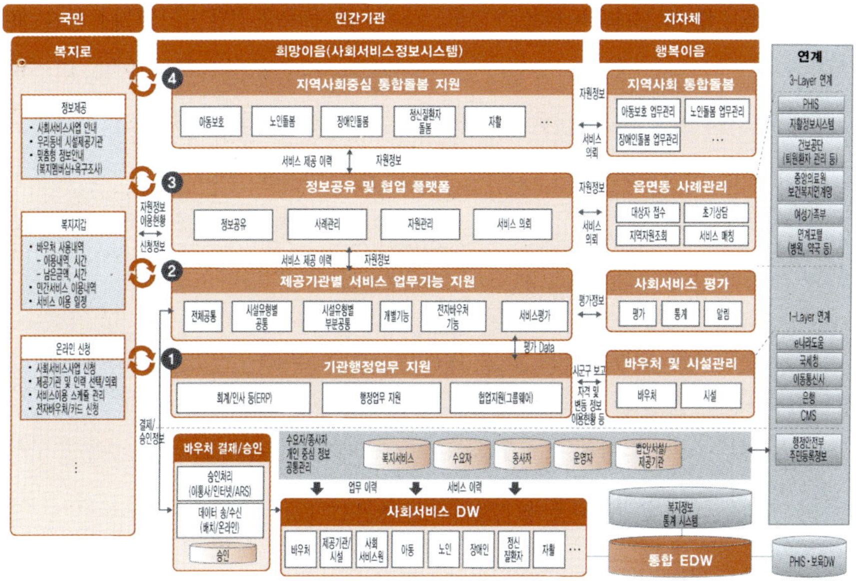

[그림 10-3] 사회서비스정보시스템 구성도

출처 : 한국사회보장정보원 홈페이지(www.ssis.or.kr).

6. 문서관리

1) 문서관리의 개념

(1) 문서의 개념

문서는 문자 또는 이를 대신할 수 있는 부호를 사용하여 사람의 의사 또는 사물의 상태, 관계, 현상 등을 어떤 물체 위에 영속적인 상태로 표시한 것을 말한다. 종래에는 지면 위에 표시된 문자 기록으로 국한되었으나, 최근에는 광학적인 사진기술로 축소 촬영한 마이크로필름, 전자기록매체(디스크, 테이프, 광디스크) 등도 문서로 인정하고 있다.

(2) 문서의 기능

문서는 현대사회에 있어서 문화적·법률적·경제적 측면에서 가장 중요한 거래수단으로서의 역할을 하고 있다. 행정이나 경영을 막론하고 문서를 매개로 하지 않고는 효율적으로 활동을 기대할 수 없을 것이다. 더욱이 행정사무는 국민의 권리·의무를 다루는 경우가 많으므로 이에 관한 정확한 처리를 대부분 문서에 의존하고 있다. 이러한 문서의 기능은 조직체의 의사를 표시하는 의사의 형성 또는 구체화와 어떤 기관의 의사를 공간적으로 확산시키는 의사의 전달, 그리고 시간적 격차를 대처하기 위한 의사의 보존 등이 있다. 이와 같이 문서의 기능에는 전달성, 객관성, 보존성, 확실성 등이 있다.

① 의사의 형성

문서는 조직체 또는 특정인의 추상적, 주관적 관념을 문자를 통하여 형성 내지 구체화한다. 즉, 조직체의 구두로 된 의사표시를 의사결정 과정을 거쳐 문서로서 구체화한다. 문서의 기안부터 결재로 문서가 성립하기까지 나타나는 기능이다.

② 의사의 전달

문서는 의사를 상대방에 전달하는 기능을 한다. 즉, 의사를 공간적으로 확산시키는 기능이다. 언어는 전달범위가 한정되어 있으나 문서는 전달범위가 거의 무한한 것이다. 문서의 이러한 기능은 문서를 시행하여 상대방이 접수·공람하기까지의 유통과정에서 나타난다. 의사전달의 기능은 작업을 명령하고 지시, 결정·승인을 구하고, 연락·통지·양해를 구한다. 재계약을 체결하고, 조사결과와 의견의 기록, 어떤 사항의 요구와 의뢰 등의 의사전달 기능을 수행한다.

③ 의사의 보존

문서는 의사의 공간적인 확산 기능과 함께 시간적인 확산 기능을 가진다. 의사전달 수단으로서의 언어는 순간적으로 사라지는 데 반해 문서는 거의 영속적인 의사보존이 가능하다. 문서는 그 내용이 처리된 후, 즉 의사전달 기능이 다한 후에도 증빙자료로서 보관하거나 후대의 역사자료로 남기게 되는데 이것이 의사보존 기능이다. 판정처리를 위한 기록, 역사적 사실 기록, 계산·분석을 위한 수치, 기술 선택·정리, 계획·실적·경과를 나타내고 비교·조회하며, 업무사항 분류·구분 등을 수행한다.

2) 문서의 종류

(1) 작성주체에 의한 구분

① 공문서

공문서란 행정기관 내부 또는 상호 간이나 대외적으로 공무상 작성 또는 시행되는 문서와 행정기관이 접수한 모든 문서를 말한다. 도면, 사진, 디스크, 테이프, 필름, 슬라이드, 전자문서 등을 포함한다.

공문서가 유효하게 성립되기 위해서는 당해 기관의 의사표시가 명확하게 표시되어야 하며 내용적으로 위법, 부당하거나 시행 불가능한 사항이 없어야 한다. 또한 기관의 권한 내 사항 중에서 작성된 것으로 법령에 규정된 절차에 따라 형식이 정리되어 있어야 한다.

② 사문서

사문서란 개인이 사적인 목적을 위하여 작성한 문서를 말한다. 그러나 각종 신청서 등과 같이 행정기관에 제출되어 접수된 것은 공문서가 되므로 이에 대한 처리도 공문서의 제 규정에 따라 취급되어야 하며, 그 문서를 제출한 사람도 접수된 문서를 임의로 회수할 수 없다.

사회복지법인 및 시설에서 작성한 문서는 사문서이지만 행정기관에 접수된 문서는 공문서로서의 효력이 있다.

(2) 유통대상에 의한 구분

① 대내문서

조직의 내부에서 지시, 명령, 협조, 보고, 통지를 위하여 주고받는 문서로서 능률 위주의 간소한 형식과 절차를 요구하는 것이 대내문서의 특징이다.

② 대외문서

국민, 단체, 다른 행정기관 간 주고받는 문서로서 형식이나 취급절차가 비교적 엄격하다.

(3) 성질에 의한 구분

① 법규문서

헌법, 법률, 대통령령, 총리령, 부령, 조례 및 규칙 등에 관한 문서를 말한다. 조문형식으로 작성되어 일련번호를 가진다. 공고 후 20일이 경과한 날부터 효력이 발생한다.

② 지시문서

일정 사항을 하급기관이나 소속공무원에게 지시하는 문서를 말한다. 훈령, 지시, 예규, 일일명령 등이 있다.

③ 공고문서

행정기관이 일정한 사항을 일반에게 고시, 공고하기 위해 작성한 문서다. 고시는 법령이 정하는 바에 따라 일정한 사항을 일반에게 알리는 문서로서 일단 고시된 사항은 개정이나 폐지가 없는 한 효력이 계속된다. 공고는 일정한 사항을 일반에게 알리는 문서로서 그 내용의 효력이 단기적이거나 일시적인 것을 말한다.

④ 비치문서

일정한 사항을 기록하여 기관 내부에 비치해 두고 사용하는 대장류나 카드류를 말한다.

⑤ 민원문서

민원인이 행정기관에 대하여 허가, 인가, 기타 처분 등 특정한 행위를 요구하는 문서와 그에 대한 처리 문서를 말한다.

⑥ 일반문서

회보나 보고서 형태로 일반적으로 처리되는 문서를 말한다. 회보는 기관의 장이 하급기관이나 소속 공무원에게 일정한 사항을 알리기 위한 문서이며, 보고서는 특정한 사안을 보고하거나 건의할 때 작성하는 것이다.

(4) 문서 사무처리 절차에 의한 분류

① 접수문서

조직 외부에서 보내와 접수되는 문서로서 문서 주관부서에서 일정한 절차에 의해 접수되는 문서를 말한다.

② 시행문서

시행문서는 발송문서라고도 하는데 결재문서의 내용을 시행하기 위하여 규정된 서식에 의해 작성된 문서를 말한다.

③ 공람문서

접수된 문서를 관련부서나 담당자들 간에 널리 돌려보는 문서를 말한다. 결재권자에게 처리지침을 받을 필요가 있거나 민원문서, 업무협조에 관한 문서, 문서 처리를 위해 미리 검토할 필요가 있는 문서 등을 공람하게 된다.

④ 기안문서

결재문서라고도 하며, 사전에 결재권사의 결제를 얻기 위하여 기안 서식에 따라 사무처리 초안을 기재한 문서를 말한다.

3) 문서의 성립과 효력 발생

(1) 문서의 성립

다른 법령에 특별한 규정이 있는 경우를 제외하고는 당해 문서에 대한 결재권자의 결재로써 성립한다. '결재권자'는 기관의 장 및 위임전결규정에 의하여 기관의 장으로부터 결재권을 위임받은 사람을 말한다.

(2) 문서의 효력발생 시기

일반문서는 다른 법령에 특별한 규정이 있는 경우를 제외하고는 수신자에게 도달됨으로써 그 효력이 발생한다. 문서 유형에 따라 공고문서는 공고 후 5일, 전자문서는 수신자의 컴퓨터 파일에 등록된 때, 법규문서는 공포한 날로부터 20일이 경과하면 효력을 발생한다.

4) 문서관리의 원칙

(1) 즉일처리의 원칙

문서는 내용 또는 성질에 따라 그 처리 기간, 방법이 다를 수 있으나 효율적인 업무 수행을 위하여 그날 처리하는 것이 바람직하다.

(2) 책임처리의 원칙

문서는 국민의 권리, 의무에 영향을 주는 경우가 많으므로 정해진 사무분장에 의하여 각자의 직무 범위 안에서 책임을 가지고 관계 규정에 따라 신속, 정확하게 처리하여야 한다.

(3) 법령적합의 원칙

문서는 법령의 규정에 따라 일정한 형식, 요건을 갖추어야 함은 물론 권한 있는 사람에 의하여 작성, 처리되어야 한다. 반드시 해당 법규에 적합하도록 처리해야 한다.

(4) 집중관리의 원칙

문서사무는 어느 한 부서에서 전체 문서를 집중처리해야 하며 집중처리에서는 문서만을 전담하는 전담처리 원칙이 실현되어야 한다. 대부분 문서 보관은 부서별로 집중관리하고 보존에 넘기는 문서는 한 곳에서 집중관리한다.

5) 문서관리 영역

(1) 문서의 작성 및 시행

① 기안 작성

문서의 접수, 배부, 발송, 작성 및 처리, 이동 등 제반 과정을 말한다. 우선, 기안은 문서작성의 첫 단계로서 정식의 문서안을 만들기 위하여 행하는 작업과정으로 기관의 의사를 결정하기 위하여 문안을 작성하는 것을 말한다. 기안은 접수한 문서의 내용을 처리하기 위한 경우, 상급자의 지시사항을 처리하기 위한 경우, 순수한 자기발안, 법령이나 훈령・예규 등의 근거에 의하여 하는 경우에 작성한다.

② 결재

결재는 행정기관의 의사를 결정할 권한이 있는 사람이 그 의사를 결정하는 행위로 행정기관의 장의 직위란에 직위를 표시하고 서명란에 서명하는 것을 말한다. 전결 또는 대결을 표시하도록 하여 정책실명제를 강화하고 행정의 투명성과 책임성을 높이고 있다.

전결은 기관의 장으로부터 사무의 내용에 따라 결재권을 위임받은 보조기관 또는 보좌기관이 행한 결재를 말하며 그 위임전결 사항은 당해 기관의 장이 훈령 등으로 결정한다.

대결은 결재권자가 휴가·출장 기타의 사유로 상당 기간 부재중이거나 급한 문서의 경우에 결재권자의 사정에 의하여 결재를 받을 수 없는 때에 그 직무를 대리하는 사람(일반적으로 차하위자)이 행하는 결재를 말한다.

③ 문서 시행

문서의 시행이란 조직이나 기관의 의사를 외부에 표시하는 단계로서 문서의 효력을 발생하게 하는 절차를 말한다. 인편, 우편, 전화, 팩스(fax) 등의 방법이 사용된다.

(2) 문서의 정리

① 문서의 편철

문서내용의 처리가 끝나면 참고자료 등 보존이 불필요한 문서는 폐기한 다음 보존·활용할 문서를 묶어 문서철을 만든다.

② 문서의 보관

문서철은 처리가 끝난 날이 속하는 연도의 말일까지 처리과의 서류보관함에 보관한다.

③ 문서의 보존

보관이 끝난 문서는 보존문서기록대장에 등재하고 처리과에 보존한다. 문서 보존기간은 영구, 준영구, 10년, 5년, 3년, 1년의 6종으로 구분된다.

④ 문서의 인계와 이관

보존기간이 3년 이상인 문서는 인계이관 절차를 거쳐 보존기간에 따라 문서보존실에서 보존한다.

⑤ 문서의 폐기

처리과 및 문서과는 보존 중인 문서를 보존기간이 만료된 때에 폐기한다.

7. 사회복지시설의 개인정보보호

사회복지시설의 정보 및 문서관리 시스템은 수많은 개인정보를 토대로 이루어지므로 정부는 사회복지시설의 개인정보보호를 위해 '사회복지시설정보시스템 개인정보 보호지침'을 마련하여 관리하고 있다. 이 지침은 보건복지부 및 여성가족부, 지방자치단체, 사회복지법인, 사회복지시설 등에서 사회복지시설정보시스템을 구축·운영 또는 이용함에 있어 개인정보를 보호하는 데 필요한 사항을 규정하여 사회복지시설 이용자, 종사자 등의 권리를 보호하고, 개인정보 보호를 목적으로 한다.

1) 사회복지시설의 개인정보

사회복지시설에서 사용되는 '개인정보'란 살아 있는 개인에 관한 정보로서 성명, 주민등록번호 및 영상 등을 통하여 개인을 알아볼 수 있는 정보(해당 정보만으로는 특정 개인을 알아볼 수 없더라도 다른 정보와 쉽게 결합하여 알아볼 수 있는 것을 포함)를 말한다.

개인정보보호를 위한 시스템 접근 권한은 업무 수행에 필요한 최소한의 범위로 담당자에 차등 부여하며, 전보 또는 퇴직 등 인사이동 발생 시 지체 없이 접근권한을 변경 또는 삭제한 후 해당 내역을 기록하고, 그 기록을 최소 3년간 보관하여야 한다. 담당자의 시스템 접속기록은 6개월 이상 보관·관리하여야 한다.

[그림 10-4] 개인정보의 종류

출처 : 개인정보보호 포털 홈페이지(www.privacy.go.kr).

2) 개인정보보호 교육

사회복지시설은 개인정보취급자 및 업무 관계자 등을 대상으로 개인정보보호 정책 전달 및 인식제고를 위한 교육계획을 매년 초 수립・시행하여야 한다. 개인정보보호 교육은 개인정보취급자의 특성을 고려하여 집합 사이버교육, 워크숍 등 다양한 방식으로 실시할 수 있으며, 수시 또는 정기적(최소 연 1회)으로 개인정보보호 및 보안 교육을 하도록 하고 있다.

3) 개인정보의 수집

사회복지서비스 제공을 위한 개인정보 수집 시에는 정보 수집 목적을 명확히 하고 목적에 필요한 최소한의 범위 안에서 적법하고 정당하게 수집해야 한다. 즉, 정보주체에게 수집목적, 항목, 보유 및 이용기간, 동의 거부권리 등을 고지하고 동의를 얻거나, 사회복지사업법 및 관련 법령에 명시된 경우 개인정보 수집이 가능하다.

정보 주체의 동의를 얻을 경우, 정보 주체에게 서면, 우편, 팩스, 유선, 인터넷, 이메일 등의 방법으로 내용 고지 및 개인정보 수집・이용 및 제3자 제공동의서 작성이 필요하고 수집한 개인정보파일은 운용을 시작한 날로부터 60일 이내에 '개인정보보호 포털(www.privacy.go.kr)'에 등록하여야 한다.

〈표 10-2〉 사회복지시설정보시스템 내 개인정보 파일 보유기간

개인정보파일명	주요 정보	보유기간
사회복지시설 등 이용자정보*	주민등록번호, 이름, 주소, 전화번호, 휴대폰번호 등	퇴소 후 10년
사회복지시설 등 이용자정보 (아동**, 장애인***)	주민등록번호, 이름, 주소, 전화번호, 휴대폰번호 등	준영구
사회복지시설 등 종사자정보	주민등록번호, 이름, 주소, 전화번호, 휴대폰번호 등	퇴사 후 10년
사회복지시설 등 후원자정보	주민등록번호, 이름, 주소, 전화번호, 휴대폰번호, 계좌번호 등	후원일로부터 5년
사회복지시설 등 대표자정보	주민등록번호, 이름, 주소, 전화번호, 휴대폰번호 등	준영구

* 사회복지사업법에 따른 사회복지시설 입소 이력자
** 아동복지법에 따른 아동복지시설 입소 이력자 및 가정위탁 대상 아동
*** 장애인복지법에 따른 장애인복지시설 입소 이력자
출처 : 보건복지부(2019). 사회복지시설정보시스템 개인정보 보호지침.

4) 개인정보 유출 시 대응조치

'개인정보의 유출'이란 개인정보가 포함된 서면, 이동식 저장장치, 휴대용 컴퓨터 등을 분실하거나 도난당한 경우를 말한다. 개인정보가 저장된 데이터베이스 등 개인정보처리시스템에 정상적인 권한이 없는 자가 접근하여 조회하거나 이동식 저장장치 등에 저장한 경우, 개인정보처리자의 고의 또는 과실로 인해 개인정보가 포함된 파일 또는 종이 문서, 그 밖에 저장매체가 권한이 없는 자에게 잘못 전달된 경우, 그 밖에 권한이 없는 자에게 개인정보가 전달되거나 개인정보처리시스템 등에 접근 가능하게 된 경우를 개인정보 유출로 해석한다.

개인정보처리자는 개인정보의 외부 유출 사실을 알았을 경우, 책임자에게 즉시 보고하고, 해당 개인정보의 유출 피해 최소화 방안을 마련하여 지체 없이 해당 정보주체에게 유출된 개인정보의 항목, 유출시점과 경위, 유출로 인한 정

보주체의 피해 최소화 방안, 대응조치 및 피해구제절차, 피해신고 접수부서 및 연락처 등을 알려야 한다.

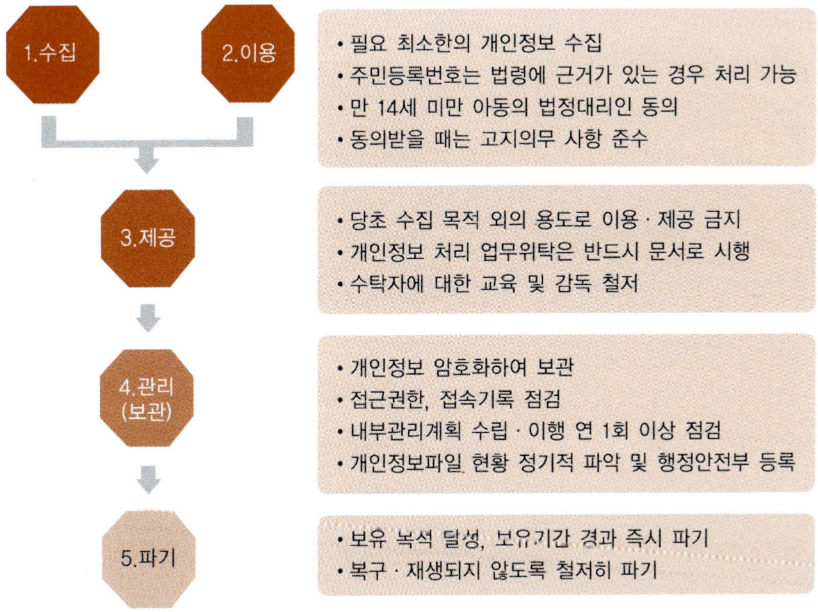

[그림 10-5] 개인정보 처리단계별 체크리스트

출처 : 개인정보보호 포털 홈페이지(www.privacy.go.kr).

8. 사회복지시설의 안전관리

사회복지시설의 안전은 가장 우선되어야 하는 부분이다. 다양한 재난 상황에 대비한 시설의 안전관리는 최대한 현실 상황에 부합하게 예방 · 대비 · 대응 활동을 수행해야 한다.

사회복지시설 안전관리 매뉴얼은 재난유형별로 활동을 구분하고 평상시 혹은 재난 위기 시 쉽게 열람할 수 있도록 하여 시설 구성원이 신속히 이해할 수 있도록 하고 있다. 시설의 안전을 책임지는 안전관리책임자와 시설이용자를 보조해야 하는 시설종사자의 역할을 구분하여 제시하였으며, 각종 재난에 대응하기 위해 각 시설별로 안전관리계획서를 작성하여 활용하도록 하고 있다.

보건복지부는 이를 고려하여 사회복지시설유형별 안전관리 매뉴얼을 제작하여 배포하고 있다. 이 책에서는 가장 대표적인 이용시설로서 사회복지관 재난안전관리 방안을 소개하고자 한다.

1) 재난 위기 시 대응체계

재난 위기 시 긴급구조기관 및 시도, 시군구, 사회복지시설, 관계 행정기관의 협조는 필수적이다. 평상시에는 안전관리책임자와 시설 종사자가 담당하여 예방 대비 안전관리 활동을 실시한다. 안전관리 활동은 각종 안전관리계획서를 점검하고 교육 및 훈련, 비상연락망 최신화, 각종 장비 비축, 특이상황 감시 등이 이루어진다.

재난 위기 시는 상황을 전파하고 시설종사자의 초기대응이 중요하며 시설별 소방계획서에 따라 조직을 구성하여 총력대응하게 된다. 재난 수습과 재난 확산을 막기 위한 노력이 다각도로 진행되는데 각 시설별 안전관리계획서 및 소방계획서를 참고로 하여 시설 여건에 부합하여 조직구조 및 명칭을 구성하여야 한다.

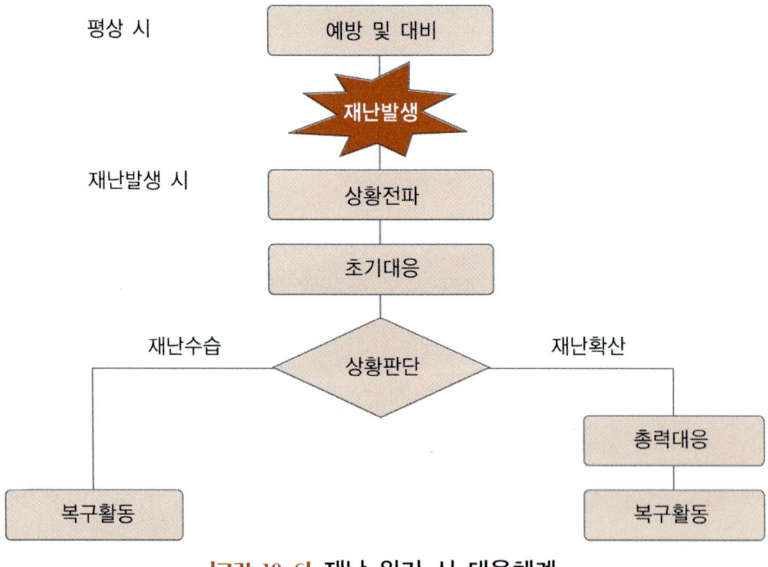

[그림 10-6] 재난 위기 시 대응체계

출처 : 보건복지부(2024). 사회복지관 재난안전관리 매뉴얼.

〈표 10-3〉 재난 위기 시 주요 활동

<table>
<tr><th colspan="2">단 계</th><th>담 당</th><th>주요 활동</th></tr>
<tr><td colspan="2">평상시</td><td>• 안전관리책임자
• 시설종사자</td><td>• 예방 대비 안전관리 활동
– 각종 계획서 점검
– 안전 점검
– 교육 및 훈련
– 비상연락망 최신화
– 각종 장비 비축
– 특이상황 감시 등</td></tr>
<tr><td rowspan="3">재난
위기 시</td><td>상황전파
(재난
임박 혹은
발생 시)</td><td>• 위기 상황을 최초로 목격한 시설종사자
• 위기 상황 신고접수를 받은 시설종사자</td><td>• 상황전파 활동
– 119, 112 및 유관기관 신고
– 비상연락망 가동(자위소방대 출동)
– 시설 내 안내방송
– 최초 현장대응</td></tr>
<tr><td>초기대응</td><td>• 자위소방대장
• 시설종사자</td><td>• 최초 현장대응 인력 장비 보강 후 초기 대응 실시
• 자위소방대장은 총력대응 여부 판단 및 유관기관 협업
– 119, 112 및 유관기관 수시 확인 신고</td></tr>
<tr><td>총력대응</td><td>• 자위소방대
– 지휘통제반(팀)
– 초기소화반(팀)
– 피난유도반(팀)
– 응급구조반(팀)
* 시설별 소방계획서에 따라 조직 구성</td><td>• 유관기관 도착 시까지 총력대응
– 총력대응(인력 및 장비) 추가 보강
– 시설이용자 대피
– 부상자 응급처치 및 응급환자 병원 이송
• 유관기관 도착 후 협업을 통한 총력대응</td></tr>
<tr><td colspan="2">복구 활동</td><td>• 안전관리책임자
• 시설종사자</td><td>• 응급 복구 및 피해지역 방역 실시
• 피해 상황 집계
• 전기, 통신, 가스 등 시설물 복구</td></tr>
</table>

출처 : 보건복지부(2024). 사회복지관 재난안전관리 매뉴얼.

2) 안전관리 활동

안전관리 활동은 우선 전기 안전관리, 가스 안전관리를 수행한다. 안전관리는 예방 및 대비 활동으로 관련 계획을 수립하고, 관리 방법이나 대처요령에 대한 정기 교육, 정기(수시)적인 안전점검 등이 이루어지고 한국전력공사, 한국전기안전공사, 한국가스안전공사 등과 적극 협력하여야 한다.

3) 유형별 재난 관리 활동

(1) 사회재난

사회재난은 화재, 건축물 붕괴 재난 등을 말한다. 우선 화재는 일반화재, 전기화재, 가스화재 등이 발생할 수 있는데 최초 화재 발견 시 대응, 화재에 대한 대응 등을 자세히 기록한 소방계획에 따라 대응해야 한다.

> 화재로 인한 대피 요령
> - 사전에 지정한 대피로를 통해 대피장소로 이동할 수 있도록 안내한다.
> - 회재 발생 시, 엘리베이터는 이동하지 않고, 계단을 이용하여 이동하도록 안내한다.
> - 화재 발생 시, 연기를 피하기 위해 낮은 자세로 벽을 더듬으며 대피하도록 안내한다.
> - 시설이용자가 불길을 통과 시에 젖은 수건, 옷가지로 코와 입을 막을 수 있도록 안내한다.
> - 시설이용자가 문을 열기 전에 손잡이의 온도를 손등으로 확인하도록 안내한다.

건축물 붕괴 재난은 건물의 하자 혹은 노후화 등으로 인하여 시설의 파손·훼손과 이로 인한 인명피해가 발생하거나 우려가 있을 경우 발생한다. 재난에 대비하여 시설의 특성을 고려하여 건축물 붕괴에 대한 안전관리계획을 매년 수립하고 정기적인 교육 및 훈련, 지방자치단체, 소방, 응급의료 등 연락체계를 구축하여 비상시 신속하게 출동 지원을 받을 수 있도록 유지해야 한다.

(2) 자연재난

최근 기후위기로 인한 자연재난이 증가하고 있다. 사회복지시설에서 대응해야 하는 자연재난은 태풍과 같은 강풍, 풍랑, 해일 등으로 시설의 파손·훼손과 이로 인한 인명피해가 발생하거나 우려가 있을 경우, 집중호우로 인한 침수, 하천 범람, 산사태, 매몰 등의 인적 및 물적 피해가 발생하거나 우려가 있을 경우 등이다.

자연재난 대비를 위해서는 안전관리계획 수립과 정기적인 대응 교육 및 훈련 외에 시설 내 건축물과 주변 배수구, 하수관 등 배수시설의 점검을 실시하고 침수 위험 지구를 파악하고, 침수 위기 시를 대비하여 모래주머니를 적재할 수 있도록 조치한다. 또한 시설 내 강풍으로 날아갈 수 있는 시설물 파악하고, 안전조치를 취하여야 한다.

지진 발생으로 인해 피해가 발생하거나 우려가 있을 경우나 대규모 지진으로 인해 지반이 파괴되고 시설이 붕괴되어 대량의 사상자나 이재민이 발생할 수도 있다. 이런 경우 계획수립, 대응교육 외에 식량, 식수, 생필품 등 비상용품을 대피소로 옮길 수 있도록 평상시 준비한다.

4) 안전관리계획서

(1) 안전관리계획서 작성

긴급재난이 발생하면 복지시설 종사자나 이용자들은 당황하여 어떻게 행동해야 할지 모르게 된다. 안전관리계획서는 재난 상황 시 재난 현장에서 피해를 최소화하기 위해 계획된 행동 요령이 필요한 경우를 대비하여 재난 대응 방법을 익히기 위한 교육과 훈련의 교재나 자료로 사용할 수 있는 안전하고, 상세한 사전 대응계획을 말한다.

보건복지부(2024)의 재난안전관리 매뉴얼에 따르면 안전관리 계획서를 작성할 때 다음과 같은 사항을 고려하도록 하고 있다.

- 안전계획에는 복지시설 운영에 위협이 되는 재난 유형을 분석・평가하여, 복지시설의 특성에 부합하여 재난유형별 위기대응 매뉴얼을 작성한다(예 화재 위기대응 매뉴얼, 가스 안전사고 위기대응 매뉴얼 등).
- 안전계획에는 재난 발생 인지 방법, 전파 방법 등을 상세하게 수록한다.
- 안전계획서는 시설이용자들의 행동 특성을 고려한 안전교육과 훈련, 재난별 대응 방법, 피난 절차 등을 수록한다.
- 현장에서 직접 적용이 가능한 내용으로 작성한다.

(2) 안전관리계획서 포함할 항목

① 재난유형별 위기대응 매뉴얼

사회복지시설에 가장 큰 위협이 되는 재난 유형에 대하여 예방·대비 활동에 관하여 기술하고 재난 위기 상황 시 대응 활동에 대하여 작성하여야 한다.

- 화재 위기대응 매뉴얼 : 상황전파, 초기 진압, 대피, 사후 조치, 응급처치, 기타 등
- 가스 안전사고 위기대응 매뉴얼 : 상황인지, 우선 조치, 상황전파, 사후 조치, 응급처치, 기타 등
- 활동별로 담당자를 지정한다.
- 시설종사자 및 이용자를 대상으로 재난유형별 위기대응 매뉴얼에 따른 교육계획을 수립한다.

② 소방계획서

- 화재 발생 시 화재를 알리는 방법을 제시한다('불이야' 외치거나 발신기 경보를 누른다).
- 관련 기관이나 시설관리자에게 연락하는 방법을 제시한다.
- 화재 위치를 정확히 파악하여 소화기나 옥내소화전으로 초기 진화하도록 소화 시설 위치와 사용 방법을 포함한다.
- 화재경보나 초기 소화에 실패한 후 행동하여야 할 요령을 표시한다.

③ 피난계획서

- 피난과 관련된 안내도나 안내방송 등을 포함하여 교육 훈련용으로 실전에 적용할 수 있도록 작성한다.
- 피난 목적과 피난 유도 조직을 구성하여 작성한다.
- 피난 유도자 임무와 피난 방송 내용을 포함해 작성한다.
- 시설이용자 특성별 행동 요령을 제시하고, 실내에 피난하지 못한 시설이용자 색출을 위한 행동 요령을 제시한다.
- 시설에 수용 중인 인원 관리 계획을 포함하여 작성한다.
- 화재 발생 시 대피 안내문을 예시문으로 제시한다.

④ 피난안내문

- 시설에 있는 이용자의 특성을 분류하여 해당자가 쉽게 방송을 듣거나 방향을 정확히 확인할 수 있도록 구성한다.
- 다양한 국가의 언어를 선택하여 안내문이나 대피방송을 위한 문구 등이 필요하다.

⑤ 피난안내도

- 시설의 층별 평면도를 그리고, 그 위에 피난 방향을 표시한다.
- 소화기, 옥내소화전, 경보장치, 발신기 등이 있는 위치를 표시한다.
- 안내도 위치에서 피난 계단까지의 방향을 화살표로 표시한다.
- 막다른 통로나 복도의 위치를 표시하고, 유도등 위치를 표시한다.
- 피난안내도는 실 입구나 계단 근처에 부착한다.

CHAPTER 11

마케팅과 홍보

마케팅(marketing)은 잠재적 클라이언트 혹은 소비자에 대한 직접적인 활동이며 동시에 서비스 프로그램에 대한 정보를 주된 내용으로 한다. 반면 홍보(public relations)는 지역사회에 존재하는 조직과 집단 간의 쌍방적 의사소통을 원활히 하는 것으로 조직의 이미지와 능력을 증진시키는 측면이 강하기 때문에 홍보 자체가 바로 서비스가 된다. 마케팅이라는 개념이 홍보보다는 좀 더 넓은 개념으로 이해할 수 있는데, 마케팅 믹스(marketing mix)로 구성되는 마케팅 관리활동의 하나로 홍보활동이 수행된다. 즉, 마케팅 활동 중 촉진과 관련된 활동 속에 홍보라는 것이 포함되어 있다(박효식 · 양영종, 1997). 원래 마케팅은 영리를 목적으로 하는 기업들이 조직을 더욱 활성화하기 위한 수단으로 사용하였다. 그러나 최근에는 비영리조직인 사회복지조직에서도 마케팅의 필요성을 느껴 기관 운영에 적극 활용하고 있다. 휴먼서비스를 제공하는 사회복지기관은 후원자, 자원봉사자, 언론, 여론지도층, 프로그램 참가자, 지역주민 등의 다양한 대상들을 상대로 어떠한 이미지를 구축하느냐가 기관의 존재에 중요한 영향을 미치며, 아무리 좋은 프로그램이나 서비스를 개발해 제공하려 해도 클라이언트가 참여하지 않으면 소용없기 때문이다. 대부분의 사회복지조직에서는 지역사회와의 상호작용을 매우 중요하게 생각하기 때문에 일상적으로 접하고 있는 대중매체와의 관계를 활용하고 있으며 이 모든 것은 마케팅과 홍보를 통해 이루어진다.

1. 사회복지 마케팅의 개념

1) 마케팅의 개념

마케팅(marketing)은 market(시장)+ing(진행)의 합성어로 일반적 의미는 교환과정을 통해 고객의 욕구를 충족시키는 모든 인간 활동으로 정의된다. 즉, 구매자와 판매자의 교환과정에 수반되는 활동이 마케팅이며 그 목적이 고객의 욕구충족을 통해 가치를 창출하는 활동이다(이 철, 2006). 미국마케팅협회(AMA : American Marketing Association)는 마케팅을 단순히 이윤을 남기기 위한 것이 아니라 창조하고 소통하고 전달하기 위한 과정이며 고객·민원인·동반자를 위하여 가치를 지닌 제공물을 교환하는 전 사회적인 제도의 활동이라고 정의하였다(고광신 외, 2010).

1960년대에는 마케팅을 생산자로부터 소비자에게로 제품이나 서비스의 흐름을 지시하는 기업활동 수행이라는 좁은 의미로 규정하였지만 1980년대에 접어들면서부터는 제품과 서비스 이외에 아이디어의 마케팅과 비영리조직의 마케팅을 포함시키는 넓은 개념정의가 보급되기 시작하였다(신복기 외, 2002). 즉, 마케팅의 개념은 소비자의 구매 욕구에 초점을 두고 있는 것으로, 소비자의 욕구를 충족시킬 수 있는 제품(서비스)을 제공하게 되면 특별한 판촉활동 없이도 소비자는 지속적으로 제품을 구매하게 된다는 것이다. 따라서 마케팅 개념은 고객의 욕구 충족에 관심을 두고 통합적 마케팅 방법을 구사하여 고객만족을 통한 이익 획득에 목적을 둔다. 정리하면 소비자에게 상품과 서비스를 구입하도록 격려하는 활동으로 구매 가능성이 있는 소비자의 욕구를 충족시키며 기업의 이익을 극대화하기 위하여 상호 유익한 교환을 창조·촉진·유지하기 위해 제시된 프로그램과 활동을 계획·조직·통제하는 과정으로 규정할 수 있다.

2) 비영리조직 마케팅의 개념

사회복지기관의 책임성과 효율성에 대한 요구가 높아지고 재원의 한계에 직면하면서 마케팅 활동에 대한 인식이 형성되고 있으며 그 중요성이 부각되고 있다. 기존의 마케팅 개념이 영리조직에서 비영리조직으로 확대되면서 사회복지조직의 마케팅은 기관의 소비자인 클라이언트, 후원자, 자격부여기관 및 전체 사회가 사회복지조직에 대해 좀 더 많은 관심과 요구를 갖도록 하기 위한 제반 활동(Baker, 1993)으로 이해되고 있다. 그동안의 영리조직이 유형의 상품을 가지고 소비자에게 가치를 부여했다면 비영리조직은 무형의 상품인 서비스나 프로그램으로 접근한다는 차별성이 있다. 그러므로 비영리조직의 마케팅 개념 역시 단지 서비스를 알리는 것에서 나아가 클라이언트의 욕구와 어떻게 연결되고 부합하는지를 고민하는 통합적 마케팅 방법을 구사하여 클라이언트의 변화에 초점을 맞추어 고민해야 할 것이다. 따라서 비영리조직인 사회복지조직의 마케팅이란 조직의 목적달성을 지향하기 위하여 클라이언트 관리, 프로그램 개발 및 실행, 예산확보, 홍보 등 영리조직의 마케팅 기법을 도입하여 급변하는 사회적 환경에 대응하여 경쟁력을 확보하는 활동으로 설명할 수 있다(김형식 외, 2002).

3) 사회복지행정에서의 마케팅의 개념

사회복지행정에서의 마케팅은 주로 기관의 재정 확보와 관련되어 있으며 현재 기관에서 실행하고 있는 주요 프로그램의 홍보에 관한 사항 등이다. 사회복지조직의 자원을 개발하는 것에는 기금조성, 후원지원, 정부기관 또는 법인 재단으로부터 교부금을 지원받는 것 등 광범위한 마케팅 방법을 활용한다. 즉, 기업은 소득을 창출하기 위해 소비자 판촉방법을 사용하는 반면에 사회복지조직은 소비자인 클라이언트뿐 아니라 기부자, 직원, 후원단체, 타 사회복지기관과의 교류가 이루어져야 하며 생존을 위해 다면적이며 역동적인 과정으로 만들어져야 한다(사회복지교육연구센터 편, 2011).

2. 사회복지조직 마케팅의 필요성 및 특성

1) 마케팅의 필요성

사회복지조직은 한정된 범위 안에서 클라이언트의 욕구를 이해하고 그것에 반응하여 그들이 만족할 수 있는 조직이 되기 위해 마케팅이 필요하다. 1970년대 경제위기로 인한 사회복지재정의 취약과 더불어 비영리부문의 급속한 증가에 따른 비영리기관 간의 경쟁은 수혜자 관리, 서비스개발과 전달, 홍보 등 안정적인 재원확보에 있어 마케팅 기법을 도입하게 되었다(고광신 외, 2010).

사회복지조직 마케팅의 주요 목적은 국회나 지방의회의 입법화 및 정책결정 과정에 새로운 아이디어 제시 및 설득, 개발된 프로그램 홍보나 새로운 정보 제공으로 주민들의 삶을 보다 풍요롭게 하기 위해서라고 할 수 있다. 또한 자원봉사자를 모집하고 알코올 중독자, 아동학대자 등 개개인의 행동을 변화시켜 사회에 이로울 수 있도록 돕는 것이다.

최근 들어 사회복지기관의 책임성과 효과성 강조로 인하여 마케팅의 중요성이 부각되고 있으며, 다음 네 가지 측면에서 마케팅의 필요성을 살펴보기로 한다(사회복지사 1급 시험연구회, 2008).

(1) 행정적, 책임성 측면

사회복지조직은 정부의 보조금 또는 기타 사회단체의 기부금 등으로 운영되기 때문에 서비스 제공 결과의 효율성과 효과성을 담보할 책임이 있다. 따라서 비영리조직의 운영에 있어 전략적인 마케팅 도입이 반드시 필요하다.

(2) 이용자 관리 측면

클라이언트, 기관 이용자, 기부자, 지역사회를 고객으로 인식하여 욕구를 세분화하고 고객만족을 이끌어 낼 수 있는 관리 차원에서 마케팅 접근이 반드시 필요하다.

(3) 프로그램 개발 측면

사회복지조직의 특성상 외부환경의 영향을 강하게 받기 때문에 급변하는 정치·경제·사회·법·문화적 환경을 세분화하고 분석하여 보다 질 높은 프로그램 개발로 상품의 가치를 높이기 위하여 마케팅 전략이 필요하다. 즉, 변화하는 외부환경에 대한 분석과 더불어 이에 대처할 수 있는 프로그램을 개발하고 수행하기 위해서 마케팅 접근이 필요하다.

(4) 재정확보 측면

필요한 재정을 확보 또는 동원하기 위하여 마케팅이 필요하다. 즉, 시장분석, 모금상품 개발, 전략적 모금상품의 홍보, 잠재적 후원자 개발, 이미 개발된 후원자 관리 등을 통하여 재정확보를 위한 마케팅 전략이 동원된다. 사회복지조직의 목표 달성을 위해 필요한 재정자원의 계획과 동원, 배분, 효율적인 사용과 책임성 있는 관리는 필수적이기 때문이다.

2) 마케팅의 특성

비영리조직인 사회복지 마케팅의 경우 서비스의 무형성, 서비스의 다양성, 생산과 소비의 동시발생, 서비스의 소멸성이라는 특수성 때문에 영리조직과는 차이가 있다. 비영리조직 마케팅 역시 영리조직의 마케팅 용어와 전략이 그대로 적용되지만 무형의 상품인 서비스로 접근한다는 차이가 있다. 무형은 말 그대로 실체가 없으므로 시간이 경과함에 따라 소멸되는 속성을 가지고 있어 이를 보완할 수 있는 방법을 제시할 수 있어야 한다. 비영리조직의 마케팅고객은 수혜자와 기부자 모두를 가리키며 수혜자는 자원 배분 문제, 기부자는 자원의 동원 문제가 제기된다. 따라서 마케팅을 계획할 때 수혜자의 욕구뿐만 아니라 기부자의 욕구도 함께 고려해야 한다. 또한 비영리조직은 수혜자뿐 아니라 모든 일반사람들로부터 평가를 받는다. 그러므로 대중이 필요로 하는 서비스는 물론 재정집행의 투명성 등 비영리조직 운영에 있어 전반적인 신뢰를 확보하는 것이 무엇보다 중요하다(고광신 외, 2010; Lovelock & Weinberg, 1980).

3. 마케팅의 핵심요소 및 과정

1) 마케팅의 핵심요소

영리기업과 비영리조직에서의 마케팅은 다소 차이가 있다. 비영리조직 마케팅은 이윤추구보다는 조직의 목표를 얼마나 효과적이고 효율적으로 달성하는지에 중점을 둔다. 그러나 사회복지조직 역시 영리기업에서 제공하는 상품이나 서비스를 이용하도록 홍보하고 촉진한다는 점에서는 동일한 원리가 적용된다. 마케팅의 핵심요소(강종수, 2011)는 다음과 같다.

(1) 소비자의 욕구와 수요

특정 제품이나 서비스에 대한 욕구가 구매의사나 능력에 의해 뒷받침될 때 그것을 수요라 한다. 효과적인 조직은 소비자 조사나 고객의 요구사항 등을 통해 고객의 욕구와 수요를 정확하게 파악하고 이해해야 한다.

(2) 소비자의 만족과 가치

소비자는 제품이나 서비스를 통해 그들의 욕구와 수요를 충족시킨다. 이때 소비자는 지불할 대가를 고려하게 된다. 따라서 소비를 통한 만족과 대가를 지불하고서라도 소비할 만한 가치가 있어야 한다.

(3) 교환

가치 있는 제품이나 서비스에 대해 대가를 제공하고 획득하는 행위가 교환이다. 따라서 교환이 실제로 발생하기 위해서는 교환의 조건이 교환의 당사자로 하여금 교환 이전보다 더 나은 상태로 만들어 줄 수 있어야 한다.

(4) 시장

시장은 어떤 재화나 서비스의 실제 또는 잠재적 구매자들의 집합을 의미한다. 교환은 시장을 통해 이루어지므로 마케팅을 통해 특별한 시장의 욕구와 수요를 파악하고 최상으로 서비스를 제공할 수 있는 시장을 선정한다.

2) 사회복지 마케팅 과정

모든 조직은 자신의 조직이 어디로 가야 하는지, 어떻게 목적지에 도달할 것인지를 결정하기 위하여 계획을 수립하고 실행한다. 이러한 과정은 사회복지 마케팅 과정에서도 마찬가지로 적용된다.

마케팅 활동에서는 조직이 어디로 가야 하는지를 파악하기 위하여 우선적으로 기관의 환경을 분석하고 잠재적 클라이언트와 그들의 욕구파악을 위하여 마케팅 조사를 실시하며 기관의 목적을 달성하기 위한 수단인 마케팅 목적과 목표설정을 한다. 더불어 다양한 클라이언트의 욕구 충족과 차별적 서비스 제공을 위한 시장분석, 마케팅 수행을 위한 도구설정과 실행과정 그리고 평가단계를 거친다. 정리하면 사회복지조직에서의 마케팅 과정은 기관 환경 분석, 마케팅 조사, 마케팅 목적 및 목표 설정, 시장분석, 마케팅 도구 설정, 마케팅 실행, 마케팅 평가 등으로 나눌 수 있다.

(1) 기관 환경 분석

기관에서 마케팅을 하기 위한 준비과정으로 우선 기관의 목표와 프로그램, 자원, 정당성 등을 분석한다. 또한 기관을 둘러싸고 있는 환경을 분석하는데, 환경 분석에서는 기관의 기회와 위협적인 요소를 파악하기 위한 외부환경 분석과 기관의 장점과 단점을 분석하기 위한 내부환경 분석으로 나누어지며 주로 SWOT 기법을 활용한다. SWOT 기법은 조직의 강점(Strength), 약점(Weakness), 기회(Opportunity), 위협(Threat)의 네 가지 영역을 분석하는 것이다. 즉, 조직에서의 마케팅 전략을 세우기 위한 SWOT 기법에서는 조직이 처해 있는 상황이나 이미지, 자원 등의 강점과 결정과정에서의 문제점, 조직 내부에서의 지원 여부와 유통망에 있어서의 약점을 파악하며, 시장에 대처할 수 있는 기술과 방법 등의 기회, 정치·경제·종교·타 기관과의 경쟁과 실행과정에서의 위협적인 요소들이 무엇인지 분석하는 것이 중요하다(양용희 외, 1997).

〈표 11-1〉 SWOT을 이용한 마케팅 계획 분석예시

구 분	조직의 강점(S) 구성원들의 업무의욕 높음	조직의 약점(W) 신규조직이라 재정 빈약함
조직의 기회(O) 사회문제가 증가함	사회문제를 해결할 우월한 프로그램 개발	사회문제를 해결할 모금 및 후원자 확보 활동 강화
조직의 위협(T) 경제난으로 재정 감소 예상	조직을 유지하기 위한 수익성 있는 프로그램 개발	조직목표에 맞는 프로그램으로 최저예산 유지

출처 : 사회복지교육연구센터(2011); 우종모 외(2004).

(2) 마케팅 조사

마케팅 조사(marketing research)는 프로그램에 대한 잠재적 클라이언트와 그들이 원하는 욕구를 찾아내는 작업으로, 충분한 자료를 얻어내기 위하여 사회복지조직과 클라이언트를 직접 연결시켜 줄 수 있는 최선의 커뮤니케이션 수단이다. 마케팅 조사는 육하원칙에 의하여 누가, 무엇을, 언제, 어디서, 어떻게, 왜를 적용하는데 누가 상품이나 서비스를 원하고 어떤 서비스를 원하는지, 또한 서비스를 언제 받기를 원하며, 그와 같은 서비스를 어디서 받기를 원하는지, 어떻게 후원금을 받으며, 왜 클라이언트들은 조직의 서비스를 원하는지를 찾는 일이다. 더불어 마케팅 조사는 시장조사를 통해 상품이나 서비스에 대한 욕구가 있는지, 욕구를 지닌 사람들이 서비스를 구매하려는 잠재적인 욕구가 있는지, 서비스를 구매하기 위한 돈을 가지고 있는지, 충분한 돈을 소유한 자들이 원하는 서비스를 위해 기꺼이 쓰고자 하는 후원의지가 있는지 등을 분명히 파악해야 한다.

(3) 마케팅 목적 및 목표 설정

마케팅 목적이나 목표 설정 전에 기관의 목적을 분명히 할 필요가 있다. 마케팅 목적이나 목표는 어디까지나 현재 상태와 미래의 방향을 제시해 주는 기관의 목적을 이루기 위한 하나의 하부목표이기 때문이다.

기관의 목적을 염두에 둔 사회복지조직에서의 마케팅의 목적은 다음과 같다(강종수, 2011; 정익준, 2005).

첫째, 프로그램을 알리고 자원봉사자를 모집하는 것은 참여하는 개인의 발전을 촉진하기 위해서다.

둘째, 입법화를 위한 캠페인이나 탄원 등은 사회적인 아이디어를 제시하고 설득하기 위해서다.

셋째, 주민에게 이익이 되는 정보와 실천을 전파하는 것은 어떤 실천을 촉구하기 위해서다.

넷째, 자신과 사회에 이로울 수 있도록 개개인의 행동의 변화를 유도하기 위해서다.

기관의 목적을 달성하기 위한 마케팅 목적이 정해지면 세부적인 목표설정으로 들어간다. 목표설정은 정확한 문제 진술, 표적 집단의 성격과 규모, 기관의 정책, 자원 동원 등의 변수들에 의해 범위와 방향이 정해진다. 목표는 마케팅 기획 초기 단계에서 명확하게 규명되어야 하며 세부목표는 그 중요성에 따라 우선순위가 제시되어야 한다.

(4) 시장분석

시장이란 욕구를 가진 클라이언트가 서비스를 구매하려는 장소를 말하며 시장분석을 한다는 것은 표적시장에서 기관의 매력도를 분석하는 단계를 의미한다. 시장분석에서는 상품이나 서비스에 대한 클라이언트의 관심과 욕구 여부 그리고 그 상품이나 서비스를 구매할 능력과 의사 여부를 파악해야 한다(Kinnear, Thomas, & Kenneth L. Bernhardt, 1990).

사회복지조직도 시장성 있는 새로운 기회를 포착해야 계속 존속할 수 있다. 즉, 클라이언트의 욕구가 어떻게 변화하는가를 파악하는 것이 시장분석으로, 이러한 분석을 통해 사회복지조직이 제공하게 될 서비스가 시장기회나 시장성을 갖는지를 판단하게 된다.

시장분석은 시장 세분화, 표적시장 선정, 시장 포지셔닝의 3단계로 구성되어 있으며 이를 표적 마케팅이라고 한다. 즉, 시장분석은 전체 시장 속에서 세분화된 특정 시장의 소비자 욕구에 대응하는 마케팅 활동을 의미한다.

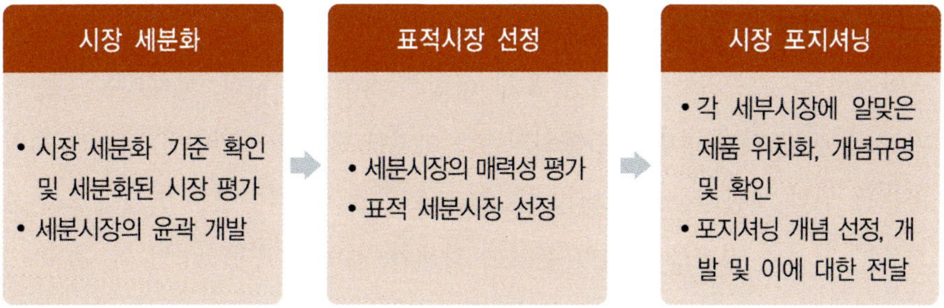

[그림 11-1] 시장분석 과정

출처 : 강종수(2011).

먼저 시장 세분화는 비슷한 욕구, 개성 또는 행위의 특징 등 일정한 기준에 의해 동질적인 세분시장으로 구분하여 소비자를 분류하는 과정이다. 시장을 세분화한다는 것은 다양한 소비자의 욕구를 무시할 수 없기 때문에 전체 시장을 욕구가 비슷한 고객집단으로 구분하여 각각의 집단별로 차별적인 접근을 시도하기 위함이다.

표적시장 선정이란 시장이 세분화된 곳의 매력적인 요소인 후원 가능성을 발견하여 하나 또는 그 이상의 시장을 선정하여 진입하는 것을 의미한다. 부연하면 세분화된 시장 중에서 기관이 공략 가능하다고 선택한 시장을 표적시장이라고 하며 표적시장을 선정하기 위해 특정 세분시장에 진입하는 것이 사업목적 및 마케팅 목표와 일치하는지, 특정 세분시장에서 성공하는 데 필요한 기술과 자원을 갖추고 있는지, 세분시장이 적절한 규모와 성장을 유지하고 있는지 등을 검토한다.

마지막으로 시장 포지셔닝이란 시장 내 고객들의 마음에 위치잡기라는 의미를 가진다. 즉, 세분화되고 표적이 된 각각의 집단을 명확하게 지배하는 것을 뜻하며 대상 집단으로 하여금 후원을 하도록 확정짓는 것을 말한다. 표적시장의 고객들에게 자사 제품이 경쟁 제품이 비해 어떤 차별성이 있으며 고객의 욕구를 제대로 만족시켜 주고 있음을 확신시켜 주는 포지셔닝 전략을 펼쳐야 한다.

(5) 마케팅 도구 설정

마케팅 수행을 위하여 적절한 도구 설정은 매우 중요하다. 마케팅을 실행하기 위해 여러 가지 방법들이 동원되는데 이러한 방법은 기관활동 지원과 재원 확보를 위한 모금활동으로 나눌 수 있다. 마케팅 도구 설정은 마케팅 도구를 사용한 과거의 경험을 적절히 분석해 활용할 필요가 있다(고광신 외, 2010).

① 인터넷 마케팅

컴퓨터 통신과 인터넷의 발달은 마케팅 분야에 많은 변화를 일으키고 있다. 비영리조직들은 자체 홈페이지나 SNS를 통하여 기관의 사업이나 상황 등을 공개하고 있으며 클라이언트 또는 후원자들이 언제든지 홈페이지를 통하여 서비스를 선택하여 이용할 수 있도록 관리하고 있다. 인터넷, 모바일 등 컴퓨터 통신을 통한 마케팅 활동은 기관을 대중에게 널리 알림으로써 클라이언트의 선택을 자유롭게 할 수 있으며, 무엇보다도 대외적으로 신뢰성 구축에 긍정적 효과를 낳게 한다.

② DM(Direct Mail)

잠재적 클라이언트 중 특별히 표적시장에서의 클라이언트를 선정하여 서비스 내용을 담은 안내 문서를 첨부하여 참고할 수 있도록 편지를 보내는 것을 의미한다.

③ 특별행사(event)

특별행사는 기관의 상황에 따른 목적달성을 위하여 특별한 장소에서 한정된 기간에 서비스에 대한 정보를 알림으로써 사회복지조직 관련자들과 클라이언트가 현장에서 직접 체험하게 함으로써 기관의 상품이나 서비스를 오래 기억하도록 하는 장점이 있다. 사회복지조직에서 주로 하는 특별행사로는 모금만찬회, 자선음악회, 전시회, 박람회, 자선바자회, 자원봉사자 축제 등이 있다.

④ 대중매체 광고

마케팅 도구 중 TV, 라디오, 인터넷, 신문, 잡지 등 대중매체를 이용한 마케팅 전략을 의미한다. 비영리기관들의 매체를 통한 광고는 아직 활발하지 못한 실정이다.

⑤ 전화 및 자동응답시스템(ARS)

전화마케팅은 기관들이 적은 비용으로 클라이언트에게 상품이나 서비스를 제공하고 관리할 수 있는 방안을 모색하기 위하여 마련된 것으로, 제공자가 클라이언트에게 직접 전화를 하는 방법과 클라이언트로부터 걸려오는 것을 받는 방식이 있다. ARS는 클라이언트가 전화를 걸면 일정 금액의 후원금이 자동으로 전화요금에 부과되는 것으로 기부하는 모금방법이다. ARS는 누구나 손쉽게 참여할 수 있고 액수의 부담도 크지 않아 비영리법인이나 단체에서 그 활용도가 점차 커지고 있다.

⑥ 데이터베이스 마케팅(Database Marketing)

비영리조직에서 데이터베이스 마케팅은 기관을 찾는 클라이언트, 즉 고객과의 개별접촉을 통해 명단과 주소, 프로그램 이용현황 등의 정보를 입력하고 기관이나 프로그램에 대한 클라이언트의 태도, 반응, 기호 및 생활 스타일 등을 정보화하여 마케팅에 활용하는 것을 의미한다.

⑦ 고객관계 관리마케팅(Customer Relationship Management Marketing)

클라이언트 관리는 물론 후원자 관리에 있어 기존 후원자 유지 및 신규 후원자 개발에 유용한 마케팅 전략이다. 기존 마케팅이 단발적인 마케팅 전술이라면 고객관계 관리마케팅은 고객과의 지속적인 관계를 유지하면서 한번 고객은 평생고객, 고객을 위한 맞춤형 마케팅을 강조하는 것으로 맞춤서비스를 제공하여 모금효과를 증대시키는 전략이다.

⑧ 기업연계 마케팅(Cause－Related Marketing)

기업의 이윤을 사회에 환원한다는 사회 지향적 마케팅으로 공익연계 마케팅이라고도 한다. 사회공헌과 맥락은 유사하지만 사회공헌이 사회적 책임을 다하는 기업의 역할이 강조된다면 기업연계 마케팅은 공익적 이슈를 기업의 마케팅 활동과 연계하는 마케팅적 측면이 강하다.

⑨ 사회마케팅(Social Marketing)

정부나 지방자치단체, 시민과 지역사회를 위한 대중의 행동변화를 위한 마케팅 기법으로 공익을 실현하기 위한 집단적이고 조직적인 노력을 위한 마케팅 도구이다.

(6) 마케팅 실행

마케팅 실행은 마케팅 기획과 실행을 통해 잠재적 기부대상자들에게 기부를 요청하는 것으로 전략적인 마케팅 목표를 달성하기 위해 마케팅 기획을 활동으로 옮기는 과정이다. 즉, 마케팅 기획이 어떤 마케팅 활동을 왜 하는가에 관한 것이라면 마케팅 실행은 누가, 어디서, 언제, 어떻게 하는가 등이 이에 해당한다. 이러한 마케팅 기획과 실행을 통해 잠재적 기부 대상자들에게 기부를 요청한다.

(7) 마케팅 평가

실행이 끝난 후에는 그 결과를 종합적으로 평가하여 새로운 외부환경에 대한 분석과 연계할 수 있어야 한다. 예를 들어, 기부금의 결과에 대한 기대와 실제의 차이를 종합적으로 분석하며 더 나아가 기관 외부환경에 대한 분석으로 연계되는 일련의 과정을 의미하는 것으로 포괄적, 단계적, 객관적, 주기적 평가로 나눌 수 있다(여운승, 2003).

① 포괄적 평가

부분적인 문제뿐 아니라 마케팅 활동의 전반적인 문제를 평가한다.

② 단계적 평가

마케팅 외부환경, 내부 마케팅 시스템. 구체적인 마케팅 활동의 순으로 진단하여 마지막으로 마케팅 효율을 제고시키기 위한 장・단기의 방안을 제시한다.

③ 객관적 평가

마케팅부와는 별개의 조직 또는 외부기관에서 행해지는 것을 의미한다.

④ 주기적 평가

문제가 발생할 때마다 실시하는 것이 아니라 정기적, 즉 주기적으로 실시하는 것을 의미한다.

4. 사회복지조직의 홍보

1) 홍보의 개념

홍보(publicity)란 '사람 이외의 방송 또는 인쇄매체로 하여금 상품 · 서비스 · 기관 등을 뉴스나 논설의 형태로 다루게 하여 이것들에 대한 수요를 자극하는 것'으로 정의할 수 있다(유필화 · 김용준 · 한상만, 2005 : 358).

홍보와 관련된 용어로 광고가 있는데, 광고와는 달리 홍보는 비용이 들지 않는다는 차이가 있다. 즉, 홍보는 조직의 상품이나 서비스에 대하여 긍정적 기사의 게재를 유도하기 위한 것으로 단기적이고 조직의 의사에 달린 것이 아니라 기사를 게재하는 매체사의 호의적인 의사결정에 따른다.

2) PR과 홍보의 차이

홍보와 유사한 개념으로 PR(Public Relations)을 들 수 있는데 PR은 조직이 사회적 환경인 대중과의 원활한 관계를 유지하고자 하는 제반 노력을 의미한다. 단순히 좋은 평판을 얻기 위한 활동뿐만 아니라 조직 그 자체나 제품, 서비스, 활동 등에 대하여 이해관계자로부터 호의나 신뢰감, 인지도 등을 얻기 위한 일체의 커뮤니케이션 활동과 조직의 이념이나 상황을 사회에 제대로 알려 조직과 사회가 원활한 관계를 형성하고 공생하도록 도모하는 활동을 포함한다.

일반적으로 PR과 홍보를 구분하지 않고 사용하는 경향이 있으나 PR과 홍보의 뜻이 구별되어 사용된다면 이때의 홍보는 publicity, 즉 보도자료 배포 등의 언론 대응 활동으로서의 의미가 강하다. 보통은 홍보를 단순한 '언론 섭외'로 생각하는 경우도 많다. 세분화하여 차이를 정리하면 다음과 같다.

〈표 11-2〉 PR과 홍보의 차이

PR	홍보
• 조직의 총체적 이미지 제고와 관련, 조직이 대중의 관점과 태도에 영향을 주기 위하여 행하는 모든 일과 관련 • 커뮤니케이션 매체에 비용을 지불하여 공간과 시간을 보도 가치로 얻음 • 광고주가 주장하는 모든 것을 그대로 대변 • 홍보를 포함하는 폭넓은 개념으로 쌍방간 의사교환을 통해 서로 이해하고 선의의 관계를 유지하려는 설득 노력	• 보도 가치가 있는 관련기사를 뉴스화하여 텔레비전, 라디오, 신문 등을 통해 간접적인 상품의 효과를 구하는 것 • 대중매체에 대가를 지불하지 않고 상품이나 서비스의 수요 촉진 • 대중에게 일반적인 흥미를 주는 정보 전달을 위해 매체 편집자의 의도에 좌우됨 • 조직의 메시지를 널리 알리고 전달하기 위하여 시각적 매체, 청각적 매체 등 다양한 매스미디어를 활용

3) 홍보의 중요성 및 주요 원칙

휴먼서비스를 제공하는 사회복지조직은 프로그램과 그 자격 요건 등을 지역사회에 널리 홍보하는 것이 필요하다. 기관의 이미지 창출을 위한 어린이, 청소년, 장애인, 노인, 입양, 아동학대 예방사업 등 사회복지기관의 주요 프로그램은 기관의 성격에 따라 매우 다양하다. 어떤 사업을 하는 기관인지 이미지 구축을 확실히 하여 사회복지기관에 대해 긍정적 이미지가 창출된다면 후원자 모집, 클라이언트 확보, 지역사회의 지지 등을 얻는 데 매우 유용할 것이다.

(1) 홍보의 중요성

비영리기관인 사회복지기관은 보통 후원자들의 후원금과 정부 지원금으로 운영되기 때문에 예산 측면에서 열악한 환경에 처해 있다. 따라서 각각의 대중을 상대로 홍보하는 활동은 기관의 좋은 이미지 창출은 물론 모금개발에 큰 작용을 하게 된다. 예를 들면, 최근 월드비전, 굿네이버스, 유니세프 등 NGO 단체는 유튜브광고나 TV채널을 통해 후원자 모집 및 모금캠페인을 진행하고 있다. 이 외에도 사회복지기관의 홍보 전략에는 언론사의 사회복지 프로그램이나 특집방송 등과 같은 기획 프로그램을 연계한 마케팅 전략을 구사하는 경우도 많다. 예를 들면, 국민일보와 어린이재단이 함께하는 어린이 돕기에 관한 기획기사는 모금개발에 큰 영향을 미치는 효과적인 쌍방향 프로그램이다. 더불어 유명 연예인이나 방송인, 기업가들을 기관의 홍보대사로 임명하여 대중에게 많이 노출되어 있는 사람들을 통해 남을 돕는다는 일이 의미 있는 일임을 알리는 것도 홍보의 중요한 역할이라 할 수 있다. 사회복지기관은 공익성을 지니고 있기 때문에 기관의 목적과 사업을 효과적으로 홍보함으로써 기관의 신뢰성을 확보할 수 있다. 물론 스키드모어(Skidmore)는 '자체 인력뿐 아니라 외부의 홍보 전문가를 동원할 필요성이 있다'고 하였으며, 바우레이(Barwley)는 '홍보를 통해서 기관의 사업목적, 내용에 대하여 공중의 이해 증진뿐 아니라 정책입안자, 공무원들의 사회복지정책 결정에 중대한 영향을 줄 수 있다'라고 강조하였다. 더불어 사회복지기관 홍보활동의 중요성은 자원봉사자 모집 홍보, 후원자 개발 홍보, 프로그램 홍보 등과 같은 측면에서도 매우 중요하다고 할 수 있다(오세영, 2015).

(2) 홍보의 주요 원칙

사회복지기관의 성공적 홍보수행을 위해서는 우선적으로 홍보의 목표와 대상을 명확하게 설정해야 하며 조직 내에서 가동할 수 있는 자원, 즉 자료, 인력, 경험기술 등을 충분히 점검해야 한다. 또한 도움 요청할 대상과의 충분한 공감대 형성은 물론 다양한 홍보기법을 활용하여야 할 것이다. 성공적인 홍보활동을 위한 주요 원칙은 다음과 같다(장동일, 2006; Skidmore, 1995).

① 접촉하려고 하는 사람이 누구인지 특정 목표 집단을 대상으로 전달할 가치가 있어야 한다.

② 이용 가능한 자원들(돈, 사실, 인력 및 기술)을 고려하며 이해하기 쉬워야 한다.

③ 돌아오는 이익이 접촉하고자 하는 상대방과 어떻게 연관되는가에 유의하며 반복 전달한다.

④ 홍보에 관한 구체적인 기법을 알아야 한다.

⑤ 절대적으로 정직하며 교육적이어야 한다.

⑥ 내용은 생생하고, 매력적이며, 오랫동안 흥미를 유지할 수 있어야 한다.

4) 홍보매체와 언론홍보

사회복지조직의 홍보를 위해서는 매체들의 고유한 특성과 효과를 잘 검토하여 홍보 목적에 가장 적합하다고 판단되는 매체를 선택하여야 한다.

(1) 홍보매체 종류

홍보매체는 크게 시각적 · 청각적 · 시청각적 매체로 구분할 수 있다. 먼저 시각적 매체로는 신문, 잡지, 책자, 팸플릿, 유인물, 연례보고서, 카탈로그, 광고지, 회보, 사보, 사진 등이 있으며 청각적 매체로는 라디오, 강연회, 이야기, 기자회견, 인터뷰, 좌담 등이 있다. 마지막으로 시청각적 매체로는 TV, 영화, 인터넷, CD-ROM, 모바일 통신, 비디오, 공개토론, 대중 집회 등이 있다.

(2) 언론홍보

비영리기관인 사회복지조직에서 많이 활용되고 있는 홍보방법으로는 보도자료 작성을 통한 언론홍보가 있다. 먼저 기관에서 제공하는 모든 보도자료가 기사화되는 것이 아니기 때문에 기관에서는 시의적절하거나 의미 있는 기삿거리가 될 만한 것들을 언론사에 보내야 한다. 그러기 위해서는 언론사의 관심을 끌 만한 프로그램과 서비스를 수시로 발굴해 내야 한다. 기관 행사, 미담사례, 독특한 프로그램이나 성공사례 등이 그에 해당되며 이러한 아이템을 발굴하였다면 언론사에 보도자료를 작성해 보내야 한다. 보도자료는 헤드라인(headline), 리드(lead), 본문(body)으로 구성된다. 먼저 헤드라인은 기사의 제목으로 내용 전체를 압축하여 표현하고, 리드는 본문의 주요 정보를 한두 줄로 압축하여 독자나 기자의 호기심을 자극해야 한다. 마지막으로 기본 컨셉에 맞는 본문 작성은 육하원칙에 맞추어 짧고 쉬운 문장으로 최대한 객관적으로 구성한다. 보도자료는 원고 마감시간을 고려하여 언론사의 온라인 기사 제보 혹은 팩스나 사회부 기자의 메일 등으로 발송하고 확인 전화를 해 보도를 요청한다. 보도자료가 기사화되면 감사의 전화를 한다.

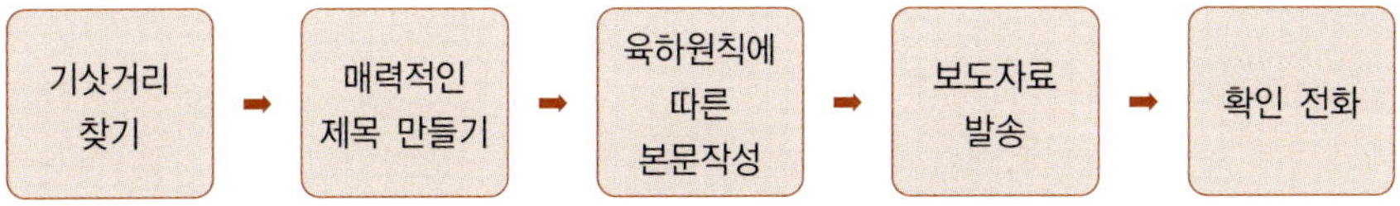

[그림 11-2] 보도자료를 통한 홍보과정

출처 : 강종수(2011).

언론홍보를 적절하게 활용하기 위해 기관의 홍보담당자가 명심해야 할 사항은 다음과 같다(황성철 · 정무성 · 강철희 · 최재성, 2009).

① 평소 언론인들과 지속적인 관계를 유지하라.
② 언론사 내 다양한 사람들과의 접촉을 유지하라.
③ 특정 사회문제에 있어서 전문가임을 언론사가 인지하도록 하라.
④ 기관을 대변할 수 있는 위치임을 분명히 하라.
⑤ 언론사 관계자가 본인을 쉽게 접촉할 수 있도록 하라.
⑥ 언론사의 마감시간을 숙지하라.
⑦ 독점 인터뷰가 아닌 경우에는 모는 언론사에 자료를 동시에 제공하라.
⑧ 언론도 실수할 수 있음을 기억하라.
⑨ 기대했던 이야기가 실리지 않더라도 실망하지 마라.
⑩ 말하는 것이 그대로 실리지 않을 수 있음과 말한 모든 것이 실릴 수 있음을 기억하라.

5) 우리나라 사회복지조직의 홍보 문제와 개선과제

우리나라 사회복지기관 홍보의 가장 큰 문제점은 예산부족으로 인해 전문적인 홍보 담당자나 부서를 둘 수 없다는 것이다. 하지만 홍보의 중요성을 생각할 때 하루속히 홍보 전문 인력을 양성함과 동시에 홍보예산 확보에 힘써야 한다. 또한 사회복지기관의 활성화를 위하여 적극적인 언론매체 홍보활동이 필요하며, 동시에 사회복지기관에 적합한 홍보매체 개발이 시급하다고 할 수 있다(고광신 외, 2010).

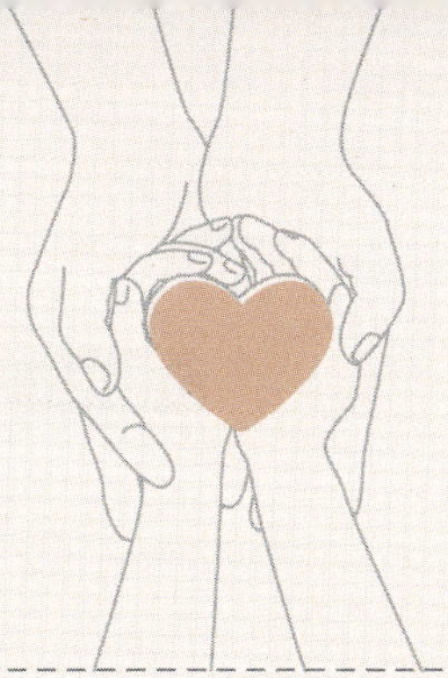

PART

4

사회복지 서비스의 질 관리

CHAPTER 12

프로그램 개발과 평가[1)]

최근 사회복지행정 서비스에서 프로그램 개발과 평가는 중요한 위치를 차지하고 있다. 이념과 정책들을 구체적인 서비스로 전환하여 실천하는 것이 사회복지행정이라면 그러한 목적과 역할추구에 쓰이는 주된 도구는 프로그램이다. 사회복지행정 접근은 크게 조직과 관리, 그리고 프로그램으로 나눌 수 있다. 이 세 가지는 모두 사회복지행정의 중요한 접근방법이지만, 사회복지의 궁극적 목적 실현을 위한 보다 직접적인 수단은 프로그램이다(신복기 외, 2002).

사회복지기관은 프로그램을 통해 클라이언트와 그가 속해 있는 가정, 더 나아가 지역사회의 변화를 이끌어 내야 함에도 불구하고 프로그램 개발에 소홀한 경향이 있다. 현대사회의 다양성과 복잡성으로 인하여 사회복지 욕구가 늘어나고 그에 따른 전문적 서비스 개입이 증가하고 있지만 예산부족과 그에 따른 전문인력 부족, 사회복지사들의 과도한 업무부담 등으로 새로운 프로그램 개발은 생각처럼 용이하지 않다. 사회복지기관은 클라이언트보다는 보조금을 지급하는 정부기관이나 기업, 후원자 등의 요구에 신경을 써야 하는 경우가 많기 때문에 많은 시간과 전문성이 요구되는 프로그램 개발에 미흡할 수밖에 없었다. 더욱이 사회복지적 기능들이 제대로 작동하기 위해서는 공식적이고 체계적인 프로그램 개발이 이루어져야 함에도 불구하고 우리나라의 사회복지조직은 역사도 짧거니와 급변하는 사회문제 증가와 다양성에 대응할 프로그램에 대한 개발과 평가 부분이 매우 취약하다. 이러한 현실에서 최근 서비스 제공의 양적인

1) 이 장은 표갑수・이재완・유옥현・이화정・김현진(2016). 사회복지프로그램 개발과 평가, pp. 63-120의 내용을 발췌・부분수정하여 기술하였음.

증가와 막대한 복지예산 투입으로 사회서비스의 효율성과 더불어 효과성에 대해 의문을 가지고 있는 이해관계자들이 늘고 있다. 따라서 사회복지조직에서도 프로그램 개발과 평가의 중요성에 대한 인식이 변화하고 있으며 프로그램의 질적 향상을 위해 사회복지사업법에도 평가를 규정해 놓고 있다(고광신 외, 2010).

1. 프로그램 개발의 개념 및 개발과정

1) 프로그램 개발의 개념

보통 프로그램 개발은 새로운 프로그램을 창출하거나 기존의 프로그램을 수정 또는 보완해서 더욱 효과적인 프로그램으로 개선시키는 노력과 과정을 의미한다. 만약 새로운 프로그램을 기획하거나 설계하는 데 초점을 맞춘다면 욕구조사나 문제분석, 목표설정, 또는 개입전략의 선택 등 주로 프로그램 발전과정에서 초기단계의 활동이 강조된다. 프로그램 개발의 의미는 협의와 광의로 나눌 수 있는데, 협의의 개념은 새로운 프로그램을 기획하거나 설계한다는 의미로 사용되며, 광의의 개념은 협의의 개념을 포함하여 실행, 평가 등 전 단계에 걸쳐 프로그램을 개선시키는 것을 의미한다(황성철, 2010).

우선 프로그램의 개념과 사회복지 프로그램의 개념을 익힌 후 프로그램 개발의 개념에 대한 구체적인 내용을 살펴보기로 한다.

(1) 프로그램의 개념

'프로그램'이라는 용어의 사전적 의미는 목록, 순서 및 예정계획이라는 뜻을 지니고 있는데, 이는 하나의 목적을 성취하기 위한 활동의 집합체 또는 목적달성을 위한 일련의 상호 의존적인 활동이라고 볼 수 있다. 더불어 프로그램 계획이라는 의미는 추상적인 상태로 존재하거나 의미가 있는 어떤 목적이나 목표를 실현하기 위하여 무엇을 어떻게 준비해야 실천이 가능한지에 대하여 구체적으로 구상하는 단계이다. 목록은 이를 위해 필요한 인력, 예산, 자원, 실행기술 등을 실체화해서 활동할 수 있는 지침수준으로 구체화한 것이다. 순서는 목록에 포함되어 있는 자원들이 어떤 순서대로 투입되고 관리되어야 하는지의 의미로, 좀 더 확장하면 프로그램 전달체계의 의미로 볼 수 있다(우수명, 2004). 이러한 의미에 의거한다면 프로그램은 어떤 활동을 시간 순서에 따라 구체적으로 나열한 진행순서표나 사전계획표인 것이다(한국청소년개발원 편, 1997). 결국 프로그램이란 "일정한 기관에서 목적을 달성하기 위하여 모든 과정을 마칠 때까지 요구되는 내용의 선정과 조직, 활동목표 체계, 시설, 자원, 지원체계, 기간 등에 관한 전체적인 계획이다"(양정하 외, 2011).

(2) 사회복지 프로그램의 개념

일반적인 프로그램 정의를 토대로 사회복지 프로그램에 대한 학자들의 견해를 살펴보면 다음과 같다(김종명 외, 2011). 먼저 요크(York, 1983)는 특정한 상황에서 "목표를 달성하기 위한 일련의 상호 의존적인 활동"들로 규정하고 있다. 스미스(Smith, 1989)는 "특정 목표를 달성하기 위하여 만들어진 조직적인 활동"으로 보고 있다. 즉, 프로그램에 있어서 조직적인 활동이란 임시적인 활동이 아니라 어떤 문제를 해결하기 위하여 실제된 계획된 활동을 의미하는 것으로 보고 있다. 라프와 포트너(Rapp & Poertner, 1992)는 "특정한 목표를 달성하기 위한 집합체"로 정의하고 있다. 예를 들어, 아동의 문제, 가족의 문제, 그리고 여성 평등의 문제를 해결하기 위한 구체적이고 조직적인 활동을 말하는 것이다. 웨인바흐(Weinbach, 2003)는 "목적, 목표, 정책, 절차, 규칙, 예산 등을 포함하는 조직의 구성요소"라고 정의하고 있으며 표갑수 등(2013)은 사회문제를 해결하기 위한 목적으로 국가나 사회단체, 사회복지조직의 구체적인 활동 등을 의미한다고 정의하였다.

(3) 프로그램 개발의 개념

프로그램 개발의 출발은 '클라이언트가 안고 있는 문제를 어떻게 해결할 수 있을 것인가'라는 질문으로부터 시작한다. 프로그램을 개발하기 위해서는 다양한 기술적인 부분을 습득하고, 기존의 자료들을 심층적으로 분석할 수 있는 능력을 갖추어야 하지만 이보다도 우선시되어야 하는 것이 문제를 바라보는 사회복지사의 자세라 할 수 있다. 프로그램 개발은 클라이언트가 안고 있는 문제를 얼마나 진지하게 고민하고 해결되기를 바라는지의 진정성에서 출발해야 한다. 또한 기존 프로그램의 한계성을 인식해야 한다. 하나의 프로그램이 클라이언트가 가지고 있는 문제를 모두 해결해 줄 수 없기 때문에 현재 실행되고 있는 프로그램이 가지고 있는 한계가 무엇인가에 대한 분석적이고 자기성찰적인 반성과 노력이 병행되어야 한다. 프로그램 개발이라는 용어 외에도 기획, 계획, 설계라는 용어가 혼용되고 있으며 각각의 개념은 약간의 차이가 있으나 근본적인 개념이 유사하게 활용되고 있다(고광신 외, 2010).

① 개발(development)

개발은 두 가지 측면에서 설명할 수 있다. 먼저 개발이란 처음부터 없었던 것을 새롭게 만드는 것을 말하고, 다른 하나는 기존의 것을 더욱 발전시켜 유용하게 만드는 것을 의미한다. 따라서 프로그램 개발의 개념은 새로운 프로그램을 만들거나 기존의 프로그램을 과학적이고 체계적인 일련의 과정을 거쳐 더욱 발전시켜 나가는 것을 뜻한다.

② 기획(planning)

기획이란 어떤 일을 꾀하는 것으로 실제로 하고자 하는 일을 추진하는 데 있어 단순한 아이디어에서부터 실행단계에 이르는 모든 기안을 작성하는 것을 말한다. 즉, 현재와 미래의 환경변화에 대응하기 위한 것으로 먼저 목표를 정한다음 그 목표를 어떻게 실현할 것인지에 대한 구체적인 세부기획안을 작성하게 된다. 기획은 발상하는 것으로부터 문서화하고 행동으로 실천하여 결과를 획득하는 일련의 정보 고리 작업이다(김형식 · 이영철 · 신준섭, 2002).

③ 계획(plan)

계획이란 어떤 것을 하거나 만들기 위해 사전에 마련된 구체적인 방법을 의미한다. 즉, 어떤 일을 함에 있어 목표를 설정하는 것으로 앞으로 할 일의 절차, 방법, 규모 따위를 미리 헤아리는 것으로 기획한 내용을 효율적으로 수행하기 위한 단계에 해당한다. 따라서 계획은 기획한 내용을 어떻게 실시하느냐가 중요한 요점이다.

④ 설계(design)

설계란 어떤 일을 함에 있어 요구조건을 만족시키고 합리적이며 경제적으로 만들기 위해서 계획을 종합한 설계도를 작성하여 구체적으로 내용을 명시하는 일을 의미한다. 따라서 프로그램을 설계한다는 의미는 프로그램 계획 다음의 단계로 받아들여 주어진 일을 매우 상세하게 구체적으로 그 과정을 기술함으로써 실현 가능성을 높이는 작업이라고 볼 수 있다.

2) 사회복지 프로그램의 개발과정

조직의 목표이기도 한 효과적이고 효율적인 서비스 제공을 위해 조직의 운영과 서비스 전달에서 핵심적인 지식과 기술이 되는 프로그램 개발과정에 대해 살펴볼 필요가 있다. 사회복지 프로그램 개발은 해결하려고 계획하는 문제들에 대해 프로그램 이론을 구체화하는 작업을 함으로써 왜 이 문제를 해결해야 하는지 이유가 명확해진다. 다시 말해 프로그램 이론을 구체화한다는 것은 논리모델에 근거하여 프로그램을 개발하는 과정에 필수적인 부분으로 제대로 이론이 구축될 때 비로소 목표가 명확해짐을 의미한다.

(1) 논리모델에 근거한 프로그램 이론 구축과정

문제와 이슈진술, 지역사회 욕구에 따른 투입자원, 기대되는 결과인 성과영향, 영향요소, 전략, 가정 순으로 이루어지며 클라이언트를 위한 프로그램 이론을 구축한 후에야 비로소 실제로 대상자들에게 적용할 프로그램을 개발하는 과정에 들어서는 것이다.

프로그램 이론 구축결과를 토대로 한 프로그램 개발과정은 논리모형에 근거해 성과, 산출, 활동, 자원·투입 순으로 이루어진다. 성과란 프로그램 모형을 개발하기 위해 대상자의 행동지식, 기술, 상태 등 기능적인 수준에 있어서 구체적인 변화를 기술해야 하며, 산출은 계획된 활동을 수행해 얻어지는 결과물이 무엇인지 제시할 수 있어야 한다. 또한 활동은 프로그램 개발자의 의도적 개입부분으로 과정, 도구, 기술, 행동 등이 구체적으로 명시되어야 한다. 마지막으로 자원·투입은 프로그램을 운영하기 위해 필요한 인력, 재정, 조직, 지역사회 자원 등을 의미한다. 좀 더 부연하면 성과 부분은 사회복지사가 어떠한 결과를 기대하며 희망하고 있는가에 대해 제시한 것이며, 산출은 무엇을 목표로 할 것인가를, 활동은 무엇을 할 것인가를, 자원·투입은 무엇을 투자할 것인가를 구체적으로 명시할 수 있어야 한다.

사회문제 해결을 위해 사회복지사는 사회현상에 민감해야 하며 어떤 바람직하지 못한 사회현상이 어떻게 정의되는지 문제 용어의 사용과 함께 구체적 개념화가 이루어져야 문제를 해결하기 위한 설계에 들어갈 수 있다. 즉, 사회문제에 대한 명확한 기술은 프로그램의 목표를 구체적으로 확립하고 적절한 개입전략을 계획할 수 있게 한다.

(2) 프로그램 개발과정

목적 및 목표 설정의 전 단계인 문제 확인 단계에서는 기본적인 사회가치와 사회적 상황에 대한 변화 노력을 이해하기 위한 전제조건이 따라야 한다. 문제 확인이 제대로 되지 않는 상태에서는 이를 개선하기 위한 목적을 설정할 수 없기 때문에 사회문제를 확인하고 명확하게 분석할 때 비로소 프로그램 목표를 확립하고 그 문제의 개선 필요성을 정당화시키는 근거가 된다. 즉, 사회복지 관련 프로그램 개발자의 사회문제에 대한 명확한 기술은 프로그램의 목표를 확립하고 문제개선의 필요성을 정당화시키는 근거가 된다(정무성·정진모, 2001).

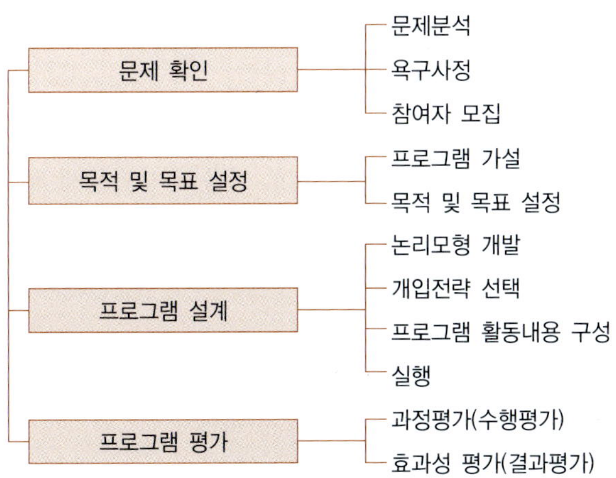

[그림 12-1] 프로그램 개발과정

출처 : 표갑수 외(2013) 참조 수정 보완.

사회복지 프로그램 개발과정은 크게 네 단계로 문제 확인 단계, 목적 및 목표 설정 단계, 프로그램 설계 단계, 프로그램 평가 단계를 거친다. 각각의 단계는 독립적으로 존재하는 직선적인 관계가 아니라 서로 밀접하게 연관되어 있으면서 서로를 규제하고 주기적으로 반복되는 순환과정을 거친다(정무성 · 정진모, 2001).

또한 위의 그림에서와 같이 프로그램 개발과정 단계에 따라 다시 문제분석, 욕구사정, 참여자 모집, 프로그램 가설, 목적 및 목표 설정, 논리모형 개발, 개입전략 선택, 프로그램 활동내용 구성, 실행, 과정평가, 효과성 평가의 총 11단계로 세분화된다.

2. 문제 확인

1) 문제분석

프로그램 개발을 위한 첫 단계인 문제 확인을 위해 무엇이 문제인지 또는 원인이 무엇인지를 파악해야 한다.

최근 여러 가지 사회문제로 인해 분석도 다양하고 복잡한 구조를 갖게 되었으며 그로 인해 많은 시간과 비용이 소요된다. 그럼에도 불구하고 프로그램 설계를 위해 몇몇 기본적인 요소와 하위 특성들을 확인할 필요가 있다. 다음은 문제분석을 위한 틀에 포함되는 세 가지 기준과 그 기준에 따른 개별요소들을 나누어 기술한 것이다(오현숙 · 최호윤, 2010). 아울러 사회문제 분석 틀과 분석 내용도 함께 기술하였다.

(1) 사회에 대한 문제

① 사회에 대한 자원비용의 문제

② 사회구성원들의 건강과 안전에 대한 위협

③ 사회통합과 같은 사회적 가치에 대한 위협

(2) 개인에 대한 문제

① 건강과 체면 유지를 위한 최저 기준의 박탈

② 학대와 착취의 위협

③ 모든 사회적 참여로부터의 소외

(3) 문제의 존재나 유포에 기여하는 요인들

① 개인, 가족, 지역사회, 역사적, 정치적 요인들

② 생물학적·물리적, 행동적, 사회적, 심리적, 경제적 조건들

(4) 사회문제 분석 틀

문제원인에 대한 분석은 주로 이론 및 연구문헌의 고찰을 통해 이루어지는데 복잡하고 다양한 사회문제를 분석하기 위한 틀로 문제를 경험하게 되는 개인, 가족, 집단, 조직, 지역사회, 국가 등 사회체계를 활용하여 문제의 부정적 결과물들을 설명할 수 있다.

다음은 요크(York, 1982)가 제시한 사회문제 분석 틀이나.

① 바람직하지 못한 상황과 조건은 무엇인가?

② 누가 그 문제로 고통받고 있는가?

③ 누가 그 문제로부터 이익을 얻는가?

④ 누가 그것을 사회문제로 규정하는가?

⑤ 누가 그것을 사회문제로 규정하지 않는가?

⑥ 문제의 원인은 무엇인가?

⑦ 그 문제를 다루는 현재의 프로그램은 무엇인가?

⑧ 이 프로그램을 중단함으로써 예상되는 결과는 무엇인가?

⑨ 사회변화의 목표는 무엇인가?

⑩ 욕구와 자원 간의 격차를 줄이는 데 찬성하는 사람과 반대하는 사람은 누구인가?

(5) 문제분석 내용

문제분석 내용은 선정한 사회문제와 관련된 역사적 사건, 이론, 연구조사 결과, 원인론, 문제의 심각성이나 크기, 유형 등을 서술하기 위한 데이터를 수집하는 데 초점을 둔 과정이라고 할 수 있다. 문제분석에 포함되어야 할 내용은 다음과 같다(조운희, 2004).

① 문제 및 클라이언트에 대한 정의는 무엇인가?

문제분석 내용 중 첫 번째 단계인 문제 및 클라이언트에 대한 정의단계는 빈곤, 실업, 이혼, 아동학대, 부적응, 성역할, 사회적 고립 등과 같은 사회문제에 관한 정의와 각각 해당되는 클라이언트에 대한 용어정의를 명확화하는 것이다. 문제 및 클라이언트에 대한 정의가 명확하게 이루어져야 공통적인 이해와 표적집단에 대한 공유된 정의가 도출되기 때문이다.

② 문제 상황을 겪고 있는 사람들의 특징은 무엇인가?

이 단계는 위험에 처한 클라이언트나 집단구성원들을 올바로 이해하기 위함이다. 아동방임의 경우 문제에 처한 클라이언트는 아동이지만 저소득가정, 한부모가정, 맞벌이가정 등에서 상대적으로 아동방임이 많이 발생되는 점을 파악하기 위해 사회문제를 제대로 이해하는 것이 매우 중요하다.

③ 문제의 크기와 심각성 정도는 어떠한가?

이 질문은 지역사회에 특정 문제가 얼마나 많이 분포되어 있는지, 발생경향이 어떠한지를 알아볼 수 있는 구체적인 경향을 추정할 수 있게 해준다. 이러한 자료는 분석하고자 하는 사회문제의 심각 정도를 확인시켜 주기 때문에 사회학적, 인구통계학적 자료를 충분히 활용하여야 한다.

④ 문제의 시너지적인 사회가치는 무엇인가?

이 질문의 초점은 제공자 측면에서 해결하고자 하는 문제가 사회적 이슈가 될 수 있는가의 여부이다. 이를테면 문제 상황이 기삿거리나 세간의 관심거리, 홍보성과 상업성 등과 관련이 있는지를 타진해 보는 단계이다. 사회복지적 가치와 부합되면서 사회적으로 시너지적인 문제해결 방안이 있는지 등의 여러 가지 실현 가능한 사회복지적인 가치가 비전으로 전환할 수 있는지의 가능성을 모색한다.

⑤ 문제 상황의 수요 상태는 어떠한가?

이 질문에서는 문제를 경험하고 있는 클라이언트, 즉 수요 측면에서 공급 가능성을 확인하는 데 초점을 두고 있다. 즉, 수요상태가 전혀 없는지, 잠재적인지, 감소하는지를 파악함으로써 전환, 자극, 개발, 포장마케팅 전략의 기초가 된다.

⑥ 누가 문제로 정의하는가?

이 질문의 초점은 문제 상황의 해결을 누가 지지하고 누가 반대하는가를 파악하고자 하는 것이다. 한편으로는 문제로 인해 곤란을 겪고 있음을 주장하는 클라이언트들이 실제적으로 자신들의 문제 상황을 정의하고 있는 것인지를 확인하는 것으로 문제를 제대로 인식하고 있는지 자체가 문제분석에서 의미 있음을 반영하는 질문이라 할 수 있다.

⑦ 누가 문제로 정의하지 않는가?

이 질문은 위의 '누가 문제로 정의하는가'와 관련되어 있다. 즉, 문제를 근절함으로써 손해를 보는 사람과 집단을 확인하는 것으로 변화에 대한 잠재적인 저항을 사정하는 것이다. 이를테면 빈민가의 임대업자는 빈곤가정의 주택문제로 이익을 얻지만 공공주택의 증가로 손해를 보는 경우이다. 이 질문은 욕구와 자원을 관찰함과 동시에 이해집단 간의 이견 등 문제해결에 장애가 되는 사회, 정치적 측면도 동시에 고려해야 함을 의미한다.

⑧ 문제의 원인론은 무엇인가?

이 질문은 문제의 원인을 규명함으로써 대안을 확인하는 데 있다. 일반적으로 문제의 원인은 이론이나 관련 조사연구의 검토와 문제 발달에 대한 이해로부터 나온다. 예컨대 청소년의 부적응 원인도 다양한 요인을 탐색하고 요인들 간의 인과관계 및 경로관계를 분석함으로써 가장 효용성 있는 문제원인을 모색할 수 있다.

⑨ 문제를 다루고 있는 현재의 프로그램은 무엇인가?

이 질문에 대한 대답은 문제해결을 위한 대안을 모색하는 데 상대적인 효과성을 분석하고 차별화 전략을 세우는 데 도움이 된다. 어떠한 문제 상황에 대한 대안이 하나인 경우는 거의 없기 때문에 노력의 결과로 고안되는 프로그램을 분석하기 위해서는 기존 프로그램을 분석해야 한다.

⑩ 사회변화의 목표는 무엇인가?

이 질문의 초점은 프로그램을 통해 클라이언트가 안고 있는 문제를 어느 정도 해결할 수 있을 것인지, 기대되는 성과가 무엇인지에 대한 것이다. 사회변화의 목표에 대한 구체적 대답을 할 수 있을 때 문제해결을 통해 사회의 어떤 측면이 변화의 표적이 될 수 있는지를 가늠하게 해준다.

⑪ 목표달성의 자원과 장애요인은 무엇인가?

이 질문은 문제분석을 보다 명확히 하기 위해서 문제해결 또는 목표달성에 영향력 있는 자원과 장애요인을 파악하는 데 초점을 두고 있다. 이 질문들은 클라이언트체계, 표적체계, 행동체계 및 변화매개체계를 분류도구로 삼아 문제해결적 관계성에 중심을 두고 분석하는 과정에서 보다 명확히 파악될 수 있다.

2) 욕구사정

욕구사정은 사회문제의 정의와 인간행동에 대한 포괄적인 이해로부터 출발한다. 문제가 명확히 이해되고 분석이 체계적으로 이루어졌다 해서 특정 문제를 안고 있는 클라이언트들의 욕구가 무엇인지 밝혀지는 것은 아니다. 예를 들어, 청소년들의 학교부적응이 사회문제라고 규정된다고 해서 학교부적응을 해결하기 위한 청소년들이 가지고 있는 욕구들이 모두 동일하지 않다는 것이 욕구사정의 중요성을 부각시킨다. 어떤 청소년은 학업성취를, 어떤 청소년은 또래나 교사들과의 관계 향상을, 또 어떤 청소년들은 자신감 향상이나 정서적 안정을 원하는 등 조건이나 상황에 따라 청소년들이 해결하고자 하는 욕구는 다양하게 표출된다.

개개인이 안고 있는 욕구사정이 올바르게 이루어져야 프로그램에서 의도하는 목적과 목표를 보다 효과적으로 달성할 수 있다. 잘못된 욕구사정은 자원낭비는 물론 프로그램을 절대적으로 필요로 하는 클라이언트가 제대로 혜택을 받지 못하게 되는 문제를 낳게 된다(Charles A. Rapp & John Poertner, 정무성·박차상 공역, 2002).

(1) 욕구의 개념

욕구(needs)란 개인, 가족, 집단, 지역사회, 국가 등의 다양한 사회체계가 생존이나 성장 발전을 위해 필요하여 구하는 것을 말한다. 사회복지현장에서는 클라이언트의 욕구를 파악해 서비스를 제공하기 때문에 욕구의 개념을 무엇인가가 결핍된 상태이며 이로 인하여 불만족하거나 문제를 경험하게 되는 경우로 해석하기도 한다.

이렇게 욕구는 종종 박탈이나 또는 문제로써 표현되기도 하지만, 사실 욕구란 인간들이 꼭 가지고 있어야만 하는 것 또는 꼭 만나야 하는 조건을 나타낸다(Spicker, 2000). 욕구(needs)의 개념은 요구(wants)와 유사하게 보이지만 다소 차이가 있다. 즉, 요구는 사회체계에서 무엇이 필요하나 그것을 가지지 못하는 모든 상황을 말하지만, 욕구는 그러한 요구가 사회적 차원에서 인정된 경우로 한정한다(황성철, 2005).

욕구의 개념을 더 명확히 기술하기 위해 욕구기준과 욕구분류로 나누어 설명하였다.

① 욕구기준

인간에게 무엇이 꼭 필요한지 아닌지에 대해서는 오랫동안 논쟁이 되어 왔다. 욕구를 절대적 의미로 해석하는 조지(George, 1988)와 상대적 의미로 해석하는 타운센드(Townsend, 1993)에 의하면 욕구를 보는 시각에 따라 그 기준이 다름을 알 수 있다.

먼저 절대적 욕구란 사회적 상황이나 조건과는 상관없이 필요한 것을 의미한다. 즉, 인간은 살기 위해 어떤 특별한 것, 예를 들어 음식, 주택, 물 등을 필요로 한다. 다음으로는 상대적 욕구로, 욕구가 사회에 의존해서 결정된다고 보는 시각이다. 예를 들면, 어떤 사회에서 소나 개는 음식이지만 어떤 사회에서는 음식이 아니기도 하다.

결국 욕구는 절대적 의미이건 상대적 의미이건 사회적으로 결정된다는 것을 부인하기 어렵다. 센(Sen, 1983)은 욕구가 개인적 성향보다는 사회적으로 영향을 받는다고 하였으며 스피커(Spicker, 2000)는 결국 욕구라는 것이 사회적으로 건설되기 때문에 이에 대한 응답 또는 대응도 사회적으로 이루어져야 한다고 믿는다.

② 욕구분류

허그맨(Hugman, 1998)은 욕구를 사회적 수준의 욕구와 개인적 수준의 욕구로 분류해서 설명하고 있다. 먼저 사회적 수준의 욕구(social level of need)란 차별과 불이익, 사회적 배제의 사회구조적 욕구분석을 중심으로 문제 또는 욕구해결을 위해 국가의 제도적 개입이 강조된다.

다음으로 개인적 수준의 욕구(individual level of need)란 개인주의가 욕구분석에 있어 중심이 되어야 함을 의미하며 개인적 수순의 욕구를 해결하기 위해서는 개인들의 경쟁력 강화 그리고 개인적 문제해결의 기술적 기법들이 강조된다.

(2) 욕구의 특성

욕구의 가장 주요한 특성은 탄력적이고 상대적이기 때문에 정적이고 절대적으로 이해해서는 안 된다는 것이다. 욕구 정도는 시점에 따라 달라질 수도 있으며, 똑같은 상황에 처하더라도 개인 간 욕구의 크기는 상이하다. 욕구의 탄력성은 생활수준, 정치사회적 환경변화, 자원과 기술의 가용성 등 세 가지 변수에 의해 영향을 받는다. 욕구 특성을 정리하면 다음과 같다(이민홍·정병오, 2012; Kattner, et al., 1999).

① 생활수준

욕구와 생활수준은 밀접한 관계가 있다. 즉, 생활수준이 욕구의 탄력성에 영향을 미친다는 것을 의미한다. 예를 들어, 과거에는 적절한 것으로 간주되었던 주거환경이 오늘날에는 표준에 미치지 못하는 상태로 분류되어 주거환경 개선 프로그램의 대상이 되기도 한다.

② 정치사회적 환경변화

욕구는 정치사회적 환경변화에 따라 다르게 나타날 수 있다. 최근 들어 사회복지 서비스나 프로그램이 기관 중심에서 벗어나 클라이언트의 욕구를 바탕으로 한 프로그램을 제공하는 추세이다. 예를 들어, 영유아나 노인에 대한 돌봄을 가족이 아닌 사회적 연대의 원리로 접근하는 것과 같이 욕구는 정치사회적 환경변화에 따라 달라진다.

③ 자원과 기술의 가용성

이 자원과 기술가용성 변수는 자원의 정도나 기술발전에 따라 변화한다. 과거에 자원의 부족이나 기술의 미흡으로 인해 욕구로 인정받지 못하던 것이 자원이 풍부해지고 과학기술이 발달함에 따라 사회적으로 인정받게 되는 것을 의미한다(Kattner, et al., 1999).

(3) 욕구이론

욕구이론이란 욕구의 주체와 대상에 대한 분석, 즉 누가 욕구를 가지고 있는가, 성취되어야 하는 욕구가 무엇인가에 대한 분석이 중심이 되어야 한다. 매슬로우(Maslow)와 브래드쇼(Bradshow) 등은 욕구의 대상에 음식, 주택 등의 물질적인 것과 사랑 등의 감성적인 것 등이 모두 포함되는 것으로 보고 있다. 욕구의 대상에 대한 분석은 무엇이 욕구이고 욕구는 어떻게 채워지는 것이며, 욕구의 정의는 무엇인가 등에 대한 대답이라고 할 수 있을 것이다. 반면 욕구의 주체에 대한 분석은 욕구를 가지고 있는 사람은 누구이며 왜 욕구를 가지고 있고 사회와의 연관성은 무엇인지에 대한 대답을 의미한다(지은구, 2005). 이 책에서는 매슬로우(Maslow, 1954)의 욕구단계이론과 브래드쇼(Bradshow, 1977)의 네 가지 욕구이론으로 욕구를 사정하는 단계에서 클라이언트들이 해결하고자 하는 욕구에 대해 살펴보고자 한다.

① 매슬로우의 욕구단계이론

개인이 지닌 욕구와 동기부여 이론으로 가장 널리 알려진 매슬로우의 욕구이론(need hierarchy theory)은 인간에게 동기를 부여할 수 있는 욕구가 단계를 형성하고 있는 것으로 파악하였다. 즉, 매슬로우는 욕구단계이론에서 가장 낮은 단계의 욕구로부터 높은 단계의 욕구까지 5단계로 설명하였는데, 앞의 욕구가 만족 또는 성취될 때 비로소 뒤의 욕구가 나타난다는 의미로, 인간의 욕구를 가장 낮은 생리적 욕구에서 자아실현의 욕구로 상향하여 만족시켜 간다고 전제하고 있다. 욕구가 계층화되어 있는가에 대해서는 비판도 있지만 인간이 일생 동안 이러한 욕구충족을 위한 목표를 추구하는 내부적 충동의 근원으로 작용한다는 점을 참고할 필요가 있다.

가. 생리적 욕구(physiological needs)

욕구단계설의 첫 단계는 인간에게 있어 가장 기본이라 할 수 있는 생리적 욕구로, 따뜻함이나 거주지, 먹을 것을 얻고자 하는 욕구, 고통받고 싶지 않은 욕구, 성적인 욕구 등을 의미한다. 인간은 빵만으로 사는 것은 아니지만 정말로 굶주리고 있는 사람에게는 빵 한 조각이 전부인 것이다. 춥고 배고픈 문제가 해결되지 않는 한 다른 욕구는 모습을 나타내지 않는다. 이 욕구는 생물체로서 존재하기 위하여 필수적으로 충족되어야 하는 가장 기본적인 욕구로, 이 욕구가 충족되고 나면 다음 단계의 요구가 발생하는 것으로 보았다.

나. 안전의 욕구(safety needs)

일단 생리적 욕구가 어느 정도 충족되면 다음 단계인 안전의 욕구가 나타난다. 이 욕구는 근본적으로 신체적 및 감정적인 위험으로부터 보호되고 안전해지기를 바라는 욕구로, 이미 충족된 생리적 욕구를 박탈당하지 않으려는 욕구를 말한다. 이것은 신체적인 안정상태의 유지와 관련된 욕구이며 예상할 수 없고 조정할 수 없는 위험으로부터 보호받으려는 욕구이다.

다. 소속감과 애정의 욕구(belongingness and love needs)

일단 생리적 욕구와 안전의 욕구가 어느 정도 충족되면 소속감과 애정의 욕구가 지배적으로 나타나게 된다. 예를 들면, 집단을 만들고 싶다거나 동료들로부터 받아들여지고 싶다는 욕구이다. 인간은 사회적인 존재이므로 어디에 소속되거나 자신이 다른 집단에 의해서 받아들여지기를 원하고 동료와 친교를 나누고 싶어 하며 또 이성 간의 교제나 결혼을 갈구하게 된다. 그리하여 일차적으로 가족과 같은 집단을 형성하고 집단의 규범에 속하고 싶어 한다.

라. 자아존중의 욕구(self-esteem needs)

인간은 어딘가에 속하려는 욕구가 어느 정도 만족되기 시작하면 어느 집단의 단순한 구성원 이상의 존재가 되기를 원한다. 이것은 자아존중의 욕구로 내적으로는 자존 및 자율을 성취하려는 욕구이며 외적으로는 타인으로부터 인정받고 집단 내에서 어떤 지위를 확보하려는 욕구로 설명할 수 있다. 인간은 힘과 경험, 자격, 능력, 독립, 자율성, 지위 그리고 우월성 등을 인정받기를 원한다. 이러한 욕구가 충족되지 못하면 열등감을 갖게 되고 나약해지며 의기소침해진다. 이러한 자아존중은 다른 사람으로부터 받는 존경에 의해 생겨나며 자아존중의 욕구가 충족되면 자신감이 생기고 힘이 커지고 능력이 생겨난다.

마. 자아실현의 욕구(self-actualization needs)

일단 자아존중의 욕구가 어느 정도 충족되기 시작하면 다음에는 '능력을 발휘하고 싶다', '자기 계발을 계속하고 싶다'는 자아실현의 욕구가 강력하게 나타난다. 이는 자신이 이룰 수 있는 것 혹은 될 수 있는 것을 성취하려는 욕구로 계속적인 자기 발전을 통하여 성장하고, 자신의 잠재력을 극대화하여 자아를 완성시키려는 욕구이다. 자아실현의 욕구는 인간의 잠재적인 것과 이상적인 것의 실현이라고 할 수 있으며 인간 능력의 충족이다. 이것은 탐구, 표현, 창의 등의 욕구이며 이러한 욕구 충족을 통해서 자아를 실현하려는 것이다.

사회복지 프로그램 개발과정에서 매슬로우의 욕구단계이론이 중요한 의미를 갖는 이유는 첫째, 클라이언트의 욕구 간에 우선순위를 정하는 데 기준으로 활용된다는 점이다(황성철, 2005). 예를 들어, 거주지가 일정하지 않은 노숙인의 기본욕구는 심리적인 안정보다는 편히 쉴 수 있는 집이 우선이라는 것이다. 이런 의미에서 매슬로우의 욕구는 인간이 살아가기 위해 필요한 것들에 대한 부족으로 이해될 수 있으며, 인간의 욕구개입 시에는 기초적인 욕구부터 순차적으로 다루어야 한다는 시사점을 제공해 준다.

둘째, 매슬로우의 욕구단계이론은 욕구의 상하위 체계를 구성하는데 생리적 욕구와 안전의 욕구를 다른 욕구들에 비해 우선시하고 있으며 욕구가 자발적이고 독립적이라는 측면을 강조하고 있어 프로그램을 구체화시키는 데 유용하다. 즉, 프로그램의 내용을 결정하는 중요한 기준으로 매슬로우의 욕구이론을 접목시켜 클라이언트의 욕구를 유형화하여 프로그램 내용으로 전환할 수 있게 해준다.

한편 매슬로우의 욕구단계이론은 몇 가지 중요한 문제점을 내포하고 있다. 첫째, 욕구를 개인적 만족을 위한 성취로 단순화시키고 있어 인간이 사회적 동물이고 사회와 환경과 상호작용하며 사회를 구성하고 있는 단위라는 점을 간과하고 있다는 점이다. 따라서 인간의 개인적 만족을 위한 욕구 이외에도 사회적 욕구에 대한 고려가 필요하다 할 것이다. 둘째, 우선순위로 욕구를 설명하고 있어 돌발적인 상황에서 나타나는 다양한 욕구에 대한 분석에 한계가 있다. 현대사회가 다양성과 급속한 과학기술로 다변화되고 있는 시점에서 순위에 의한 욕구설명은 현실적으로 적절하지 않다는 지적이 일고 있다. 셋째, 인간이 어떤 행동을 선택할 것인가를 선택하는 규범논리와 행동을 하기 위한 상황논리의 차이점을 설명하지 못하고 있다는 점이다. 예를 들어, 술과 담배가 몸에 해롭다는 것을 알면서도 술을 마시고 담배를 피우는 사실은 안전의 욕구에 대한 하나의 도전이다. 따라서 매슬로우의 욕구이론은 욕구가 무엇인가에 대한 일반이론을 개인적 수준의 욕구분석으로 해결하려 했다는 평가를 받고 있다(지은구, 2005).

② 브래드쇼의 네 가지 욕구이론

브래드쇼(Bradshaw, 1977)는 욕구의 종류를 인지적 욕구, 표현된 욕구, 상대적 욕구, 규범적 욕구 네 가지로 분류하였다. 그는 욕구를 정의하는 데 전문가의 역할을 강조하고 있어 욕구사정을 다루고 있는 많은 학자들이 프로그램 설계 시에 적용하고 있다. 먼저 인지적 욕구는 클라이언트가 감지한 욕구로 클라이언트의 욕구 기술 시 클라이언트 대상의 다양한 양적·질적 설문 내용 결과들을 인용하면 더욱 설득력을 가진다. 인지적 욕구가 행동으로 표출된 표현된 욕구와 타인과 비교하여 부족하다고 느끼는 상대적 욕구는 지역사회 현황 등에서 부족한 서비스의 수, 타 지역과의 비교와 관련된 내용들을 제시하기에 용이하다. 마지막으로 전문가의 판단에 의해 규정된 규범적 욕구는 전문가들이 연구한 빈곤 수준과 현황, 실태, 정책이나 서비스 등의 필요성 등을 문제 및 욕구 분석의 초기에 간략하게 기술한다.

반면 욕구에 대한 브래드쇼의 분석은 다음과 같은 문제점을 내포하고 있다. 첫째, 전문가들이 개개인의 욕구를 평가해서 내놓은 해결책들이 그들이 인지하는 기본적 욕구와 관련이 없는 경우 나타날 수 있는 인지적 욕구와 규범적 욕구의 불일치를 들 수 있다. 둘째, 매슬로우보다는 개인적 의미의 욕구범위를 확대하고 있지만 역시 사회적 욕구에 대한 분석이 결여되어 있다는 점이 지적되고 있다.

(4) 욕구사정방법

대부분의 사회복지기관들은 매년 혹은 격년으로 지역사회를 대상으로 욕구조사를 실시한다. 그러나 욕구조사의 결과가 기관의 프로그램 계획에 반영되지 않은 채 형식적인 보고서로 남는 경우가 허다하다. 이런 현상은 욕구조사를 히는 목적이 명확하지 않기 때문이며 이러한 조사로 인해 불필요한 예산 및 인력을 낭비하며 조사에 응하는 클라이언트의 기대나 신뢰를 저버리는 결과를 초래한다. 특정한 문제 상황에 놓여 있는 클라이언트를 위한 프로그램 개발에 필요한 정보를 확보하기 위한 욕구사정은 일반적으로 통계자료를 통해서 얻을 수 있는 자료 분석, 인터뷰, 설문조사 등이 사용된다. 다양한 측면에서의 자료획득을 통한 욕구사정은 조사의 신뢰도를 높인다. 하디나(Hadina, 2002)는 욕구사정을 위한 방법을 선택함에 있어 조사를 수행하기 위해 할당받은 시간, 조사를 수행하기 위해 필요한 자원, 조사에서 어떤 사람들을 포함시킬 것인지에 대한 조사자의 방침을 포함하여 세 가지 요소에 의존한다고 보았다. 마르티-코스타와 세라노-가르시아(Marti-Costa & Serrano-Garcia, 1995)는 욕구사정방법론이 사회변화를 추구하고 힘이 없는 사람들을 향한 사명감의 응답으로 이루어진다면 다음의 네 가지를 분명히 해야 한다고 주장한다.

첫째, 사람을 동원하고 집단화를 촉진시키기 위한 조사방법론을 강조해야 한다.

둘째, 집단적 행동을 촉진시켜야 한다.

셋째, 지도력 계발을 촉진시켜야 한다.

넷째, 전체 조사과정에서 지역주민들을 참여시켜야 한다.

욕구사정방법에는 개개인들로부터 정보를 얻기 위해 사용되는 인터뷰, 지역포럼기법, 초점집단기법, 델파이 기법 등의 질적 접근방법과, 표준화된 정보를 이용해서 지역주민들이 안고 있는 욕구를 사정하는 데 사용하는 양적 접근방법인 구조화된 조사, 선행연구 검토, 사회지표 분석, 시계열 분석 등이 있다(지은구, 2005).

① 질적 접근방법

가. 인터뷰

최근 사회복지현장에서 많이 쓰이는 포커스 그룹 인터뷰(FGI : Focus Group Interview)는 관심, 이슈, 서비스, 아이디어에 대해 6~8명의 소규모 집단을 인터뷰하는 기법이다. 이 기법은 관심주제에 대한 관점을 심층적으로 파악하는 것이 목적으로 다른 참여자들의 관점을 들을 수 있으며 구성원들과 그룹 리더 간에, 그리고 구성원들 상호 간에 쌍방향 상호작용이 이루어진다. 욕구사정에 있어 포커스 그룹 인터뷰를 사용하는 목적은 특정 분야에 있어 사람들의 잠재적 욕구나 관심, 문제나 욕구가 존재하는 이유, 특정한 해결전략에 대해 사람들이 어떻게 반응하는지, 일반적인 생각이 무엇인지, 기관이나 프로그램에 대한 태도나 그들의 주제를 조사해 나가는 방식 등을 이해하고자 함이다.

포커스 그룹 인터뷰에서 사용되는 질문 형태는 Yes/ No 형태의 폐쇄형 질문보다는 개방형(open-ended) 질문이 좋으며, 왜(why)라는 질문보다는 무엇(what) 혹은 어떻게(how)라는 질문이 좋다. 또한 참여자가 사용하는 단어를 사용하여 명확하고 짧은 형태의 질문을 함으로써 참여자로 하여금 쉽게 이야기할 수 있도록 유도할 수 있다.

나. 지역포럼기법

지역포럼기법은 이해당사자로서 한 지역사회 구성원들이 함께 모여서 지역사회문제나 이슈, 가치 등에 대해 자신들의 의견을 공개적으로 토론하도록 하여 자료를 수집하는 방법이다. 포럼의 목적은 욕구조사에서 포함된 목적이나 바람직한 표적상태, 제안된 욕구조사의 절차나 과정을 리뷰하여 대중의 지지를 얻거나 욕구조사의 결과에서 우선권을 선점하고자 하는 것이다. 포럼의 리더는 조직과 관심 영역에 대한 지식이 있어야 하고 그것이 어떻게 작동하는지에 대해 이해하고 있어야 한다. 또한 리더는 그룹이 적극적으로 참여할 수 있도록 유도하고 심도 있게 논의해야 할 시점을 알아차릴 수 있어야 한다.

다. 초점집단기법(Focus Group Technique)

초점집단기법은 지역이나 클라이언트들이 안고 있는 문제나 욕구를 파악하기 위해 사용하는 질적조사 방법이다. 이 방법은 문제를 가진 클라이언트 집단의 역동성을 최대한 활용하여 보다 깊이 있는 질적 자료를 수집하고 분석하여 클라이언트의 욕구를 심층적으로 규명할 수 있다. 번서 사회복지사는 지역의 집단들을 대표해서 그들의 문제나 관심 욕구를 잘 나타낼 수 있는 대표들을 선출하여 초점집단을 형성한 후 인터뷰를 실시한다. 인터뷰는 편안한 분위기에서 개별적으로 진행하고 질문은 열린 형태로 구성하며 각각의 질문에 대답하기 위한 시간을 참석자들에게 허락하고 응답은 참석자들의 동의를 얻어 녹음하는 것이 좋다.

이 기법의 절차는 문제 확인 및 주제선정, 표본 틀의 선정, 집단 및 회기 수 결정, 토의지침서 개발, 진행자 또는 사회자와 보조원의 훈련과 역할규정, 예비조사 실시, 초점집단 참여자 선정, 집단 활동의 시행, 자료의 분석과 해석, 보고서 작성 순으로 진행된다(황성철, 2005).

라. 델파이 기법(Delphi Technique)

델파이 기법은 미래를 예측하기 위해 개발된 기법으로 해당 분야 전문가들을 패널로 선정하여 반복적 서베이를 실시하는 과정으로 이루어진다. 반복조사 과정에서 조사자는 응답자가 전체 패널의 의견이나 어떤 항목에 대해 동의하는지의 여부, 또한 동의하지 않는다면 그 이유가 무엇인지를 규명하고, 이러한 정보를 다음 질문지에 넣어 조사한다. 응답자들은 긴 시간 고민하고 검토하여 조사에 임하기 때문에 이 기법은 여론을 판단하기 위해서뿐만 아니라 합의를 만들어 가기 위한 목적으로도 사용된다.

이 기법은 익명성이 보장되므로 자유롭게 의견을 표현할 수 있고 반복과 통제된 피드백을 통해서 응답자의 반응이 비교적 정확하고 객관적인 정보로 수렴된다는 장점이 있다.

② 양적 접근방법

가. 구조화된 조사

구조화된 조사방법은 인지적 욕구를 파악하기 위한 방법으로 클라이언트의 욕구를 가장 많이 대변한다. 단지 이 접근방법은 시간과 노력, 비용이 많이 들고 대상자 선정에도 유의해야 하며 욕구조사 설문 문항을 구성하는 것도 신중을 기해야 한다. 특정 대상자의 욕구를 파악하기 위한 조사는 연령이나 클라이언트의 문제나 상황을 바탕으로 일반지역 주민과는 다르게 구성해야 하며, 반드시 사전조사를 통해 질문의 난이도 등을 검토하는 것이 필요하다.

나. 선행연구 검토

욕구사정에서 선행연구를 제대로 찾아서 활용할 수 있는 능력은 프로그램 개발에서 매우 중요한 작업이다. 학위 논문과 학회지의 논문은 대상자와 그들이 안고 있는 문제에 대해 양적·질적 연구들을 제시하고 있다. 따라서 선행연구 검토는 굳이 프로그램 개발자가 직접 대상자를 중심으로 설문조사를 하지 않아도 어느 정도 현황과 실태파악을 할 수 있게 해준다. 단지 대상이나 지역, 기간 등이 세밀하게 고려되지 않기 때문에 현황과 실태를 프로그램에 적용하는 데 어려움이 따르기도 하지만 좋은 프로그램 개발을 위해 선행연구 검토는 필수적이라 해도 과언이 아니다.

다. 사회지표 분석

사회지표(social indicator) 분석은 정부기관이나 민간단체의 사회서비스 분야의 조직에 의해 집계된 자료에 의존하는 조사를 의미한다(Royce & Thyer, 1996).

사회지표 분석에서 많이 사용하는 조사로는 인구조사가 있으며, 이 조사는 연령, 성, 인종, 주택의 형태와 질, 성인들의 직업과 소득 등의 자료가 포함되어 있어 인구밀도나 빈곤과 관련된 특정 욕구를 확인하기 위해 사용된다. 이 외에도 중앙정부나 시・도 자치단체들은 범죄율, 안전, 실업률, 건강 등의 자료를 가지고 있으며 대부분의 자료는 공개되고 있다. 따라서 원하는 자료를 인터넷이나 보고서를 통해서 지역사회나 클라이언트의 욕구를 분석하기 위해 쉽게 활용할 수 있다.

라. 시계열 분석

시계열 분석(time series analysis)은 미래의 경향을 예측하기에 용이한 기법이다. 이 분석은 인구의 변화, 프로그램 참가자의 변화, 문제의 범위 등을 조사하기 위해 그래프 위에 사회지표들이나 인구조사국 자료들을 가지고 점을 이용해 곡선을 그리는 것을 말한다. 주로 사회정책에서 사회프로그램이나 변화가 문제에 어떠한 영향을 미쳤는지를 조사하기 위해서도 사용된다. 시계열 분석을 하기 위해서는 자료가 그래프 위에 주기적인 시간을 나타내면서 점을 표시해야 하기 때문에 자료를 일 년 단위로 또는 한 달 단위 등으로 주기적으로 취합하여야 한다. 문제를 겪고 있는 사회구성원과 지역주민들의 숫자나 인구에 관한 정보 등은 수직축에 그리고, 시간, 기간은 수평축을 따라 그린다(Hardina, 2002).

3) 참여자 모집

문제 확인을 위한 문제분석 및 욕구사정 이후에는 참여자 모집이 이루어져야 한다. 사회복지 프로그램 개발과정에서 프로그램에 직접 참여하게 되는 참여자 모집은 프로그램의 성패에 큰 영향을 미친다. 먼저 개발될 프로그램 참여자의 자격기준은 어떻게 되는지, 사업의 성격을 고려하여 누구를 우선으로 이 사업에 참여시킬 것인지 등을 대략적으로 확인해야 한다. 이러한 확인과정을 통하여 누가 무엇을 얼마만큼 어떤 조건하에서 얻었는가를 분석할 수 있으며 성과를 위해 프로그램의 목적과 목표 설정, 내용의 선정, 실행방법의 결정까지 프로그램 설계단계에 영향을 미칠 수 있는 것이다.

(1) 사업참여자의 개념 및 종류

최근 사회복지공동모금회의 배분신청서 및 사업계획서 표준양식(사회복지공동모금회, 2020)을 보면 기존에 흔히 사용하던 사업대상자를 사업참여자로 표기하도록 명시하고 있다. 사업대상자라는 용어는 공급자 중심의 서비스 제공일 때는 적절하지만, 프로그램 사업에서의 참여 여부를 결정하는 것은 당사자이기 때문에 그들을 더 이상 피동적인 '대상'으로 간주하기보다는 '주체적인 참여자'로 바라보고자 함이다. 사업참여자는 다음 두 가지로 구분된다.

① 핵심참여자(main participants)

성과목표 달성에의 주인공으로 성과목표 달성 여부와 직결되는 사람을 의미한다.

② 주변참여자(sub participants)

성과목표를 달성하는 데 또는 핵심참여자가 변화하는 데 매우 밀접하게 관여되는 중요한 주변인을 의미한다.

예시	사업참여자를 명확히 구분하여 제시
	• 핵심참여자 : 학교부적응 청소년 10명 • 주변참여자 : 학교부적응 청소년의 부모, 교사, 친구 50명

(2) 참여집단 유형

라프와 포트너(Rapp & Poertner, 1992)는 집단유형을 일반집단, 위기집단, 표적집단, 클라이언트 집단으로 유형화시켜 분류하였으며 프로그램 적용대상은 일반집단으로부터 위기집단, 표적집단, 클라이언트 집단의 순서로 좁혀가는 것이 일반적이라고 설명하였다. 내용을 구체적으로 살펴보면 다음과 같다.

① 일반집단

일반집단(general population)은 프로그램 영역의 모든 집단을 포함한다. 즉, 대상집단이 속한 모집단으로, 해당 사회복지조직이 서비스를 제공하는 행정관할 구역 내의 일반사람들을 포함한다. 예를 들어, 어느 지역의 학교부적응 청소년을 위한 학교적응 프로그램이라면 해당 지역의 모든 청소년들이 일반집단이 된다.

② 위기집단

위기집단(crisis population)은 일반집단으로부터 프로그램이 서술하였던 사회문제에 특별히 영향을 받을 수 있는 가장 취약한 집단을 의미한다. 즉, 일반집단 중에서 특정 문제에 노출되었거나 문제를 겪은 경험이 있는 사람들을 지칭한다. 위기집단은 일반집단 중에서 프로그램이 겨냥하고 있는 사회문제에 직접적으로 연관이 있고, 특정의 개입을 필요로 하는 사람들을 추정하여 산출하여야 한다. 예를 들어, 학교적응 청소년 프로그램의 위기집단은 해당 지역 복지관에 등록한 저소득가정의 청소년 등 학교부적응을 겪을 가능성이 있는 집단으로 구성한다.

③ 표적집단

표적집단(target population)은 위기집단 중에서 프로그램의 직접적 수혜자가 될 적격성을 갖춘 사람들을 의미한다. 다시 말해 표적집단은 프로그램을 통하여 관련 서비스를 받아야 할 대상을 지칭한다. 위기집단으로부터 표적집단을 추출할 때는 특정 기준을 정하여 문제의 심각성이 높은 집단을 선정하되, 프로그램이 접근할 수 있는 지리적 경계 내에 있는 사람들로 한정해야 한다.

④ 클라이언트 집단

클라이언트 집단(client population)은 표적집단 중에서 프로그램의 클라이언트가 되는 집단이다. 즉, 클라이언트 집단은 제공하게 될 프로그램에 직접 참여하게 되는 사람들로 가능한 참여욕구가 전제되어야 프로그램이 성공적으로 이루어질 수 있다. 현실적으로 서비스에 대한 접근성의 문제로 인하여 표적집단 전체가 클라이언트 집단이 되기는 어렵기 때문에 자발적인 참여를 원칙으로 하지만 상황에 따라 특별한 자격을 갖춘 사람을 선정하여 최종 결정하는 경우도 있다.

(3) 참여자 선정 기준

프로그램 개발에서 참여자 선정은 매우 중요하다. 대부분 참여자 선정 시 저소득층, 국민기초생활수급자 우선 등 소득 기준을 매우 중요하게 간주한다. 그러나 사회서비스는 공적 부조 및 사회보험과 달리 욕구에 대한 대응이 중요하며, 욕구에 대한 고려 없이 소득 기준을 획일적으로 적용하는 선정방법은 적절하다고 볼 수 없다. 따라서 프로그램 개발자는 프로그램에 참여 가능한 인원을 선정해야 하며 개발한 프로그램에 참여할 필요가 있거나 참여의사가 있는 클라이언트 집단을 구성해야 함을 염두에 두어야 한다. 또한 프로그램의 목적을 달성하기 위해서는 클라이언트가 적정한 수준의 능력을 갖추고 있어야 한다.

① 집단구성

프로그램 개발자는 프로그램에 참여 가능한 집단의 수를 선정해야 한다. 사회복지기관에서 계획하는 프로그램의 예산, 인력, 공간, 장비, 외부자원 활용 정도 등의 여건을 감안하여 적정한 클라이언트 집단의 규모를 결정하는 것이다(정무성, 2005). 프로그램을 수행하는 인력이나 물리적 여건에서 감당할 수 있는 범위를 초과할 경우 프로그램의 목적이나 목표를 달성하기 어렵게 되거나 오히려 프로그램 참여로 클라이언트의 문제가 더 심각한 상황으로 치달을 수도 있다. 따라서 프로그램을 개발하여 실행할 경우 수행기관의 상황에 대해 정확하게 인식하고 있는 것이 개발자로서 매우 중요하다.

② 참여동의서

사회복지사는 클라이언트 모집과정에서 반드시 프로그램 참여 동의과정을 거쳐야 한다. 만약 클라이언트가 프로그램에 참여할 적합한 조건을 갖추고 있다 하더라도 참여의사가 있는 클라이언트 집단을 구성해야 하는 윤리적 책임이 있어야 한다. 특히 프로그램에 참여할 필요가 있는 클라이언트에게 프로그램의 목적, 대상조건, 주요 내용, 참여로 인한 변화 등에 대해 자세하게 설명하고, 클라이언트가 자발적으로 참여 여부를 선택할 수 있음을 알려주고 난 이후에 참여 여부를 최종적으로 결정하게 해야 한다(이민홍, 2011).

그러나 실제로 프로그램에 참여하는 클라이언트 집단 중에는 고지된 프로그램 참가동의서를 작성할 수 있는 의사결정 능력이 미흡하거나 욕구가 없는 경우가 있다. 프로그램 참여를 위한 적극적 설득과정이 필요한 집단의 경우가 있을 수도 있고 의사결정 능력이 미흡한 아동이나 청소년의 경우에는 가족이나 전문가 등으로부터 대리동의서를 받을 수도 있다.

③ 클라이언트의 능력

클라이언트 집단으로 선정되기 위해서는 프로그램의 목적을 달성하기에 적합한 능력과 자원을 갖추고 있어야 한다. 그러기 위해서는 우선 클라이언트가 프로그램에서 의도한 활동들을 할 수 있는 능력을 갖추어야 한다. 예를 들어, 학교적응 프로그램에 인지·정서·행동치료적 접근을 적용해야 한다면 그 이론을 이해할 만한 인지적인 능력이 어느 정도 갖추어진 청소년들을 클라이언트로 선정하여야 할 것이다.

두 번째 자격요건은 자원의 확보이다. 클라이언트 수혜집단으로 선정되기 위해서는 프로그램에 참여할 수 있는 시간이나 프로그램을 수행하는 기관에 참여할 수 있는 접근성이 확보된 클라이언트를 선정해야 할 것이다. 즉, 클라이언트들은 프로그램이 시행되는 특정 시간에 참석하기 위해서 그 특정 시간이 유용 가능해야 하며, 지리적으로 먼 곳에 살고 있는 클라이언트들은 자체적인 수송 내책을 가지고 있어야 한다.

3. 목적 및 목표 설정

1) 프로그램 가설

사회문제를 분석하고 욕구사정을 통해 지역에 거주하는 클라이언트들의 문제와 그 원인이 밝혀진 이후에는 문제해결을 위해 프로그램 설계에 들어가게 된다. 그 첫 번째 과제로 목적과 목표 설정을 위해 가설을 설정하여야 한다. 그러나 대부분의 사회복지사들은 조사자의 역할이 아닌 실천가의 역할관점이기 때문에 검증 가능한 논리적 또는 경험적 결과로 변형되는 잠정적 가정들을 명확하게 제시하거나 문헌으로 입증해 내기가 어렵다. 따라서 사회복지현장에서의 프로그램 가설은 특정 문제나 상황이 특정 형태의 개입에 반응할 것이라는 실천적 경험을 토대로 하는 사회복지사의 직관에 의존하는 경우가 많다.

(1) 가설 설정의 의미

프로그램 설계 시 가설을 설정한다는 것은 프로그램의 기대와 효과를 확실하게 정의할 수 있다는 점에서 그 과정이 매우 중요하다. 특히 경험적 조사방법론을 사용할 때 가설을 설정함으로써 조사방향, 범위, 목적, 기대효과를 명확하게 보여줄 수 있다. 따라서 프로그램 개발과정에서 가설을 설정한다는 의미는 프로그램이 나아가야 할 방향과 효과에 대한 인식을 분명히 하기 위함이며 프로그램에 관련 있는 사회복지사나 클라이언트 또는 재정후원단체 등이 프로그램의 구체적인 내용을 파악할 수 있게 돕는다.

프로그램 가설은 'if−then'으로 '만약 ~하다면, ~할 것이다'와 같이 기술할 수 있으며 효과적인 프로그램 설계는 가설을 제대로 수립하는 활동으로 볼 수 있다. 예를 들어, '부모교육이 제공된다면, 아동학대나 방임을 예방할 수 있을 것이다'라는 가설을 설정하였다면 이 가설은 가설검증 활동인 프로그램 평가의 틀이 될 수 있는 것이다. 가설을 수립한다는 것은 의미 있는 세부목표를 규명할 수 있으며 일련의 계층화된 기술 형식으로 이러한 목표들을 구조화할 수 있음을 의미한다. 사실 세부목표는 일련의 수단−결과인 'if−then'에 대한 기술이다.

(2) 프로그램 가설의 장점

프로그램 가설의 장점 중 첫 번째는 가설설정이 문제 지향적이기 때문에 사회복지사로 하여금 실제적인 서비스의 세부 사항에 대해서가 아니라 프로그램 목적에 대해서 끊임없이 생각하게 만든다는 것이다. 즉, 프로그램 가설은 문제 지향적인 목표와 세부목표 수립을 용이하게 해주기 때문에 프로그램을 활동보다 문제의 해결에 초점을 맞출 수 있도록 도움을 준다.

프로그램 가설의 두 번째 장점은 가설이 프로그램 활동을 긍정적 결과로 연결시킨다는 것이다. 즉, 프로그램 가설은 프로그램의 수단과 목적, 즉 어떤 방법으로 무슨 목적을 달성할 것인지에 대한 연결고리를 만들어 주기 때문에 사회복지사로 하여금 프로그램의 효과를 규명할 수 있는 결정적 역할을 부여해준다. 가설이 규정된 서비스와 예상되는 결과 사이의 관계를 포함하는 일련의 기술이라면, 설계 의도대로 개입이 실행되었는지의 여부 및 기대했던 결과들이 성취된 정도를 규명하여 세심하게 프로그램을 설계하는 토대를 형성해 준다.

세 번째는 프로그램 가설은 장기적이고 지속적인 기획의 기초를 마련해 준다는 것이다. 사회복지 프로그램은 장기적인 효과에 초점을 맞추는 것이 필요하므로 멀리 내다볼 수 있는 세부목표를 세우고 이 목표들을 달성하는 데 필요한 자원을 미리 확보할 수 있어야 한다.

네 번째로 프로그램 가설은 서비스 준비과정의 지속적인 모니터링(monitoring)과 평가를 위한 틀을 제공한다는 것이다. 프로그램 가설과 이에 수반되는 목표와 세부목표는 프로그램으로부터 기대되는 결과에 대한 평가를 조속히 수행할 수 있도록 돕는다. 만약 프로그램 가설이 적절하고, 개입이 효과적이라면 이러한 일련의 과정 속에서 프로그램 수행 초기단계에서 성과를 측정할 수 있는 틀이 제공됨을 의미한다.

마지막으로 프로그램 가설의 장점은 비용편익 및 비용효과 연구를 위한 데이터베이스(data base)를 제공해 준다는 것이다. 즉, 프로그램 가설은 자원을 성과로 연결시키는 목표와 세부목표의 틀을 제공해 주며 비용에 관한 자료와 프로그램에 대한 자료를 결합시킬 수 있도록 해주기 때문에 이 프로그램에 얼마의 비용이 소요되었는지에 대한 사정이 가능하다(오현숙 · 최호윤, 2010).

(3) 프로그램 가설 설정 시 고려되어야 하는 조건

프로그램 가설 설정 시 고려되어야 하는 첫 번째 조건은 자본주의 경제체제 문제에 대한 조건을 고려해야 한다는 것이다. 자본주의 경제체제는 빈곤의 악순환, 대물림, 사회적 소외계층이나 약자계층을 지속적으로 만들어 낸다. 이는 자본주의 시장경제가 가지고 있는 고유한 모순들로 이러한 모순들을 적절하게 치료하기 위한 사회적 합의가 사회복지의 도입이라고 할 수 있다(지은구, 2005). 예를 들어, 빈곤가정 청소년의 학교부적응 문제를 해결하기 위해 학교부적응의 근본 원인을 찾는다고 했을 때 학교체제를 변화시켜야 한다는 인과관계가 설정된다고 한다면 이는 현실적으로 사회복지사들이 감당할 수 없는 사회 프로그램 가설의 수준을 뛰어넘게 된다. 자본주의에서건 사회주의에서건 체제를 부정하며 변화시키려는 사회 프로그램은 사회복지 조직이나 기관의 수준에서는 존재할 수 없다. 만약 학교부적응 문제를 해결하고자 하는 데 있어 문제의 원인을 자본주의 경제체제에 있다고 규정한다면 다음과 같은 가설 설정이 가능하다.

> '만약 현재의 학교체제를 변화시킨다면 학교부적응을 일으키는 구조적 문제가 해결되고 결국 학교부적응 학생 수는 줄어들게 될 것이다.'

위의 가설은 사회복지 프로그램을 실행하는 사회복지기관이나 조직에서 제시하는 가설로는 적당하지 않다. 따라서 해결하고자 하는 문제에 대한 조건이 적당하다고 할지라도 사회복지사가 다룰 수 있는 수준에서 프로그램에 맞게 가설은 수정되어야 한다. 따라서 다음과 같은 가설 설정이 가능하다.

> '만약 학교부적응을 일으키는 요인들을 확인하고 현재 학교부적응 상태에 있는 청소년들이 적응에 필요한 기술을 제공하며 학교에 적응할 수 있도록 돕는다면 학교적응력이 높아질 것이다.'

이렇듯 프로그램 설계과정에서는 지역이나 사회복지기관에서 관리되고 통제될 수 있는 수준으로 프로그램 가설이 설정되어야 한다는 점을 명심해야 할 것이다.

두 번째로 프로그램 가설 설정 시 고려되어야 할 조건들 중 하나는 문제를 변화시키거나 해결할 수 있는 지식 부족이나 문제의 인과관계를 밝히는 데 현재 가지고 있는 기술수준이나 지식정도로는 해결될 수 없는 문제들이 나타나게 된다. 예를 들어, 다양한 문헌고찰을 통해 중증 발달장애아를 둔 가정이 비장애아동이 있는 가정에 비해 아동학대나 방임의 위험이 높다는 것을 알 수 있다. 이러한 문제에 대한 해결책인 중증 발달장애 상황을 제거할 수 있는 프로그램은 존재하지 않는다. 따라서 개입의 목적으로 문제의 원인을 중증 발달장애아의 존재가 아니라 발달장애아의 존재로 인한 스트레스로 규정하여 프로그램에 개입하여 해결할 수 있는 문구로 바꿀 수 있다. 그러므로 이 문제에 대한 해결책은 스트레스를 줄이는 것이 되므로 가설은 '장애를 제거할 수 있다면'이 아니라 '장애를 가진 자녀를 돌보아야 하는 것과 관련된 스트레스를 감소시킬 수 있다면'으로 설정할 수 있다.

마지막으로 프로그램 가설 설정 시 고려되어야 하는 조건들 중 사회적, 문화적으로 수용될 수 없는 경우이다. 예를 들어, 10대 미혼모의 수가 해마다 증가하는데 이 문제에는 수많은 하위문제들이 존재할 것이다. 그중 '성행위가 실질적인 원인'이지만 사회는 그들의 성행위를 통제할 수 없기 때문에 대부분의 10대 미혼모 관련 프로그램은 임신의 예방이라는 별개의 수준에서 이루어진다. 따라서 가설 역시 '성행위를 차단할 수 있다면'에서 '임신을 예방할 수 있다면'으로 바뀐다.

가설 설정에 있어 문제를 일으키는 원인들이 실제적인 문제의 원인이라 할지라도 사회복지 프로그램을 통해서 사회복지기관이나 조직이 개입하여 해결할 수 없는 수준이라면 문제의 원인이라고 볼 수 없다. 따라서 사회복지사들은 문제의 원인에 대한 인과관계를 설정하여 가설을 결정할 때 문제의 본질과 현실적인 측면들을 반드시 고려해야 한다.

2) 목적 및 목표 설정

목적(goal)은 프로그램을 수행하여 달성하고자 하는 포괄적인 형태의 성취수준에 관한 추상적인 기술로서 보다 실현 가능하고 결과 중심적인 하위의 세부목표들에 대한 상위 개념을 의미한다. 반면 목표(objective)는 목적을 달성하기 위한 구체적인 개념으로 실현 가능하며 측정 가능하여야 한다. 일반적으로 하나의 목적과 그에 따르는 목표를 설정하며 각각의 목표에 따른 세부목표를 설정한 후 세부목표를 달성하기 위한 프로그램 활동내용을 구성하게 된다.

(1) 목적

프로그램 목적(goal)은 프로그램이 성취하려는 것을 보여주는 하나의 총괄적인 진술로 대부분 관념적이고 철학적이며 이상적인 요소로 작성된다. 프로그램의 목적은 기관이 추구하는 소명이나 헌신과 일치해야 하며 프로그램이 추구하는 방향, 달성하고자 하는 가치를 표현하기 때문에 측정의 대상이 되지 않는다.

일반적으로 목적은 구체적으로 개입하고자 하는 표적 집단, 표적 집단의 욕구나 문제, 프로그램 활동내용, 바람직한 미래상황 등을 포함하여 간략하게 서술한다.

목적이 갖추어야 할 기준은 다음과 같다(Rapp & Poertner, 1992).

① 목적은 사회문제 분석과 반드시 연관되어 있어야 한다.

사회적 프로그램은 사회문제를 해결하는 것이 중요한 목적이기 때문에 목적 진술은 문제에 대한 진술에 근거해야 함을 의미한다.

② 목적은 결과 지향적이어야 한다.

결과 지향적이라 함은 목적을 기술할 시 기관 중심이 아니라 클라이언트들이 기대하는 또는 원하는 결과가 무엇인지 반영해야 함을 의미한다.

③ 목적은 실현 가능성이 있어야 한다.

이것은 목적이 현실적이어야 함을 의미하는 것으로, 현실적이라는 의미는 실현 가능성이 있느냐 없느냐를 강조한다. 먼저 재정적 현실성을 들 수 있는데, 프로그램 목적을 달성하기 위해서는 프로그램 운영에 필요한 재정이 반드시 고려되어야 함을 의미한다. 둘째, 기술적 현실성을 들 수 있는데, 프로그램의 목적달성을 위해 기관이나 사회복지사들이 사용할 수 있는 사회복지실천기술이 현실적으로 이용 가능해야 하며 문제해결을 위한 기술을 보유하고 있는지에 대한 고려를 의미한다고 볼 수 있다. 마지막으로 윤리적·법적 현실성은 목적을 성취하는 방법이 윤리적으로 타당한 것인지 현재의 법적 테두리 안에서 이루어질 수 있는지에 관한 고려를 의미한다.

④ 목적은 분명하게 기술해야 한다.

목적 진술은 대부분의 사람들이 이해할 수 있을 정도의 너무 전문적이지 않은 문장들로 명확하게 기술되어야 함을 의미한다.

⑤ 목적은 반드시 클라이언트 집단과 관련이 있어야 한다.

프로그램에 직접적으로 참여하는 클라이언트 집단에 대한 언급이 목적에 반드시 포함되어야 한다.

⑥ 목적은 정확해야 한다.

목적은 관찰 가능하고 측정될 수 있을 정도로 정확해야 함을 의미한다.

⑦ 목적은 긍정적이어야 한다.

'감소할 것이다'보다는 '증가할 것이다'라는 식으로 성취될 것이라는 측면을 부각시켜 기술하는 것이 좋다.

(2) 목표

목표(objective)는 목적을 보다 구체화한 것으로 모든 사회복지 프로그램은 목표를 달성하기 위한 활동들로 구성되기 때문에 목표설정을 한다는 것은 구체적인 대상의 변화와 문제 해결을 의미한다. 따라서 목표는 사회문제 분석과 욕구측정을 기반으로 설정된 목적으로부터 논리적으로 분화시키며 최소한 두 개 이상 제시한다.

우수한 목표는 명료하고, 구체적이고, 측정 가능하며, 한시적이고, 현실적이며, 헌신성을 내포한다(Kettner, Moroney, & Martin, 1999). 목표는 보통 상위목표라고 표기하며 세부목표와 구분한다.

① 세부목표

세부목표는 목표를 논리적으로 분화시키는 과정을 통하여 만들어진다. 세부목표를 하위목표라고도 하며 프로그램을 통해 달성하고자 하는 것에 대한 설명으로 프로그램의 성과에 대한 평가는 세부목표의 달성 여부를 통해 가능하다. 따라서 세부목표는 보다 실현 가능하고 구체적이며 행동 지향적인 언어로 표기되며 측정 가능한 개념을 활용하여 기술해야 한다.

프로그램의 세부목표는 크게 달성해야 할 결과와 결과가 달성하도록 하는 방법으로 나누어 구분할 수 있다. 먼저 결과가 달성하도록 하는 세부목표는 결과목표, 성과목표, 총괄목표 등의 표현으로 사용되며, 결과가 달성되도록 하는 방법을 서술하는 세부목표는 과정목표, 산출목표, 활동목표 등으로 표기된다.

② 목표설정 기준

사회복지 프로그램의 목적, 목표, 하위목표를 설정하는 기준은 학자에 따라 다양하다. 하지만 목표가 결과, 과정, 활동을 각각 다룰 때 모든 경우에 많은 공통요소가 존재한다는 점에서는 공통적이다. 목표가 명료하고, 구체적이며 측정 가능하고 현실적일 때 우리는 잘 설정된 목표로 보며, 일반적으로 목표의 설정원칙을 SMART objectives로 표현하기도 하는데, 이는 명료성, 시간적 기준, 변화의 표적, 산출물 및 결과물, 측정기준, 책임성을 제시하고 있어야 함을 의미한다(정무성, 2005).

자세히 설명하면 다음과 같다.

첫째, 구체적(Specific)이어야 한다.

목표는 목적과 달리 추상적이거나 이념적인 용어 대신 모든 사람이 같은 의미로 이해할 수 있는 용어로 작성되어야 하며, 학문적으로도 근거를 가지고 있어야 한다. 예를 들어, 목표를 행복한 결혼생활, 좋은 친구관계로 설정한다면 이는 매우 주관적으로 해석될 수 있기 때문에 '결혼만족도', '대인관계 향상'이라는 구체적 표현으로 바꾸어야 한다.

둘째, 측정 가능(Measurable)해야 한다.

목표를 측정 가능하게 설정해야 프로그램의 효과성을 보여줄 수 있다. 측정 가능한 용어는 평가와도 직결되며 산술적으로 측정할 수 있거나 측정도구를 활용할 수 있어야 한다.

셋째, 성취 가능(Achievable)해야 한다.

프로그램은 현실에 기반을 두어야 하며 목표설정은 성취가 가능해야 한다. 따라서 단기간에 이루어지는 프로그램 목표로 지나치게 거창하거나 장기적으로나 가능한 것들을 기술하는 것은 바람직하지 않다.

넷째, 결과 지향적(Result-oriented)이어야 한다.

프로그램은 결과를 염두에 두고 실행되는 일련의 계획된 활동이기 때문에 목표는 반드시 결과가 제시되어야 한다.

다섯째, 시간제한(Time-bounded)을 가진다.

프로그램은 제한된 자원과 시간에 영향을 받으며 실행된다. 따라서 목표에 시간 제한성을 제시하면 다른 활동이나 서비스와의 순차성이나 연계성도 명확하게 파악할 수 있다는 점에서 유용하다.

(3) 목표설정 과정

세부목표(sub-objectives)는 성과목표, 산출목표, 과정목표로 나뉜다. 먼저 성과목표를 기술할 때는 '누가, 어떻게, 무엇을, 한다'의 순으로 적는 것이 좋으며 되도록 긍정적인 용어를 활용하는 것이 좋다. 예를 들어, '학교부적응이 감소된다'보다는 '학교 적응력이 증가한다'로 기술한다. 누가(who)는 주요 클라이언트이자 프로그램의 주 참여자가 대상이며, 어떻게(how)는 변화를 위한 활동이나 계획을 의미하며, 무엇을(what)은 심리, 정서, 행동, 환경의 내용을 의미하며, 한다(do)는 심리, 정서, 행동, 환경의 변화를 일컫는다.

산출목표는 성과(outcome)가 아닌 산출(output)에 초점을 둔 것이기 때문에 프로그램을 통해 달성되는 산출이 어느 정도인지를 보여줄 수 있을지를 설정한다. 그러나 산출목표를 설정할 때의 난제는 각 세부목표의 산출은 알지만 세부목표별 성과가 무엇인지를 알지 못하기 때문에 산출형식으로 세부목표를 기술할 때는 상위의 목표를 성과목표로 기술하고 세부목표를 산출목표로 기술하여 결점을 보완한다. 예를 들어, 학교부적응 중학생들의 학교에 대한 적응력을 높이는 데 집단상담 프로그램 12회, 문화체험 활동 2회, 학교적응 규칙 세우기가 주요 산출물이라면 산출목표는 다음과 같이 기술한다.

목표 1. 학교부적응 중학생들이 집단상담 활동을 통해 학교적응력이 향상된다(성과목표).

1-1. 학교부적응 중학생들이 집단상담 프로그램에 12회 참여한다(산출목표).

1-2. 학교부적응 중학생들이 또래와의 문화체험에 2회 참여한다(산출목표).

1-3. 학교부적응 중학생들이 속한 학급에 학교적응 규칙을 만든다(산출목표).

과정목표는 프로그램 과정 자체를 중요하게 부각시킬 수 있는 목표로 프로그램 수행의 중요한 과정이 세부목표가 된다. 과정목표는 지역이나 소규모의 집단을 조직화하는 목표로 적합하다. 예를 들어, 지역사회의 폭력을 예방하기 위한 지역지킴이 프로그램의 경우, 프로그램을 실행하기 위한 첫 번째 과정이 무엇일까? 그것은 지역지킴이 활동 프로그램에 대한 홍보와 모집일 것이다. 그렇다면 홍보와 봉사자 모집 이후에는 무엇을 해야 할까? 지역지킴이 활동가들을 대상으로 교육, 대처행동, 신고절차 등 폭력과 관련된 교육이 이루어져야 할 것이다. 교육이 끝난 다음에는 지역지킴이를 지역사회 곳곳에 배치하고 활동할 수 있도록 해야 한다. 그리고 활동에 대한 보고회와 정보공유를 통해 지속적인 지역지킴이 활동을 하게 되는데 이런 주요한 프로그램 과정을 목표로 기술하면 과정목표가 되는 것이다.

목표 2. 학교부적응 청소년들에게 집단 프로그램을 통해 자아존중감을 향상시킨다(성과목표).

2-1. 지역사회의 학교부적응 청소년의 현황을 파악한다(과정목표).

2-2. 학교부적응 청소년들에게 집단 프로그램을 주 1회 총 12회기 제공한다(과정목표).

2-3. 학교부적응 청소년들이 부정적 감정을 긍정적 감정으로 변화시키기 위해 REBT(인지 · 정서 · 행동치료) 이론을 매 회기 앞부분에 20분씩 교육시킨다(과정목표).

4. 프로그램 설계

1) 논리모형 개발

오늘날 사회적 투자 관점의 패러다임 전환으로 행위와 더불어 결과의 중요성이 부각되면서 성과주의가 등장하기 시작하였다. 프로그램의 주요 활동이 사회문제와 원인 간의 인과관계에 개입하여 원인이 결과에 미치는 영향을 제거하거나 완화시키기에 유용한 사회복지실천 프로그램 개발이 이루어져야 한다. 그러나 실제로 현장의 프로그램 기획서에는 클라이언트의 문제나 욕구기술, 목적과 목표 설정 이후 프로그램 활동내용이 이론적 근거 없이 제시되는 경우가 대부분이다. 따라서 이 장에서는 프로그램 이론이라고도 불리는 논리모형의 개발이

성과주의와 어떤 연관이 있는지 논리모형의 등장배경과 개념, 논리모형의 구축 과정에 대해 자세히 살펴보고자 한다.

(1) 논리모형의 등장배경

1993년 미국에서는 '정부수행과 결과법(GPRA : Government Performance and Results Act)'을 제정하여 국가의 지원을 받는 공공기관들은 매년 성과주의 예산을 수립·집행하고 그 결과를 보고하도록 의무화하였다. 이 법은 공공사업에 대한 미국 국민들의 불신을 해소하기 위해 만들어졌고 공공부문에서뿐만 아니라 민간부문에까지 확산되었으며, 논리모형은 프로그램 기획과 관리, 평가에서 성과관리를 위한 주요 모델로 인정되고 있다(김영종 외, 2007).

우리나라의 경우에도 성과 중심의 사업계획과 예산기획의 필요성이 대두되어 2003년부터 성과관리제를 도입하였으며, 그동안 정부로부터 보조 사업을 수행하는 민간 사회복지기관들에서도 성과관리와 논리모형에 대한 관심이 증가하는 추세이다. 대표적인 예로 2007년 사회복지공동모금회의 프로그램 성과관리제의 채택에 따라 각 민간기관의 사업제안서가 논리모델에 근간하고 있어 사회복지 조직과 프로그램에 대한 전문적 기획, 관리를 위한 논리모형의 적용이 불가피하게 되었다.

서비스 제공자 : 무엇을 할 것인가?(활동, 산출)
자원 제공자 : 지원/ 후원/ 기부로 문제가 어떻게 변화될 것인가?(성과)
수혜자/ 소비자 : 이 프로그램에 참여하면 과연 좋아질까?(성과)

[그림 12-2] 논리모형의 등장배경

(2) 논리모형의 개념

논리모형(logic model)이란 프로그램이 어떻게 작동할 것인지에 대한 기대와 예측을 도표로 나타내는 것으로, 논리모형에 근거한 프로그램 기획은 프로그램의 논리모형을 작성하는 것으로 이해할 수 있고 평가 역시 논리모형에 따라 행해졌는가를 검증하는 것으로 이해할 수 있다(이봉주·김기덕, 2008). 또한 논리모형은 프로그램을 시행하기에 앞서 활동, 산출, 성과로 이어지는 일련의 과정을 명시적 또는 암묵적으로 가정하게 되는데, 논리모형은 이러한 과정을 시각적으로 정리하고 각 단계별로 얻고자 하는 성과를 파악하기에 용이하다(박노욱, 2007).

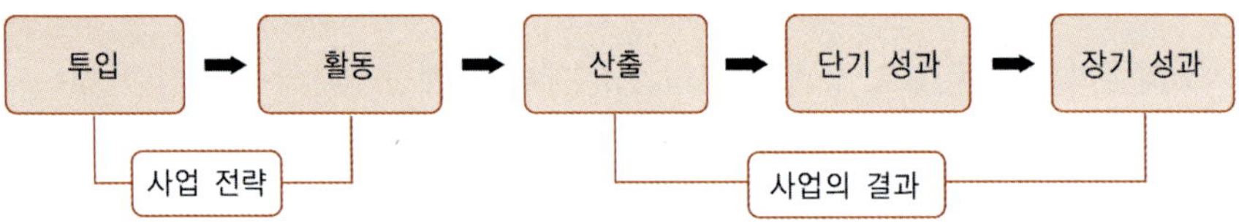

[그림 12-3] 논리모형의 흐름

프로그램 개발에서의 논리모형은 각 단계별로 내외부에서 프로그램에 영향을 미치는 요인들을 이해하고 위험요인들을 통제함으로써 프로그램의 전달력을 높이며 다양한 환경과 내용에 적용 가능한 기획 및 평가모델로 적합하다. 최근 학계에서는 프로그램을 통해 얻어지는 최종적인 결과만을 살펴보는 전통적인 방식은 현장이 매우 가변적인 상황임을 고려할 때 매우 주관적이고 내적인 과정만 지나치게 신뢰하는 것이라는 비판이 있다(Savas, et al., 1998; Rossi, et al., 1999, 김지혜, 2004 재인용). 현실적으로 현장의 프로그램은 사회복지사의 경험적인 아이디어를 기반으로 조합되기도 하며 튼튼한 사회과학이론을 바탕으로 프로그램이 운영된다고 해도 구체적 활동 내용은 현장의 요구에 따라 변화하는 경우가 많다. 실제로 많은 사회복지사는 프로그램의 목적과 자신이 하고 있는 활동 사이의 연관성을 분명하게 인식하지 못하여 문제가 발생되곤 한다. 아울러 잘 개발된 프로그램이란 그 자체가 무엇을 어떻게 평가할 것인지를 명료하게 보여줄 수 있어야 하며 사회복지사가 인식하는 목적과 활동의 관계가 논리적이고 타당하다는 것을 입증할 수 있어야 한다.

(3) 논리모형의 구축과정

전통적인 관점에서의 프로그램 기획은 문제 상황 분석, 욕구사정, 목적과 목표 형성, 행동의 여러 가지 결과 예측, 개입전략 선택 및 실행, 평가와 피드백을 포함하는 과정으로 이루어진다(Freeman, 1993; Hage & Aiken, 1969; Moroney, 1977; Patti, 1983). 그러나 최근에 사회복지 프로그램 기획모델로서 대두되고 있는 논리모형은 프로그램 수행을 위해 투입에서 성과까지의 구성요소들을 논리적으로 연결하여 프로그램의 이론이나 행동을 묘사하고, 프로그램의 수행 준거틀로서 관리를 위해 유용한 도구로 활용되고 있다(McDonald & Teather, 1997; Montague, 1994; Patton, 1997).

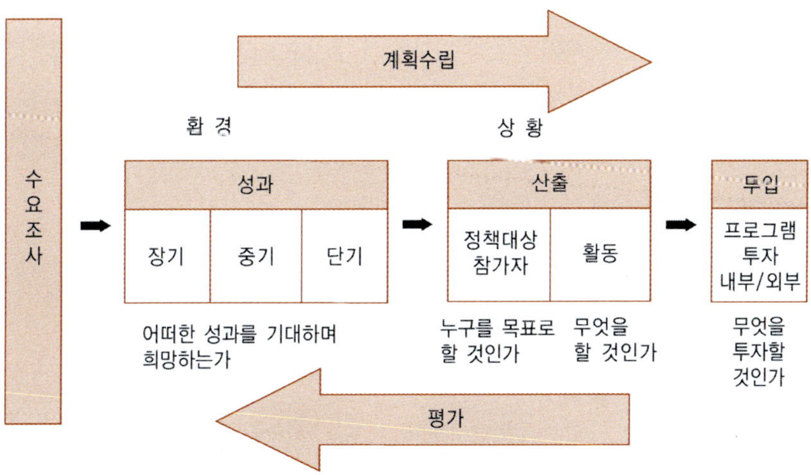

[그림 12-4] 논리모형의 구축과정

출처 : 박노욱(2007).

그림에서와 같이 프로그램의 계획 수립 과정은 지역사회의 문제와 욕구파악을 위한 수요조사를 거친 후 '어떠한 성과를 기대하며 희망하는가'에 대한 장기, 중기, 단기 성과를 제시하는 것으로부터 출발한다. 또한 '누구를 목표로 할 것인가'와 '무엇을 할 것인가'에 대한 질문의 답을 찾아가며 설계를 해야 하는데, 프로그램을 통해 변화될 대상을 선정하고 변화를 만들어 내기 위해 어떠한 활동을 해야 할 것인지를 논리적으로 설명할 수 있어야 한다. 그러한 성과와 산출, 활동으로 클라이언트의 변화를 이끌어 내기 위해서 '무엇을 투자할 것인가'에 대한 구체적인 설계과정이 논리적으로 설명되어야 한다. 즉, 논리모형을 근간으로 프로그램을 개발한다는 의미는 클라이언트가 가지고 있는 문제에 대한 정확한 사정으로 문제의 원인에 대한 이해가 중요하다는 것과, 프로그램 평가는 프로그램 종료 후 하는 것이 아닌 프로그램 기획에서부터 출발해야 함을 시사하는 것이라 볼 수 있다.

(4) 논리모형의 구성요소

논리모형은 실천가들의 경험적 지식과 암묵적 가설로 묻혀 있던 프로그램의 작용원리를 발견하고 이를 논리적이고 명료하게 표현하는 데 적합하기 때문에 논리모형을 구성하는 구체적인 요소들은 학자들에 따라 다양하게 제시(김지혜, 2004 : 12)되고 있다. 여기에서는 논리모형의 구성요소로 상황, 투입, 산출, 성과로 분류해 그림과 같이 제시하였다. 이 구성요소들은 환경의 영향을 받으며 논리모형을 사용하여 프로그램을 개념화할 때는 기초적인 가정을 진술하는 것에서 시작하여 프로그램 요소들을 차례로 정리한다.

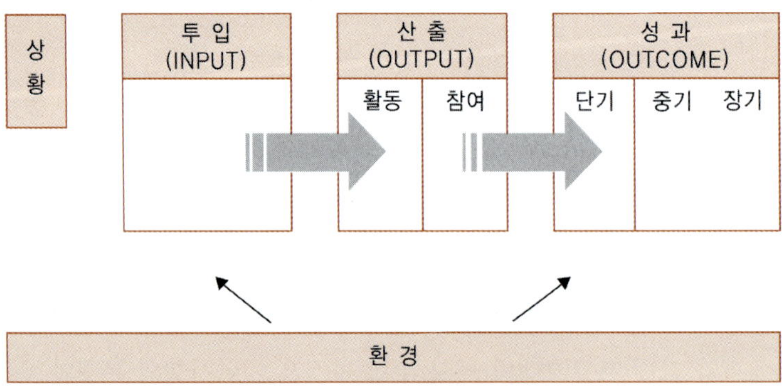

|그림 12-5| 논리모형의 구성요소

먼저 상황분석은 일차적으로 자원 또는 걸림돌이 되어 잠재적으로 프로그램 효율성을 가능하게 하거나 제한하는 요인들에 대한 정의로, 변화가 필요한 문제 또는 욕구, 자원의 부족 등에 관한 분석을 의미한다. 상황 및 조건으로 논리모형을 작성하려면 기관을 둘러싸고 있는 상황과 어떠한 조건하에서 이런 프로그램을 추진하게 되었는지에 대한 명확한 인식이 선행되어야 한다.

투입은 자원이나 프로그램을 지원하기 위해 필요한 인적・재정적 자원을 포함한다. 즉, 자원봉사자, 스태프, 시간, 시설, 장비, 기타 지역사회 자원들, 서비스 기술 등을 의미하며 간단히 예산으로 표현할 수 있다.

산출은 해당 프로그램을 통해 만들어진 직접적인 재화나 용역을 가리키는 용어로 프로그램 결과를 만들어 내기 위해 필요한 모든 활동 및 참여 단계들을 포함한다. 즉, 프로그램 활동의 구체적인 산출물, 프로그램에 의해 전달되는 서비스 유형, 단위를 의미한다. 이 산출은 프로그램이 의도된 사람들에게 의도된 양만큼 도달하였는가를 나타내 준다. 즉, 프로그램 참가율, 제공된 서비스 시간, 만남 횟수, 과제 제공 수 등을 의미한다.

마지막으로 성과는 프로그램을 통해 얻고자 하는 사회・경제・환경적 요인을 포함한 활동이나 결과로부터 나오게 되는 변화나 이익을 의미한다. 프로그램은 전형적으로 복합적이며 연속적인 성과를 갖게 되는데 프로그램 참여자의 행동, 지식, 기술, 지위, 기능 수준의 구체적 변화를 의미하고 이를 결과의 방향과 시간에 따라 단기성과, 중기성과, 장기성과로 구분한다.

2) 개입전략 선택

프로그램 설계과정에서 핵심적인 과업은 프로그램 개입전략을 결정하는 것이다. 하나의 목적을 성취하기 위해서는 무엇을 달성하려고 하는지와 어떻게 그것을 성취하려고 하는지를 명료하게 기술할 수 있어야 한다. 또한 양질의 프로그램 개발을 활성화시키기 위해 현장에서 나타나는 개발활동을 체계적으로 이해할 수 있는 이론적 틀이 중요하기 때문에 프로그램 개발에 대한 이론적 이해의 필요성은 아무리 강조해도 부족함이 없다(서인해, 2003).

프로그램 개입전략을 위해 선행되어야 할 것은 지역사회 욕구를 반영한 문제 분석으로 성과와 산출을 제시하고 활동을 계획해야 하며 프로그램에 필요한 자원을 파악하여야 한다. 또한 의도된 프로그램 활동으로 기대되는 성과들이 무엇인지 구체적으로 제시하고 프로그램에 영향을 주는 요인들을 고려하여 전략을 세울 필요가 있다. 활동으로 얻게 될 궁극적인 목적들을 기술하여 프로그램 이론을 구성하여야 한다.

프로그램 활동으로 얻게 될 궁극적인 목표들이 '무엇을' 변화시킬 것인가를 제시한다면 개입전략은 '어떻게' 구체적으로 실천에 옮길 것인가를 제시하는 것으로 볼 수 있다. 대부분의 사회복지 프로그램은 휴먼서비스로 환경적인 접근보다는 개인의 문제에 초점을 둔 정서적·인지적 접근전략들을 많이 사용한다. 따라서 클라이언트의 긍정적 변화를 이루어 내기 위하여 프로그램 이론을 설정하고 프로그램의 개입전략을 구체화하는 것이 중요하다. 여기에서는 프로그램 개입전략을 위해 논리모형에 근거한 프로그램 이론 구축 과정과 개입하고자 하는 프로그램에 대한 설계 원칙에 대해 기술하였다.

프로그램 이론은 문제 또는 욕구해결을 위해서 수행되는 일련의 행동들에 대한 밑그림으로 프로그램 설계를 구체적이고 체계적으로 수행할 수 있도록 해준다. 다시 말해 프로그램 이론은 프로그램 설계의 구체화 단계를 위한 중요한 기초를 제공해 준다고 볼 수 있다(지은구, 2005). 논리모형은 프로그램 이론이라고도 불리며 프로그램이 어디에서 시작해서 어디로 가는지를 보여주는 안내지도의 역할을 한다. 즉, 프로그램 이론은 프로그램 활동이 결과를 산출하게 되는 과정에 대해 논리적 연결과정을 제시하는 시도로, 특정한 상황에서 나타난 문제를 해결하기 위해 프로그램이 어떻게 가동하는지를 설득력 있게 보여주는 모델을 의미한다.

(1) 논리모형에 근거한 프로그램 이론 구축 과정

프로그램을 개발하기에 앞서 해결하고자 하는 문제들에 대한 분명하고 충분한 설명이 필요하다. 그 이유는 프로그램 항목에 따라 프로그램 이론을 구체화하는 작업을 함으로써 계획된 프로그램에 의해 해결될 문제와 그 이유가 명확해지기 때문이다. 따라서 논리모형에 근거한 프로그램 이론 구축 과정을 위해 우선적으로 문제 상황이 무엇인가와 그로 인해 파생되는 문제들에 대해 살펴보아야 한다. 다음은 Kellogg Foundation(2001)의 로직모형 가이드에 따라 학교부적응 청소년을 대상으로 프로그램 이론을 구축한 실례이다.

① 문제와 이슈 진술

문제와 이슈 진술은 논리모형에 근거한 프로그램 이론 구축의 첫 번째 단계로, 클라이언트의 문제에 대해 정확한 진단과 사정이 논리적이고 타당하게 전개되어야 한다. 그를 위해 우선 사회복지사는 사회문제로 확인된 국내외에서 보고된 선행사례를 검토하고 클라이언트를 면담하여 그들이 겪고 있는 정서, 행동상의 문제를 파악해야 한다. 면담이 끝나면 객관적 검사 도구를 활용해 면담과정에서 얻어진 결과를 보완하여 그들이 안고 있는 문제를 기술해야 한다. 또한 클라이언트가 학생일 경우에는 부모, 학교교사나 기관실무자와의 심층면접을 실시하여 부모와의 관계, 가정환경, 학교생활, 사회복지사들이 알고 있는 정보를 취합하여 문제를 넓고 심도 있게 파악해 내야 한다. 예를 들어, 학교부적응 청소년들의 문제나 이슈는 최근 들어 학교부적응 청소년들이 점점 증가하고 있는 추세이며 일반적으로 학습능력이 낮고 사고가 부정적이며 자아존중감이 낮고 교사, 또래와의 관계가 원만하지 않다는 문제를 안고 있다는 것이다.

② 지역사회 욕구에 따른 투입 자원

지역사회 욕구에 따른 투입·자원 단계는 서비스를 제공받는 대상자와 의뢰기관, 서비스를 제공하는 사회복지사와 그들의 임무 및 재원을 파악하는 단계이다. 이 단계는 프로그램의 목적 및 방향 설정에 있어 중요하며 프로그램에 대한 실제 개입에 있어서도 투입 자원단계에서 수집한 자료들은 매우 유용하다고 볼 수 있다. 우선 사회복지사는 문제를 안고 있는 대상자들을 파악하기 위해 복지관에 등록된 클라이언트들의 대상자 카드 확인 및 방과 후 교실 교사와 담당 사회복지사 등과의 면담을 시도하여야 한다. 또한 전체적인 프로그램 안을 구상한 후 관련자들과의 협의절차를 거쳐 프로그램 진행을 보조하거나 관찰기록을 수행할 자원봉사자를 섭외하여 교육시킨 후 현장에 투입한다. 또한 프로그램 보조진행자의 교통비, 프로그램 준비물, 다과준비 등은 기관에서 할당된 예산에 맞게 계획하고 적용할 수 있도록 준비해야 한다.

③ 기대되는 결과 : 성과영향

일반적으로 클라이언트에게 프로그램을 적용할 경우 기대되는 결과는 문제나 이슈 진술 단계에서 나타난 부정적인 요소들을 개선하는 방향으로 프로그램 이론을 구축해 나가야 한다. 더불어 프로그램을 통해 기대되는 결과를 도출하기 위해 클라이언트의 자발적 활동과 변화를 유도하기 위해 노력해야 한다. 예를 들어, 학교부적응 청소년의 경우 부정적이고 자기 비하적인 특성으로 인해 프로그램에 강제적으로 참여시킬 경우 거의 참여하지 않거나 과잉행동을 보여 집단 전체에 부정적 영향을 미칠 수 있다. 따라서 학교부적응 청소년들의 자발적 활동과 변화를 유도하기 위해 또래집단을 활용하는 것이 유용하다(김지영, 2002 : 14).

④ 영향요소

바람직한 결과를 유도하기 위한 프로그램을 계획하고 수행하기 위해서는 반드시 프로그램에 방해를 주는 영향요소를 고려해야만 한다. 프로그램 구성을 위해 고려되었던 투입, 활동, 산출의 내용들은 사회복지사들에게 프로그램 기획 시 유용하게 사용될 수 있을 것이다. 거기에 프로그램 참여자의 연령, 성별, 소득, 가구구성, 장애, 일상생활 기능 등이 포함될 것이며 지역의 특성에 따라 프로그램 성과를 비교해 볼 수도 있고 서비스 제공 기관별 비교나 의뢰형태에 따라서도 그 영향은 달라질 것이다. 대부분 많은 프로그램을 경험한 내담자들은 지루하거나 깊게 생각하는 문제에 대해서는 금세 싫증을 내기 때문에 프로그램 진행 시 이 부분을 염두에 두어야 한다. 집단참여를 유도하는 것에도 많은 어려움이 따르는데 부모들이 자녀들의 생활에 크게 관심이 없거나 관심이 있다 하더라도 아이들이 이미 부모의 영향력 밖에 있는 경우가 많으므로 교사나 담당 사회복지사의 도움을 얻어 집단참여를 유도하고 더불어 개별면접을 실시하여 프로그램에 대해 자세히 설명하고 참여를 독려할 필요가 있다.

⑤ 전략

개발한 프로그램을 제대로 적용하기 위해 영향요소들을 고려하여 프로그램 전략을 세워야 한다. 첫째, 클라이언트들의 능력이나 인지를 고려하여 집단 프로그램을 그들의 수준에 맞게 구성해 실시하여야 한다. 둘째, 지루함을 최소화하기 위해 다양한 접근기법이나 유인물 등 대체자료를 적극 활용하여 프로그램을 적용하여야 한다. 셋째, 적극적 참여를 유도하기 위해 출석부에 스티커를 붙이게 하거나 매회기 활동이 끝나면 간식을 제공하는 방법도 좋고, 과제를 잘 해오고 활동 시 활발하게 참여한 내담자에게 선물을 제시해 보상효과를 시도하는 것도 프로그램의 성과를 위한 전략에 포함된다. 넷째, 사전・사후검사 시 방어를 최소화하기 위해 객관적 검사도구 이외에 투사검사를 실시해 부족한 부분을 보충하는 것도 하나의 전략이다.

프로그램을 집단으로 적용할 경우 적절한 집단원 구성에 대한 전략을 세워야 하며 프로그램 진행절차도 더 효과적인 방법을 고려하여야 할 것이다.

⑥ 가정

가정은 프로그램 이론 구축과정의 마지막 부분으로, 만약 해결되기를 바라는 바람직한 결과들을 위해 영향요인들과 전략을 잘 세운다면 이러이러한 변화들이 일어날 것이라는 희망적 가설들로 이루어진다. 학교부적응 청소년들을 위한 변화이론 구축 과정에서의 예를 들어, REBT 집단 프로그램은 '학교부적응 청소년들의 부정적 감정을 긍정적으로 변화시킬 것이다', '긍정적 감정으로 변화되면 자아존중감이 향상될 것이다', '자아존중감이 향상되면 학교적응력이 향상될 것이다' 등으로 가설을 설정할 수 있다.

(2) 프로그램 설계 원칙

프로그램 설계는 실행과정에서 필요한 것들을 사전에 계획하고 기대되는 결과에 대해 미리 확인하는 것이다. 프로그램 실행은 다양한 행동들로 이루어지는데, 프로그램 이론은 자원의 역할을 담당하며 실행과정에서 나타날 수 있는 일련의 행동들에 대한 밑그림을 그릴 수 있게 해준다. 따라서 설계과정은 행동자원의 원천이기도 하면서 행동들이 사전에 조정되고 정리될 수 있음을 의미하기도 한다. 또한 프로그램 설계 시 프로그램 이론에 근거하다 보면 인과관계 설정을 중요시하기 때문에 어떠한 사회문제 수준에는 어떠한 인과관계가 존재하는지 사회문제의 수준에 따라 다양한 인과관계를 이해하는 데 많은 도움을 준다.

프로그램 모형 개발의 궁극적인 목적은 문제가 있는 클라이언트의 문제분석과 욕구사정을 근거로 그들의 문제해결을 위한 것이다. 따라서 프로그램 개발자는 프로그램을 설계하는 데 따른 원칙을 정할 필요가 있다. 프로그램 설계원칙은 프로그램에 참여하는 클라이언트의 인지, 정서, 행동수준의 차이와 그들의 문제를 해결할 수 있는 다양한 이론에 근거하여 설계과정 전에 정해 놓는 것이 필요하다.

다음은 학교부적응 청소년들을 대상으로 집단 프로그램을 설계하는 데 따른 설계원칙의 예다.

① 집단구성원의 인지력을 고려하여 높은 지적 수준을 요구하는 프로그램을 지양하고 지루함으로 인한 저항을 최소화하기 위해 프로그램은 유인물과 매체를 적절하게 첨가할 필요가 있다.

② 집단구성원들이 억눌렸거나 미처 알아차리지 못한 정서나 감정, 비합리적 신념에 대해 표출할 수 있도록 도입, 강의 및 활동, 과제 순으로 프로그램을 계획한다.

③ 논리모형에 근거한 프로그램의 전반적 설계는 개입, 결과, 정책의 근간이 되는 변화이론 묘사(Frechtling, 2007)에 근거를 두며, 프로그램의 내용은 심리사회학적 이론에 근거하여 구성한다.

(3) 프로그램 개입전략

프로그램 이론을 구축하고 설계 원칙을 고려한 프로그램 설계과정에서는 직접 프로그램에 개입할 전략을 세우는 것이 중요하다.

먼저 개발하고자 하는 프로그램에서 적용할 전략은 어떠한 기법을 적용할 것인지 그에 따른 각각의 하위 구성내용과 목표달성을 위해 어떻게 적용할 것인지 구상해야 한다. 이를 위해 문제가 있는 클라이언트의 전반적 특징을 고려해야 하며 부족하거나 낮아져 있는 부정적 상황에 대해 긍정적으로 변화시킬 수 있도록 대안을 강구해야 한다. 예를 들어, 학교에 적응하지 못하는 대다수의 청소년들은 비합리적 신념이나 부정적 감정과 생각, 행동을 하며 낮은 자기 수용력을 갖는 특징을 가지고 있다. 그로 인해 낮은 자아존중감 및 부정적 대인관계를 형성하며 궁극적으로 학교생활에 대한 동기 및 자신감이 부족하게 된다. 이러한 특성을 가진 청소년들을 REBT 집단 프로그램에 참여시켜 비합리적 신념을 합리적 신념으로, 부정적 감정, 생각, 행동을 긍정적 감정, 생각, 행동으로 변화시키고 낮은 자기수용력을 보다 높게 향상시킴으로써 자아존중감 및 대인관계를 향상시키고 결과적으로 학교생활에 대한 동기 및 자신감을 증진시킴으로써 학교적응력을 향상시킬 수 있게 된다(유옥현, 2009)는 개입전략을 세울 수 있는 것이다.

3) 프로그램 활동내용 구성

프로그램 활동내용은 선행연구들을 바탕으로 클라이언트가 제대로 삶을 살아갈 수 있도록 하기 위해 프로그램 이론에 근간을 두고 프로그램의 목적에 맞게 재구성하여야 한다. 프로그램의 전반적 구성은 목적 및 목표를 염두에 두어야 하며 프로그램 내용구성을 위해 관련 이론과 이론적 배경에서 밝힌 선행연구들을 근거로 하여 프로그램을 고안하여야 한다. 또한 프로그램 내용선정은 브레인스토밍이나 브레인라이트 등을 통해 창의적인 프로그램 내용들을 제시한다.

(1) 프로그램의 목적과 목표 고려

프로그램 이론에 근거하여 프로그램 내용을 선정하였다면 의도하는 목적과 목표에 쉽게 다가갈 수 있을 것이다. 아무리 창의적인 활동이라 할지라도 목표 달성과 무관하다면 과감히 포기할 수 있어야 한다.

(2) 실제 생활에서의 적용 가능

프로그램의 성과는 현실에서의 적용과 실질적인 변화를 가져올 수 있는지의 여부에 달려 있다. 따라서 프로그램 내용은 클라이언트의 생활영역에서 현실성과 적용력을 고려하여야 한다.

(3) 클라이언트의 특성과 지역성 고려

클라이언트의 특성이란 연령, 성별, 장애 유무 등을 의미한다. 노인이나 아동의 경우 집중시간이 30분 이내이므로 시간을 고려하여 프로그램 내용을 선정한다. 또한 농어촌 및 산촌 지역과 도시, 인구밀집 정도, 지역주민의 경제수준도 고려하여야 하며 지나치게 복잡하거나 높은 수준의 신체활동이 요구되는 내용은 자제하도록 한다.

(4) 프로그램 예비 실시

프로그램의 목적과 클라이언트의 특성을 바탕으로 구성된 프로그램의 효과성 여부와 진행상의 문제점 등을 알아보기 위한 단계로 본 프로그램 내용을 구성하기 전에 프로그램을 집단에 적용하는 것이다. 프로그램 예비 실시를 통해 얻은 집단성원의 평가, 진행자 평가, 기관 평가를 바탕으로 프로그램의 내용을 수정, 보완하여 본 프로그램을 개발한다.

(5) 프로그램 내용 수정·보완

클라이언트들이 계획된 프로그램을 통해 의도한 바람직한 기술 습득이나 행동변화를 갖게 되었는가에 대한 확인과 프로그램의 전반적인 내용과 전략, 지도자, 운영 및 실시 여건 등에 대한 장점, 문제점 등을 파악한 후 최종 프로그램 개발에 반영하여야 한다. 따라서 프로그램 수정·보완 단계에서는 프로그램의 완성도를 높이기 위하여 예비 프로그램을 실시하고 프로그램에 참석한 클라이언트들의 의견과 진행자, 관찰자, 담당 사회복지사의 의견을 종합하여 문제점을 수정하고 보완하여야 한다.

5. 프로그램 평가

1) 평가의 의의

평가란 근거 또는 기준을 가지고 어떤 사물이나 속성에 대한 가치를 판단하는 것으로 프로그램이 제시한 목표를 얼마만큼 달성하였는지를 사정하는 것이다. 최근 평가 부분이 사회복지사업법에 규정되어 있어 프로그램 평가는 사회복지기관의 행정운영 체계로 자리 잡고 있다. 평가는 프로그램의 개발 전반에 걸친 총체적인 면을 다루고 있으며 사회복지행정에서의 평가를 통해 프로그램 서비스 대상자들이 누구이며, 그러한 대상자들에게 서비스가 적절하게 제공되었는지, 그리고 서비스는 얼마나 효율적이고 효과적이었는지를 파악할 수 있다.

2) 평가목적 및 저항요소

사회복지기관은 평가를 통해 사회복지 프로그램의 관리능력이 향상된다. 즉, 평가를 통해 프로그램 담당자는 프로그램 실행에 따른 클라이언트의 결과를 피드백함으로써 더 효율적이고 효과적인 프로그램을 개발하여 새로운 서비스 기술이나 충족되지 못한 욕구를 파악하여 클라이언트 중심의 서비스로 나아가게 해준다. 또한 평가는 사회복지 프로그램에 대한 자원을 조정하고 개발하는 데 영향을 미친다. 평가를 통해 사회복지의 예산정책, 일반적인 사회복지기금정책, 그리고 종합적인 정부예산과 자금정책에도 영향을 준다. 또한 사회복지사업법에 규정하고 있는 것처럼 외부체계로부터 평가가 요구되고 있는 만큼 평가는 프로그램을 실행하는 데 있어서 보다 나은 결과를 이끌어 낼 수 있도록 기관의 책임성을 갖게 한다. 다음은 평가목적과 평가에 대한 저항요소에 대해 기술한 내용이다(고광신 외, 2010 : 475).

(1) 평가목적

평가의 목적은 다음과 같다

① 기관의 목표가 얼마나 달성되었는지를 확인한다.

② 기관의 외부체계요인들에게 사업의 효과에 대한 합리적인 답변을 듣는다.

③ 프로그램의 효과성, 효율성, 형평성을 검토한다.

④ 프로그램 서비스 기술을 개선 및 보완한다.

⑤ 지속적인 프로그램의 서비스를 위한 재정 및 인적 자원을 확보한다.

⑥ 프로그램의 사회적 요구도를 파악한다.

⑦ 기관의 끊임없는 변화와 발전을 도모한다.

(2) 평가의 저항요소

평가의 목적에 반하여 평가에 대한 저항도 등장하고 있는데 저항에 관한 내용은 다음과 같다.

① 평가 결과에 대한 과도한 기대 또는 아무런 영향을 미치지 못한다는 것
② 평가 때문에 새로운 실험을 할 수 없다는 것
③ 평가로 인해 프로그램이 중도하차하는 경우
④ 평가로 인한 정보 유출 우려
⑤ 담당자에 의한 주관적 평가 방법 선호
⑥ 계량적 평가 설계의 비인간적인 요소 비난
⑦ 평가로 인하여 프로그램 비용 잠식
⑧ 평가기관 또는 프로그램 담당자의 부정적인 태도.

3) 평가의 유형

평가유형에는 목적에 따른 평가, 평가규범에 따른 평가, 평가시점에 따른 평가, 평가주체에 따른 평가, 평가의 평가(메타평가) 등이 있다. 여기서는 프로그램의 목적에 따른 평가인 과정평가와 효과성 평가에 대해 알아보고자 한다.

(1) 과정평가

사회복지조직에서 서비스 전달과 프로그램 개발의 발전을 가져오게 하는 것이 평가 부분이기 때문에 조직의 운영이나 목표달성을 위해 수행하는 다양한 프로그램에 대한 평가는 사회복지조직이 반드시 수행해야 하는 중요한 업무인 동시에 역할이기도 하다.

대부분의 사회복지 프로그램은 비정형화되고 무형적이며 장기 혹은 단기로 진행되고 있어 현재의 서비스와 연결된 성과로 표현하기 어렵기 때문에 실천현장에서 프로그램 평가를 어떻게 규명해 내야 할지는 늘 난제라고 할 수 있다. 그럼에도 불구하고 모든 프로그램은 평가를 통해 서비스가 계획대로 이루어졌는지, 의도한 대로 진행되었는지를 파악할 수 있으며, 더불어 프로그램에 투자한 자원과 사회복지사의 노력에 가치를 부여해 주기 때문에 매우 중요한 부분이다.

사회복지현장에서 성과를 찾아내는 과정은 막연하게 느끼고 있는 활동에 대해 새롭게 의미를 부여함과 동시에 클라이언트뿐 아니라 제3자들의 요구에 부응할 수 있게 해준다. 따라서 평가자는 프로그램의 이해관계자들의 질문과 요구에 답할 수 있어야 하며 프로그램 계획 시 평가 원칙에 따른 유용한 설계와 평가방법을 제시할 수 있어야 한다. 아울러 성과와 성과지표는 개별화된 프로그램의 특성에 맞게 개발되어야 하며 현장의 전문가들의 역량에 따른 성과를 당사자뿐만 아니라 제3자들에게도 제시할 수 있도록 설계되어야 한다. 즉, 성과측정을 위해 어떤 산출이 필요하고 이를 위하여 어떤 활동이 필요하며 그것은 어떤 투입이 제공되어야 가능할 것인가를 고려하여 프로그램을 개발하여야 한다.

성과를 측정하기 위해 가장 먼저 수행해야 할 과업은 성과를 정의하는 것이다. 프로그램 구성요소인 투입, 활동, 산출, 성과를 위하여 고려해야 할 내용과 성과측정 단계에 맞추어 성과지표를 선정해야 한다. 또한 투입, 활동, 산출 단계의 모니터링을 활용하여 프로그램에 사용된 자원이나 예산이 적절하게 투입되었는지, 목적수행을 위한 프로그램이 제대로 실행되었는지, 서비스 전달시간이나 출석률 등은 어떠한지 수시로 체크해야 한다. 이러한 과정평가의 목적은 프로그램의 향상을 돕기 위한 것이기 때문에 주로 활동과 산출의 모니터링에 초점을 두어야 한다. 따라서 정기적인 보고서 작성을 통하여 필요한 정보를 제공하고 작성된 정보는 모니터링을 통해 환류정보를 제공함으로써 프로그램 운영상 수정과 보완이 가능하도록 해야 한다. 이러한 과정평가를 통해 사회복지사는 기관 내에서 프로그램과 관련된 사람들에게 어떻게 프로그램이 더욱 향상될 수 있는가에 대한 정보를 제공할 수 있다.

(2) 효과성 평가

프로그램의 효과성 평가는 결과평가로, 주목적은 프로그램의 효과성을 입증하기 위한 것이다. 프로그램의 효과성 평가로 프로그램에 재정을 제공한 사람들이나 지역사회에 프로그램의 성과를 제시할 수 있다. 프로그램의 단기적 성과와 장기적 성과를 밝혀내는 데 초점을 두며 이러한 프로그램의 성과를 통하여 프로그램이 과연 그만한 가치가 있는 것인가를 검증하고 입증하는 것이다. 프로그램 참여자와 지역사회에 미친 프로그램의 영향을 점검함으로써 프로그램의 질과 효과성을 제시할 수 있는 것이다. 단계별 성과지표에 의해 성과를 측정하는 이유는 프로그램의 효과성을 검증하기 위한 것으로 프로그램의 최종적 성과인 클라이언트의 변화를 측정하기 위해서는 구조화된 측정도구가 사용되어야 한다. 그 측정도구가 의도한 바대로 지표상의 변화를 제대로 측정할 수 있는지 여부를 알기 위해 측정도구의 타당도와 신뢰도가 검증되어야 하며 심층면접이나 행동관찰, 투사검사 등으로 부족한 성과를 보완할 필요가 있다.

CHAPTER 13

사회복지시설 평가

그동안 정부는 사회복지시설 건립과 운영에 있어 1988년 제정한 국고보조사업 지침에 의하여 재정을 지원해 왔으나 1997년 외환위기 이후부터는 모든 분야에서 자원의 효율적 배분과 활용에 대한 문제가 제기되었다. 사회복지 분야에서도 시설운영의 합리화와 투명성, 서비스의 질 향상, 사회복지재원 사용의 효율성이 제기되었다. 서비스도 공급자 중심에서 수요자 중심의 복지로 전환되고 인권을 중시하는 사회복지 패러다임의 변화가 야기됨에 따라 사회복지시설의 전문성, 시설환경, 서비스의 만족도에 대한 정부의 평가가 시작되었다(고광신 외, 2010).

1998년 사회복지사업법 개정(사회복지사업법 제43조 및 동법 시행령 제27조)을 통해 모든 사회복지시설은 3년마다 최소 1회 이상 평가를 받도록 법제화됨에 따라 1999년 정신요양시설과 장애인복지관에 대한 제1기 평가를 시작으로 2014년부터 2016년까지 제6기 평가가 끝나고, 2017년부터 2019년까지 제7기 평가가 실시되었다. 그동안 사회복지시설 평가 도입으로 시설 및 서비스 등의 발전에 크게 기여하였으나 현재의 시설평가로는 단순한 서비스 제공 절차 또는 서류상의 근거에 따른 평가의 한계점이 제기되고 있어 이를 보완할 수 있는 보다 실질적이고 체계적인 평가가 요구되고 있는 실정이다. 따라서 그동안의 평가과정을 토대로 서비스 질 향상을 위한 방법을 강구하고, 효율적인 평가체계를 구성하여 서비스 질 평가를 강화하는 동시에 평가의 공정성 및 변별력과 객관성을 확보하기 위한 노력이 지속되고 있다.

1. 사회복지시설 평가

1) 사회복지시설 평가의 개념

평가의 사전적 의미는 물건 값을 헤아려 매김 또는 그 값, 사물의 가치나 수준 따위를 평함 또는 그 가치나 수준이다(최일섭 외, 1998 : 21). 어떤 사물이나 속성에 대한 가치판단을 하자면 반드시 준거 또는 표준이 존재해야 한다(김통원, 2001 : 5). 즉, 평가의 본질은 어떤 활동에 대한 효과성과 효율성을 측정하는 과정으로 미래의 정책결정과 현재의 운영에 관련된 정보를 제공하기 위하여 설계된 평가과정이라 할 것이다. 평가의 목적 지향성 때문에 정책이나 사업의 가치를 판단하는 과정을 의미하는 것으로 이해되지만 구체적으로 평가가 무엇을 의미하는지는 학자들마다의 강조점과 관점에 따라 다양하게 정의되고 있다. 바이스(Weiss, 1970)는 평가를 '정책이나 프로그램 개선을 목적으로 일련의 기준에 따라 효과성 혹은 운영 상태를 체계적으로 사정하는 작업'으로 정의했으며 로지와 프리먼(Rossi & Freeman, 1993)은 프로그램, 조직, 혹은 정책에 대한 가치판단, 개선, 효용성 판단, 운영효과성 증진, 책임성 제고, 정보제공 등을 목적으로 평가가 이루어진다고 정의하였다.

사회복지시설 평가 역시 사회복지행정 과정에서 필요한 기준설정, 성과평가, 목표달성을 위한 변화유도, 책무성 개발 등 관리의 일반적 기능의 한 유형으로, 시설이 지향하는 목적을 점검하고 시설운영의 문제점을 인식 및 개선, 서비스 질 제고를 유도하는 수단이며 최소한의 질을 담보하기 위한 과정으로 정의할 수 있다.

2) 평가의 목적 및 목표

평가의 일반적 목적은 의사결정에 필요한 정보제공, 책무성 요구에의 대응, 새로운 이론의 개발에 있다. 평가 제도를 분석하거나 설계할 때 평가의 목적을 분명하게 정할 필요가 있고, 다양한 평가 이해관계자들과의 합의나 조율을 통해서 평가의 목적을 구축해야 한다.

평가 관련자들의 이해와 요구를 반영할 수 있는 평가목적이 설정되어야 평가 방법, 절차, 평가 활용의 기본 방향이나 원칙 등이 결정될 수 있으나 아직 우리나라의 사회복지사업법에는 평가의 목적이 명확하게 규정되어 있지 않다. 단지 사회복지시설 평가 기준은 입소기준의 적정성, 종사자의 전문성, 시설 환경, 입소자에 대한 서비스 만족도, 기타 시설 운영에 필요한 사항으로 규정되어 있으며, 각 기별 평가보고서에 평가목적이 기술되어 있다.

제1기 시설평가의 목적은 사회복지시설의 운영합리화와 회계투명성의 확보, 공공자금에 대한 책임성 검증이라는 목적에서 출발하였다. 2005년까지의 평가보고서에는 시설평가를 통해 시설운영을 개선하고 서비스의 질을 향상한다고 기술되어 있으며 2006년부터는 시설평가 목적을 장기목적과 단기목적으로 구분하여 좀 더 폭 넓게 세부적으로 언급하여 현재에 이르고 있다. 사회복지시설 평가지침서에 제시된 사회복지시설 평가의 장기적 목적과 단기적 목적은 다음과 같다(보건복지부 · 한국사회복지협의회, 2009).

(1) 장기적 목적

① **이용자 및 국민복지 향상** : 사회복지시설의 투명성과 서비스 질 향상을 통해 시설 이용자 및 국민의 복지수준 향상에 기여한다.

② **시설의 상향평준화** : 사회복지 시설평가 결과를 반영한 효율적이고 합리적인 예산집행 유도 및 시설운영의 선진화를 지향함으로써 시설의 상향평준화를 도모한다.

③ **시설선택의 기초자료 활용** : 사회복지시설 정보를 클라이언트 및 일반 국민에게 상세히 제공함으로써 해당 시설에 대한 정보와 시설 선택에 관한 기초 자료로 활용하도록 유도한다.

(2) 단기적 목적

① **운영의 효율성과 선의의 경쟁 유도** : 사회복지시설 평가를 통하여 효율적이고 효과적인 운영기반 정착과 시설 간 선의의 경쟁을 유도한다.

② **인권보호와 지역사회와의 연계 강화** : 클라이언트의 인권보호와 지역사회와의 긴밀한 연계 속에 사회복지시설 운영이 이루어질 수 있는 기반을 마

련한다.

③ **과학적 근거자료 제공** : 평가지표를 통하여 사회복지시설 실태 파악으로 보다 바람직한 국가지원 수준을 강화한다.

(3) 평가의 목표

① 시설의 운영과정 및 현황을 파악하여 과정상 점검을 하고자 한다.

② 중간과정으로서 각 사업주체 간 역할 재인식과 파트너십을 구축하고자 한다.

③ 이러한 과정 속에서 제기된 문제점을 해결하고 강점은 유지・확대시키는 방안을 통해 향후 지역별 특성에 기반한 성과적 운영 기반을 마련하고자 한다.

3) 사회복지시설 평가의 원칙

일반적으로 사회복지시설 평가는 평가단에 의한 현장평가를 원칙으로 하며, 평가받는 기관에서 작성한 자체평가서와 기본 자료의 사실을 확인하는 방식으로 진행한다. 정량적 평가와 정성적 평가로 나누어 진행하되, 정량적 평가는 실적 및 내용 사실 여부만을 확인하고, 별도로 점수를 부여하지 않는다. 정성적 평가는 기관 자체평가서 결과를 평가단이 확인하고, 이를 인정 혹은 수정하는 방식으로 진행한다. 평가는 지표의 취지에 맞게 엄정하게 실시하며 평가 결과는 일정 점수 이상에 따라 'Pass' 또는 'Fail' 판정으로 명시되기도 한다. 평가 후 평가단은 기관장에게 간략하게 평가결과를 알리고 필요시 기관장은 의견을 피력할 수 있으나, 이는 점수에 따른 논쟁 시간이 아니므로 평가위원의 권한이 훼손되지 않게 운영됨을 원칙으로 한다.

(1) 투명성의 원칙

투명성이란 평가절차의 투명성을 의미하는 것으로, 평가대상기관은 자기진단(self-assessment)과 더불어 객관적이고 과학적인 운영평가를 통하여 자체 진단평가를 할 수 있어야 한다는 것을 의미한다. 정부업무평가기본법 제7조 제2

항에 "정부업무평가는 객관적이고 전문적인 방법을 통하여 결과의 신뢰성과 공정성이 확보되어야 한다"고 규정하고 있다.

(2) 전문성 제고의 원칙

전문성 제고의 원칙이란 전문성 증진을 위한 운영평가가 실시되어야 함을 의미한다. 단순한 등급 구분이나 점수화에서 그치는 것이 아니라 시설의 운영 및 프로그램에 관한 전문적 지식과 기술 등 클라이언트에 대한 전문적인 서비스 향상을 위한 전문성 제고의 원칙을 지켜야 한다.

(3) 효과성과 책임성의 원칙

효과성과 책임성의 원칙이란 사회복지시설의 효과성 및 책임성 증진을 위한 평가가 이루어져야 함을 의미한다. 사회복지시설은 사회로부터 책임을 위임받은 기관인 만큼 지역사회와의 원활한 상호관계를 유도하며, 기관 및 프로그램 면에서 효과성을 증진시켜 책임성을 제고할 수 있는 방향으로 운영될 필요가 있다.

(4) 서비스의 질 향상의 원칙

서비스 질 향상의 원칙이란 우선적으로 서비스의 질을 중시하는 평가가 이루어져야 함을 의미한다. 사회복지시설에서 제공하는 사회복지서비스는 양적인 측면 이외에도 다양한 전문영역이 포함된 질적인 측면을 강조할 필요가 있다. 단순 실적 중심의 계량적 평가보다는 질적 영역인 정성적 평가를 중심으로 하는 전문가 현장평가 방법이 적용되어야 한다.

(5) 이용자 중심의 원칙

이용자 중심의 원칙이란 사회복지시설 평가에서 무엇보다도 이용자 중심의 평가가 이루어져야 함을 의미한다. 사회복지시설을 이용하는 클라이언트는 단순히 서비스를 받는 수동적인 입장이 아니라 시설에서 제공하는 서비스를 받을 수 있는 권리를 가지고 있다는 것을 인식해야 한다. 따라서 사회복지시설은 이용자 중심의 원칙을 위하여 이용자 만족도를 최대한 반영해야 하며 그러한 만족도가 평가과정에서 중요하게 다루어져야 한다.

(6) 참여의 원칙

참여의 원칙이란 평가대상 시설이 평가과정에 직접 참여함으로써 평가과정 속에서 제기되는 문제들에 대하여 스스로 문제점을 객관적으로 인식하고 개선 노력을 기울일 수 있도록 하는 것을 의미한다. 정부업무평가기본법 제7조 제3항에는 “정부업무평가의 과정은 가능한 한 평가대상이 되는 정책 등의 관련자가 참여할 수 있는 기회가 보장되고 그 결과가 공개되는 등 투명하여야 한다”고 규정하고 있다.

4) 시설평가의 법적 근거

사회복지사업법 제43조의2를 보면 “보건복지부장관 및 시·도지사는 보건복지부령에 정하는 바에 따라 시설을 정기적으로 평가할 수 있으며 이를 시설의 감독 또는 지원 등에 반영할 수 있다”고 규정되어 있다. 사회복지평가제도의 도입배경은 사회복지서비스 분야의 양적 팽창, 사회복지에 사용되는 자원에 대한 효과성 입증, 한정된 자원과 효율성의 원칙 상조, 외환위기 이후에 나타난 구조조정의 압력, 사회복지 평가의 필요성에 대한 사회복지계 내부의 자생적 이해 확산 등이다.

(1) 사회복지사업법 제43조의2(시설의 평가)

① 보건복지부장관과 시·도지사는 보건복지부령으로 정하는 바에 따라 시설을 정기적으로 평가하고, 그 결과를 시설의 감독·지원 등에 반영하거나 시설 거주자를 다른 시설로 보내는 등의 조치를 할 수 있다.

② 보건복지부장관이나 시·도지사는 제1항의 평가결과에 따라 시설 거주자를 다른 시설로 보내는 경우에는 제38조 제3항의 조치를 하여야 한다.

(2) 사회복지사업법 시행규칙 제27조의2(시설의 평가)

① 보건복지부장관 및 시·도지사는 법 제43조의2의 규정에 의하여 3년마다 시설에 대한 평가를 실시하여야 한다.

② 제1항의 규정에 의한 시설의 평가기준은 다음 각 호와 같다.

가. 입소정원의 적정성
나. 종사자의 전문성
다. 시설의 환경
라. 시설거주자에 대한 서비스의 만족도
마. 기타 시설의 운영개선에 필요한 사항

③ 제1항의 규정에 의한 평가의 방법 기타 평가에 관하여 필요한 사항은 보건복지부장관이 정한다.

5) 평가과정

사회복지시설 평가는 크게 두 과정(한국사회복지행정학회, 2010)으로 나눌 수 있으며, 시설평가 과정별 특징 및 변화에 대해 정리하였다.

(1) 첫 번째 과정

1999년 정신요양시설과 장애인복지관에 대한 평가를 시작으로 2003년 사회복지관, 노인복지시설, 모자복지시설에 대한 평가까지의 총 4개년으로서, 이 기간 동안의 시설평가는 한국보건사회연구원에서 주관하였다.

(2) 두 번째 과정

2004년 아동복지시설과 장애인 생활시설에 대한 평가를 시작으로 2016년까지의 기간으로서 이 기간 동안의 시설평가는 한국사회복지협의회에서 주관하여 실시하였다. 이와 더불어 사회복지시설평가의 사업성격도 다소 변화를 보였는데 먼저 1999년부터 2004년까지는 정부의 1년 단위 연구용역과제로 시행되었으나 이후 기간부터는 3년 단위의 위탁업무로 변화하였다. 2017년부터는 사회보장정보원의 주관으로 평가가 진행되고 있다.

(3) 과정별 특징 및 변화

사회복지시설 평가는 3년을 1기로 진행되고 있으며 평가 기별로 평가지표의 범주와 구성에 차이가 있으며 시설의 종별에 따라 그 내용에도 변화를 보이고 있다. 각 기별 평가지표의 특징 및 변화는 다음과 같다.

① 제1기(1999~2001년) 평가

한국보건사회연구원에서 실시한 제1기 평가기관은 정신요양시설, 장애인복지관, 사회복지관, 노인복지시설, 모자복지시설 등 총 1,060개 기관이며, 사회복지시설 유형별 공청회를 통해 개별시설 평가지표를 개발하는 것에 초점을 두었다. 30개의 이용자 만족도 지표가 포함되어 있으며 기관별로 20명의 이용자를 무작위 추출하여 전화 설문조사를 실시하였다.

② 제2기(2002~2004년) 평가

제2기 평가는 2002년부터 2004년까지 한국사회복지협의회에서 실시한 아동 및 장애인시설에 대한 평가로 총 1,186개 기관이 참여하였으며 제1기 평가에서 개발하지 못하거나 누락된 일부 시설에 대한 평가지표의 추가 개발과 기존에 개발된 평가지표를 보다 구체화하는 데 역점을 두었다. 2003년 평가에서는 이용자 만족도 평가를 별도로 실시하였으며 조사 대상자를 30명으로 증가시켰다.

③ 제3기(2005~2007년) 평가

제3기 평가는 사회 환경의 변화에 따른 각종 영역들에 대한 지표를 확대 개발하고, 제1기와 제2기 평가에서 누락된 일부 시설에 대한 평가지표를 추가 개발하여 각 시설종별 평가지표의 완성도를 높이는 데 주력하였다. 제3기 평가에서 시설평가 전담기구가 설치되고 전담인력이 배치되었으며 시설평가정보입력시스템을 개발·운영하기 시작했다. 제3기 평가의 특징 및 변화를 평가방식과 평가지표로 나누어 정리하면 다음 표와 같다.

〈표 13-1〉 제3기 사회복지시설 평가의 특징

기별(평가연도)	특징 및 변화
제3기(2007)	〈평가방식〉 • 사회복지시설평가 정보입력시스템 운영 • 평가 과정에서의 민간 및 피평가시설의 참여 확대 • 평가위원 선발권한 시·도별 부여 • 블라인드 방식 폐지(위원 간 협의 평가) • 평가대상 시설의 평가위원 평가 • 지역별 분석 원칙 적용 • 시설별 평가결과 등급 통지

	〈평가지표〉 • 평가지표의 정량화 • 사회복지시설 서비스 최소기준안을 반영한 평가지표 보완 • 평가항목의 축소 • 희망 지방자치단체에 평가권한 부여(평가지표 추가)

출처 : 차흥봉(2016).

④ 제4기(2008~2010년) 평가

제4기 평가는 한국사회복지협의회의 사회복지시설평가단에서 수행하였으며 사회복지시설이 이용자 및 생활인의 인권보장을 위해 보다 노력할 수 있도록 방향을 제시하고 있으며, 시설평가의 전 과정에서 다각도로 사회복지현장의 의견을 수렴하는 열린 평가시스템의 구축을 추구하였다. 제4기 평가부터 평가위원 만족도 조사를 실시하였고 평가위원 선발권한이 시·도에 이양되었다. 제4기 평가의 특징 및 변화를 평가방식과 평가지표 부문으로 정리하면 다음 표와 같다.

〈표 13-2〉 제4기 사회복지시설 평가의 특징

기별(평가연도)	특징 및 변화
제4기(2010)	〈평가방식〉 • 현장평가를 위한 평가위원 선발권한 시·도별 부여 • 현장평가 팀의 최소화 • 희망 지방자치단체에 평가 권한 부여 • 평가수행확인서 작성 • 평가대상 시설의 평가위원 평가 • 사전 및 확인평가 실시 • 시설별 평가결과 통지 〈평가지표〉 • 평가항목의 조정 • 인권지표의 강화

출처 : 차흥봉(2016).

⑤ 제5기(2011~2013년) 평가

제5기 평가는 그동안 해온 평가와 관련하여 종합적인 평가제도 개선 마련을 위한 연구를 함께 진행하였으며 시설종별 비교를 통한 정책개발 및 시설 균형 발전의 토대를 마련하기 위하여 전체 유형, 생활시설, 이용시설에 적용되는 공동지표를 각각 구분·개발하여 시행하였다. 제5기 평가의 특징 및 변화를 평가 방식과 평가지표 부문으로 정리하면 다음 표와 같다.

〈표 13-3〉 제5기 사회복지시설 평가의 특징

기별(평가연도)	특징 및 변화
제5기 (2011~2013)	• 합리적인 평가지표 개발 • 사회복지시설 유형별 최소기준안을 반영한 평가지표 개발 • 평가지표 사전개발 및 공개 • 공통지표 개발 • 평가지표의 합리성, 객관성 보완 • 사회복지시설 현장의 참여 확대

출처 : 차흥봉(2016).

⑥ 제6기(2014~2016년) 평가

제6기 평가는 전국적으로 사회복지시설 평가를 통하여 시설 운영수준에 대한 지역별 시설종별 차이를 파악하고, 합리적 평가지표와 평가체계의 개발을 통한 사회복지시설에 대한 객관적인 평가체계 마련을 위해 노력하였다. 우선 평가위원의 교육을 강화하였고 전문성과 공정성을 확보하였으며 시설현장의 평가부담을 완화하고자 평가지표를 사전에 개발하여 공개하였으며 현장의 다양한 의견수렴을 통해 평가지표의 현장성을 강화하였다. 또한 평가영역별로 D, F 등급을 받은 시설종사자를 대상으로 맞춤형 품질관리 컨설팅 교육을 실시하여 평가 결과에 대한 사후관리를 강화하였다.

〈표 13-4〉 제6기 사회복지시설 평가의 특징

기별(평가연도)	특징 및 변화
제6기 (2014~2016)	• 평가지표 간소화 • 현장의 평가부담 완화 • 평가의 실효성 제고 중심으로 보완 및 개선

출처 : 한국사회보장정보원 홈페이지(ssis.or.kr).

⑦ 제7기(2017~2019년) 평가

기수별 평가 추진 현황을 살펴보면, 제1기와 제2기는 보건사회연구원에서, 제3~6기는 한국사회복지협의회에서, 제7기는 사회보장정보원에서 평가가 이루어졌다. 제7기의 지표 개발 방향은 공통지표를 축소하고 공급자 중심에서 이용자 중심, 소규모시설의 평가지표를 개발하여 추진하였다.

〈표 13-5〉 제7기 사회복지시설 평가의 특징

기별(평가연도)	특징 및 변화
제7기 (2017~2019)	• 공통지표 축소 • 이용자 중심 • 소규모시설 평가지표 개발

출처 : 한국사회보장정보원 홈페이지(ssis.or.kr).

2. 사회복지조직 평가체계

1) 사회복지조직 평가체계 분석틀

현재 우리나라의 사회복지시설 평가는 사회복지조직의 활동 전반에 대한 종합적인 평가로 이루어지고 있으며, 평가모형은 체계모형을 채택하고 있다(정무성·황성철·최재성, 2010). 사회복지시설 평가체계를 분석하기 위한 분석틀은 다음 표와 같다.

〈표 13-6〉 사회복지조직 평가체계의 분석틀

<table>
<tr><th colspan="3">영 역</th><th>내 용</th></tr>
<tr><td colspan="3">평가 관련자 요구사항</td><td>평가책임주체, 평가실행조직, 사업시행조직, 서비스 이용자, 일반시민</td></tr>
<tr><td rowspan="6">평가
제도의
내용</td><td colspan="2">목적</td><td>평가 관련자들이 달성하고자 하는 목적은 무엇인가?
목적에의 합의의 정도, 합의된 목적의 적정성 등</td></tr>
<tr><td rowspan="4">방법 및
절차</td><td>평가주체</td><td>평가제도의 주도 주체, 평가실행기구</td></tr>
<tr><td>평가대상</td><td>대상조직
종사자, 이용자 등 대상 포함 여부
일반시민과 공무원의 포함 여부</td></tr>
<tr><td>평가도구</td><td>평가도구 내용(기준, 영역, 척도, 지표 등)
평가도구 마련 절차의 적정성</td></tr>
<tr><td>평가기간</td><td>평가주기
평가실행 일정 등</td></tr>
<tr><td colspan="2">결과 및 활용</td><td>결과해석
공개 여부
결과의 활용계획 등</td></tr>
</table>

출처 : 진재문(2002) 수정・보완.

2) 평가 관련자 요구사항

공공서비스의 경우 평가 관련자들로는 정치인, 서비스구매 계약자, 서비스 전달자, 서비스 이용자 등이 있다. 평가 관련자 요구사항을 파악하기 위해서는 이들 평가 관련자들이 평가를 통해 요구하는 것이 무엇인지 사정할 필요가 있다.

3) 평가제도의 내용

평가제도의 내용에는 평가 관련자들이 달성하고자 하는 목적이 무엇인지, 목적에 대한 합의 정도나 합의된 목적의 적정성 등이 포함된다. 더불어 평가주체, 평가대상, 평가도구, 평가기간 등의 평가 방법 및 절차에 대한 내용과 평가결과 및 활용 부분에 대한 내용도 포함되어야 한다. 평가제도의 내용을 평가 방법 및 절차, 평가 결과 및 활용 부분으로 나누어 설명하면 다음과 같다.

(1) 평가 방법 및 절차

평가 방법 및 절차는 '누가, 누구를 대상으로, 무엇을, 어떻게 평가할 것인가'에 대한 문제이다.

① 평가방법

가. 누가 평가할 것인가

책임주체인 보건복지부 혹은 지방자치단체 중 누가 평가의 책임을 가지는 것이 효과적인가의 문제를 검토할 필요가 있다. 또한 세부적으로는 평가의 집행을 정부가 직접 수행할 것인지, 현재와 같이 한국사회복지협의회에 위탁할 것인지, 아니면 별도의 평가전담 조직을 신설할 것인지의 문제가 결정될 필요가 있다.

나. 누구를 대상으로 평가할 것인가

평가대상으로서 사회복지시설과 관련하여 시설을 그 기능과 특성에 따라 상이한 평가체계를 구성하여 접근하는 것을 고려해야 한다. 평가시설의 종류별로 서로 상이한 평가지표체계를 구성할 필요가 있다.

다. 무엇을 평가할 것인가

평가대상 시설의 유형과 기능에 따라 차별적으로 접근하는 문제이다. 평가의 목적과 관련하여 조직의 관리 운영을 개선하는 의사결정에 필요한 정보를 얻는 것이 주목적인지 아니면 시설서비스 이용 고객의 욕구 충족이나 서비스의 효과성을 대내외적으로 보여줄 수 있는 정보를 산출하는 것이 목적인지에 따라서 무엇을 평가할 것인가가 결정될 필요가 있다.

라. 어떻게 평가할 것인가

어떻게 평가할 것인가의 문제는 평가지표의 개발과 관련되어 있다. 평가지표는 무엇을 평가할 것인가에 대한 결정에 따라서 구체적인 평가지표가 타당성과 신뢰성을 갖도록 구성하고 또 실제 측정될 수 있어야 한다.

② 평가절차

평가방법이 구체화되면 평가절차에 돌입하게 되는데 일반적인 사회복지시설의 평가절차는 다음과 같다.

첫째, 평가 팀은 평가지표를 구성하여 평가가 실시되기 일주일 전, 평가대상 시설에 평가지표 및 준비사항 등을 전달한다.

둘째, 평가대상 시설은 평가방법에 따라 자체평가서를 작성한다.

셋째, 시설에서 작성한 자체평가서는 평가 2~3일 전에 평가단 이메일로 발송한다.

넷째, 평가단은 평가대상 시설을 방문하여 자체평가서와 근거자료, 시설장 및 관계자 인터뷰, 그리고 현장점검 등을 통한 평가를 실시한다.

평가제도의 내용 중 평가 방법 및 절차 영역은 평가주체, 평가대상, 평가도구, 평가기간으로, 자세한 내용은 다음과 같다.

가. 평가주체

사회복지시설 평가의 수행체계는 평가책임주체로서 보건복지부와 지방자치단체가, 평가실행주체로서 한국보건사회연구원과 한국사회복지협의회가 활동하여 왔다. 보건복지부는 평가 관련 전반적인 사항에 대해 총괄 및 지원을 하고 원활한 평가사업 추진을 위해 행정적 지원을 하고 있으며 시·도는 평가대상시설 및 현장평가위원을 선정하고 평가팀 구성 및 현장평가를 실시하며 원활한 평가사업 추진을 위한 행정적 지원을 하고 있다. 초기에는 한국보건사회연구원에서 실행되었으나 2004년부터는 한국사회복지협의회가 활동하고 있다.

나. 평가대상

현행 사회복지시설 평가대상은 설립 3년 이상 된 사회복지시설로서 꾸준히 대상 시설 수가 증가해 왔다. 제1기 및 제2기 평가에는 사회복지시설을 비롯하여 이용자가 평가대상에 포함되었고, 제3기부터 제6기까지는 사회복지시설이 평가대상이다.

다. 평가도구

평가도구의 내용은 평가기준, 영역, 척도, 지표 등이 있으며 평가도구 마련 절차의 적정성 여부를 검토하여야 한다.

라. 평가기간

사회복지사업법에 명시된 규정에 따라 3년마다 1회 이상 사회복지시설 평가를 의무화하고 있는 것에 근거하여 사회복지시설 유형별 평가주기는 3년이며, 평가 소요시간은 1개 시설당 6시간에서 최대 1일을 기준으로 하고 있다.

(2) 평가 결과 및 활용

평가결과의 활용은 사회복지시설의 서비스나 사업 프로그램의 존폐 여부, 확대 혹은 축소 여부 등을 결정하는 수단적 정보로 활용할 수 있으며, 시설 운영자나 정부가 해당 시설의 운영과 개선에 필요한 자료 및 정보 확보 차원에서 매우 유용하다.

CHAPTER 14

사회복지조직과 환경의 변화

조직과 환경은 매우 밀접한 관계를 가지고 있으며 조직이 환경과의 관계성 속에서 활동하고 영향을 주고받는다는 것은 일반적으로 통용되고 있는 사실이다. 즉, 조직은 지역사회의 규범과 사회문화적 특징뿐 아니라 다양한 외부의 영향을 받을 수밖에 없으므로 환경과의 관계는 매우 중요한 요인이 된다. 특히 사회복지조직은 사회로부터 공익을 위한 활동을 하도록 인가를 받고 물질적·비물질적 후원을 받거나 인간의 바람직하지 못한 상태를 예방·개선시키는 활동을 하는 조직이므로 다른 조직보다도 훨씬 더 사회적 환경과 밀접하게 연결되어 있다. 그럼에도 불구하고 사회복지조직은 환경의 변화에 둔감하거나 중요성을 간과함으로써 조직의 목표를 효과적으로 달성하지 못하는 경우가 많다. 따라서 사회복지조직이 사회 환경을 이해하고 환경에 대처해 나가는 방법을 아는 것은 조직의 유지와 발전을 위하여 매우 중요하다.

사회복지조직의 환경을 이해하기 위하여 하센펠드(Hasenfeld, 성규탁 역, 1985)는 크게 일반환경과 과업환경으로 분류하여 제시하였으며, 이는 사회복지조직의 환경을 이해하기 위한 분석틀로서 보편적으로 적용되고 있다.

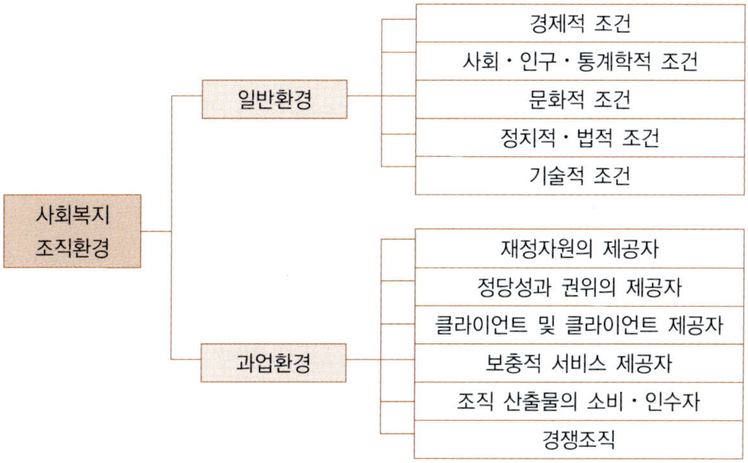

[그림 14-1] 사회복지조직의 환경 이해를 위한 분석틀

출처 : 오세영(2015).

1. 일반환경과 과업환경

1) 일반환경

일반환경(general environment)은 환경 내의 경제적, 사회 · 인구 · 통계학적, 문화적, 정치적 · 법적, 기술적 조건들로 조직 내에서 변화시키기 어려운 주어진 조건을 의미한다. 이러한 조건들은 모든 조직에 영향을 미치며 조직은 일반환경에 의해서 조직이 가질 수 있는 기회, 제약 및 선택의 범위가 규정된다. 일반환경 각각의 요소에 대하여 구체적으로 부연하면 다음과 같다.

(1) 경제적 조건

경제적 조건은 조직에 영향을 미치는 국가나 지역사회의 경제 상태를 의미하는 것으로 조직에 직접적으로 영향을 미친다. 정부의 사회복지재정은 일반적으로 경제성장과 더불어 증가하는 경향이 있고, 공공부조에 대한 비용 역시 경제성장률이 낮거나 경기불황의 경우 증가하는 경향이 짙다. 아울러 경제상황은 사회복지조직에 대한 자원공급을 결정하거나 조직에 대한 클라이언트의 수요를 결정하는 주요 요인이 된다. 부연하면 경제적 조건은 사회복지조직에 대한 자원공급의 절대량과 서비스 수요에 영향을 미치며 경기 호황이나 불황이 공공부조 비용에 영향을 미치고 대규모 실업문제가 보육서비스나 직업알선서비스, 정신건강서비스, 가족문제서비스 등의 수요를 증대시키는 경향이 있다.

(2) 사회 · 인구 · 통계학적 조건

연령, 성별분포, 인구구조, 가족구조, 거주지역, 사회계층, 소득수준, 소득구조 등 사회 · 인구 · 통계학적 조건은 다양한 사회문제와 욕구의 발생빈도와 밀접한 관계가 있다. 이들 조건의 변화는 조직으로 하여금 서비스의 내용을 변화시키기도 하며, 장기적인 관점에서 비전이나 미션을 설정하거나 클라이언트를 택하는 데도 영향을 미친다. 또한 서비스의 효과성은 표적인구의 사회 · 인구 · 통계학적 특성에 어느 정도 민감한가에 따라 결정되기 때문에 지역의 인구학적 특성에 민감하지 못한 서비스는 효과성이 떨어질 수 있다. 대체로 모자세대와 노인단독세대 등은 소득수준이 낮고 대도시에는 청년실업과 노숙인 비율이 높은 현상과 같이 장기적 사회복지서비스 수요변동과 예측에 영향을 미친다. 미국의 경우 사적 사회복지조식은 다루기 어려운 클라이언트보다는 친절하고 성공 가능성이 높은 클라이언트를 받는 경향(Gates, 1980 : 130)이 나타나고 있고, 특히 유료 서비스 조직인 경우에는 더욱 이러한 경향이 두드러지고 있어 문제가 되고 있다(최성재 · 남기민, 2003).

(3) 문화적 조건

문화적 조건은 사회의 우세한 문화적 가치와 밀접한 관련이 있다. 특히 사회복지조직의 목적에는 인간문제의 원인과 욕구, 요구 해소를 위하여 꼭 지켜야 할 가치관이 작동하므로, 특정 시기에 우세한 문화적 조건은 사회복지조직의 형태와 방향에 영향을 미친다. 사회복지조직이 채택할 수 있는 서비스 내용이나 전달체계, 해결해야 할 문제의 규정은 넓은 범위에서 사회의 문화규범의 영향을 받는다. 예컨대, 노동 윤리가 강조되는 문화에서는 노동능력이 있는 사람에 대한 공공부조는 일을 시키고 대가를 지불하는 방식의 서비스인 워크페어(workfare)가 강조되고, 국민의 권리를 인정하는 문화에서는 노동에 대한 요구 없이 금품을 지급하는 서비스 형태를 취할 수 있다.

(4) 정치적 조건

사회복지조직의 정부재정에의 의존성이 증가하는 상황에서 자원배분을 통제하고 결정하는 정치과정으로서 정치적 환경이 매우 중요하다. 정치적 조건의 대표적인 경우는 선 성장 후 분배 또는 성장과 분배의 균형 등의 정부기조 등을 들 수 있는데, 일반적으로 지배정당이 가진 정치이념이나 정당정책 등이 사회복지조직의 자원동원이나 활동범위를 결정하게 된다.

(5) 법적 조건

법적 규제는 사회복지조직이 클라이언트에게 서비스를 제공하는 데 있어 준수해야 할 많은 조건들을 만들어 활동범위와 활동방식을 규정하고 통제한다. 중앙정부와 지방자치단체가 정하는 법률, 명령, 조례와 규칙들은 사회복지정책의 경계를 확정하기도 하고 제공할 구체적인 서비스의 영역과 서비스 전달방법을 규제하기도 한다.

(6) 기술적 조건

기술적 조건은 의료, 정신건강, 교육, 사회계획 분야 등의 기술개발 정도가 해당된다. 즉, 사회복지조직의 서비스 범위는 이 기술적 조건에 따라 결정되며 클라이언트의 문제해결을 위하여 사용하는 기술은 문제와 욕구에 대응하기 위하여 개발된 전반적인 기술수준을 반영하는 것이다. 따라서 사회복지조직의 서비스나 활동은 한 사회가 보유한 문제해결 기술의 발전과 보급 정도와 관련이 있으며 조직의 기술적 수준은 연구와 훈련을 통하여 지식을 추구해 가는 사회적 결의에 크게 영향을 받는다. 정신건강 분야에서는 정신작용 약물의 발견으로 서비스의 효과성이 두드러지게 향상되고 심리학에서의 다양한 발달 및 행동수정 이론은 아동의 서비스 개입에 많은 긍정적 영향을 미치고 있다.

2) 과업환경

과업환경은 업무환경이나 작업환경과 유사한 의미로 사용되며 사회복지조직이 자원과 서비스를 교환하고 조직과 특별한 상호작용의 형태를 취하는 개인·

집단 · 조직을 의미한다. 즉, 과업환경은 자금제공기관, 의뢰기관, 보조적 서비스 제공기관 등을 포함하는 것으로 사회복지조직이 직접적으로 과업환경과 영향을 주고받으며, 일반환경은 과업환경을 통하여 간접적으로 사회복지조직에 영향을 미친다고 볼 수 있다. 과업환경의 종류는 다음과 같다.

(1) 재정자원의 제공자

사회복지조직에 가장 큰 영향을 미치는 요인으로 볼 수 있다. 재정자원을 얻는 중앙정부, 지방자치단체, 기업, 공동모금회, 개인 후원, 유료 클라이언트 등이 주요 재정자원 제공자이다.

(2) 정당성과 권위의 제공자

사회복지조직에 대한 사회적 지지나 정당성 및 권위를 제공해 주는 자를 의미한다. 또한 조직이나 집단이 소유하고 있는 권위의 일부를 다른 조직에 이양하거나 그 조직의 위신이나 지위를 보고 사회적 지지를 해주는 자를 말한다. 여기에는 정부 소속의 보건복지부, 공적 사회복지 전달체계인 시 · 도청, 시 · 군 · 구청, 사회복지 관련 협의회나 의회, 운영법인, 시민단체 등이 있다. 합법적으로 권위제공자는 조직을 사회적으로 승인하고 감독하고 평가하는 기능을 수행한다.

(3) 클라이언트 및 클라이언트 제공자

조직으로부터 직접 서비스를 받고자 하는 개인과 가족 및 클라이언트를 사회복지조직에 의뢰하는 타 조직, 개인이나 집단, 혹은 조직을 말한다. 후자로는 경찰, 학교, 검찰, 교회, 지역사회기관, 청소년단체 등 다양한 기관들이 포함된다.

(4) 보충적 서비스 제공자

타 기관들과의 공식 및 비공식적 협조체계를 의미한다. 즉, 한 조직의 서비스만으로는 클라이언트의 욕구를 충분하게 해결할 수 없을 때 다른 조직이 제공하는 서비스가 필요한 경우가 있다. 예컨대, 알코올 치료센터는 병원의 서비스를 필요로 하고, 노인요양시설은 중증 응급환자가 발생하면 종합병원의 서비스가 필요하기 때문에 타 조직과 긴밀한 협조와 연계를 구축해야 한다. 이때 서비스를 의뢰할 수 있는 다른 조직을 보충적 서비스 제공자라 볼 수 있다.

(5) 조직 산출물의 소비 · 인수자

사회복지조직이 산출해 낸 서비스를 받아들이고 이용하는 자를 의미한다. 만약 사회복지조직이 산출한 서비스 혹은 변화된 클라이언트를 소비자 또는 지역사회가 받아들이지 않는다면 그 조직은 존재 가치를 상실하게 된다. 예를 들면, 장애인 직업훈련 시설의 경우 산출물은 훈련받은 장애인이고 이들을 소비 인수하는 자는 기업이 될 것이다.

(6) 경쟁조직

지역사회에는 자원과 클라이언트를 두고 상호 경쟁관계에 있는 많은 조직들이 있다. 즉, 사회복지조직이 지역의 자원과 클라이언트 접근 시 영향을 미치는 타 조직을 경쟁조직이라 한다. 경쟁관계는 클라이언트를 조직에 의뢰하는 집단과 조직뿐만 아니라, 조직으로부터 직접 서비스를 받고자 하는 개인과 가족을 포함한다.

2. 사회복지조직의 환경관리를 위한 대응전략

1) 환경관리의 필요성

사회복지조직은 외부환경에 영향을 받기 때문에 환경에 대해 종속적 관계가 될 수밖에 없다. 조직이 환경의 변화에 적응해야 한다는 것은 조직생존의 기본원리로 사회복지조직의 효과성을 도모하고 환경과의 종속적 관계를 극복하기 위하여 환경관리전략을 수립할 필요가 있다. 사회복지조직의 환경관리는 다음의 표와 같이 조직환경에 대한 종속을 강화시키는 조건들을 상쇄할 수 있는 전략들을 마련해야 한다.

〈표 14-1〉 조직환경에 대한 종속 강화조건과 종속 상쇄조건

종속 강화조건	종속 상쇄조건
• 외부에서 강요하는 정책 • 서비스 사용에 대한 외부의 재량권 행사 • 외부 단위의 서비스가 크게 필요한 경우 • 외부에서 목표를 인가해야 하는 경우 • 대안들에 대한 정확하지 않은 정보	• 외부세력에 의해 허용된 자유 • 주요 자원의 소유 • 대체자원이 필요한 서비스의 이용 가능성 • 정당성을 내세울 수 있는 이념 개발 • 대안에 대한 효과적인 지적 능력

출처 : 신복기 외(2005); Hasenfeld(1983).

2) 사회복지조직의 환경관리 대응전략

사회복지조직들은 환경을 통제할 수 있는 다양한 방법을 강구하고 있다. 만약 종속관계를 상쇄하지 못하고 외부의 환경적인 부분이 강화된다면 조직에 커다란 불안을 야기하고 외부압력에 대한 취약성을 갖게 되며 조직 내부의 권위와 생존을 위협받을 수 있다. 사회복지조직이 환경에 대한 종속관계를 극복할 수 있는 전략은 다음과 같다(Hasenfeld, 성규탁 역, 1985).

(1) 권위주의 전략

권위주의 전략이란 권력을 사용하여 다른 조직의 활동을 감시하고 명령을 내리는 전략을 의미한다. 이러한 전략을 적용하려면 다른 조직의 활동을 감시하고 명령에 동의하도록 효과적인 제재를 가할 수 있는 능력이 필요하다. 따라서 자금과 권위를 관리하는 정부기관이 권위주의 전략을 사용할 수 있으며 조직이 자금과 권위를 충분히 획득한 경우 다른 조직 간의 교환관계와 조건들에서 유리한 위치에 설 수 있다. 이 전략은 조직의 자율성에 영향을 미치지 않고도 외부조직이 교환조건에 응하도록 할 수 있으므로 매우 효과적이다. 그러나 권위주의 전략의 단점은 명령 순응에 대한 감시비용이 들고 교환조건에 순응한다 해도 형식적 순응에 그칠 수 있다는 점이다.

(2) 경쟁적 전략

경쟁적 전략이란 다른 조직들과 경쟁하여 서비스의 질과 관련된 행정절차 등을 더욱 바람직하게 만드는 등 경쟁력을 확보하여 세력을 증가시키는 것을 의

미한다. 이 전략은 조직이 필요로 하는 자원이 외부환경에 분산되어 있고, 경쟁자들과 세력균형을 유지할 수 있을 만큼 충분한 내적 자원이 있을 때 가능하다. 경쟁적 전략의 장점은 질 높은 서비스와 클라이언트 관리, 친절한 서비스 등으로 경쟁우위를 확보할 수 있다는 점이다. 반면 단점으로는 성공률이 높은 클라이언트만 받아들이는 크리밍(creaming) 현상을 유발할 수 있으며, 사회계층이 낮은 클라이언트를 거부하거나 경쟁으로 인한 서비스기관의 중복과 누락 및 자원의 낭비 등이 나타날 수 있다.

(3) 협동적 전략

협동적 전략이란 다른 조직들에게 필요한 서비스를 제공하여 상호 불안감을 해소시키고 그에 대한 보답으로 상대 조직에 대한 권력을 증가시키는 것을 의미한다. 이러한 전략은 의존 권력관계를 상쇄하기 위하여 사회복지조직이 가장 많이 사용하며 협동적 전략의 세 가지 형태로는 계약, 연합, 흡수가 있다.

① 계약

계약은 두 조직 사이의 자원 혹은 서비스 교환을 통해 협상된 공식적·비공식적 합의를 말한다. 계약의 형태는 정부조직이 자금을 제공할 수 있고 민간복지 조직은 서비스를 제공할 수 있는 경우에 많이 이루어진다. 우리나라의 경우 정부에서는 사회복지관에 대하여 운영자금을 제공하고 사회복지관에서는 서비스를 제공하는 형태로 위탁 운영하는데 이 경우도 계약의 한 형태이다.

② 연합

연합은 비슷한 입장에 있는 여러 조직들이 공동이익을 위하여 상호 제휴하는 전략이다. 이러한 전략이 가능하려면 각 조직은 필요로 하는 자원을 통제하는 조직들에 비하여 세력이 약해야 하며, 각 조직들 간에는 적당한 정도의 상호이익을 추구할 수 있고 비용보다 이득이 커야 한다. 연합 시 유의해야 할 점은 책임수행을 위해서 비용이 많이 들 수 있고 조직 간의 불화 가능성, 연합을 통해 얻은 이익배분에 대한 의견 불일치 등의 문제가 있을 수 있다. 따라서 연합은 한정된 기간 내에 목적을 위해서 형성되고 그 목적이 달성되면 해체되는 경우가 많다.

③ 흡수

흡수는 과업환경 내 주요 조직의 대표자를 조직 정책수립기구에 참여시킴으로써 합법성과 지지를 얻어내는 전략이다. 예를 들어, 지역사회의 여론 주도계층의 대표자, 클라이언트 대표자, 지역사회 주민 대표자, 모금기관의 대표자를 이사회나 사회복지기관 운영위원회의 위원으로 임명하는 것이 이에 해당한다. 흡수는 조직 자체가 전략적인 자원이 없고 조직이 직면하는 위협을 기존 자원으로는 상쇄시킬 수 없을 때 이용되며 이 경우 조직의 자율성을 크게 저해할 수도 있다. 조직의 의사결정에 외부조직의 대표들이 참여한다는 것은 그 조직의 목적과 활동을 외부대표들이 세력을 발휘할 수 있는 비율만큼 수정하고 조정해야 하는 것에 유의해야 한다.

(4) 방해전략

방해전략이란 경쟁적 위치에 있는 복지조직의 활동을 방해하거나 세력을 약화시키는 전략을 말한다. 이 전략은 조직 간에 이루어지기도 하지만 대개는 힘이 없는 클라이언트나 잠재적 클라이언트들이 사회복지조직에 대하여 사용한다. 방해전략을 활용할 수 있는 조건은 조직의 과업환경이 정당한 요구를 묵살하는 경우, 방해하려는 조직이 실패하더라도 손해 볼 것이 없는 경우, 이념적 갈등이 존재하는 경우 등이다. 이 전략은 조직의 자원생산 능력을 위협하는 행동을 의도적으로 하는 것으로 권력이 없는 사람들이 사회복지조직으로부터 양보를 얻어내는 데 효과적이다. 예를 들어, 빈곤노인을 위하여 사회단체들이 보건복지부에 기초연금을 증대시키도록 탄원하는 전략이 이에 해당된다.

3. 사회복지환경과 조직의 변화

1) 변화의 유발 요인

사회복지환경이 급격하게 변화함에 따라 이에 대처하기 위한 다양한 전략들이 요구되고 있다. 사회복지 조직과 프로그램은 환경의 변화에 따라 끊임없이 변화해야 하며 조직을 둘러싼 환경적 요인들이 변화하는 상황에서 사회복지조직의 효율성과 효과성, 더 나아가 책임성의 중요성이 크게 부각되고 있다. 그러므로 사회복지조직의 관리책임자는 조직을 둘러싸고 있는 환경을 반응적이고 지지적인 환경으로 만들기 위하여 환경에의 의존에 대한 대응조치를 취하는 한편 변화에 대한 저항요인들을 잘 통제하여 환경에 적응시켜 나가야 한다.

사회복지 환경과 조직의 변화유발요인을 외부적 요인과 내부적 요인으로 나누어 살펴보면 다음과 같다.

(1) 외부적 요인

변화를 유발하는 외부적 요인으로는 행정규제, 예산삭감, 인구추이, 사회적 가치변화, 새로운 기술 출현 등 프로그램을 둘러싼 외부자원과 영향 세력 등이 있다. 이 외에도 환경적 요인의 변화에 의해서 조직의 변화가 유발되는 경우로는 사회복지서비스의 민영화 경향으로 민간위탁이 증가하고 민간조직들의 참여가 확대되는 등 사회복지 공급주체의 다양화가 있다. 제도적인 측면에서 조직의 변화 유발 요인은 사회복지사업법의 개정으로 사회복지기관 및 시설이 3년에 1회 이상 평가를 받도록 의무화하고 있으며, 사회보장기본법의 개정으로 사회복지서비스에서 좀 더 포괄적인 의미인 사회서비스로 전환됨에 따라 비영리조직뿐 아니라 영리조직들이 사회복지 공급주체로 참여하고 있는 부분도 커다란 변화로 볼 수 있다. 급격한 사회변화와 다양한 사회문제의 대두도 조직의 변화를 유발하는 요인이며 새로운 사회문제가 등장함에 따라 서비스에 대한 욕구도 다양해지고 있다. 따라서 사회복지조직의 책임성과 전문성에 대한 요구의 증대와 더불어 체계적인 조직평가의 필요성, 사회복지조직의 효율성, 효과성에 대한 압력이 커지고 있다.

(2) 내부적 요인

사회복지조직의 변화를 유발하는 내부적 요인으로는 조직 내의 사회복지사들이 더 많은 자율권과 재량권을 요구하거나 한 사람이 담당해야 하는 사례관리 수의 축소를 제안하고, 서비스 제공인력들이 과다한 업무와 행정업무의 간소화를 주장하는 등 조직변화의 쟁점이 나타나는 경우를 들 수 있다. 또한 서비스의 다양성, 기술의 복잡성, 목표의 불확실성도 이에 포함된다. 사회복지기관에서 단일 서비스만 제공하는 경우는 드물며 현실적으로 다양한 서비스 제공과 함께 제공하는 서비스 기술도 복잡해짐에 따라 투입과 활동에 대한 효과성과 효율성을 측정하거나 투입과 산출 간의 인과관계가 불확실한 경우가 많다. 따라서 사회복지조직에서는 조직의 사기저하, 의사소통의 문제, 업무단위들 간의 갈등, 업무 간의 비효율적인 부분 등 내부적 요인 중 부정적인 부분을 개선 조정하는 등 긍정적 변화를 추구하여야 한다.

2) 변화의 형태

조직 변화는 인간의 성장과 발전단계에서 유추가 가능하다. 조직의 설립은 권위가 있는 지도자에 의해 시작되며 질서를 갖추는 정형화된 시기와 혼돈의 시기를 거쳐 점차 안정적으로 변화해 나간다. 이 과정에서 사회복지조직은 조직을 둘러싼 환경적 요인들의 변화를 수용하여 발전시켜 나아가야 할 책임을 가지고 있다. 변화의 형태를 크게 변화전략, 목표변화, 절차상의 변화, 프로그램의 변화로 나누어 기술하면 다음과 같다.

(1) 변화전략

변화전략에는 개인적 전략과 제도적 전략을 들 수 있다. 먼저 개인적 전략으로는 동료의 지원, 경력개발 계획, 관리책임 준비, 개인적 가치의 명확화 등을 들 수 있다. 그 다음 제도적 전략으로는 교육 프로그램, 기관이 후원하는 훈련 프로그램, 경력개발을 위한 조직적 계획, 조직의 명확한 정책, 지속적인 조직의 과정과 결과에 대한 점검 등을 포함한다.

(2) 목표변화

목표변화(goal change)는 사회복지 조직과 프로그램 운영에 있어 환경적 요인들의 변화에 따라 수시로 영향을 받는다. 즉, 조직목표는 조직의 변화에 따라 가변적으로 나타나기 때문에 목표변화 현상이 일어난다. 목표변화에는 목표의 명확화, 목표의 우선순위 변경, 새로운 목표 추가, 목표의 이념변경 등이 있다.

(3) 절차상의 변화

절차상의 변화(procedural change)는 내부적인 절차와 외부적인 절차로 나누어 살펴볼 수 있는데 우선 내부적인 절차상의 변화는 조직 내 권력구조의 변화, 직원들의 역할 구조의 변화, 보상구조의 변화, 의사소통구조의 변화 등을 들 수 있다. 다음으로 외부적인 절차상의 변화는 이해집단 간의 의사소통의 원활화, 목표 공유, 자원의 교환을 위한 조직 간 상호 의존해야 하는 역동성에 대한 변화 등을 포함한다.

(4) 프로그램의 변화

사회복지조직은 조직의 운영목표에 맞는 다양한 프로그램을 개발하여 클라이언트에게 제공하기 때문에 프로그램의 변화(programmatic change)는 조직의 변화와 밀접한 관계가 있다. 즉, 프로그램의 변화란 사회복지환경에 따라 프로그램이나 서비스의 추가, 수정, 변경을 통해서 조직을 변화시키는 것을 의미한다.

4. 최근 사회복지조직의 변화

1) 사회복지 관련 법, 제도적 변화

사회복지 분야의 양적 팽창과 더불어 대규모 자원과 인력이 투입됨에 따라 사회복지기관의 효과성과 효율성에 대한 지역사회와 클라이언트의 요구가 높아지고 있는 시점에서 국가의 재원 지원에 있어서도 좀 더 엄격하게 재정의 사용을 관리하고자 하는 경향이 늘고 있다. 사회복지사업법에 의해서 사회복지기관은 정기적인 평가를 의무적으로 받도록 함으로써 사회복지기관에 대한 평가가 일반화되었으며 사회복지 전달체계의 변화, 사회복지전문직의 강화 등 사회복지조직의 변화와 변혁은 불가피한 상황에 다다르고 있다.

(1) 사회복지기관 평가 강화

사회복지조직은 부족한 자원, 서비스에 대한 수요 증가, 사회문제 증가, 사회적 상황변화와 같은 외부환경과 더불어 운영과 관련된 책임성과 효과성에 대하여 늘 도전받아 왔다. 또한 국가나 지방자치단체에서 재정의 사용을 좀 더 엄격하게 관리하고자 하는 경향이 늘고 있고, 급격한 출산율 저하, 평균수명 증가, 이혼율 증가 등으로 보육, 돌봄에 대한 사회적 욕구는 지속적으로 확대되고 있다(장영신, 2015). 이러한 욕구에 대한 대응으로 사회복지시설의 양적 확대와 서비스 품질의 질적 향상에 대한 관심이 크게 대두되고 있는 시점에서 정부는 사회복지사업법 개정을 통해 기관의 평가를 강화하고 있는 추세이다.

(2) 사회복지 전달체계의 변화

새로운 사회문제 해결을 위해 우리나라 사회복지시설은 양적으로뿐만 아니라 질적으로 크게 발전하였고 시설의 유형도 매우 다양화되었다. 또한 지역사회 중심의 사회복지시설이 증가함에 따라 시설유형이 생활시설에서 이용시설 중심으로 전환되어 종합사회복지관, 장애인종합복지관, 노인종합복지관 등을 중심으로 시설 개소수가 증가하였다. 이러한 변화에 따라 사회복지조직들은 시설복지에서 지역복지로 전환하여 다양한 지역사회 내의 자원을 활용하기 위하여 노력하고 있으며 공급자 중심에서 클라이언트 중심으로 서비스가 이동함에 따라 이용자의 권리에 대한 인식이 높아지고 있다.

사회복지서비스 분야에서도 민영화와 경쟁성 강화 노력이 증가하고 있으며 서비스 전달에 필요한 자원 확보를 위해 다양한 자원출처들과의 관계를 중요시하게 되었다. 조직운영에 있어서도 기업 경영적 관리기법의 도입, 마케팅의 활성화, 품질관리의 강화, 산출에 대한 강조 및 클라이언트의 변화를 나타낼 수 있는 성과관리제까지 도입하고 있는 실정이다. 또한 지역사회복지에 관한 의견수렴과 개선방안 마련, 지역사회서비스 연계와 조정을 위한 기반 마련을 위해 시・군・구에 지역사회보장협의체[1]를 구성하도록 하였다. 또한 각 행복센터를 중심으로 하는 읍면동 복지 허브화 사업을 추진하고 있으며 그 일환으로 2016년부터는 읍・면・동지역사회보장협의체를 구성하여 거주지역 내의 사각지대 발굴과 서비스연계 강화를 위해 노력하고 있다.

---

1) 지역사회보장협의체는 지역사회의 복지서비스를 체계화하고 연계하여 기반을 마련하는 것을 목적으로 민간・공공복지 관계자와 학계전문가, 보건 분야 핵심관련자로 구성하도록 한 지역사회복지 관련 협의체이다.

(3) 사회복지전문직의 강화

사회복지시설 및 기관 운영에서 사회복지전문가가 중심이 되어야 한다는 인식 확산과 사회복지전문직의 질적 수준이 향상되어야 한다는 요구가 증대하고 있다. 따라서 2003년부터는 사회복지사 자격기준이 강화되어 엄격하게 1급 자격관리를 시작하였다. 또한 2007년 사회복지사업법 개정을 통해 사회복지사 보수교육이 법제화되었다. 보수교육은 사회복지사들의 가치관 형성 및 전문지식 습득을 위해 실시되는 것으로 연간 8시간 이상 수료해야 하며, 사회복지 윤리와 가치, 사회복지실천, 사회복지 인권 영역을 중심으로 이루어진다.

사회복지 영역별로는 1997년부터 국가 자격으로 인정된 정신건강사회복지사를 비롯하여 2020년 12월부터 의료사회복지사, 학교사회복지사의 자격을 국가 자격으로 발급할 수 있도록 하여 전문성을 강화하고 있다.

2) 민간부문 사회복지조직의 변화

다양한 환경의 변화에 따라 민간 사회복지조직들도 변화의 과정을 겪고 있으며 시대적 흐름에 부응하기 위하여 많은 변화를 모색하고 있다. 자유경쟁을 원칙으로 하는 자본주의 경제에서 경제유형, 산업구조, 생산유형 등을 결정하는 최종적인 권한은 소비자에게 있다는 소비자 주권 원칙에 따라 사회복지조직도 그동안의 기관 중심의 서비스에서 이용자 중심의 서비스로 전환되고 있다.

(1) 지역 중심 강화

탈 시설화 경향으로 사회복지시설이 지역복지로 전환되고 있으며 다양한 지역사회 내의 자원을 활용하기 위한 노력이 증가하고 있다.

(2) 이용자 중심의 서비스

그동안 사회복지서비스는 공급자 중심으로 이루어졌으나 소비자 주권 개념이 사회복지 영역에 도입됨에 따라 이용자 중심으로 서비스가 전환되고 있다. 즉, 클라이언트를 수동적인 서비스 수혜자가 아닌 적극적인 소비자로 보려는 관점으로 그들의 권리 실현 및 만족도 증진을 통해 국민 전체의 복지 수준을 높이려는 시도를 하고 있다.

(3) 수요 중심의 민영화

그동안의 사회복지는 욕구(need) 충족을 위한 서비스로 진행되었으나 수요(demand) 충족을 위한 복지제공 관점이 등장하고 있으며 사회복지서비스 분야에서의 민영화와 경쟁성 강화 노력이 증가하고 있다.

(4) 기관의 개방화와 투명화

사회복지시설과 기관의 운영에서 개방화와 투명한 운영의 요구가 높아지고 있으며 사회복지조직은 사회의 요구를 수용하고자 노력하고 있다.

(5) 자립중심

그동안 사회복지조직은 원조 중심으로 운영되어 왔으나 점차 자립 중심으로 전환할 것을 강조하고 있다. 이에 다양한 사회문제 및 클라이언트의 욕구를 충족시키기 위한 창의적인 프로그램 개발의 노력이 증가되고 있으며 각 사회복지기관은 자생능력을 키우기 위하여 민간 영리기관들과 경쟁하여 자립기반 마련을 위하여 힘쓰고 있다.

(6) 기업경영론 확산

사회복지조직의 운영에 있어 기업 경영적 관리기법이 도입되고 있으며 마케팅의 활성화, 품질관리의 강화, 산출에 대한 강조 등 시장의 경쟁적 구조에 적합한 조직운영이 모색되고 있다.

참고문헌

강근복(1996). 정책분석론. 대영문화사.
강정애 외(2009). 조직행동론. 시그마프레스.
강종수(2011). 사회복지관의 리더-구성원 교환관계(LMX)가 직무태도에 미치는 영향 연구. 한국지역사회복지학, 36, 117-135.
강혜규(1997). 보건복지사무소 시범사업 2차년도 실태조사. 보건복지포럼, 5.
_____(2005). 사회복지전달체계 변화와 복지계획수립의 과제. 보건복지부 자료.
고광신 · 김승훈 · 손연숙(2010). 사회복지행정론. 나눔의집.
고동현 · 이재열 · 문명선 · 한 솔(2016). 사회적 경제와 사회적 가치 : 자본주의의 오래된 미래. 한울엠플러스.
고수현 외(2014). 사회복지행정론. 양서원.
권기헌(1997). 정보사회의 논리. 나남출판.
권육상 · 전대성 · 홍석자 · 서상범 · 조미영 · 홍전희(2004). 사회복지행정론. 유풍사.
김경우 · 양승일 · 강복화(2008). 사회복지정책론. 양서원.
김경희(2007). 사회복지행정론. 청목출판사.
김규정(1986). 정책분석론. 법무사.
김대건(2006). 지속 가능한 정부혁신과 고성과 조직을 위한 조직 리더십의 역할 : 조직 리더십의 개념화를 위한 실제 분석. 한국행정학보, 40(1), 29-49.
김미경 · 김경환(2009). 리더십 유형이 조직유효성에 미치는 영향 ; 팔로워십 특성의 조절 효과를 중심으로. 호텔경영학연구, 18(2), 277-298.
김병섭 · 박광국 · 조경호(2000). 조직의 이해와 관리. 대영문화사.
김병식(2003). 사회복지행정론. 창지사.
김상균(1986). 영국의 사회보장. 각국의 사회보장. 유풍출판사.
김상균 · 최일섭 · 최성재 · 조흥식 · 김혜란(2001). 사회복지개론. 나남출판사.
김수신 · 정홍익(1996). 사회복지행정론. 한국방송통신대학출판부.
김애순(2006). 성인발달과 생애설계. 시그마프레스.
김영종(2010). 사회복지행정론. 학지사.
김영종 · 민소영 · 김영미 · 김찬우 · 임정기 · 홍현미라(2007). 사회복지 성과측정 기법. 학지사.
김지성 외 공역, Stephen P. Robbons 저(2006). 조직행동론. 피어슨에듀케이션코리아.
김지영(2002). 학교부적응 청소년의 자아존중감 향상을 위한 집단사회사업 프로그램의 효과성 평가. 경성대학교 대학원 석사학위논문.
김지혜(2004). 논리모델을 이용한 프로그램 이론 구축 : 브릿지 프로젝트를 중심으로. 아동복지학, 18, 7-33.
김태수 · 백종섭 · 신희영(1998). 복지행정론. 대영문화사.
김통원(2001). 한국과 미국의사회 복지평가체계의 특성비교. 한국사회복지학, 28(3), 155-165.
김해동 · 정홍익(1985). 사회행정. 방송통신대학교출판부.
김해룡 · 김쌍언(2009). 직무자율성과 구성원 태도 간의 관계에서 셀프 리더십의 영향에 관한 연구. 산업경제연구, 22(1), 201-227.
김현진 · 이순희 · 유옥현 · 김학실(2017). 사회복지행정론. 양서원.
김형식 · 이영철 · 신준섭(2002). 사회복지행정론. 동인.
_____________________(2007). 사회복지행정론. 양서원.
김호섭 외(1999). 새조직 행태론. 대영문화사.

남기민(2005). 현대사회복지학. 양서원.
남세진・조흥식(1995). 한국사회복지론. 나남출판.
남일재・문영주(2015). 지역사회복지론. 양서원.
노화준(1988). 우리나라 행정에 있어서 컴퓨터의 활용이 행정에 미친 영향. 행정논총, 26(1), 130-140.
류애정(2012). 지역단위 복지전달체계로서 희망복지지원단의 운영구조 분석에 관한 연구. 한국지역사회복지학.
류은영・유민봉(2008). 변혁적・거래적 리더십이 혁신행동에 미치는 영향에 있어 리더 감성지능의 매개 효과 : LISREL과 매개회귀분석을 적용하여. 한국행정학보, 42(4), 151-177.
류호영(2012). 사회서비스 정책환경의 변화와 대응. 2012년 한국사회복지행정학회 추계학술대회자료집.
명승환(1997). 업무 수행에 있어서의 정보기술의 영향. 한국정책학회보, 6(1), 72-100.
목진휴・최영훈・명승환(1998). 정보통신기술이 정책결정 과정에 미치는 영향. 한국행정학보, 32(3), 32-54.
문병기・남석훈(2015). 사회복지행정론. 한국방송통신대학교출판문화원.
문영주(2010). 사회복지서비스 전달체계 개편이 사회복지전담공무원의 역할 스트레스와 직무만족에 미치는 영향. 사회연구, 11(2).
민 진(2009). 조직관리론. 대영문화사.
박광준(1992). 일본 사회복지개혁론의 대두와 전개. 동향과 전망.
박노욱(2007). 성인지 예산 성과지표와 성과관리체계 개발. 한국정책연구원.
박동서(1993). 한국행정론. 법무사.
박병현(2008). 사회복지와 문화. 집문당.
박병호 외(1996). 한국가족정책의 이해. 학지사.
박연호(2000). 조직행동론. 박영사.
박연호・오세덕(2000). 현대행정관리론. 박영사.
박차상(2007). 사회복지행정론. 양서원.
박효식・양영종(1997). 현대사회 광고론. 형설출판사.
백종만(2014). 사회복지시설평가체계 개선 어떻게 할 것인가?. 제2회 복지사회 정책포럼 자료집. SSN 한국사회복지협의회.
보건복지부(2009). 사회서비스전자바우처사업 선진화 방안.
_________(2013). 2013 사회보장정보시스템활용안내.
_________(2014). 지역사회서비스투자사업안내.
_________(2014). 희망복지지원단 업무 매뉴얼.
_________(2015). 2015 사회복지시설 관리안내.
_________(2019). 2019 사회복지시설관리 안내.
_________(2022). 2022년 사회서비스 공통업무 안내.
_________(2024). 사회복지관 재난안전관리 매뉴얼.
_________(2024). 사회복지시설관리안내.
보건복지부・한국사회복지협의회(2009). 2009년 사회복지시설평가.
사회복지공동모금회(2020). 2021 배분사업안내.
사회복지교육연구센터 편(2011; 2015). 사회복지행정론 1급 사회복지사 기본서. 나눔의집.
사회복지사 1급 시험연구회(2008). 1급 사회복지사. 나눔의집.
서인해(2003). 프로그램개발을 위한 새로운 패러다임 : 개입조사(IR) 모델의 적용가능성과 과제. 한국사회복지행정학, 6(2), 1-21.
신구범(2009). 조직행위론. 형설출판사.
신복기(1984). 사회사업행정의 발달과정에 관한 연구. 사회과학논총, 3(1). 부산대학교 사회과학대학.

신복기 · 박경일 · 장중탁 · 이명현(2002). 사회복지행정론. 양서원.

신복기 외(2005). 사회복지행정론. 양서원.

신인철(2007). 팔로워십-리더를 만드는 힘. 한스미디어.

신장호(2008). 조직문화유형이 조직유효성에 미치는 영향에 관한 연구－노사관계 안정성을 매개로. 한국기술교육대학교 대학원 석사학위논문.

안병영(1984). 복지국가의 태동과정의 비교연구. 한국행정학보, 18(2).

안혜영 · 이용우(2011). 지역사회복지협의체 평가의 현황과 과제. 2011년 한국지역사회복지학회 추계 학술대회 자료집.

양용희 · 김범수 · 이창호(1997). 비영리조직의 모금전략과 자원개발. 아시아미디어리서치.

양정하 · 임광수 · 김치영 · 황인옥 · 이종운 · 박남철(2011). 사회복지프로그램 개발과 평가. 정민사.

여운승(2003). 뉴 밀레니엄 마케팅 관리. 시그마프레스.

오석홍(1984). 민원행정에 관한 연구. 행정논총, 22(1), 1－23.

______(2003). 행정학의 주요이론. 박영사.

오세영(2011). 다문화가족지원 사회복지서비스의 효과성에 관한 연구 : 교육지원서비스 중심으로. 고려대학교 대학원 석사학위논문.

______(2015). 사회복지행정론. 도서출판 신정.

오현숙 · 최호윤(2010). 사회복지 프로그램 개발과 평가. 21세기사.

우수명(2004). TP 사회복지 프로그램 개발과 평가. 인간과 복지.

우종모 · 김재호 · 조당호(2004). 사회복지행정론. 양서원.

원석조(2001). 사회복지정책학 원론. 양서원.

______(2010). 사회복지행정론. 양서원.

유옥현(2009). 학교부적응 청소년을 위한 REBT 집단프로그램 모형개발 －Logic Model을 중심으로－. 청주대학교 대학원 박사학위논문.

유필화 · 김용준 · 한상만(2005). 현대마케팅론. 박영사.

윤철수 외(2008). 사회복지개론. 학지사.

윤홍식(2003). 국민기초생활보장제도의 수급결정요인. 사회복지정책, 17. 한국사회복지정책학회.

이동국(1994). 서양사회복지사론. 유풍출판사.

이목훈(2008). 사회복지행정론. 대왕사.

이민홍(2011). 잠재적 클라이언트의 프로그램 참여 동의능력 평가 지침서 개발 및 동의 능력수준에 영향을 미치는 요인에 관한 탐색적 연구. 한국사회복지교육, 16, 1－16.

이민홍 · 정병오(2012). 사회복지 프로그램 개발과 평가. 나눔의집.

이민훈 외(2019). 사회복지행정론. 어가.

이봉주 · 김기덕(2008). 사회복지 프로그램 기획의 이해와 적용. 신정.

이상호(2009). 조직과 리더십. 북넷.

이소희 외(2004). 사회복지개론. 현학사.

이순희(2010). 지역사회복지 활성화를 위한 네트워크 연구. 충북대학교 대학원 박사학위논문.

______(2012). 노인자살예방에 관한 지역사회의 역할 세미나 자료.

이용주 · 장세우 · 서선호 · 지은재 · 주철현(2011). 사회복지행정론. 도서출판 새한.

이윤식(1990). 정보관리와 정책과정. 한국행정학보, 24(2), 693－718.

이종수 · 유지연(2014). 살기 좋은 지역 평가를 위한 지표와 방법 고찰. 한국지방자치학회보, 26(2), 297－316.

이창원(1991). Effects of Supervisory Behaviors on Work Group Effectiveness : A Field Experiment. Ph. D. Dissertation. State University of New York at Albany.

______(1994). 리더의 행동이 과업집단 효과성에 미치는 영향에 관한 현장실험. 한국행정학보, 28(1), 201－222.

______(1995). Effects of Specific Leader Behaviors on Work Group Effectiveness in a korean Voluntary Organization : A Field Experiment. Academy of Management Best Papers Proceedings, 583.

이창원・명승환・임영제(2004). 정보사회와 현대조직. 대영문화사.

이창원・임영제(2008). 정보기술의 도입이 행정조직의 변화와 조직효과성에 미치는 영향. 한국행정학보, 38(1), 69-92.

이창원・최창현・최천근(2012). 새조직론. 대영문화사.

이 철(2006). 알기 쉬운 고객중심 마케팅. 학현사.

이태수(2011). 왜 복지국가인가. 이학사.

이혜경(1996). 한국의 가족정책 대안의 선택과 정부 민간의 연계.

______(2002). 한국 사회복지 서비스 공급체계의 민・관 파트너쉽 구축의 과제와 전망. 사회복지공동모금회 창립 4주년 심포지엄.

______(2008). 세계화와 복지국가의 재편. 기획예산처 강연자료.

인경석(1998). 한국복지국가의 이상과 현실. 나남출판.

임상록・박주연(2012). 사회복지행정론. 창지사.

임창희(2009). 조직행동. 비앤엠북스.

______(2006). 경영학원론. 학현사.

장동일(2006; 2010). 사회복지행정론. 동문사.

장인협・이혜경・오정수(1999). 사회복지학. 서울대학교출판부.

장준호・조용현(2009). 윤리적 리더십이 리더-부하 간 교환 관계 질 및 조직시민행동에 미치는 영향. 인적자원관리연구, 16(1), 181-199.

정국환 외(1996). 미래 정보사회의 공공행정 모델. 한국전산원

정무성(2005). 사회복지 프로그램 개발론. 학현사.

______(2005). 지역복지 연계협력 (네트워크) 체계 구축에 관한 토론. 한국사회복지행정학회 학술대회 자료집, 91-94.

정무성・정진모(2001). 사회복지프로그램 개발과 평가. 양서원.

정윤길・이규만(2007). 변혁적 리더십과 집단효능감 및 팀 유효성 간의 관계 : 공기업 구성원을 중심으로. 한국행정논집, 19(4), 1053-1073.

정익준(2005). 비영리마케팅. 형설출판사.

정정길(1991). 정책학원론. 대명출판사.

조석준(1977). 조직론. 박영사.

조운희(2004). 사회복지 프로그램 개발과 평가. 청목출판사.

조흥식(2008). 인간생활과 사회복지. 학지사.

조흥식 외(1997). 가족복지학. 학지사.

주민서비스혁신추진단(2007). 민・관협력 체계 구축 추진지침 세부 시행요령. 행정자치부.

주민통합서비스 전국네트워크・행정안전부(2009). 전국네트워크 활동사례.

지은구(2005). 사회복지프로그램 개발과 평가. 학지사.

차흥봉(2016). 사회(복지)서비스 품질관리센터 설치 방안. 한국사회복지협의회.

최상미・김아래미(2020). 사회복지행정론. 학지사.

최성재・남기민(2003; 2015). 사회복지행정론. 나남출판.

최신융・강제상・김선엽・임영제(2005). 행정기획론(제3판). 박영사.

최옥채(2019). 사회복지사를 위한 사회경제이해. 양서원.

최일섭 외(1998). 사회복지관 평가모형개발 연구. 한국사회복지관협회. 동인출판사.

최일섭・최준보(2012). 사회복지개론. 공동체.

최재성(2005). 사회복지서비스 전달체계의 민영화 쟁점과 과제 : 서비스 수요증가와 국가, 시장, 가족의 역할분담. 한국사회복지학회 2005년 추계학술대회 자료집.

최항순(2012). 사회복지행정론. 대영문화사.

표갑수·이재환·유옥현·이화정·김현진(2013). 사회복지 프로그램 개발과 평가. 양서원.

한국보건사회연구원(2007). 주민생활지원서비스 업무수행체계 분석 및 개선방안. 한국보건사회연구원.

________________(2009). 지역복지 활성화를 위한 사회자본형성의 실태와 과제. 한국보건사회연구원.

한국사회복지행정학회(2010). 사회복지서비스 성과관리의 가능성과 전망. 2010년도 춘계학술대회 및 WORKSHOP 자료집.

한국사회복지협의회(1993). 사회복지사전.

한국지방행정연구원(2007). 지방자치단체의 주민생활지원 행정체제 정비방안. 한국지방행정연구원.

행정자치부(2006). 주민생활지원서비스 전달체계 개편 관련 1단계 시·군·구 조직개편지침. 행정자치부.

_________(2006). 읍·면·동 주민생활지원 복지직. 읍·면·동장 특별교육 자료집.

허구생(2002). 빈곤의 역사, 복지의 역사. 한울.

허만형(1994). 정책학. YJ 학사고시교육방송본부.

______(1995). 사회복지법규 입법화 과정에서의 정책형성게임의 비교분석. 의정 연구.

______(2007). 사회복지행정론. 법문사.

______(2012). 사회복지행정론. 대영문화사.

현외성 외(1992). 복지국가의 위기와 신보수주의적 재편 : 영국, 미국, 일본의 사회복지개혁. 서울대학교출판사.

황성철(2005; 2010). 사회복지프로그램 개발과 평가. 공동체.

황성철·정무성·강철희·최재성(2009). 사회복지행정론(개정판). 학현사.

____________________________(2019). 사회복지행정론(개정판). 정민사.

황철수·류기탁·류성봉·백혜영·임구원·전대성(2011). 지역사회복지론. 정민사.

Aldrich, Howard E.(1979). *Organizations and Environments.* Englewood Cliffs, New Jersey : Prentice－Hall.

Anderson, J. E.(2000). *Public Policy Making.* New York : Houghton Mufflin Company.

Austin, D.(1985). Management overview. *Encyclopedia of Social Work*(19th ed.). Vol. 2, pp. 1642－1658.

Baker, H. S.(1993). *Outsiders : Studies in the Sociology of Deviance.* New York : The Free Press.

Barbuto, J. E., & Wheeler, D. W.(2006). Scale Development and Construct Clarification of Servant Leadership. *Group & Organization Management, 31*(3), 300－326.

Bardach, Eugene(1977). *The Implementation Game.* Cambridge, Massachusetts : Harvard University Press.

Barnard, Chester I.(1938). *The Functions of the Executive.* Cambridge, Massachusetts : Harvard University Press.

Bass, B. M.(1985). *Leadership and Performance Beyond Expectations.* New York : Free Press.

_________(1990). *Bass and Stogdill's Handbook of Leadership : Theory, Research, & Managerial Applications*(3rd ed.). New York : Free Press.

Bass, B. M., & Avolio, B. J.(1990). The Implications of Transactional and Transformational Leadership for Individual, Team, and Organizational Development. In W. Pasmore & R. W. Woodman(Eds.), *Research in Organizational Chance and Development, 4,* 231－272. Greenwich, CT : JAI Press.

Bennis, Warren G.(1981). Organizational Developments and the Fate of Bureaucracy. In Fred A. Kramer(Ed.), *Perspectives on Public Bureaucracy*(3rd ed.). Cambridge, Massachusetts : Winthrop.

Beveridge, W.(1958). *Social Insurance and Allied Services*(pp. 303－304). London : Her Majesty's Stationery Office.

Bilsker, Dan(2006). Mental Health Care and the Workplace. *The Canadian Journal of Psychiatry, 51*(2), 61－62.

Blake, Robert R., & James S. Mouton(1964). *The Magerial Grid.* Huston, Texas : The Gulp Publishing.

Blau, P. M., & Scott, W. R.(1962). *Formal organizations : A comparative approach.* Stanford University Press.

Bradshaw, J.(1972). The Concept of Social Need. *New Society, 30.*

__________(1977). The Concept of Social Need. In N. Gilbert & Specht(Eds.), *Planning for Social Welfare*(pp. 290－296). Englewood Cliff, NJ : Prentice－Hall.

Brewer, Gerry D., & Peter deLeon(1983). *The Foundations of Policy Analysis.* Homewood, Illnois : The Dorsey Press.

Brown, M. T.(2005). *Corporate Integrity : Rethinking Organizational Ethics and Leadership.* New York : Cambridge University Press.

Burlingame, J.(1961). Information Technology and Decentralization. *Harvard Business Review, 39*(6), 121－126.

Burns, J. M.(1978). *Leadership.* New York : Harper & Row.

Cartwright, Dorwin & Alvin Zander(1960). *Group Dynamics : Research and Theory*(2nd ed.). New York : Harper & Row.

Charles A. Rapp & John Poertner 공저, 정무성・박차상 공역(2002). 사회복지기관행정.

Child, John(1972). Organizational Structure, Environment, and Performance : The Role of Strategic Choice. *Sociology, 6,* 1－22.

Chu, Paul(1996). The Modem Approach to Industry Welfare. *International Labour Review 134*(3－4), 371－381.

Cohen, M., March, J., & Olsen, J.(1972). A Garbage can Model of Organizational Choice. *Administrative Science Quarterly, 17*(1), 1－25.

Conger, J., & Kanungo, R.(1987). Toward a Behavioral Theory of Charismatic Leadership in Organizational Setting. *Academy of Management Review, 12,* 637－647.

Cyert, R. M., & J. G. March(1963). *The Behavioral Theory of Firm.* Englewood Cliffs, New Jersey : Prentice－Hall.

Daft, R. L., Murphy, J., & Willmott, J.(2010). *Organization Theory and Design.* Cincinnati : South－Western.

Dansereau, F., Graen, G., & Haga, W.(1975). A Vertical Dyad Linkage Approach to Leadership within Formal Organizations : A Longitudinal Investigation of the Role Making Process. *Organizational Behavior and Human Performance, 13,* 46－78.

Dawson, P., & McLoughlin, I.(1986). Computer Technology and the Redefinition of Supervision. *Journal of Management Studies, 23*(1), 116－132

DiMaggio, P., & Powell, W. W.(1983). The iron cage revisited : Collective rationality and institu－tional isomorphism in organizational fields. *American Sociological Review, 48*(2), 147－160.

DiMaggio, Paul J., & Walter W. Powell(1983). The Iron Cage Revisited : Institutional Isomorphism and Collective Rationality in Organizational Fields. *American Sociological Review, 48,* 147－160.

Drazin, Robert & Andrew H. Van de Ven(1985). Alternative Forms of Fit in Contingency Theory. *Administrative Science Quarterly, 30,* 514－539.

Dror, Y.(1968). *Public Policy－Making Reexamined.* San Francisco : Chandler Publishing Co.

Duchon, D., Green, S., & Taber, T.(1986). Vertical Dyad Linkage : A Longitudinal Assessment of Antecedents, Measures, and Consequences. *Journal of Applied Psychology, 71,* 56－60.

Dye, Thomas R.(1981). *Understanding Public Policy*(4th ed.). Englewood Cliffs, New Jersey : Prentice－Hall.

Etzioni, A.(1964). *Modern organizations.* Foundations of modern sociology series.

Evans, M.(1970). The Effects of Supervisory Behavior on the Path－Goal Relationship. *Organizational Behavior and Human Performance, 5,* 277－298.

Fiedler, F. E.(1967). *A Theory of Leadership Effectiveness.* New York : McGraw－Hill.

Fisher, B. M., & Edwards, J. E.(1988). Consideration and Initiating Structure and Their Relationships with Leader effectiveness : A Meta－analysis. *Proceedings of the Academy of Management, August,* 1－205.

Frechtling, Joy A.(2007). *Logic Modeling Methods in Program Evaluation.* San Francisco : Jossy－Bass.

Friedlander, W., & Apte, R.(1974). *Introduction to Social Welfare.* Englewood.

Gates, B. L.(1980). *Social Program Administration : The Implementation of Social Policy.* Englewood Cliffs, NJ : Prentice Hall.

George, V.(1988). *Wealth, Poverty & Stavation.* Hemel Hempstead : Wheatsheaf Books.

Gilbert, Neil & Paul Terrell(1998). *Dimensions of Social Welfare Policy*(4th ed.). Boston, Massachusetts : Allyn and Bacon.

________________(2002). *Dimensions of Social Welfare Policy*(5th ed.). Boston : Allyn & Bacon.

Gordon, George J.(1982). *Public Administration in America.* New York : St. Martin's Press.

Gorry, G. A., & Scott－Merton, M. S.(1971). A framework for management Information Systems. *Sloan Management Review, 13,* 55－70.

Graen, G., & Cashman, J.(1975). A Role Making Model of Leadership in Formal Organizations : A Developmental Approach. In J. Hunt & L. Larson(Eds.), *Leadership Frontiers.* Kent, Ohio : Kent State University Press.

Greenleaf, R. K.(1977). *Servant Leadership : A Journey into the Nature of Legitimate Power and Greatmess.* Mahwah, NJ : Paulist Press.

Griffin, R. W., & Moorhead, G.(2008). *Organizational Behavior : Managing People and Organizations.* South－Western : Cenage Learning

Gulick, L., & Urwick, L.(1937). *Paper on the Science of Administration.* New York : Institute of public administration.

Hadina, D.(2002). *Analytical Skills : for Community Organization Practice.* NY : Columbia University Press.

Hage, J., & Aiken, M.(1969). *Social Change in Complex Organization.* New York : Random House.

Hall, R. B., & Biersteker, T. J.(2002). *The emergence of private authority in global governance*(Vol. 85). Cambridge University Press.

Hall, Richard H.(1996). *Organizations : Structures, Processes, and Outcomes*(6th ed.). Englewood Cliffs, New Jersey : Prentice-Hall.

Hannan, M. T., & Freeman, J.(1977). The population ecology of organizations. *American Journal of Sociology, 82*(5), 929-964.

Harrison, R.(1972). Understanding Your Organization's Character. *Harvard Business Review, May-June*, 25-43.

Hasenfeld, Y.(1983). *Human Service Organizations.* Englewood Cliffs, NJ : Prentice-Hall.

__________(1992). *Human Service as Complex Organizations.* Newbury Park : Sage Publications.

Hasenfeld, Y. 저, 성규탁 역(1985). 사회복지행정론. 박영사.

Hemerik, A.(2006). Social change and welfare reform. In A. Giddens, P. Diamond, & R. Liddle(Eds.), *Global Europe, social Europe*(pp. 1106-1123). MA : Polity Press.

Hersey, Paul & Ken Blanchard(1982). *Management of Organizational Behavior : Utilizing Human Resources*(4th ed.). Englewood Cliffs, New Jersey : Prentice-Hall.

________________________(1984). *Management of Organizational Behavior : Utilizing Human Resources.* Englewood Cliffs, N.J. : Prentice-Hall.

Herzberg, Frederick(1966). *Work and the Nature of Man.* New York : World Publishing Co.

House, R. J.(1971). A Path-Goal Theory of Leader Effectiveness. *Administrative Science Quarterly, 16*(Sep), 321-339.

__________(1977). A Theory of Charismatic Leadership. In J. G. Hunt & L. L. Larson(Eds.), *Leadership : The Cutting Edge.* Southern Illinois Univ. Press.

House, R. J., & Aditya, R. N.(1997). The Social Scientific Study of Leadership : Quo Vadis?. *Journal of Management, 23*(3), 409-473.

House, R. J., & Mitchell, T. R.(1974). Path-Goal Theory of Leadership. *Journal of Contemporary Business, 1,* 81-98.

Howell, J. P., Bowen, D. E., Dorfman, P. W., Kerr, S., & Podsakoff, P. M.(1990). Substitutes for Leadership : Effective Alternatives to Ineffective Leadership. *Organizational Dynamics, 19,* 21-38.

Huber, G. P.(1984). The Nature and Design of Post-industrial Organizations. *Management Science, 30*(8), 928-951.

Jones, Charles O.(1984). *An Introduction to the Study of Public Policy*(3rd ed.). Monterey, California : Brooks/Cole Publishing Company.

Katz, D., N. MacCoby & Nancy D. Morse(1950). *Productivity, Supervision, and Morale in an Office Situation.* Ann Arbor, Michigan : Survey Research Center.

Kelley, R. E.(1992). *The Power of Followship.* New York : Doubleday Currency.

Kellogg Foundation(2001). *Logic Model Development Guide 1.*

Kerr, S., & Jermier, J.(1978). Substitutes for Leadership : Their Meaning and Measurement. *Organizational Behavior and Human Performance, 22,* 375-403.

Kettner, P. M., Moroney, R. M., & Martin, L. L.(1999). *Designing and managing programs : An effectiveness-based approach.* Thousand Oaks, CA : Sage.

Kinnear, Thomas, & Bernhardt, Kenneth L.(1990). *Principles of Marketing.* Illinois : Scott, Foresman and Company.

Kraemer, K. L., King, J. L., Dunkle, D. E., & Lane, J. P.(1989). Computer Use in Municipalities : The State of the Practice. *Baseline Data Report, 21*(1). Washington, D.C. : International City Management Association.

Kreitner, R., & Kinicki, A.(1989). *Organizational Behavior.* Homewood, IL : Irwin.

Lawrence, P. R., & Lorsch, J. W.(1967). Differentiation and integration in complex organizations. *Administrative science quarterly,* 1−47.

Leavitt, H. J., & Whisler, T. L.(1958). Management in the 1980's. *Harvard Business Review, 36*(6), 41−48.

Lee, Robert D. Jr. & Ronald W. Johnson(1977). *Public Budgeting Systems*(2nd ed.). Baltimore, Maryland : University Park Press.

Levithal, C. F.(1999). *Drugs, Behavior, and Modern Society*(2nd ed.). Needham Heights, MA : Allyn and Bacon.

Likert, R.(1961). *New Patterns of Management.* New York : McGraw−Hill.

_______(1967). *The Human Organization : Its Management and Value.* New York : McGraw−Hill.

Lindblom, C. E.(1959). The Science of Muddling Through. *Public Administration Review, 19*(1), 79−88.

Lovelock & Weinberg(1980). Public and Nonprofit Comes of Age. In Gerald Zaltman & Thomas V. Bonoma(Ed.), *Review of Marketing.*

Majone, Giandomenico & Aaron Wildavsky(1973). Implementation as Evolution. In Pressman & Wildavsky(Eds.), *Implementation.* Berkeley : California University of California Press.

March James G., & Johan P. Olsen(1976). *Ambiguity and Choice in Organizations.* Bergen, Norway : Universitetsforlaget.

March, J. G., & Simon, H. A.(1958). *Organizations.*

Marti−Costa, S., & Serrano−Garcia, I.(1995). Needs Assessment & Community Development : An Ideological Perspective. In J. Rothman, J. Erlich, & J. Tropman(Eds.), *Strategies of com−munity intervention*(5th ed.). Itasca, IL : Peacock.

Martin, L. L.(1994). A model of Impacts of Advanced Information Technologies on Organizational Knowledge, Structure, and Performance of Professional Service Firms. New York University, Stern School of Business, Working Paper.

Maslow, A. H.(1954). *Motovation and Personality.* NY : Harper & Row.

McCall, M.(1977). Leaders and Leadership : Of Substance and Shadow. In J. Hackman E. Lawler & L. Porter(Eds.), *Perspectives on Behavior in Organizations.* New York : McGraw−Hill.

McClelland, D.(1961). *The Achieving Society.* Princeton, N.J. : Van Nostrand.

___________(1962). Business Drive and National Achievement. *Harvard Business Review, 40*(4), 99−112.

___________(1966). The Urge to Achieve. Think, November−December, 19−32.

McDonald, R., & Teather, G.(1997). Science and technology policy evaluation practices in the Government of Canada. *Policy evaluation in innovation and technology : towards Best practices.* Proceedings of the Organization For Economis Co−operation and Development 7.

McGregor, Douglas(1960). *Human Side of Enterprise.* New York : McGraw Hill Book Company.

Miner, J. B.(1965). *Studies in Management Education.* Buffalo, NY : Organizational Measurement Systems Press.

Mintzberg, H.(1979). *The structuring of organizations*(Vol. 203). Englewood Cliffs, NJ : Prentice −hall.

Montague(1994). The three R's of performance−based management. *Focus. December−January.*

Moorhead, G., & Griffin, R.(2004). *Organizational Behavior.* Boston : Houghton Mifflin Company.

Moroney, R.(1977). Social Planning : Tools for planning. *Encyclopedia of Social Work, 17th Issue.*

Moskovitz, D., & Mammen, D.(1985). Information Technologies in Government : Organizational and Management Issues. In C. Toregas(Ed.), *Managing New Technologies : The Information Revolution un Local Government.*

Mouzelis, Nicos P.(1967). *Organization and Bureaucracy : An Analysis of Modern Theories.* Chicago : Aldine.

Murray, Charles(1984). *Losing Ground : American Social Pilocy, 1950~1980.* New York : Basic Books

Muson, C. E.(1979). *Social Work Supervision : Classic Statement and Critical Issues.* N.Y : Free Press.

Nadler, D., & Tushman, M.(1990). Beyond the Charismatic Leader : Leadership and Organization Change. *California Management Review, Winter,* 77−97.

Nutt, P. C.(1993). The Formulation Process and Tactics Used in Organizational Decision Making. *Organization Science, 4,* 226−251.

________(2002). *Why Decisions Fail?.* SanFrancisco : Berrett−Kohler.

Odgers, P., & Keeling, B. L.(2000). *Administrative Office Management.* Maso, OH : South−Western Educational Publishing.

OECD 저, 정연순 외 공역(2009). OECD국가들의 적극적 사회정책 동향 및 도전과제. 학지사.

Overman, Sam E.(1984). Public Management : What's New and Different?. *Public Administration Review,* May/June.

Patti, R. J.(1983). *Social Welfare Administration : Managing Social Program in a Developmental Context.* Englewood Cliffs, NJ : Prentice−Hall.

Patton, M. Q.(1997). *Utilization−focused Evaluation : the new century text.* Thousand Oaks : Sage.

Perrow, C.(1970). *Organizational analysis : A sociological view*(Vol. 197). London : Tavistock Publications.

Prigogine, I., Stengers, I., & Prigogine, I.(1984). *Order out of chaos : Man's new dialogue with nature*(Vol. 13). New York : Bantam books.

Quinn, R. E., & Cameron, K. S.(1988). Paradox and transformation : A framework for viewing or−ganization and management. Paradox and transformation : Toward a theory of change in organization and management, 289−308.

Rainey, H. G.(1997). *Understanding and Managing Public Organizations.* San Francisco : Jossey−Bass.

Rapp, C., & Poertner, J.(1992). *Social Administration : A Client−centered Approach.* New York : Longman Publishing Group 2.

Rimlinger, Gaston V.(1971). *Welfare Policy and Industrialization in Europe America and Russia.* New York : John Wiley and Sons.

Ripley, Randall & Grace Frankline(1980). Congress, the Bureaucracy and Public Policy(2nd ed.). Homewood, Illnois : The Dorsey Press.

Ritzer, G.(2007). *The Coming of Post−Industrial Sociaty*(2nd ed.). NY : McGraw−Hill.

Robbins, S. P., & Judge, T.(2009; 2011). *Organizational Behavior.* Upper Saddle River, NJ : Pearson Prentice Hall.

Rossi, P. H., & Freeman H. E.(1993). *Evaluation : A systematic approach, 5.*

Rossi, P. H., Freeman H. E., & Wright S. R.(1999). *Evaluation : A Systematic Approach*(7th ed.). Thousand Oaks : Sage Publications.

Royse, D., & Thyer, B.(1996). *Program evaluation : An introduction.* Chicago : Nelson Hall.

Salancik, G. R., & Pfeffer, J.(1978). A social information processing approach to job attitudes and task design. *Administrative science quarterly,* 224−253.

Sarri, R.(1987). Administration in social welfare. *Encyclopedia of social work, 1,* 555−562.

Savas, S. A., Fleming, W. M., & Bolig, E. E.(1998). Program specification : A precursor to program monitoring and quality improvement. A case study from Boysville of Michigan. *The Journal of Behavioral Health Services & Research, 25*(2), 208−216.

Scott, K.(2003). *Funding matters : The impact of Canada's new funding regime on nonprofit and voluntary organizations.* Ottawa : Canadian Council on Social Development.

Seltzer, J., & Bass, B. M.(1990). Transformational leadership : Beyond initiation and consideration. *Journal of management, 16*(4), 693−703.

Selznick, P.(1949). *TVA and the grass roots : A study of politics and organization*(Vol. 3). Univ of California Press.

Sen, A.(1983). Poor, relatively speaking. *Oxford Economic Papers, 35,* 153−169.

Simon, H. A.(1971). Designing organizations for an information−rich world.

___________(1972). Theories of bounded rationality. *Decision and organization, 1*(1), 161−176.

___________(1973). Applying Information Technology to Organizational Design. *Public Administration Review, 33*(3), 268−287.

___________(1976). *Administrative Behavior : A Study of Decision−Manking Process in Administrative Organization*(3rd ed.). New York : The Free Press.

Skidmore, R. A.(1995). *Social Work Administration.* Allyn & Bacon.

Skidmore, T. E.(1990). *The politics of military rule in Brazil, 1964−1985.* Oxford University Press.

Smith, B. N., Montagno, R. V., & Kuzmenko, T. N.(2004). Transformational and servant leadership : Content and contextual comparisons. *Journal of Leadership and Organizational Studies, 10*(4), 80−91.

Smith, M. F.(1989). *Evaluative Assessment : A Practical Approach.* Norwell : MA Kluwer.

Spears, L. C.(1995). Servant Leadership and the Greanleaf Legacy. In L. C. Spears(Ed.), *Reflections on Leadership.* New York : John Wiley & Sons, Inc.

Spencer, S.(1959). *The Administration Method in Social Work Education.* New York : Council on Social Work Education.

Spicker, P.(2000). *The Welfare State.* London : Sage.

_________(2008). *An Introduction to Social Policy.* http://www.rgu.ac.kr/publicpolicy/in−troduction/socadmin.htm.

Steers, R. M., & Black, J. S.(1994). *Organizational Behavior.* New York : Harper Collins Colledge Publisher.

Stogdill, R. M.(1948). Personal Factors Associated with Leadership : A Survey of the Literature. *Journal of Personality, 25,* 35−71.

___________(1974). *Handbook of Leadership : A Survey of Theory and Research.* N.Y. : The Free Press.

Tapscott, D.(1996). *The Digital Economy : Promise and Peril in the Age of Networked Intelligence.* New York : McGraw−Hill.

Taylor, F. W.(1911). *Shop management.* McGraw−Hill.

Taylor−Gooby, P.(2004). New risks and social change(pp. 1−28). In P. Taylor−Gooby(Ed.), *New Risks, New Welfare.* New York : Oxford University Press.

Thomas Piketty 저, 장경덕 역(2014). 21세기 자본. 글항아리.

Titmuss, Richard(1970). *Commitment to Welfare.* New York : Pantheon Book.

Townsend, P.(1993). *The International Analysis of Poverty.* Hemel Hempstead : Wheatsheaf Books.

Trice, H. M., & Beyer, J. M.(1986). Charisma and Its Routinization in Two Social Movement Organizations. *Research in Organizational Behavior, 8,* 113－164.

Vecchio, R. P., & Gobdel, B. C.(1984). The Vertical Dyad Linkage Model of Leadership : Problems and prospects. *Organizational Behavior & Human Performance, 34*(1), 5-20.

Vroom, V. H., & Jago, A. G.(1988). *The New Leadership.* Englewood Cliffs, NJ : Prentice－Hall.

Vroom, V. H., & Yetton, P. W.(1973). *Leadership and Decision Making.* Pittsburgh : University of Pittsburgh Press.

Weber, Max(1947). *The Theory of Social and Economic Organization.* Translated by A. M. Henderson & Talcott Parsons. New York : Oxford University Press.

Weick, K. E.(1979). *The social psychology of organizing*(Topics in social psychology series).

Weinbach, R. W.(2003). *The Social Workers as Manager : A Practical Guide to Success*(4th ed.). Boston, MA : Longman.

Weiner, M. E.(1982). *Human Service Management : Analysis and Applications.* Homewood, IL : The Dorsey Press.

Weiss, C. H.(1970). The politicization of evaluation research. *Journal of Social Issues, 26*(4), 57－68.

Williamson, O. E.(1976). The economics of internal organization : exit and voice in relation to markets and hierarchies. *The American Economic Review, 66*(2), 369－377.

Woodward, J.(1965). *Industrial Organization : Theory and Practice.* London : Oxford University Press.

York, R. O.(1982; 1983). *Human Service Planning : Concepts, Tool, and Methods.* Chapel Hill, N.C ; The University of North Carolina Press.

Yukl, G.(1989; 1994; 2002; 2006; 2010). *Leadership in Organizations.* Englewood Cliffs, NJ : Prentice－Hall.

________(1999a). An Evaluative Essay on Current Conceptions of Effective Leadership. *European Journal of Work and Organizational Psychology, 8*(1), 33－48.

________(1999b). An Evaluation of Conceptual Weakness in Transformational and Charismatic Leadership Theories. *Leadership Quarterly, 10*(2), 285－305.

Yukl, G., & Van Fleet, D.(1982). Cross－Situational, Multimethod Research on Military Leader Effectiveness. *Organizational Behavior and Human Performance, 30,* 87－108.

Yukl, G., Wall, S., & Lepsinger, R.(1990). Preliminary Report on Validation of the Managerial Practices Survey. In K. Clark & M. Clark(Eds.), *Measures of Leadership.* Greensboro, NC : Center for Creative Leadership.

개인정보보호 포털 홈페이지. www.privacy.go.kr

보건복지부 홈페이지. www.mohw.or.kr

사회복지시설정보시스템 홈페이지. www.w4c.go.kr

통계청 홈페이지. 인구주택총조사보고서. 각 연도. nso.go.kr

한국사회보장정보원 홈페이지. www.ssis.or.kr

찾아보기

저/자/약/력

■ **김현진**
청주대학교 사회복지학과 교수
청주대학교 사회복지학 박사

■ **이순희**
청주시장애인종합복지관 관장
충북대학교 행정학 박사

■ **김학실**
충북대학교 행정학과 교수
충북대학교 행정학 박사

■ **유옥현**
시소와그네영유아통합지원 청주시센터장
청주대학교 사회복지학 박사

제2판
사회복지행정론

|공저자| 김현진 · 이순희 · 김학실 · 유옥현

|1판 1쇄| 발행 2021년 8월 30일
|1판 2쇄| 발행 2022년 3월 15일
|1판 3쇄| 발행 2023년 8월 10일
|2판 1쇄| 발행 2024년 8월 20일
|2판 2쇄| 발행 2025년 6월 10일

|발행인| 김동훈
|발행처| 공동체

|주소| 경기도 고양시 일산동구 호수로 358-39, 동문타워 I 905호(백석동)
|전화| 031) 814-3000(대표)
|팩스| 031) 814-3100
|홈페이지| http://www.compub.co.kr
|전자우편| compub@naver.com
|출판등록| 2005년 10월 6일
|등록번호| 제396-2005-36호

|ISBN| 979-11-6725-766-6
정가 24,000원

MEMO

MEMO